高校社科文库
University Social Science Series

教育部高等学校
社会科学发展研究中心

汇集高校哲学社会科学优秀原创学术成果
搭建高校哲学社会科学学术著作出版平台
探索高校哲学社会科学专著出版的新模式
扩大高校哲学社会科学科研成果的影响力

公共行政执行的中层理论

曹堂哲/著

——政府执行力研究

A Middle-Range Theory of Public Administration Execution
—— The Study of Government Execution

光明日报出版社

图书在版编目（CIP）数据

公共行政执行的中层理论：政府执行力研究 ／ 曹堂哲
著．－－北京：光明日报出版社，2010.5（2024.6 重印）
（高校社科文库）
ISBN 978－7－5112－0722－7

Ⅰ.①公… Ⅱ.①曹… Ⅲ.①国家行政机关—行政管理—研究
Ⅳ.①D035

中国版本图书馆 CIP 数据核字（2010）第 074010 号

公共行政执行的中层理论：政府执行力研究
GONGGONG XINGZHENG ZHIXING DE ZHONGCENG LILUN：ZHENGFU
ZHIXINGLI YANJIU

著　　者：曹堂哲

责任编辑：刘　彬　郭玫君　　　　责任校对：史丽媛　田　菲
封面设计：小宝工作室　　　　　　责任印制：曹　净

出版发行：光明日报出版社
地　　址：北京市西城区永安路 106 号，100050
电　　话：010-63169890（咨询），010-63131930（邮购）
传　　真：010-63131930
网　　址：http：//book. gmw. cn
E － mail：gmrbcbs@ gmw. cn
法律顾问：北京市兰台律师事务所龚柳方律师

印　　刷：三河市华东印刷有限公司
装　　订：三河市华东印刷有限公司
本书如有破损、缺页、装订错误，请与本社联系调换，电话：010-63131930

开　　本：165mm×230mm
字　　数：324 千字　　　　　　　印　　张：20. 25
版　　次：2010 年 5 月第 1 版　　　印　　次：2024 年 6 月第 3 次印刷
书　　号：ISBN 978－7－5112－0722－7－01
定　　价：78. 00 元

序　言

　　本著作是曹堂哲在他的博士论文《试构公共行政执行的中层理论——兼论当代中国政府执行力问题》的基础上，经过较大幅度的修改完成的。作为曹堂哲的硕士研究生、博士研究生指导老师，我认为这是一本具有相当的学术创新性，具有较高的理论和实践价值的专著，故序。

　　在我看来，该著作具有以下几点特色：

　　首先，视野广阔、立意高远。纵观古今，论道、为学、研术之作，有"经典之作"和"匠人之作"之分，另有不入其流之说。经典之作或高远、或宽广、或深入，追求理念之原创、哲理之深刻、历史之厚重，透显"重"、"大"、"拙"之境界；匠人之作或新奇、或灵巧、或轻盈，追求精雕细琢、技艺精良、细巧华丽，表露"精"、"秀"、"巧"之感觉。匠人之作虽亦不错，经典之作却是难得，多数学人，终一生之力，终究还是难窥其境。

　　人文社会科学领域，无论是经典之作还是匠人之作，都是对社会重大或重要问题的直接或间接的回应，但两者的风格迥然。曹堂哲 2001 年入燕园就学，在我指导下先后攻读硕士和博士学位，前后七载。他的学养、潜质，最重要的是他的谦逊、淡泊、执着的学术态度使他走上了一条追求经典之作的学术发展路途。在当前中国快速发展，强调效率和数量的年代，学术研究中取巧之风不谓不盛。在这样的环境之下，能秉持"为伊消得人憔悴，衣带渐宽终不悔"的学术精神，坐得住冷板凳，耐得住寂寞，三年"目不窥园"，以哲理和理性思辨的方式关注重大或重要的社会问题，的确是一种难能可贵的价值选择。正是这种精神、这种价值选择引导着他一直追求卓越。

　　诚然，这是一本"初生牛犊"式的著作，难免生涩及不足。但读这本著作会有如观写意山水的感觉。这种感觉来自该文的立意，以及选题、中心思想、文献综述、研究方法和论证逻辑的综合效应。公共行政执行问题是中西方相关学术研究和政府管理实践所面临的共同的重大问题。基于中西方学术文献梳理，不难发现，长期以来，既有的关于"执行"的研究要么偏重于宏观层面，要么偏重于微观层面，中间缺乏一个连接宏观和微观的中观层面。这个层面承上启下，不仅存在，而且重要，在相当的程度上决定着"执行"的"信度"和"效度"。该文的立意，正如作者所言，"这本著作尝试建构公共行政执行中层理论，以政府执行问题为导向，以回答公共行政执行的基本问题为宗旨，以批判实在主义认识论为基础，以权力结构、协同机制为核心范畴，以连接公共行政执行的宏观理论和微观理论为功能，以解释西方国家和当代中国公共行政执行实践为运用，以提升当代中国政府执行力的战略为落点，采用了新方法，回应了当代中国政府执行力建设的理论和实践问题。"

其次，学脉清晰、诠释经典。曹堂哲大学本科修习哲学专业，应当说有着比较扎实的哲学知识基础和比较系统的哲学思维方式的训练。与此相联系，通过学术脉络的梳理和经典著作的诠释，回应和解决社会问题是他的强项。从某种意义上说，公共行政学有着重"术"轻"学"的倾向，但历来重"学"研究的成果却具有很高的地位，亦显的极其重要和难能可贵。在本书中，作者尝试通过人文社科领域一些经典著作的历史梳理和学理诠释，把公共行政执行研究置于多学科的基础上，建立在扎实的学术思想络中。当然这种重"学"的做法难度较高，但却给人以深刻的印象。例如：作者对权力流派的梳理，就颇显作者重视学脉和经典的特色。古今中外的权力理论和权力流派可谓异彩纷呈，很多简单罗列式的梳理往往给人挂一漏万、繁杂无章、丛林荆棘之感；另外一些分类式流派梳理又往往给人博物展览、陈列货物之感。这本著作从权力理论哲学基础的差异出发，将权力理论的学科所在、历史、逻辑和人物等线索串接起来，通过经典文献的诠释，从权力理论发展的内在思想逻辑中，梳理出了权力理论的流派、争论焦点和争论的要素，并以此为基础给出了权力的整合定义。这一定义又进一步构成了权力结构分析的基础。概之，本著作将研究、构思、命题之"苗木"根植于深厚的学术经典脉络的"土壤"之中，避免无根、无源、无本"概念式"学术研究的空泛，既表现了作者厚实的学养和追求，亦反映了作者严谨的学术思维和研究习惯。

再次，大胆运思、努力创新。本著作以政府执行问题作为研究的对象，试图从权力结构和协同机制的新的视角探究公共行政执行的本质和规律，同时总结政府执行力建设的经验教训，进而尝试性地提出了颇具新意的公共行政执行的中层理论。

中层理论（theories of the middle range）本是社会学家默顿（R. K. Merton）于 20 世纪 60 年代提出社会研究方法，用以弥补宏观理论（grand theory）和微观（microcostaic theory）理论各自的局限性，促进经验研究和抽象理论之间的互动和连接。作者从默顿提出的"中层理论"出发审视公共行政执行，但所言"中层"理论并不局限于默顿的概念，而是另具两层独特的含义：第一，该理论提出的、"权力结构和协同机制"属于批判实在主义（critical realism）所谓的真实层面（real），"微观行为"则属于批判实在主义所谓的经验层面（empirical）和实际层面（actual），从而将批判实在主义对认识层次的划分与公共行政执行中层理论结合了起来；第二，该理论提出权力结构的整体性和层次性是连接宏观和微观的桥梁，批判实在主义认识论主张的机制因果观是连接中观和微观的桥梁。因此，该理论实际上提出了"作为权力结构分析的公共行政执行中层理论"和"作为机制分析的公共行政执行中层理论"，换言之，公共行政执行中层理论是一种结构性的机制理论。

复次，回应实践、提出战略。在理论建构的基础上，该著作运用公共行政执行中层理论，主要通过公共行政执行权力结构的 GVIIRRTCQ 模型和公共行政执行协同机制的 EPDFIIE 模型分析，对英国、美国和日本 20 世纪后半期以来，通过对行政改革优化政府执行权力结构、协同机制以提升执行力的理念、理论、制度安排和措施进行了新的阐释，同时审视了当代中国政府执行问题，提出并论证了"执行中的权力结构的失衡和执行协同的失效是导致中国政府执行问题的根本原因，因此，重塑公共行政执行权力结构和协同机制是中国政府执行力建设的基本战略路径"这一基本观点。文中基于公共行政执行中层理论的经验总结和政策建议，对于当代行政体制改革、政府管理模式的改进等方面颇具一定的参考价值。

由于矢志不渝、专心致志，曹堂哲在读期间的论文发表、课题研究、学术交流、著作翻译等多有成果，亦获得了不少的荣誉和奖励，此处无需铺陈。《诗经》有云："靡不有初，鲜克有终。"在其专著《公共行政执行的中层理论——政府执行力研究》通过了教育部高等学校社会科学发展研究中心组织的"高校社科文库"评审，资助出版之际，谨引南宋象山翁的名言"无志则不能学，不学则不知道。故所以致道者在乎学，所以为学者在乎志。"以共勉。

张国庆

2009 年 11 月于北京大学廖凯原楼

CONTENTS　目　录

第一篇

导论、文献和概念基础

本篇分为第一章导论和第二章公共行政执行中层理论的概念基础两部分。导论阐述公共行政执行中层理论提出的背景，对核心概念加以界定，阐述研究的目的，陈述研究的问题，说明研究的文献基础、范围和研究方法，展示全书的中心思想和逻辑结构。导论在界定公共行政宏观层面、中观层面和微观层面研究的基础上，概述公共行政执行中层理论的特点、运思、功能和实践运用。

第二章系统地梳理企业管理学、政策科学、公共行政和公共管理学、政治学、发展经济学、制度经济学、政治经济学和政党学领域的执行研究。在系统梳理和对比分析的基础上，界定清楚了本书所研究的执行、公共行政执行、公共行政执行力等概念。第二章还将执行研究划分为宏观、中观和微观三个层面，为公共行政执行中层理论的提出提供了参照背景。

第一章

导 论

"执行"（execution）问题是一个古老而常新的话题，纵观自古以来中西方对"执行"问题的研究，立足于中国的执行难问题，我们不禁会提出这样一个问题：如何从学理上阐释和分析当代中国政府的执行难题？目前中西方学术界对执行的研究能否很好地解释和分析当代中国政府的执行难题？如果不能应该建构什么样的理论进行解释和分析？对这一系列问题的回答是本书运思的开始。通过对古今中外的"执行"理论进行梳理，笔者发现：学术界对公共行政执行的研究存在"两极化"现象，要么研究公共行政执行的宏观层面，要么研究公共行政执行的微观层面，缺乏一个连接宏观和微观的中介性的中层理论，与宏观理论和微观理论相比，中层理论能够对当代中国政府的执行难题提供更好的解释和分析。本书的基本内容就是尝试运用权力结构、协同机制和微观行为三个核心范畴建构公共行政执行的中层理论，据此对西方国家公共行政执行的理念、制度和措施进行新的阐释，对当代中国的执行难问题进行分析，提出解决当代中国执行难题的战略路径。

导论阐述本书研究的背景、研究目的、研究问题、研究范围、文献基础、研究方法、中心论点、逻辑结构以及研究意义和创新点。为了不产生歧义，笔者先对本书使用的概念进行简单地介绍。为何提出这些概念、这些概念的渊源和内涵笔者会在后面的诸章中论述。

定义1：执行

执行是将决策转化为实际行动的过程和诸活动的总称。

定义2：政府执行

政府执行指政府将国家意志、战略、法律法规和公共政策转化成实际行动的过程和诸活动的总称。

定义2.1：广义的政府执行

广义的政府执行指的是在政党的积极行动之下，国家（立法、行政和司法机关）分别履行各自的职能，共同实现国家意志、战略，实施法律法规，贯彻公共政策的过程和诸活动的总称。广义的政府执行又可称作"国家执行"。

定义 2.2：狭义的政府执行

狭义的政府执行指的是行政机关为了落实国家意志、战略，依法贯彻法律、法规和公共政策的过程和诸活动的总称。狭义的政府执行又称作公共行政执行（execution of public administration），是本书研究的对象。

定义 3：公共行政执行

公共行政执行即狭义的政府执行。

定义 4：公共行政执行力和协同执行力

公共行政执行力（executive powers of public administration）就是公共行政执行权力结构协同转换过程中所表现出来的合力（这种合力可以使用结果或有效性等概念从不同侧面进行透视）。从权力结构及其协同机制的角度研究公共行政执行问题是本书的特点。换言之，公共行政执行力实质上是一种协同作用表现出来的合力。笔者将公共行政执行力的本质看作是"协同执行力"。协同执行力是从协同的视角对公共行政执行权力的运行状态和运行结果进行描述的概念，协同执行力的提升是公共行政改革的重要内容之一。

定义 5：公共行政执行中层理论

公共行政执行中层理论是笔者提出的阐释和理解公共行政执行和公共行政执行力的理论体系。该理论的本体论维度是"权力结构"，认识论方法论维度是"协同机制"，现象学维度是"微观行为"。公共行政执行中层理论的含义是双重的：首先，"中层理论"的第一层含义与功能主义社会学家罗伯特·默顿（Robert Merton）提出的中层理论（theories of the middle range）含义相同，区别于公共行政执行研究的宏观理论（grand theory）和微观（microcosmic theory）理论。① 其次，"中层理论"的第二层含义建立在批判实在主义（critical realism）认识论基础之上。这一理论中的"权力结构和协同机制"属于批判实在主义所谓的真实层面（real），"微观行为"则属于批判实在主义所谓的经验层面（empirical）和实际层面（actual）。中层理论探究机制，微观理论探究"可经验"和"可观察"的微观行为变量间的联系。公共行政执行中层理论为公共行政执行和公共行政执行力的制度和机制设计提供理论指导。

---

① 本书中凡第一次出现的外国人名，略去中名，而不以全名对照。比如 Robert King Merton 写作罗伯特·默顿（Robert Merton）。同章中再次或多次出现的人名，则一般只给出中文单名，如默顿。脚注中的英文人名不做统一格式要求。

定义 6：权力

权力就是意欲实现某种目标的多元利益主体之间，以利用资源而形成的资源转换能力为基础，从而在具有一定的主体间支配能力的条件下，通过交往而形成的一种非平衡性的相互作用和相互关系。意欲实现某种目标的多元主体既不断地生产动态的权力关系结构，又受到既定的权力关系结构的制约。

定义 6.1：权力结构

权力结构就是权力构成要素之间组成的具有整体性、转换性（动态性和生成性）、自我调整性、规律性的因果机制体系。

定义 6.2：公共行政执行权力结构

公共行政执行权力结构是公共行政执行权力构成要素之间组成的具有整体性、转换性（动态性和生成性）、自我调整性、规律性的因果机制体系。这种有规律的运行路径和运行程序本质上是权力要素之间的作用方式，即公共行政执行"机制"。这种机制是一种结构性的原因，外在地表现为可观察的经验世界变量之间的恒常联系。

定义 7：结构

结构就是系统要素之间组成的具有整体性、转换性（动态性和生成性）、自我调整性、规律性的因果机制体系。

定义 8：公共行政执行的协同机制

公共行政执行的协同机制指的是在公共行政执行权力结构的动态转换过程中，公共行政执行权力主体通过互动（冲突和合作），共同努力以实现（既定的或协定的）公共意志的过程、作用方式和程序。

定义 9：公共行政执行的微观行为

公共行政执行的微观行为就是公共行政执行过程中可观察的变量及其变量之间的相互关系。

定义 10：当代中国

本书将当代中国界定为建国至今这段时间，特别关注改革开放以来的当代中国。

第一节　研究背景、研究目的和研究问题陈述

就实践而言，当代中国和世界上的其他国家都面临执行难问题。但就学理认知而言，中西方的"执行"研究却陷入了"丛林"般的混乱局面，公共行

政执行理论缺少一个中观层面的理论分析框架，用以合理、有效地分析中国和世界上其他国家的公共行政执行现象。这是本书提出问题、展开研究的实践和理论背景。政府的执行难就是政府不能有效地贯彻实施国家意志、法律和政策的现象，表现为执行有效性走低或者执行无效甚至反效。中西方各国都面临执行难问题。

一、研究背景

（一）中国的政府执行难题

根据当代中国发展理念和发展模式的阶段性差异，笔者将中国政府的执行难题分为三个阶段进行分析。

1. 第一阶段：分权化改革所引发的执行难题。第一个阶段从建国到中国共产党第十一届三中全会的召开，这一阶段的执行难主要由分权化改革所引发。1949 年建国后，中国为了快速的实现工业化和现代化，通过学习苏联经验，奉行重工业优先发展的赶超战略，建立了计划经济体制。在计划经济体制之下，所有的物质和人力资源都纳入国家的控制和计划，与此相适应，形成了"全能主义"的政府执行模式。① 这一模式具有如下特点：第一，从国家与社会、政府与市场之间的关系来看，国家和政府几乎代替和淹没了社会和市场的力量，整个社会生活和经济行为都纳入国家的控制中。意识形态、政治生活、经济生产和个人生活都受到国家的控制和干预，国家通过行政手段和政治动员的方式执行国家意志和政策。第二，与西方"三权分立"的体制不同，奉行高度集权化的一元化领导，在横向分权上没有变化的空间。第三，以统一的行政命令和计划的方式配置资源，中央的"条条"管理与地方的"块块"之间存在潜在的矛盾。如果强调"条条"，则"块块"的积极性降低，反之则又出现"块块"执行中央政府政策的不利。这种高度集权的体制，层级节制的执行方式导致了政策执行有效性的降低和经济活力的下降。如何在"全能主义"的体制之下，解决好政府执行问题，成为建国以来一直不断探索的问题。计划经济条件下的全能主义政府体制在横向分权上没有太多的努力空间，只能诉诸于政府层级之间的分权。通过分权化改革来激活中央和地方两个积极性，以提

---

① 20 世纪 80 年代初邹谠提出了全能主义（totalism）概念，指"政治权力可以侵入社会的各个领域和个人生活的诸多方面，在原则上它不受法律、思想、道德（包括宗教）的限制。在实际上（有别于原则上）国家侵入社会领域和个人生活的程度或多或少，控制的程度或强或弱。"参见邹谠著：《二十世纪中国政治——从宏观历史与微观行动的角度看》，中国香港：牛津大学出版社，1994 年版，第 223 页。

高国家战略、政策执行的有效性，从 1956 年毛泽东发表的《论十大关系》开始。在《论十大关系》一文中毛泽东指出："中央和地方的关系也是一个矛盾。解决这个矛盾，目前要注意的是，应当在巩固中央统一领导的前提下，扩大一点地方的权力，给地方更多的独立性，让地方办更多的事情。""我们不能像苏联那样，把什么都集中到中央，把地方卡得死死的，一点机动权也没有。"《论十大关系》的相关论述开创了中央与地方协同执行的思想。按照郝伯特·希尔曼（Herbert Schurmann）的研究，分权可以分为"分权 I"和"分权 II"，"分权 I"就是将决策权一直下放到单位。"分权 II"就是将决策权下放到下级行政单位。从 1956 年起中国实施"分权 I"的改革。1957 年决定实施"分权 I"和"分权 II"混合型改革，1958 年执行的则是"分权 II"改革。分权 I 属于经济性分权，分权 II 属于行政性分权。① 在计划经济体制下，行政性分权导致了混乱，陷入了"一放就乱，一收就死"的怪圈。

总之，建国以来，中国政府就一直被政府执行问题困扰，虽然中国已经走上了发展转型之路，但是关于政府执行中的基本问题仍然没有得到一个完整的理论阐释。如何从理论上总结和看待建国以来，中国在探索有中国特色的社会主义道路上所面临的政府执行困境和执行问题是一个非常有理论价值和实践价值的研究议题。

2. 第二阶段：转型发展所引发的执行难题。第二阶段从中国共产党第十一届三中全会的召开到 2001 年起中国加入世界贸易组织这一段时间。这一阶段的执行难主要由转型发展引发。就国内而言，十一届三中全会的召开，国家的发展战略从"以阶级斗争为纲"转向"以经济建设为中心"。"增量改革"的推行，逐渐地改变了农村的经济体制，培育了非公有经济的发展，通过经济特区引进了外资和国外的经济管理方式，这些导致了"双轨制"的形成。1984 年中共十二届三中全会通过了《中共中央关于经济体制改革的决定》将改革的重点由农村转向城市，并开始了全面改革的尝试。1992 年十四大确立了建立社会主义市场经济体制的改革目标。1997 年十五大进一步确立了多种所有制共同发展的政策方针。就国际而言，从 1986 年 7 月 10 日中国政府正式提出恢复中国在关贸总协定中的缔约国地位的申请，到 2001 年中国正式加入世界贸易组织。

---

① H. F. Schurmann, *Ideology and Organization in Communist China*, Berkeley：University of California Press 1966，p. 197.

这段时间中国从国际和国内两个层面基本上完成了从计划经济体制向市场经济体制的转轨。转轨中政府执行的问题具有如下特点：第一，从政府与市场之间的关系来看："增量改革"导致了新兴经济力量和社会力量的兴起，国家与社会、政府与市场之间的互动关系出现了新的局面，形成了市场和计划双轨互动的局面。在政策执行过程中，计划和市场的力量由于缺少稳定的制度规范，政策执行过程中的权力和市场相互转化，权力的资本化和资本的权力化大大削弱了政府执行的有效性。第二，从执行的纵向层级来说，1994年之前实施的"权力下放"和"包干"财政体制，使得地方利益膨胀，中央的权威性和政令的统一性受到了很大的削弱，一度出现了国家能力的危机。1994年分税制改革，初步建构了市场经济条件下中央政府与地方政府间合理关系的初步框架，也逐步形成了中央与地方两个利益主体。在全国性的市场体系和市场规范还不健全，在地方政府还掌握大量的关键经济资源的配置权的条件下，在地方政府之间的竞争加剧的条件下，地方政府过多地介入经济，甚至形成了"诸侯经济"的局面。在地方利益和GDP至上的政绩观的驱动下，出现了地方利益与中央利益的博弈，地方政府在执行中央政府的政策过程中不能尽其功，甚至反其道而行之的现象比比皆是。第三，从政策执行相关的体制和制度来看，党和国家的领导制度、干部制度改革，十三大的政治体制改革方略，十四大的法制建设和机构改革，十五大提出的社会主义政治文明建设都为建立与社会主义市场经济体制相适应的执行制度奠定了基础。但是"放权让利"与"国家制度化建设"之间的不均衡仍旧客观存在，"国家制度化建设"速度慢于"放权让利"的速度导致了国家能力（即国家贯彻政策的执行能力）的衰减。如何在转型发展的条件下，通过制度创新，化解"放权让利"产生的体制性问题，设计有效执行的制度体系成为有待于进一步研究的议题。

3. 第三阶段：科学发展阶段的执行难题尤为突出。第三阶段从2002年十六大的召开直到今后很长的一段时间。这一阶段的执行难主要由科学发展理念与既有发展模式之间的冲突和调整引发。2002年中共十六大的召开，中国确立了"全面建设小康社会"的国家发展目标。2003年十六届三中全会正式提出科学发展观，即"坚持以人为本，树立全面、协调、可持续的发展观，促进经济社会和人的全面发展①。"十六届四中全会通过的《中共中央关于加强

① 人民出版社：《中共中央关于完善社会主义市场经济体制若干问题的决定》，北京：人民出版社，2003年版，第3页。

党的执政能力建设的决定》提出了加强党的执政能力的战略方针。作为党的执政能力之一的构建社会主义和谐社会的能力也首次提出。十六届五中全会审议通过了《中共中央关于制定国民经济和社会发展第十一个五年规划的建议》，十六届六中全会着重研究了构建和谐社会问题。

总之，十六大以来，中国的发展理念、发展目标、发展战略、发展方式等等都发生了深刻地变化，科学发展观成为"我国经济社会发展的重要指导方针，是发展中国特色社会主义必须坚持和贯彻的重大战略思想。"① 在第二阶段转型发展所引发的执行难题的基础上，新的理念和旧的执行体制和执行方式之间的矛盾显得更为突出。比如铁本事件、矿难频发、土地违法、食品安全事件频发、房产新政受挫等等都反映了政策执行不能尽其功甚至反效的执行难题。正如前教育部副部长张保庆 2005 年在接受记者采访时所说："中国目前最大的问题是政令不通，中南海制定的东西有时都出不了中南海。"② 为了确保科学发展的实现，为了确保政策执行的有效性，温家宝总理在 2006 年的《政府工作报告》中明确提出，"提高政府的公信力和执行力，建设法治政府、责任政府和服务政府③。""执行力"首次写进政府工作报告，表明执行力建设将是中国政府自身建设的一个重要组成部分。十六大报告首次提出的"按照精简、统一、效能的原则和决策、执行、监督相协调的要求，继续推进政府机构改革。"④ 十七大报告首次提出的"加大机构整合力度，探索实行职能有机统一的大部门体制，健全部门间协调配合机制。"⑤ 这些都是当代中国在应对政府执行难题的新认识。

综上而论，如何在总结历史经验的基础上，全面深刻地阐释中国政府执行力的本质和理论逻辑，解释中国发展转型中遇到的执行问题，构建与科学发展理念相适应的执行制度框架，将是确保中国未来持续发展的必要条件之一，也

---

① 胡锦涛：《高举中国特色社会主义伟大旗帜 为夺取全面建设小康社会新胜利而奋斗——在中国共产党第十七次全国代表大会上的报告（2007 年 10 月 15 日）》，北京：人民出版社，2007 年版，第 13 页。

② 谢湘、原春琳：《不是落魄是忧国》，载《中国青年报》，2005 年 11 月 14 日。

③ 温家宝：《政府工作报告——2006 年 3 月 5 日在第十届全国人民代表大会第四次会议上》，北京：人民出版社，2006 年版。

④ 江泽民：《全面建设小康社会，开创中国特色社会主义事业新局面——在中国共产党第十六次全国代表大会上的报告》（2002 年 11 月 14 日），北京：人民出版社，2002 年版，第 35 页。

⑤ 胡锦涛：《高举中国特色社会主义伟大旗帜 为夺取全面建设小康社会新胜利而奋斗——在中国共产党第十七次全国代表大会上的报告》（2007 年 10 月 15 日），北京：人民出版社，2007 年版，第 32 页。

是本书尝试努力完成的目标之一。

（二）西方实践和学术语境中的政府执行难题

执行难题也是西方学术界自古就很关心的话题。不同的学科会采用不同的视角对执行难题进行透视。比如在政治学领域，从国家权力分立的角度对执行权力和执行过程的研究；从国家能力的角度对政策执行能力的探讨等等。在政治经济学领域，对"强国家"和"软国家"问题的探讨。在行政学领域，行政学的创始之初，也着力探讨了政治与行政，政策与执行之间的关系。政策科学则基于"行政国家"高歌猛进之际，在众多政府项目上的失败而开始关注执行的有效性问题。工商企业管理学也因为企业战略相同但绩效差异显著的事实而关注执行问题。这些学科都围绕一个中心话题，即战略（计划、政策）与行动（产出、结果）之间差距的存在和如何去消弭这一差距。关于执行的研究之所以会涉及这么多学科，与执行事务本身的复杂性、动态性紧密相关。

就拿政策科学领域来说，自 1973 年杰弗瑞·佩尔兹曼（Jeffrey Pressman）和奥洛·威尔达夫斯基（Aaron Wildavsky）出版了《执行：华盛顿的宏大期望是如何在奥克兰破灭的或为什么联邦政府计划被执行了一点是令人惊奇的》（*Implementation*：*How Great Expectations In Washington Are Dashed In Oakland Or*，*Why It's Among That Federal Programs Work At All*）一书以来，执行研究很快成为学者关注的焦点。政策执行研究紧紧围绕国家意志、法律和政策与实际行政行为或实际的执行结果之间差距的存在和消弭这一中心问题，展开多角度、多层面和多视角的研究和探讨。从研究的途径上来看，已经经历了自上而下的研究途径、自下而上的研究途径和第三代的综合研究途径；从研究的方法来看，从侧重案例研究到侧重理论框架的建构再到质性研究与量化研究的综合使用；从研究领域来看，既涉及经济政策的执行研究也涉及社会政策、教育政策、环境保护政策、健康政策等等专门政策领域的执行研究；从研究的学科视角来看，既涉及管理学的视角，也涉及法律、政治和经济学的视角。执行研究的文献和相关成果已经初具规模，成为公共政策领域研究的一个热点问题。

特别值得一提的是，20 世纪 70 年代末英国的"撒切尔革命"开始了以重新界定政府与市场边界为基础，以政府内部管理理性化为基本特征的新公共管理运动，新公共管理运动在原有宪政架构的基础上对行政机构运作中的决策与执行之间的关系进行了革命性的调整，形成了一场"管理革命"。这场革命的核心内容之一是将决策机构和执行机构分开，设立独立的执行局，建立多样化的执行机构，同时引入契约管理和合同管理，推行适距控制和绩效评估。这场管理革命使得政府内部的竞争超过了合作，分散超过了集中，企业精神超过了官僚精神，形成了所谓的碎片化局面（fragmentation）和部门主义（sectionalism of officialdom）。在英国，1997 年奉行中间偏"左"路线的工党上台后，对撒切尔政府过度偏"右"的新公共管理改革进行了修正，用治理理念弥补了新公共管理的"企业"理念，其中，"把政府连接起来"（Joint - up Government）的改革方略就是一个重要的举措。"把政府连接起来"强调政府部门的战略协作，以便共同实现特定的政策目标，弥合机构之间的缝隙，从而有效地、全面地、公平地提供公共服务。从"管理革命"到"把政府连接起来"都是西方国家建立有效执行体制的努力①。

总之，在西方的学术语境和实践中同样存在执行难题，但是各个学科之间的壁垒和沟通显得较为薄弱，没有一个系统而完整的关于执行问题的理论阐释。有必要对其进行系统的梳理，并在与中国问题进行对比的基础上，深化对其的认识，为学习和借鉴提供基础。笔者在第二章公共行政执行中层理论的概念基础中系统地梳理了"执行"研究的理论丛林。将这些理论归纳为宏观、中观和微观三个层次。

二、研究目的和研究问题陈述

考虑到执行研究的理论"丛林"中缺乏一个能够合理有效地解释当代中国政府执行的中层理论。本书在对经典权力理论和协同理论群簇进行梳理的基础上，在借鉴中西方政府公共行政执行力相关的理论成果、制度设计、运行机制和管理措施的基础上，旨在使用权力结构、协同机制和微观行为三个核心范畴建构公共行政执行的中层理论；并将这一中层理论用于国别案例（英国、美国和日本公共行政执行力建设）和事件案例（2003 ~ 2007 中国宏观调控政策执行）的分析；最后从公共行政执行中层理论的视角出发提出当代中国公共行政执行力建设的战略路径。

基于以上目的，本书尝试建构公共行政执行的中层理论用以回答公共行政执行研究的基本问题：即为何会存在国家意志、国家目标、法律法规、政策与实际结果之间的差异；执行中的行动者通过什么样的协同机制实现公共目标？

围绕这一核心问题本书尝试阐释和解答以下几个相关的衍生问题。

---

① 此段内容写作参考了曹堂哲：《西方国家执行机构多样化的改革运动》，载《云南行政学院学报》，2006 年 05 期。张国庆、曹堂哲：《权力结构与权力制衡：新时期中国政府优化公共权力结构的政策理路》，载《湖南社会科学》，2007 年第 6 期。

第一，公共行政执行的研究在"执行"研究的多学科理论群簇中处于什么地位？对这一问题的回答就是论证公共行政执行中层理论的必要性，本书将在第二章中详述。

第二，公共行政执行（力）的本质是什么？对公共行政执行（力）的理解包括哪几个理论维度，基本范畴是什么，各个理论维度之间的关系如何？对这些问题的回答就是论证和阐释公共行政执行中层理论的合理性和理论内容。本书将分为三篇，分别从本体论、认识论、现象论三个维度对其展开。第二篇公共行政执行中层理论的本体论维度——权力结构，阐释和论证公共行政执行（力）的本质、基本的存在形式。第三篇公共行政执行中层理论的认识论维度——协同机制，从理解和认识公共行政执行权力结构的途径和方法出发，阐释和论证公共行政执行的协同机制。第四篇中的第七章公共行政执行中层理论的现象维度——微观行为，实际上是西方政策执行研究领域对政策执行微观行为的因果变量及其关系的研究，在本书看来微观行为是权力结构的协同性转换机制的外在表现。

第三，西方国家在政府执行力建设中所积累的理论文献、制度实践、运行机制和管理措施是什么样的？其核心和精髓是什么？对此本书将在第四篇的第八章公共行政执行中层理论的国别应用中运用公共行政执行的中层理论框架对这些问题进行全新的阐释和回答。

第四，当代中国政府执行存在哪些重大问题，解决这些问题的战略路径是什么？对此，本书将在第四篇的第九章公共行政执行中层理论的中国案例中进行回答。在第九章中笔者首先提出当代中国公共行政执行类型学的概念，在此基础上选择 2003～2007 年房地产宏观调控政策执行作为案例，用公共行政执行中层理论分析这一案例。并在公共行政执行中层理论的视角下分析当代中国公共行政面临的问题、成因，提出战略对策。

总之，本书以问题为导向，从一个核心问题出发，将这一核心问题拆分为几个衍生问题，遵循从抽象到具体，演绎和归纳相结合的逻辑运思，对这些问题进行系统地回答。

第二节　研究的文献基础、范围和方法

一、研究的文献基础

与公共行政执行相关的研究主要涉及执行、政策执行、执行力、政府执行

力等主题，形成了卷帙浩繁的研究。笔者经过系统地文献分析认为，现有的研究可以划分为宏观层面的研究和微观层面的研究，尽管已有少量中观层面的研究，但是缺乏一个中层理论将宏观理论和微观理论连接起来，本书就是在这一理论空场上建构公共行政执行中层理论的。

本文的文献基础包括古今中外关于"执行"、"政策执行"、"执行力"和"政府执行力研究"方面的文献。根据研究的层面，这些文献中除了少量的中观层面的研究外，大部分文献要么属于宏观层面的研究，要么属于微观层面的研究。在第二章中笔者将列出不同研究层面的文献来源，并在第二章梳理宏观层面的研究；在第七章中笔者将详细地介绍公共行政执行微观层面研究的文献。

本书的研究奠定在已有研究的文献基础之上，鉴于理论建构的研究性质，本书所进行的文献研究分布在各个章节。

二、研究的范围

本书研究的理论基础是社会科学的（政治学、行政学、社会学等学科）权力理论、系统科学的协同理论、制度分析和行为主义。而研究的学科领域主要涉及政策科学中的政策执行研究、公共行政学和公共管理学领域中的行政改革研究。研究的对象主要包括西方国家行政改革的实践和中国政府政策执行的权力结构、协同机制和典型事件。对西方国家行政改革实践的分析重点选取英国、美国和日本作为典型案例，分析其近30年来为了提升政府执行力，在权力结构和协同机制方面所作的努力。

公共行政执行是围绕政府职能展开的，政府职能是政府执行的起点和最终的目标。公共行政执行权力结构和协同机制都围绕政府职能这一核心进行。本书以政府职能作为公共行政执行类型化的标准，以公共行政权力结构和协同机制作为比较项，对中国的公共行政执行进行类型化。在类型化的基础上，本书选取2003～2007年房地产宏观调控政策执行作为典型案例，运用公共行政执行中层理论对其进行案例分析。通过案例分析归纳总结出中国公共行政执行和政府执行力面临的主要问题，并进一步提出中国政府执行力建设的战略路径。

三、研究方法

研究目的和研究对象的特性决定了研究方法的定位。而研究方法本身是一个具有层次性的整体。包括方法论、研究方式、具体方法和技术三个层次。①以下从研究定位、方法论、研究方式和具体方法四个方面阐释本书采用的研究方法。

根据研究的目的，本书定位为理论研究为主，应用研究为辅。所谓理论研究"主要是力图解释人类社会生活的本质，揭开世界混沌的面纱，理论研究的合理性在于为了学问的发展。"理论研究与应用研究相对应，"应用研究则是致力于改善现状，学以致用，还可以把研究成果应用到社会不同的领域。"②就本书而言，主要目的在于尝试揭示公共行政执行的本质，提出理解公共行政执行现象的基本逻辑和基本范畴。然后使用这一框架所提供的独特视角，分析西方国家公共行政执行力建设的基本经验，并剖析当代中国公共行政执行力建设中存在的核心问题，提出解决问题的基本思路。因此，理论框架的提出和论证以及运用理论框架所提供的视角对国内外情况的分析为理论研究。提出解决中国政府执行力建设中存在的问题为应用研究。总体而言，本书定位为理论研究为主，应用研究为辅。

（一）学科方法论：权力结构分析法与协同机制分析法

1. 权力结构分析法

笔者在建构公共行政执行中层理论的时候，提出并采用了权力结构分析的学科方法论。权力结构分析的方法有三个来源：（1）从亚里士多德到现代的经典性权力理论。（2）社会科学中的行动（agency）和结构（structure）之争。（3）结构主义，安东尼·吉登斯（Anthony Gidden）的结构化（structuration）理论和批判实在主义（critical realism）关于结构的理论。

权力结构分析方法包括以下要点：

（1）权力现象具有本体论意义，权力概念是政治学、政策科学和行政学分析的基盘（infrastructure）概念。

（2）从亚里士多德到现代的经典性权力理论流派纷呈，但是各个流派也并非各自互不相干，他们的分歧和争论主要表现在哲学思想和方法论、主体主义和客体主义、定义的属种、定义的要素四个方面。本书在理论综合的基础上提出权力的整合性定义。

---

① 袁方主编：《社会研究方法教程》，北京：北京大学出版社，1997 年版，第 24~27 页。
② （美）艾尔·巴比著、邱泽奇译：《社会研究方法基础》，北京：华夏出版社，2002 年版，第 26 页。

（3）权力概念蕴含着行动（agency）和结构（structure）的二元特征。吉登斯的结构化理论（the theory of structuration）、让·皮亚杰（Jean Piaget）的结构主义理论、路易斯·阿尔都塞（Louis Althusser）的结构因果观以及批判实在主义（critical realism）理论是权力结构分析的基础。

（4）根据权力的整合性定义中涉及的要素，公共行政执行权力结构可以分为九个相互关联的亚结构。这九个亚结构即目标结构（goal structure）、价值结构（value structure）、利益结构（interests structure）、激励结构（incentive structure）、资源结构（resource structure）、制度结构（rule structure）、技术结构（technology structure）、交往结构（communication structure）和量化结构（quantity structure）。

权力结构分析法将在第二篇中进行详细的论证和阐释。

2. 协同机制分析法

公共行政执行协同机制分析是公共行政执行中层理论的认识论和方法论维度。协同机制分析包括以下要点：

（1）权力结构与协同机制之间的逻辑连接。

（2）系统科学（协同学）途径、网络途径和制度主义途径是探究公共行政执行协同机制的三大主要途径。

（3）公共行政执行协同机制主要包括：公共行政执行的生态协同机制（ecology synergy）、政治—行政协同机制（politics - administration synergy），决策—执行—监督协同机制（decision - agency - supervise synergy），职能—结构协同机制（function - structure synergy），部际协同机制（inter - agency synergy），府际协同机制（inter - governmental synergy）和嵌入性协同机制（embed synergy）。

协同机制分析法将在第三篇中进行详细的论证和阐释。

（二）研究方式：间接研究法是本书的主要研究方式

研究方式是获得、收集和处理资料的方法。一般而言，研究方式"表明研究的实施过程和操作方式的主要特征，它由一些具体的方法所组成，但它不等同于在研究的某一阶段中使用的具体方法。区分研究方法的主要标准是：（1）资料的类型；（2）收集资料的途径或者方法；（3）分析资料的手段和技术"。① 本书的定位是理论研究，在资料的获得、收集和处理上主要采用间接

---

① 袁方主编：《社会研究方法教程》，北京：北京大学出版社，1997年版，第138页。

研究的方法，辅之以作为例证的案例研究方法。

1. 文献研究方法

本书通过文献研究的方法，探索有关问题的历史和现状、建构理论、提出假设、预测趋势。通过文献研究，对已有文献进行梳理、加工和综合形成理论框架、确定分析视角；通过文献研究，形成了中外政府公共行政执行的权力结构和协同机制的基本认知。本书在文献研究中综合采用历史比较研究、统计资料分析和内容分析的方法，研究中国和一些发达国家政府执行力建设中的权力结构、协同机制。本书文献主要来源于个人文献（包括个人的日记、自传、回忆录以及信件）、官方文献（包括政府机构的记录、报告、统计、计划、信函等）和大众传播媒介（包括报刊、影视、网络、光盘等）。

2. 作为例证的案例研究

案例研究和案例分析被广泛地运用于社会学、医学、法律、工商管理和公共政策等领域。一般而言，案例研究可以分为"教学用的案例研究"、"实务操作的案例研究"和"作为一种研究思路的案例研究"。[1]

本书选取国别例证（英国、美国和日本的政府协同执行力的案例）和事件例证（当代中国 2003～2007 年房地产宏观调控政策执行案例）来验证和检验本书提出的中层理论。这种案例研究只是将案例作为例证，用以验证和检验理论。当然"作为一种研究思路的案例研究"和本书使用的作为例证的案例研究并非没有相同的地方，只是本书在研究方案设计、资料收集、资料分析、证据分析和研究报告撰写的各个环节没有前者要求的条件和标准严格，本书只是通过资料收集和资料分析说明和验证理论。

（三）具体方法：理论分析是本书研究的具体方法和技术

"研究的各个阶段使用的具体方法和技术包括资料收集方法、资料分析方法和其他技术手段。"[2]

本书运用文献研究法收集资料。对此在研究方式中已经论述。

本书在分析资料的时候主要采用了文献统计分析法、比较法、建构类型法和理论分析法：（1）文献统计分析主要用于文献综述中。（2）比较法主要用

---

[1] （美）罗伯特·K. 殷著：《案例研究：设计与方法》（第 3 版），重庆：重庆大学出版社，第 1～4 页。

[2] 袁方主编：《社会研究方法教程》，北京：北京大学出版社，1997 年版，第 25～27 页。

于对英国、美国和日本三个国家公共行政执行力建设的国别案例分析。本书提出的公共行政执行权力结构的 GVIIRRTCQ 模型和公共行政执行协同机制的 EPDFIIE 模型为比较分析提供了框架。（3）建构类型法（constructive typology）是贝克（Howard Becker）在发展和改进了韦伯（Max Weber）的理想型（ideal type）方法基础上提出的一种具体研究方法。这种研究方法按照一定的目的，对研究问题所涉及的要素或关系，进行取舍和强调，构造一个理论模型，用以提供分析资料的框架，并对事件、类型和关系进行阐释和说明。本书提出的公共行政执行权力结构的 GVIIRRTCQ 模型和公共行政执行协同机制的 EPDFIIE 模型就是建构类型的方法。本书提出的当代中国公共行政执行类型学也采用了建构类型学的方法。（4）理论分析法就是根据研究对象的特性，使用特定的理论进行分析。[①] 本书在进行理论分析的时候紧紧围绕"权力结构分析"和"协同机制分析"的学科方法论，遵循归纳和演绎相互结合、从抽象到具体的思维原则，综合运用系统分析法、功能分析法、矛盾分析法、制度分析法等多种具体的理论分析方法。

上述具体的研究方法和技术体现在各个章节中，此处不再赘述。

第三节　研究的意义和创新点：公共行政执行中层理论概述

基于中西方学术文献梳理，笔者发现，既有的"执行"研究和"公共行政执行"研究，要么属于宏观层面的研究，要么属于微观层面的研究，缺乏一个连接宏观和微观的中层理论。有鉴于此，从学理上厘定公共行政执行的本质含义，清晰地界定公共行政执行的相关范畴，在中西方学术思想和政府管理实践的基础上，提出合理而有效地分析公共行政执行的中层理论框架和概念范畴，归纳和总结公共行政执行的运行机制，将会推进公共行政执行的理论研究。

一、不同学科中的中层理论

中层理论（theories of the middle range）是由功能主义社会学家默顿提出的一种社会学研究的方法论。默顿提出中层理论是相对于塔尔科特·帕森斯

---

① 具体分析方法中的理论分析主要有这样几种：矛盾分析法，历史分析法，因果分析法，比较分析法，功能分析法，系统分析法。参见范伟达编著：《现代社会研究方法》，上海：复旦大学出版社，2001 年版，第 410～427 页。

（Talcott Parsons）所倡导的"宏大理论"或宏观层次的理论（grand theory）而言。帕森斯建立了社会学的结构功能主义范式，用结构功能的观点解释和刻画整个社会的状态、发展和变迁。宏大理论追求对整个社会的统一解释，研究的范围最广，理论抽象层次最高，距离社会行为和经验观察也最远。这样一来，就在宏大理论和微观行为之间产生了巨大的裂缝。按照伊默·拉卡托斯（Imre Lakatos）科学研究纲领的观点来看，宏大理论作为科学理论结构中的"内核"与微观行为的"经验事实"之间缺乏一个连接性的"保护带"。①

默顿将中层理论定义为："那种是介于抽象的统一性理论和具体的经验性描述两者之间的一种理论。中层理论是介于大量日常研究所必需的低阶假设和包罗万象的系统化统一理论成果之间的纽带，系统化的统一理论用以解释所有社会行为、社会组织和社会变迁的可观察模式。"② 中层理论试图在宏大理论与微观理论之间搭建桥梁，引导经验研究。

默顿提出的中层理论具有如下特征：（1）它主要用于指导经验研究，且根据这一理论是可以通过经验加以验证的。如社会流动理论、社会分层理论、角色冲突理论、参照群体理论等等。（2）它只涉及有限的社会现象，一般由几组有限的假定组成，且通过逻辑推导可以从这些假定中产生出能够接受经验调查证实的具体假设。（3）它可以融入到所谓的社会学理论体系之中去，成为社会学思想体系的一部分。（4）它能区分出微观社会学问题与宏观社会学问题，从而划清微观与宏观问题的界限。（5）它承传了早期社会学家的思想观点和理论建构策略，是经典理论研究工作的直接延续。（6）它没有认定自己可以对当今一切紧迫的实际问题提出理论解决的终极办法，实际上在某种意义上为我们指明了未知的或需进一步研究的方面。③

中层理论提出了一种社会科学研究的方法论，经默顿提出后，被广泛地运用在各个社会科学学科。比如美国考古学家李维·毕佛德（Lewis Binford）将

① （匈）拉卡托斯著、欧阳绛等译：《科学研究纲领方法论：哲学论文第 1 卷》，北京：商务印书馆，1992 年版。

② Robert King Merton, "On Sociological Theories of the Middle Range", in Piotr Sztompka, *On Social Structure and Science*, The University of Chicago Press, 1968, p. 39. （what I have called theories of the middle range：theories that lie betmwwn the minor but necessary working hypotheses that evolved in abundance during the day – by – day routine of research, and the all – inclusive speculations systematic efforts to develop a unified theory that explain all the observed uniformaities of social behavior, social organization and social change）

③ Robert King Merton, "On Sociological Theories of the Middle Range", in Piotr Sztompka, *On Social Structure and Science*, The University of Chicago Press, 1968.

中层理论运用到考古学领域（archaeological realm）。① 政策科学研究者斯蒂芬·微克（Stephen Wilks）和莫里斯·怀特（Maurice Wright）将政策网络看作是连接个人互动和制度结构的中层理论。② 社会学家兰道·柯林斯（Randall Collins）用"互动仪式链"连接个人的互动与宏观社会结构。社会学家吉登斯则用结构的双重性连接个人和结构。国内历史学者周德钧将中层理论引入历史学的研究，认为历史学的中层理论介于历史唯物主义与历史经验表象之间的、专门对中观历史对象进行概括的一种理论。③ 杨念群在中国历史的研究中运用了中层理论的思想。④ 北京大学政治学教授徐湘林提出了中国政治改革研究的中层理论，该理论将"政策过程作为研究中国政治改革的一种中层理论，是为政治改革经验性研究提供具体理论指导的实证性理论。与政治发展的宏观理论相比较，政策过程理论是有限理论，它主要是围绕着政治改革的政策选择、政策制定和政策实施方面的相关问题展开的理论假设和实证检验。"⑤ 国内行政学者麻宝斌和李广辉也认为行政学中层研究是寻找理论与现实的中介，但是没有具体地提出行政学中层理论研究的具体范畴。⑥ 以上这些各个学科中的中层理论都尝试找到一种机制，一种作用方式，将宏观和微观连接起来。

本书所提出的中层理论与政治行政学领域、经济发展领域和政策执行研究领域所提出的中层理论存在区别，下表进行了简单地对比。

---

① L. Mark Raab. Albert C. Goodyear, Middle – Range Theory in Archaeology: A Critical Review of Origins and Applications, *American Antiquity*, Vol. 49, No. 2, Apr., 1984, pp. 255~268.

② S. Wilks and M. Wright, "Conclusion: Comparing Government – Industry Relations: States, Sectors, and Networks", Stephen Wilks and Maurice Wright, *Comparative Government – Industry Relations: Western Europe, the United States, and Japan*, Oxford: Clarendon Press; New York: Oxford University Press, 1987.

③ 周德钧：《试论史学"中层理论"的建构》，载《湖北大学学报（哲学社会科学版）》，1989年第6期。

④ 杨念群著：《中层理论：东西方思想会通下的中国史研究》，南昌：江西教育出版社，2001年版，自序。中指出："尽管谈了不少美国中国学的特征和动态，本书仍然不能算是一本美国中国学研究的述评著作，它的主旨是想通过对美国中国学（也部分包括一些其他的汉学流派如日本中国学）与国内史学习用的理论前提进行双向比较和相互参证，试图探索建立中国史学研究'中层理论'的可能性，这个工作可以说是迫在眉睫。"

⑤ 徐湘林：《从政治发展理论到政策过程理论——中国政治改革研究的中层理论建构》，载《中国社会科学》，2004年03期。

⑥ 麻宝斌、李广辉：《行政学中层研究：寻找理论与现实的中介》，载《北京科技大学学报（社会科学版）》，2005年4月，第21卷，第2期，第17~21页。

表1-1　政治学、经济学和执行研究中的中层理论比较

理论领域	宏观理论举例	中层理论举例	微观理论举例
政治、行政发展理论	Lucian Pye 关于政治发展的标准 Marvin Olsen 关于政治发展的五个变量 Nicholas Berry 政治系统的能力学说 亨廷顿的政治秩序论 雷格斯的行政生态论	徐湘林：中国政治改革的政策过程理论（意识形态、政治领导层、政治运行体制中的各种组织机构、社会群体和政策或者社会经济因素、政治体制、政治领导人）	具体政治行政事件和行为
经济发展理论	刘易斯的经济增长理论 缪尔达尔的软国家理论 林毅夫的强制性制度变迁理论	李晓：强政府（政府强度和政府质量）	略
政策执行研究		政策网络等其他中层理论	案例研究和政策执行模型
公共行政执行研究	国家与社会分析框架下的国家能力学说（国家能力、强国家、软政权等理论）	权力结构 GVIIRRTCQ 模型 协同机制 EPDFIIE 模型	案例研究和政策执行模型

资料来源：作者整理。

本书尝试建构的公共行政执行中层理论在分析层次、核心概念的选取、概念范畴之间的逻辑关系等方面区别于宏观层面的理论和微观层面的理论。本理论既区别于从宏观层面对公共行政执行进行研究的国家能力理论、政治发展理论和政治经济学理论，也区别于从微观层面对公共行政执行进行研究政策执行（policy implementation）理论。

国内公共行政执行研究起步较晚，总体上都可以归入宏观层面的研究和微观层面的研究。比如丁煌教授在研究政策执行时提出了利益—制度和行为的分析框架，① 这一框架没有严格地区分理论的层面，并且所采用的方法亦是理性选择制度主义的途径，尚未从协同机制的角度阐释清楚行为和制度的关系。莫勇波的《公共政策执行中的政府执行力问题研究》亦属于西方政策执行研究

---

① 丁煌教授认为："政策执行问题的研究应该建立在资源稀缺性假设和理性逐利人假设这两个最为基本的理论前提假设之上。""利益分析理应成为我们研究政策执行问题时所必须遵循的最为基本的方法论原则。""行为分析和制度分析这两种具体的方法"。参加丁煌：《研究政策执行问题必须遵循科学的方法论》，载《北京行政学院学报》，2003 年 01 期，第 16～21 页。

领域的微观行为研究。① 总体而言国内学者对公共行政执行力的研究或者属于政策执行领域的微观研究，或者"借鉴"工商企业管理执行力研究的思维和概念工具。比如许珂提出了政府执行力的"行动"模型，② 就有将工商管理领域的执行力研究引入政府执行研究的色彩。而公共行政执行中层理论所使用的权力结构概念是政治学、政策科学和公共行政学的基盘概念，这保证了我们的理论分析扎根于公共行政执行内在本性之中，能够充分地体现公共行政执行的内在规律。

二、公共行政执行研究宏观层面、中观层面和微观层面的界定

公共行政执行研究的宏观层面指的是在国家与社会关系的宏观分析框架下，研究整个国家制度实体贯彻和实施国家意志、实现国家目标的相关理论群簇。所谓的"宏观"指的是研究概念的抽象程度高、研究的视野宽、研究的范围涉及整个国家制度实体，而不仅仅局限于行政机关。在第二章中，我们会列举公共行政执行宏观层面的相关理论。公共行政执行宏观层面的研究具有以下特点：

第一，抽象程度。宏观层面的研究以自由与权威之间的矛盾关系为哲学基础，以国家与社会之间的关系为分析框架，所使用概念的抽象程度高。比如国家能力、政治能力、强国家等概念抽象程度都较高，概念的外延较宽，并不专门针对行政机关这一特定的国家制度实体。

第二，研究视野。宏观层面的研究视野宽广，国家自主性、国家能力、国家与社会的互动关系、国家制度与经济发展之间的关系都属于宏观层面研究。宏观层面的研究侧重于国家整体的作用和功能。而本文提出的公共行政执行的中层理论则通过权力结构和协同机制的概念，深入到机制层面，研究公共行政执行的过程和运作规律及机制。

第三，研究范围。宏观层面研究的范围较宽，是对国家与社会关系以及国家制度实体的整体研究。公共行政执行的中层理论则聚焦于行政机关，研究行政机关的权力结构和协同机制。

公共行政执行研究的微观层面即对公共行政执行微观行为的研究，公共行政执行的微观行为指的是公共行政执行过程中可观察的变量及其变量之间的相互关系。这里的微观并非指政策范围的狭小、时间的短暂或者影响力微弱，而

---

① 莫勇波著：《公共政策执行中的政府执行力问题研究》，北京：中国社会科学出版社，2007 年版。

② 徐珂著：《政府执行力》，北京：新华出版社，2007 年版，第 47 ~ 199 页。

是与"可观察"、"可测量"和"可以经验"含义相同。因为任何可观察的变量，都可以通过"操作化"还原为最微小的观察。按照批判实在主义（critical realism）认识论的观点，本文所建构的公共行政执行中层理论中的"权力结构和协同机制"属于批判实在主义所谓的真实层面，"微观行为"则属于批判实在主义所谓的经验层面和实际层面。真实层面的结构性机制产生微观层面"可观察"的变量之间的联系。

下图简明地表现了本文所述的宏观层面、中观层面和微观层面之间的连接关系。其中阴影部分是本文建构的公共行政执行中层理论的主体部门。

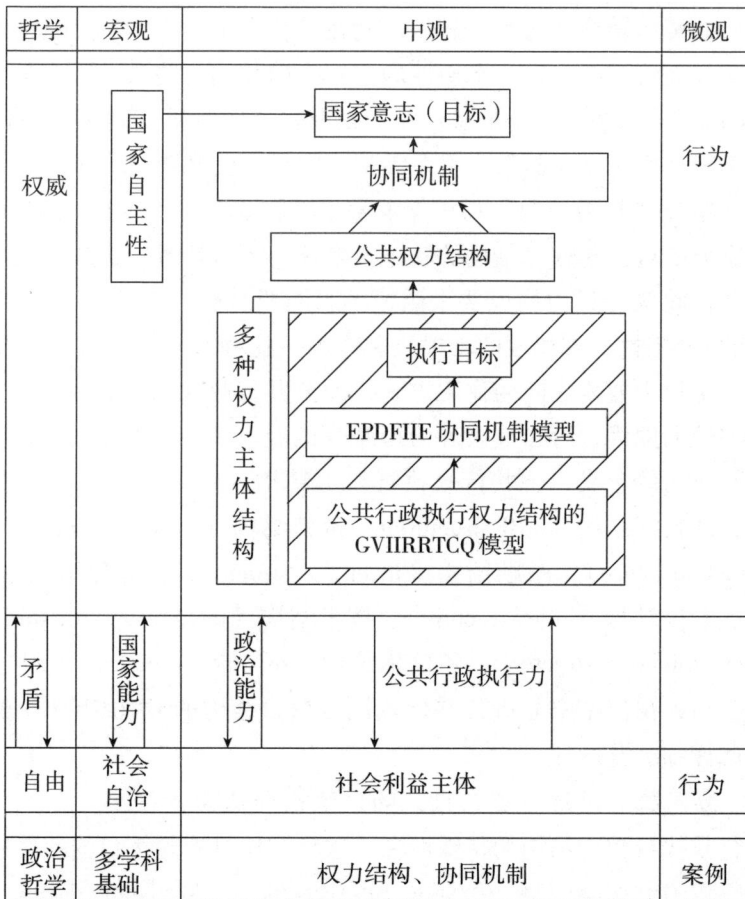

哲学	宏观	中观			微观
权威	国家自主性	国家意志（目标） 协同机制 公共权力结构			行为
		多种权力主体结构	执行目标 EPDFIIE协同机制模型 公共行政执行权力结构的 GVIIRRTCQ模型		
矛盾	国家能力	政治能力	公共行政执行力		
自由	社会自治	社会利益主体			行为
政治哲学	多学科基础	权力结构、协同机制			案例

图 1 - 1 公共行政执行宏观、中观和微观之间的关系

资料来源：作者绘制。

三、公共行政执行中层理论的基本运思

本书尝试建构的公共行政执行中层理论具有独特的运思:

(一) 权力结构是这一理论框架的本体论维度

鉴于权力概念是政治学、政策科学和行政学分析的基盘(infrastructure)概念。本书将权力作为分析公共行政执行的本体论基础,公共行政执行中的诸多现象(如决策、利益分配、执行资源、制度)都可以从权力概念出发加以阐释。笔者在对古今中外经典权力理论流派进行梳理的基础上,提出了权力的整合性定义,将权力界定为:意欲实现某种目标的多元利益主体之间,以利用资源而形成的资源转换能力为基础,从而在具有一定的主体间支配能力的条件下,通过交往而形成的一种非平衡性的相互作用和相互关系。这一概念体现了行动(agency)与结构(structure)的二重属性,既意欲实现某种目标的多元主体,既不断地生产动态的权力关系结构,同时又受到既定的权力关系结构的制约。笔者通过"权力结构"的概念消解了"行动"和"结构"的两极紧张关系,使得分析进入了权力结构的动态转换这一逻辑环节。公共行政执行权力结构是公共行政执行权力构成要素组成的具有整体性、转换性(动态性和生成性)、自我调整性、规律性的因果机制体系。这种有规律的运行路径和运行程序本质上是权力要素之间的作用方式,即公共行政执行"机制"。这种机制是一种结构性的原因,外在地表现为可观察的经验世界变量之间的恒常联系。根据本书对权力的定义,公共行政执行权力结构(power structure)由九个亚结构构成,即目标结构(goal structure)、价值结构(value structure)、利益结构(interests structure)、激励结构(incentive structure)、资源结构(resource structure)、制度结构(rule structure)、技术结构(technology structure)、交往结构(communication structure)和量化结构(quantity structure)。将这几个结构首字母合写,得出本书分析公共行政执行权力结构的 GVIIRRTCQ 框架。第二篇将对此详细展开阐述。

(二) 协同机制是这一理论框架的方法论和认识论维度

公共行政执行权力结构的特殊性在于这种结构具有趋于目的的属性,即公共行政执行权力结构会围绕公共意志(既定目的或协同目的)进行结构转换,权力结构的转换形成协同机制。如何认识这一结构转换机制?是一个认识论和方法论问题,笔者将协同理论群簇的协同思想引入,用以认识和分析公共行政执行权力结构问题。从协同理论的三个途径(系统途径、网络途径和制度主

义途径）认识和分析公共行政执行权力结构的协同机制。协同机制（synergy mechanism）就是各个元素（主体）通过互动（冲突和合作），共同努力以实现既定目标或协定目标的过程、作用方式和程序。公共行政执行的协同机制发生在公共行政执行权力结构的动态转换过程中，是公共行政执行权力主体通过互动（冲突和合作），共同努力以实现公共意志（既定的或共识产生的）的过程、作用方式和程序。公共行政执行权力结构的协同机制的研究任务在于：运用不同的理论途径研究，探讨将公共行政执行权力结构中将个人目标协同转换为公共目标的机制。这些机制可以概括为：公共行政执行的生态协同机制（e-cology synergy）、政治—行政协同机制（politics – administration synergy），决策—执行—监督协同机制（decision – agency – supervise synergy），职能—结构协同机制（function – structure synergy），部际协同机制（inter – agency synergy），府际协同机制（inter – governmental synergy）和嵌入性协同机制（embed syner-gy）。将这几个协同机制的首字母合写，得出了本书分析公共行政执行协同机制的 EPDFIIE 模型。第三章将对此详细展开阐述。

（三）微观行为是这一理论框架的现象维度

公共行政执行的微观行为就是公共行政执行过程中可观察的变量及其变量之间的相互关系。按照批判实在主义（critical realism）的认识论，权力结构和协同机制属于真实层面，真实层面的机制产生实际的事件和可观察的变量关系。权力结构和协同机制揭示了微观行为的作用方式和作用机理，而微观行为则是权力结构和协同机制的外在表现。这里的微观并非指政策范围的狭小、时间的短暂或者影响力微弱，而是与"可观察"、"可测量"、"可以经验"含义相同。因为任何可观察的变量，都可以通过"操作化"还原为最微小的观察。西方的政策执行（policy implementation）研究主要就是一种行为主义方法论指导下的微观行为研究。第四篇的第七章将对此展开阐述。

总而言之，本书进行中层理论建构的时候，遵循了本体论、认识论、方法论和现象学统一的原则。

四、公共行政执行中层理论的功能

（一）从权力结构和协同机制的角度回答公共行政执行的基本问题

公共行政执行过程是一个具有"目的性"的过程，公共行政执行研究的核心在于解释和阐明"执行结果为何会偏离既定的或协定的公共目标"这一基本问题。而协同理论群簇（系统论、网络分析和制度主义）恰好能很好地解释和阐明自然界和人类社会趋于目的性的现象。有鉴于此，笔者将公共行政执行过程看作是公共执行权力结构协同转换的过程，从权力结构和协同机制的角度回答了公共行政执行的基本问题。

（二）连接公共行政执行的宏观层面和微观层面

中层理论的一个重要功能是将宏观理论和微观理论连接起来，不同的中层理论连接宏观和微观的方式、逻辑和概念范畴是不一样的，这种差异决定了中层理论的特点。本书所提出的公共行政执行研究的中层理论在宏观和微观的连接方式上具有以下两个特点：第一，权力结构的整体性和层次性是连接宏观和微观的桥梁。这个特点可以称之为"作为权力结构分析的公共行政执行中层理论"。第二，批判实在主义认识论主张的机制因果观是连接中观和微观的桥梁。这一特点可以称之为"作为机制分析的公共行政执行中层理论"。

1. 权力结构的整体性和层次性：宏观和中观的连接

本书将权力看作是一个具有本体论意义的概念，是政治学、政策科学和行政学基盘概念。权力结构具有整体性和层次性。国家能力、政治能力、强国家等概念都是考量公共行政执行权力的宏观视角，这些概念是整个公共权力结构层次上的概念。如图1-1所示，公共权力是一个整体结构，通过整体的协同作用，形成国家的意志并实施国家意志。而公共行政执行权力只是公共权力结构中的亚结构。公共权力结构的整体性和层次性使得宏观层面的国家自主性、国家能力等概念抽象程度逐步降低，概念的外延逐步缩小，实现了公共行政执行研究的宏观层面和中观层面的连接。

实际上，权力结构和协同机制这两个核心概念也可以运用于研究整个国家层面上的执行问题。基本思路是：在国家与社会关系的框架下，国家意志的实施过程是一个协同过程，在这一过程中，政党、立法机关、行政机关和司法机关等政治主体形成公共权力结构，通过公共权力结构的协同性转换机制，实现国家意志和目标。本书重点研究国家公共权力结构中的亚结构——公共行政执行权力的结构和协同机制。

2. 批判实在主义：中观层面的机制与微观行为的连接

本书用批判实在主义的观点阐释中层理论。公共行政执行权力结构和协同机制属于批判实在主义的真实层面，微观行为是实际层面和经验层面，表现为可观察行为和事件的关系和模型。微观行为构成公共行政执行中层理论的现象维度，西方政策执行研究领域主要是微观行为研究，属于公共行政执行研究的现象维度。本书所提出的公共行政执行中层理论是结构性的机制理论，而微观理论是行为性的、经验性的、可观察的因果关系理论。本书的着力点是尝试建构一个机制理论，用于探究和分析经验变量背后的结构和机制。

五、公共行政执行中层理论的运用

本书运用公共行政执行的中层理论的公共行政执行权力结构的 GVIIR-RTCQ 模型和公共行政执行协同机制的 EPDFIIE 模型，对英国、美国和日本 20 世纪后半期以来，通过行政改革优化政府执行权力结构、协同机制以提升执行力的理念、理论、制度安排和措施进行了新的阐释。具体内容将在第八章展开。

本书运用公共行政执行中层理论审视当代中国政府执行问题，并提出了解决这些问题的战略路径。本书在提出了当代中国公共行政执行类型学的基础上，选取 2003～2007 年房地产宏观调控政策执行作为事件案例，运用公共行政执行中层理论对其进行理论分析，总结归纳了当代中国政府执行力建设的核心问题和改革战略，即执行中的权力结构的失衡和执行协同的失效是导致中国政府执行问题的根本原因，重塑公共行政执行权力结构和协同机制是中国政府执行力建设的基本战略路径。具体内容将在第九章展开。

第四节 本书的中心思想和框架结构

本书的研究始于中国与西方学术界和实务界对公共行政执行研究的基本问题——"为什么公共意志与实施结果之间存在鸿沟？"及其衍生问题的关注、阐释和解答。在对这一问题进行多学科透视的基础上，笔者厘定了研究这一问题的宏观理论、中层理论和微观理论。

本书所提出公共行政执行中层理论的核心思想（观点）是：公共行政执行力（executive powers of public administration）是公共行政执行权力结构协同转换过程中所表现出来的合力（可用结果或有效性等概念从某一个侧面进行阐释）。换言之，公共行政执行力实质上是一种协同作用表现出来的合力，本质上是一种"协同执行力"。协同执行力是从协同的视角对公共行政执行权力的运行状态和运行结果进行描述的概念，协同执行力的提升是公共行政改革的核心。提升协同执行力的公共行政改革意味着政府通过改变权力结构，创制游戏规则，来确保各个主体围绕公共意志所规定的目标达成协同。拥有卓越执行能力的政府本质上是权力结构优化和协同机制良好的政府。

权力结构协同性转换机制的研究是"政府协同学"和"公共行政执行协同研究"的核心。广义的政府协同指的是：在国家与社会、公共与私人所构成的结构性关系框架之下，国家公共权力主体之间的协同一致，并与社会相互作用，从而形成国家与社会的良性关系，达到国家与社会的双赢，实现经济和社会的持续繁荣。狭义的政府协同，特指政府行政系统（即执行系统）在实现国家战略、目标、意志、法律和政策的时候，行政系统与行政环境（包括行政系统之外的国家公共权力主体、利益集团、第三部门组织等等）之间的协同，以及行政系统内部各个要素之间的协同。对狭义政府协同的研究又称作公共行政执行协同研究。在执行过程中，政府权力是一个主导性的权力，政府通过提供制度框架和游戏规则，改变各个主体之间的权力结构，可以实现执行中的协同。

英国、美国和日本在 20 世纪后期所进行的行政改革的核心内容就是提升公共行政的协同执行力。对此将在第六章中详述。

当代中国政府的公共行政执行可分为经济调节、市场监管、公共服务、社会管理和其他五类。当代中国公共行政执行力低下的原因之一是权力结构不良，具体包括目标结构离散；利益结构分化；激励结构复杂；交往结构失衡。当代中国公共行政执行力低下的原因之二是协同机制乏力，具体包括在决策—执行—监督协同机制方面：决策、执行、监督功能和结构分化不足；在职能——结构协同机制方面：职能——结构不匹配；在部际协同机制方面：部门分割严重、整合乏力；在府际协同机制方面：博弈规则不完善；在嵌入协同机制方面：法制和制度基础缺失。提升当代中国公共行政协同执行力的战略路径之一是权力结构重塑，包括整合离散的目标；协调分化的利益；完善绩效管理和责任追究机制；保证对话的正当性。提升当代中国公共行政协同执行力的战略路径之二是协同机制重塑，包括建立决策、执行和监督分工协作的机制；建立"大部制"使职能和结构匹配；完善部际协调机制；创新府际博弈规则；构筑法治框架奠定嵌入协同的基础。

为了论证和阐释上述中心思想，本书论证结构遵循了概念推演维度、案例分析维度与章节安排维度相统一的原则。概念的推演遵循本体论、认识论和方法论统一的原则，遵循从抽象到具体的原则。案例分析则遵循理论框架与案例分析统一的原则，案例选取兼顾国别案例和中国的事件案例。下图简要地表现了本书的基本逻辑。

论文的组织架构	逻辑流程	章节安排
国内外学界和实务界都面临着公共行政执行研究的基本问题和难题	提出问题	导论
多学科、多层次的理论透视	问题阐释	第二章

本文的理论框架

权力结构→公共行政执行权力结构	本体论	第三四章
协同机制→公共行政执行协同机制	认识论、方法论	第五六章
微观行为→公共行政执行微观行为	现象论	第七章

国别案例分析 / 中国案例和问题	案例分析	第八章
中国政府执行力建设的基本路径	战略路径	第九章

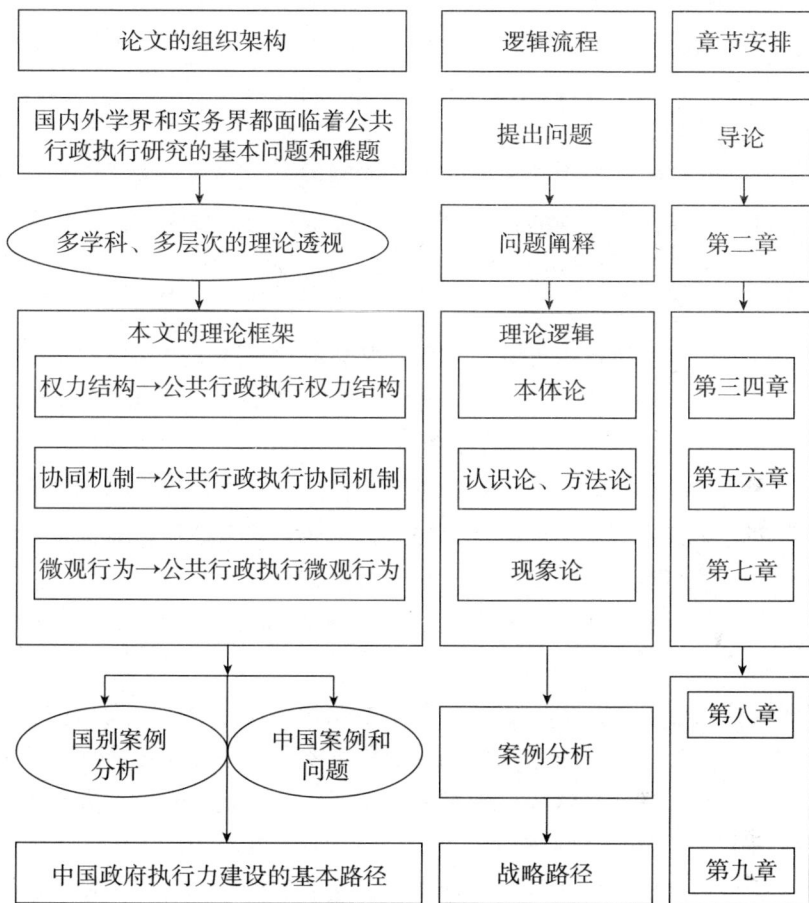

图 1 - 2　本书的基本逻辑

资料来源：作者绘制。

按照上图所示的逻辑流程，本书分为五篇九章以及参考文献和附录。

第一篇导论、文献和概念基础，分为两章。

第一章导论对本书研究背景、已有的研究、研究的意义和贡献、研究范围、研究方法和中心论点进行陈述。

第二章公共行政执行中层理论的基本概念辨析。鉴于公共行政执行（力）问题是一个世界性的难题，同时也是一个具有极强综合性的学术研究议题。政治学、发展经济学、管理学、政策科学、公共行政学和公共管理学都从各自的角度关注和研究执行问题和政府执行问题。本章通过文献研究归纳总结出不同学科研究执行问题的基本观点、命题和理论成果。并在学科综合分析的基础上梳理了公共行政执行研究的宏观层面、微观层面和中观层面，理清了政府执行力与国家能力、决策、监督、执政能力等概念的关系，给出了公共行政执行力的定义，为公共行政执行中层理论的提出奠定了概念基础。

第二篇公共行政执行中层理论的本体论维度——权力结构，分为两章。

第三章权力和权力结构的理论梳理。论证选择权力概念作为分析起点的原因，对权力的定义、权力理论流派进行了梳理，并在此基础上给出了权力的整合性定义。

第四章公共行政执行权力结构的要素和构成。阐述了公共行政执行权力结构的概念和分析方法，提出了公共行政执行权力结构的 GVIIRRTCQ 模型。第三篇公共行政执行中层理论的认识论维度——协同机制，分为两章。

第五章公共行政执行协同机制的研究途径。阐述了从权力结构到协同机制的逻辑连接。并阐述了公共行政执行协同机制研究的三个理论途径，系统科学途径、网络途径和制度主义途径。

第六章公共行政执行协同机制的 EPDFIIE 模型。详细阐述了公共行政执行协同机制的 EPDFIIE 模型。

第四篇公共行政执行中层理论的现象维度和实践应用，分为三章。

第七章为公共行政执行中层理论的现象维度，该章在系统梳理政策执行研究文献的基础上，从理论途径、理论模型和变量、理论核心三个方面展示了公共行政执行微观行为研究的概貌。

第八章和第九章为公共行政执行中层理论的实践应用。第八章公共行政执行中层理论的国别应用，运用了公共行政执行中层理论分析了 20 世纪 70 年代末期以来英国、美国和日本的行政改革和公共行政执行问题。

第九章公共行政执行中层理论的中国案例。运用了公共行政执行中层理论，结合 2003～2007 年房地产宏观调控政策执行案例，分析了当代中国政府执行力低下的原因，提出了执行力、当代中国政府执行力的战略思路。

最后是主要参考文献和附录。

第二章

公共行政执行中层理论的概念基础

执行和执行现象为众多学科所关注。比如管理学中的执行力（execution）研究；政策科学中的执行（implementation）研究；公共行政领域中对政治（politics）与行政（administration）之间关系的研究，对决策与执行机构（executive agency）之间关系的研究；政治学对国家能力（state capacity）和政府能力（governmental capacity）的研究；发展经济学对国家在发展经济中所起作用的研究；政党学对执政（to hold the reins of government）和执政能力的研究；法学对司法执行（enforcement）的研究等等。这些学科都从各自的学科出发研究了执行现象和执行问题，并从各自的角度提出了相关的理论和命题。一方面，这些研究为公共行政执行力的研究提供了可资借鉴的理论资源；另一方面，这种各个学科"各自为政"的理论"丛林"也形成了"执行"研究混乱的局面。

本章将系统地梳理不同学科领域中的执行研究，这些研究都与公共行政执行研究直接或间接相关。主要包括企业管理学、政策科学、公共行政和公共管理学、政治学、发展经济学、制度经济学、政治经济学和政党学领域的执行研究。在系统梳理的基础上，本章对这些学科所涉及的执行、执行力概念和理论进行综合比较，提出本书所研究的执行、公共行政执行、公共行政执行力的概念。笔者把与公共行政执行相关的执行研究划分为宏观、中观和微观三个层面，为本书公共行政执行中层理论的提出提供参照背景。

第一节 公共行政执行和公共行政执行力

本节首先综合比较与公共行政执行（力）紧密相关的概念，区分这些概念的领域、层次和聚焦点，然后以此为基础，根据"属加种差"的方法，给出公共行政执行和公共行政执行力的定义。

一、公共行政执行和公共行政执行力的定义

（一）公共行政执行的定义

执行的一般含义在权威的字典和学者的研究中有大致相同的界定。按照 *Webster's Dictionary* 的解释 execution 的含义是"贯彻，落实"。基本含义指将决策转化为实际行动的过程和诸活动的总称。

政府执行指政府将国家意志、战略、法律法规和公共政策转化成实际行动的过程和诸活动的总称。政府执行有广义和狭义之分。广义的政府执行指的是在政党的积极行动之下，国家（立法、行政和司法机关）分别履行各自的职能，共同实现国家意志、战略，实施法律法规，贯彻公共政策的过程和诸活动的总称，广义的政府执行又可称作"国家执行"。狭义的政府执行指的是行政机关为了落实和实施国家意志、国家目标，依法贯彻法律、法规和公共政策的过程和诸活动的总称。狭义的政府执行亦称作公共行政执行（execution of public administration），是本书研究的对象。

公共行政执行的定义包括两个维度：载体和功能。第一个维度是载体，公共行政执行的载体是行政机关。第二个维度是功能，我们首先将"历史存在"划分为国家与社会两大领域，国家履行两种功能，即国家意志的表达和国家意志的执行。履行国家意志表达的机构是多元的，它们之间形成一种协同性的结构。其中政党和立法机关主要履行表达国家意志的功能，行政机关和司法机关也会通过细化法律、裁量、解释等方式实际履行表达国家意志的功能。国家意志表达后就需要执行。履行国家意志执行功能的主体主要包括行政机关、司法机关和政党组织等等。行政机关通过积极的作为，通过"把一个具体的人或具体的事例纳入法律的一般规则对它起作用的那种类型里"来执行法律。[①] 司法机关则通过诉讼案件的审理来执行法律。政党则通过领导和协调促进国家意志的执行。社会组织也会受到国家的委托执行国家意志，但主要还是以代理人的身份完成使命。很显然，国家机关的划分，实际上导致了国家两种功能履行的碎片化局面，政党在协调两种功能，整合碎片化机构方面发挥着重要的作用。

基于这两个维度我们认为：行政机关主要的任务是执行国家的意志，其进行国家意志的表达（无论是有悖于执行还是更加有利于执行）也主要是

----

① （美）F. J. 古德诺著、王元译：《政治与行政》，北京：华夏出版社，1987 年版，第 42 页。

因为其拥有的行政权力。有鉴于此，笔者认为公共行政执行（execution of public administration）就是行政机关为了落实和实施国家意志、国家目标，依法贯彻法律、法规和公共政策的诸活动的总称。这一定义有如下几个要点：

首先，公共行政执行的主体是行政机关。当然行政机关可能会通过合同外包的方式利用市场力量执行任务，也可能通过设立多样化的执行机构的方式完成执行任务，但是公共行政执行的主体和最终责任者仍旧是行政机关。

其次，行政机关执行的内容是国家意志、国家目标、法律、法规和公共政策，行政机关在执行这些内容的时候，会进行国家意志的再表达，并形成行政决策，通过将"目标——手段"链条的层级系统逐渐降低的方式，使抽象的意志变为实际的结果。

最后，行政执行活动是一个复杂动态的过程性活动。执行过程会有多种主体的参与，并通过特定的结构来实现，这些特定的结构都履行特定的功能，形成一种协同机制，共同指向执行的目标。

（二）公共行政执行力的定义

公共行政执行力可以有多种理解，比如"公共行政执行能力"、"公共行政执行力度"、"公共行政执行效力"等等，这样一来，公共行政执行力对应的英文单词也会有多种。笔者从权力的角度研究公共行政执行问题，将公共行政执行力看作是公共行政执行权力。公共行政执行能力、力度和效力都是公共行政执行权力运行状态和运行结果的一个侧面。笔者将公共行政执行力翻译为executive powers of public administration。

国内学者一般使用"政府执行力"这一概念表述公共行政执行力的内容，这种表述存在如下两个问题：第一，将广义政府执行（力）和狭义政府执行（力）相混淆。从严格学术意义上区分广义的政府执行力和狭义的政府执行力（即公共行政执行力），有助于深入理解公共行政执行力的内在本质和特征。因为广义的政府毕竟与狭义政府（行政机关）在职能、结构和运行方式上存在差异。第二，学科"移植"倾向严重。已有关于政府执行力的研究一般移植工商管理"执行力"（execution）范式和政策执行（policy implementation）研究范式。研究范式的"混淆"和"移植"无法从公共行政执行的内在特性出发对公共行政执行力进行研究，理论的解释力和合理性值得怀疑。

鉴于此，本书提出公共行政执行力的定义。公共行政执行力（executive

powers of public administration） 就是公共行政执行权力结构协同转换过程中所表现出来的合力。从权力结构及其协同机制的角度研究公共行政执行问题是本书的特点。换言之，公共行政执行力实质上是一种协同作用表现出来的合力，笔者将公共行政执行力的本质看作是"协同执行力"。协同执行力是从协同的视角对公共行政执行权力的运行状态和运行结果进行描述的概念，协同执行力的提升是公共行政改革的主要内容之一。这一定义是本书使用权力结构、协同机制和微观行为三个核心范畴建构公共行政执行中层理论的逻辑起点。

二、公共行政执行力与其他相关概念之间的关系

与公共行政执行（力）紧密相关的概念包括：企业管理中的执行（execution）、执行力（execution ability）概念；政策执行研究领域的执行（implementation）和执行的有效性（effectiveness of implementation）概念；公共行政研究领域的行政（administration）、执行机构（execution agency）概念；政治学领域的执行权（executive power）、国家能力（state capacity）、政治能力（politics capacity）、政府能力（government capacity）概念；政治经济学领域的软国家（soft sate）概念；政党学中的执政概念（to hold the reins of government）；法律中的强制执行概念（enforcement）。这些概念虽然都表达了将抽象性的意志转化为现实的意义，但是这些术语的中英文用词、指称的领域和层次以及定义的视角都存在差异。下表列举出这些概念的典型定义，即这些术语所在学科的最流行的、最常用的定义。

表 2－1　与公共行政执行（力）紧密相关的概念群

学科	汉语名词	英文名词	定义	定义领域和层次	视角
管理学	执行	Execution	"执行就是把事情做完""执行是有关于公司的经营，与构想或规划是相对的。执行是去实践我们的目标。"	具体领域	系统、流程和模式
	执行力	Execution ability	就是指通过一套有效的系统、体系、组织、文化或技术操作方法等把决策转化为结果的能力。换句话说，指的是贯彻战略意图，完成预定目标的操作能力。	具体领域	体系、流程和模式

续表

学科	汉语名词	英文名词	定义	定义领域和层次	视角
政策科学	执行	implementation	"执行意味着实现（carry）、成就（accomplish）、实行（fulfill）、制造（produce）、完工（complete），被执行的究竟是什么呢？显然是政策。"	微观行为	行为主义
	执行的有效性	effectiveness of implementation	执行的效果	具体指标	行为主义、测量
公共行政	行政	administration	"公共行政就是公法的明细而系统的执行活动。一般法律的每一次具体措施都是一种行政行为""行政是国家意志的执行"	中观层面	权力性质
	执行机构	execution agency	实施政府政策的多种机构	中观层面	组织结构
政治学	执行权	executive power	国家权力中的行政权力	宏观层面	分权学说
	国家能力	state capacity	国家实现和执行国家意志的能力	宏观层面	国家与社会
	政府能力	government capacity	政府实现和执行国家意志的能力	宏观层面	国家与社会
	政治能力	political capacity	包含了效能和能力的具有合法性的国家制度建构	中观微观层面	权力结构和效能分析
政党学	执政	to hold the reins of government	西方文献指：执掌国家最高行政权力	宏观层面	国家视角
政治经济学	软国家	soft sate	不能有效实现国家目标和国家意志的政权	宏观层面	国家视角
制度经济学	政策失败	policy failure	政策目标不能实现	中观层面	制度变迁视角
法学	强制执行	enforcement	通过法律强制实现目标	法律领域	法律视角
	行政执法的执行力	execution	行政机关决定向对方履行某种作为义务，向对方不履行时，行政机关可依法采取一定的手段，迫使向对方履行义务，即可行政机关有依法强制执行的权力。	法律领域	法律视角

资料来源，作者整理。

说明：出于简洁，表格中引号部分的出处会在本章后面几节的正文中注出。

三、公共行政执行和公共行政执行力定义的进一步说明

笔者通过比较公共行政执行（力）与企业管理的执行、政策执行、国家能力、政府能力、政治能力、软国家、政策失败、执政能力、强制执行、行政执法和行政执法的执行力进一步对公共行政执行（力）概念进行说明。

（一）公共行政执行与企业管理的执行

公共行政执行与企业管理的执行最主要的区别是公共行政执行具有公共性，公共性贯穿在执行过程的始终。① 是否具有公共性决定了公共行政执行与企业管理的执行在环境因素、组织环境关系、内部结构和工作方法等方面都存在显著的差异。② 但是追求执行中的经济、效率和效益则是相同的，只不过公共行政执行过程中的价值标准更多，冲突更加明显。只有在追求的价值标准一致的情况下，企业管理中的执行技术、执行手段和执行工具才可能运用到政府执行中去。

（二）公共行政执行与政策执行

公共行政执行与政策执行（policy implementation）基本上是同一的概念。因为在法治国家中，国家意志、法律、规范和政策都需要转化为具有法律效应的规范才能得到执行，有鉴于此，从两者执行的客体上看，公共行政执行和政策执行可以理解为指称相同的概念。如果把政策执行（policy implementation）和公共行政执行（execution of public administration）分别看作特定的研究领域，那么两者的研究方法、研究焦点、研究层次、研究途径和研究内容却存在差异。政策执行研究领域主要采用行为主义和后行为主义的研究方法，研究聚焦于影响执行有效性的行为变量，研究层次主要是微观的，研究途径主要是自上而下、自下而上和综合的三种途径，研究内容主要是对某一特定领域进行深度的案例剖析。而公共行政执行研究主要是中观层面的研究，用威尔逊的话说就

---

① 按照格雷厄姆 T. 奥尔森（Graham T. Allison）在《公共事业和私营企业管理：它们在所有不重要的方面是否基本上是相同的》一文的阐述，"如果组织能够简单地分成两大部分，一大部分是公共组织，另一大部分是私人组织，……因此可以把各种组织每个主要属性，特有本质表示在性质图谱上。在多数属性方面，各种组织可区分为"公共属性为主的组织"和"私营属性为主的组织"。参见彭和平、竹立家主编：《国外公共行政理论精选》，北京：中共中央党校出版社，1997年版，第347页。

② 参见雷尼、巴考夫和莱温：《公共行政评论》，载彭和平、竹立家主编：《国外公共行政理论精选》，北京：中共中央党校出版社，1997年版，第340～342页。

是旨在寻求一种"高度相似的结构①"。在笔者看来这种结构本质上是一种系统性协同的权力结构。这种结构指向经过行政机关具体化后的国家意志，并成为国家能力的组成部分。

（三）公共行政执行力与国家能力、政府能力、政治能力

公共行政执行力与国家能力和政府能力的关系。国家能力、政府能力这类概念都是表述国家实现或者执行国家意志、法律、目标和政策的本领、强度大小和结果的概念。公共行政执行力概念本身不但含有本领、强度大小的含义，还含有这种本领和强度的方向、作用轨道和作用结果等含义。从概念的外延来看，公共行政执行力主要刻画行政机关的国家能力，而国家能力的外延涵盖面更宽，表述整个国家制度体系所具有的实施国家意志的能力。公共行政能力与政府能力的关系与上述表述类似。

公共行政执行力与政治能力的关系。政治能力侧重于从权力实施的角度分析权力实施过程中的制度、合法性和效能。本书中的公共行政执行力也是从权力主体、权力运行、权力结构（制度）和权力结果（效能）来界定的。区别在于公共行政执行力主要指称行政机关的执行权力及其运动。而政治能力则是从国家层面上分析权力的运行和效能。

（四）公共行政执行力与软国家、政策失败

软国家（强国家与软国家相对）和政策失败分别从国家执行的力度衰朽和国家推动制度变迁能力的衰朽的角度分析包括国家执行在内的国家行动的结果。公共行政执行力含有公共行政执行结果的含义。软国家和政策失败主要针对国家而言，而公共行政执行力主要针对行政机关，影响公共行政执行力和国家行动结果的因素有很多重合的地方。因此关于软国家和政策失败的理论也是研究公共行政执行力的理论基础之一。

（五）公共行政执行力与执政能力

执政能力的主体是政党，而公共行政执行能力的主体是行政机关。执政能力的执政包括了政党执掌政权的方方面面，而公共行政执行能力则主要涉及行政机关贯彻落实政策的本领、力度等。政党的领导、协调和监督作用决定了执

---

① （美）伍德罗·威尔逊：《行政学之研究》，载彭和平、竹立家主编：《国外公共行政理论精选》，北京：中共中央党校出版社，1997年版，第14～16页。"在行政管理职能的有关各个方面，一切政府都具有很强的结构方面的相似性。不仅如此，如果各种政府想成为同样有用和有效率的政府，它们必须在结构上有高度相似之处。"

政能力会深刻地影响公共行政执行能力，而公共行政执行能力则在行政执行这一具体方面反映和体现执政能力。

（六）公共行政执行与强制执行、行政执法和行政执法的执行力

强制执行与公共行政执行。强制执行是一个司法和行政法领域的用语。在行政法领域，行政强制执行"指个人、组织不履行法律规定的义务，行政机关依法强制其履行义务的行政行为。"[①] 行政强制执行只是公共行政执行的一种形态。公共行政执行中广泛地使用政治的、法律的、管理的和伦理的手段。

公共行政执行与行政执法。"执法，是指国家机关执行、适用法律的活动。行政执法是行政机关执行法律的行为，既包括抽象的行政行为，也包括具体的行政行为。"就具体的行政执行行为而言，"即指主管行政机关依法采取的具体影响相对一方权利义务的行为；或者对个人、组织的权利义务的行使和履行情况进行监督检查的行为。"[②] 可以分为行政处理决定、行政监督检查、行政强制执行和行政处罚等。公共行政执行工作一般包括那些综合管理类的事项、行政执法类的事项和专业技术类的事项等等，因此行政执法只是公共行政执行的一个方面。从研究领域而言，公共行政执行研究固然也关注行政执法行为，但更主要的关注结构，关注协同问题。

行政执法的执行力"是指行政机关决定向对方履行某种作为义务，向对方不履行时，行政机关可依法采取一定的手段，迫使向对方履行义务，即行政机关有依法强制执行的权力。"[③] 行政执法的执行力与强制执行是同义术语，都强调将法律变为现实的必须性和强制性。

以上概念辨析理清了公共行政执行和公共行政执行力的概念，奠定了随后章节提出公共行政执行中层理论的概念基础。以下详细地展开各个学科对执行的相关研究。

第二节　公共行政执行研究的多学科基础

与公共行政执行研究紧密相关的学科包括企业管理学、公共行政学、公共

---

① 罗豪才：《行政法学》，北京：中国政法大学出版社，1999 年版，第 198 页。
② 罗豪才：《行政法学》，北京：中国政法大学出版社，1999 年版，第 183 页。
③ 罗豪才：《行政法学》，北京：中国政法大学出版社，1999 年版，第 189 页。

管理学、政治学、政治经济学、政党学等学科，这些学科关于执行研究的理论假设、理论视角、理论层次、理论命题各异，形成了执行理论交错重叠学科丛林的同时为分析公共行政执行问题提供了多学科视角。

一、企业管理学中的执行研究

西方现代管理学的研究经历了科学管理阶段、行为科学阶段和管理丛林阶段。而一般的管理学教科书将管理学的研究概括为计划与决策、组织、领导和控制四个职能（过程）。没有将执行（execution）作为一个单独的职能环节进行研究。20 世纪 50 年代工商企业管理开始重视"战略"问题，1976 年伊戈尔·安索夫（Igor Ansoff）、罗杰·迪克里克（Roger Declerck）和罗伯特·海耶斯（Robert Hayes）共同出版了《从战略计划到战略管理》（*From Strategic Planning to Strategic Management*）一书，正式提出了企业"战略管理"（strategic management）这一概念。企业战略管理包括战略制定（strategy formulation formation）和战略的实施（strategy implementation）两大部分。① 随着战略管理的发展，人们开始逐渐关注"策略雷同而绩效为何大不相同？"的问题：② 众多的大公司有相同的策略，然而取得的绩效却大不相同，重要的原因就在于执行能力和有效性的差异。"事实上，策略被成功执行的比例只有十分之一。如何改造组织运作形态建立新的策略原理架构成为 21 世纪企业的当务之急。"③ 为了填补执行力（execution）这一"企业管理学最大的黑洞④"。执行力研究在管理学中成为热门话题。

2002 年拉里·包熙迪（Larry Bossidy）与瑞母·夏蓝（Ram Charan）出版了 *Execution：The Discipline of Getting Things Done*（《执行——如何完成任务的学问》）一书。该书从"为何需要执行"、"达成执行的三大基石"和"执行的三个核心流程"论述了企业执行问题。详细地阐述了企业管理中提

---

① Igor Ansoff, Roger P. Declerck, Robert L. Hayes, *From Strategic Planning to Strategic Management*, John Wiley & Sons, June 1976.

② （美）赖利·包熙迪、（美）瑞姆·夏蓝著、李明译：《执行力：没有执行力哪有竞争力》，中国台北：天下远见出版股份有限公司，2003 年版，序一第 1 页。

③ Robert S. Kaplan &David P. Norton 著、ARC 远擎理顾问公司策略绩效事业部译：《策略核心组织：以平衡计分卡有效执行企业策略》，中国台北：台北城邦事业股份有限公司，2001 年版，第 33 页。

④ （美）赖利·包熙迪、（美）瑞姆·夏蓝著、李明译：《执行力：没有执行力哪有竞争力》，中国台北：天下远见出版股份有限公司，2003 年版，序一第 1 页和第一章。

出执行（execution）问题的原因，并总结了执行的三个核心流程，根据这三个流程设计了高效的执行组织模式。该书有两本中文版本，一本是中国台湾的译本，由李明翻译为《执行力：没有执行力、哪有竞争力》（中国台北：天下远见出版股份有限公司2003年版）。① 另一本由刘祥亚翻译为《执行：如何完成任务的学问》（北京：机械工业出版社2003年版）。李明将execution直接翻译为执行力。尽管将execution翻译为执行力不能全面地涵盖该词语的含义，后来研究工商企业执行（execution）的学者们大都仍使用"执行力"这个词来表示execution。所谓的"执行力"实际上是涵盖了执行能力、执行流程、执行工具、执行模式等诸多范畴的词语，包括把战略转换为结果的所有努力。只要涉及战略、理念和策略的贯彻和落实都可以看作执行力的范畴。②

包熙迪与夏蓝关于执行的研究具有以下特点：第一，将执行看作是战略与现实之间的连接环节。第二，归纳出了影响执行有效性的关键因素和变量。第三，设计了高效的执行模式。③ 包熙迪与夏蓝研究执行的上述三个特点，奠定了工商企业管理执行研究的基本范式。

该书出版后，管理学界掀起了一场"执行力研究的风暴"：对执行力问题的关注度加大，研究成果骤然增加。其特征如下：（1）对执行的定义和解说主要追随包熙迪和夏蓝对执行的定义和解说。（2）研究的取向基本是过程取向，尝试找到从目标（战略）转化为现实的流程、模式和工具。比如包熙迪与夏蓝的营运—策略—人员流程模型；吉姆·海金（Jame Higgins）的8S模型；周永亮的流程、心态、角色和工具模型等等。学者们尝试找到从目标

---

① 2003年中国长安出版社亦由白山翻译出版了保罗·托马斯（Paul Thomas）和大卫·伯恩（David Byrne）所著的 Executive ability no executive ability, no competitive advantages 一书，该书翻译为《执行力——没有执行力，就没有竞争力》。根据唐勇：《层层剥下伪书洋装》，载《人民日报》，2005年02月25日，第11版的查证：保罗·托马斯（Paul Thomas）和大卫·伯恩（David Byrne）并无此人，两人亦未合著《执行力》一书，该书系国内出版社假借外国作者之名进行的欺骗销售。

② 其实李明将Execution翻译为执行力有很多值得商榷的地方：其一，执行力这一词语本身具有一定的模糊性，执行力可能包括执行的力量、能力、效力等等含义，这些含义容易混淆和模糊不清。其二，通观全书，包熙迪（Larry Bossidy）与夏蓝（Ram Charan）是将execution看作一个与战略和策略相对的概念，具有丰富的内涵，包括与战略的贯彻和落实相关的所有重要因素。

③ 这里需要说明的是，作者区分了成功的执行和失败的执行，那些能将战略变为现实的执行就是成功的执行，而不能将战略变为现实的执行就是失败的执行。其实这也是组织管理学中常说的有效性（effectiveness）的概念。执行的有效性就是执行达成战略和目标的程度。这其中包括从战略变为现实的方向、程度、数量、效率、结构等多重含义。

（战略）转化为现实的流程、模式和工具。这些流程、模式和工具涉及到多学科的视角和途径。（3）企业管理执行研究渗透进入了政府管理领域。比如许珂提出了政府执行力的"行动"模型，就有将工商管理领域的执行力研究引入政府执行研究的色彩。①

二、政策科学中的执行研究

政策科学中的执行研究兴起于 20 世纪 70 年代。政策科学所讲的执行对应于英文中 implementation 一词，一般而言杰弗瑞·佩尔兹曼和奥洛·威尔达夫斯基在 1973 年出版的《执行：华盛顿的宏大期望是如何在奥克兰破灭，或为什么联邦政府计划被执行了一点是令人惊奇的》（*Implementation：How Great Expectations in Washington are Dashed in Oakland，Why It's Among That Federal Programs Work at All*）一书，揭示了政策制定（目标）与实际执行之间的偏差或执行的失败（implementation failure），而成为政策科学和公共行政学的一个特定的研究范畴的语词。②

政策执行研究诞生以来，已经经历了三代的发展历程，政策执行对执行的研究具有如下特点：

第一，概念界定。学者们对执行这一概念的基本含义没有根本性的分歧，大都认同佩尔兹曼和威尔达夫斯基对执行所做出的奠基性定义。"执行意味着实现（carry）、成就（accomplish）、实行（fulfill）、制造（produce）和完工（complete），被执行的究竟是什么呢？显然是政策。"③但是鉴于政策执行本身的动态性、复杂性、多元性等特征，学者们对政策执行概念的阐释有不同的途径和视角。有从政治学角度的阐释，也有从管理学角度的阐释还有从法律角度的阐释。一般来讲，行动视角、组织视角和网络视角是对执行概念进行阐释的常用视角。④表 2－2 列出了学者们对执行概念进行阐释的代表性观点。

---

① 徐珂：《政府执行力》，北京：新华出版社 2007 年版，第 47～199 页。

② Jeffrey Pressman & Aaron Wildavsky, *Implementation：How Great Expectations in Washington Are Dashed in Oakland：or，Why It's Among That Federal Programs Work at All*, Berkeley：University of California Press，1973.

③ Jeffrey Pressman & Aaron Wildavsky, *Implementation：How Great Expectations in Washington Are Dashed in Oakland：or，Why It's Among That Federal Programs Work at All*, Berkeley：University of California Press，1973，p. 94.

④ 林水波、张世贤：《公共政策》，中国台北：五南图书出版公司，1982 年版，第 248 页。

第二，研究取向。政策执行的研究取向与管理学中执行（execution）的研究取向类似，主要研究将政策目标转化为现实的流程和模式。如果说管理学中更多的是关注执行能力（execution ability）这一概念。那么政策执行的文献则更多的关注执行有效性（implementation effectiveness）的概念即政策实现（生效）的结果和实现的程度。政策执行研究的核心在于探索影响政策执行有效性（结果及其实现程度）的变量以及这些变量之间的关系（模型），设计有效执行的工具、方法和手段，阐释政策执行过程的深层含义和本质。

表 2－2　政策执行研究领域对执行的概念界定和阐释

代表人物	出　处	定　义	视角或途径
佩尔兹曼和威尔达夫斯基	1973 年《执行》	"执行意味着实现（carry）、成就（accomplish）、实行（fulfill）、制造（produce）和完工（complete），被执行的究竟是什么呢？显然是政策。" "目标与行动的设定以及如何完成他们的互动过程①。"	描述性的行动视角
卡尔·范霍恩（Carl Van Horn）、唐纳德·范密特（Donall Van Meter）	1975 年"政策执行过程"（The Policy Implementation Process：A Conceptual Framework）	"政策执行指的是公私人民或团体作为致力于先前政策决定所设立的目的达成，而采取的各项活动。这些活动可以分为两类要素：一为将决策转换成得以连作的努力，二为成就决策所制定的变迁而作的持续努力。"②	行动视角

① Jeffrey Pressman & Aaron Wildavsky, *Implementation：How Great Expectations in Washington Are Dashed in Oakland；or，Why It's Among That Federal Programs Work at All*, Berkeley：University of California Press，1973.

② D. S. Van meter and C. E. Van Horn，"The Policy Implementation Process：A Conceptual Framework *Administration and Society*，Vol. 6，No. 4，Feb. 1975，p. 447.

续表

代表人物	出　处	定　义	视角或途径
查尔斯·琼斯（Charls Jones）	1977年《公共政策研究导论》（An Introduction to the study of public policy）	"政策执行乃是一种政策付诸实施的各项活动，在诸多活动中，要以解释、组织和施用三者最为重要。"①	行动视角
保罗·贝尔曼（Paul Berman）	1978年"宏观和微观政策执行研究"（The Study of Macro – and Micro – Implementation）	"政策执行系政策选择的或权威性决策的实行。"②	行动视角
乔治·艾德华三世（George Edwards Ⅲ）和艾拉·沙肯斯基（Ira Sharkansky）	《政策困境》（The Policy Predicament）	"发布指令、执行指令、付拨款项、办理贷款、给与补助、订立契约、收集资料、传递资讯、指派人事、雇佣人员和创设组织单位等活动。"③	行动视角
里查德·埃尔默（Richard Elmore）	"社会规划执行的组织模型"（Organizational Models of Social Program Implementation）	"任何一项化观念为行动的行为，每每涉及到某些重要的简化工作，组织乃是从事这项简化工作的当事者；他们处理这些问题的方法是把这些问题分割成具体的可资利用的工作项目，再将这些工作项目分配给专业化的机关来负责执行。由是，唯独了解与认识组织如何运作，我们方能认清原来的政策，如何在执行过程中被更调和塑造。"④	组织视角

---

① C. O. Jones, *An Introduction to the study of public policy*[2nd], North Scituate, Mas.: Duxbury Press, 1977, p. 139.

② Paul Berman, "The Study of Macro – and Micro – Implementation", *Public Policy*, Vol. 26, 1978, pp. 157 ~ 184.

③ George Edwards III & Ira Sharkansky, *The Policy Predicament*, an Francisco: W. H. Freeman and Co., 1978, p. 293.

④ Richard F Elmore, "Organizational Models of Social Program Implementation", *Public Policy*, Vol. 26, No. 2, 1978, pp. 209 ~ 217.

续表

代表人物	出　　处	定　　义	视角或途径
本尼·贺恩（Benny Hjern）和戴维·波特（David Poeter）	《执行结构：一种新的行政分析单元》	"执行结构的正式程度较低，权威关系不如行政组织系统那样明显；所处的社会环境较容易变动，其行动集合体是并非具有法律地位的实体；参加项目执行的决定是模糊的，基于同意和相互妥协"。①	网络视角
尼古拉斯·亨利（Nicholas Henry）	《公共行政与公共事务》	"执行就是对组织的公共政策或组织间的协议的贯彻和落实②。"	组织和网络视角

资料来源：作者整理。

　　尽管政策执行研究也会涉及中观层面的网络和官僚体制，但是政策执行研究领域对执行的研究主要是微观行为的研究。第七章会详细地论证这一观点，此处只界定政策执行所指的执行概念，为本书界定公共行政执行概念提供背景。

三、公共行政学和公共管理学中的执行研究

　　公共行政学和公共管理学对执行的研究有三个聚焦点。一是，研究国家意志的表达与国家意志的执行之间的关系，即政治与行政、决策与执行之间的关系。二是，研究政府（主要是行政机关）行政决策、行政执行之间的制度化关系和运行机制。三是，研究行政执行中的治理工具和政策工具。公共行政学和公共管理学对执行的研究侧重于制度、运行机制、管理过程和工具。本章仅从概念辨析的角度理清政治与行政、决策与执行之间的关系，第六章将从权力结构和协同机制的角度将公共行政学和公共管理学的研究成果纳入公共行政执行中层理论的范畴。

　　（一）政治与行政、决策与执行之间的关系

　　政治与行政到底是什么样的关系，引发了一系列问题：政治与行政在属性

---

　　① B Hjern, and D. O. Poeter, "Implementation Structures: a New Unit of Administrative Analysis, *Organizational Studies*, No. 2, 1981, pp. 211~27.

　　② Nicholas Henry, *Public Administration and Public Affairs.* 7th, Prentice - Hall, Inc., 1999, pp. 345.

和运行方式上有区别吗？有什么样的区别？两者在理论上是分开的吗？在实践中两者的载体是什么？如果两者是分开的，那么如何协调两者之间的关系？对于这些问题的回答是公共行政学能否获得独立研究领域和争取到"学术话语权"的关键。

1. 威尔逊的《行政学研究》：政治与行政在属性和运行方式上存在差异

托马斯·威尔逊（Thomns Wilson）的《行政学研究》被公认为是美国行政学诞生的标志性著作。威尔逊尝试将欧洲君主主义的良好行政管理引入共和主义的美国。为此，威尔逊引用了约翰尼·布隆赤里（Johenn Bluntohi）政治、法律与行政管理相区别的观点，① 进一步区分了宪法和行政②、政治与行政③，从而为行政学争取到了"学术话语权"，奠定了行政学作为独立的、具有自己内在规律的学科地位。威尔逊关注的核心问题是在共和主义和三权分立的制度设计之下，为何要引入、如何引入一种高效率的行政管理制度安排的问题。在威尔逊看来，这种高效的行政管理制度具有共同的特征："如果各种政府想成为同样有用和有效率的政府，他们就必须在结构上有高度相似之处。"④威尔逊认为行政集权（行政首长负责制）可以带来责任清晰和效率，而由此导致的权力滥用的倾向可通过公共舆论、法治和民主政策的原则加以制约。威尔逊的思想是一种系统结构优化的思想，这一思想将成为本书提出"权力结构"分析的基础。

2. 古德诺《政治与行政》：政治与行政的功能协调与承载机构

弗兰克·古德诺（Frank Goodnow）从国家两种功能，而不是国家机关的

---

① 布隆赤里认为，"政治是'在重大而且带普遍性的事项'方面的国家活动，而另一方面，'行政管理'则是'国家在个别和细微事项方面'的活动。因此，政治是政治家的特殊活动范围，而行政管理则是技术性职员的事情。'政策如果没有行政管理的帮助就将一事无成'，但行政管理并不因此就是政治。"参见：（美）伍德罗·威尔逊：《行政学研究》，载彭和平、竹立家主编：《国外公共行政理论精选》，北京：中共中央党校出版社1997年版，第15页。

② 威尔逊认为："公共行政就是公法的明细而系统的执行活动。一般法律的每一次具体措施都是一种行政行为。"参见：（美）伍德罗·威尔逊：《行政学研究》，载彭和平、竹立家主编：《国外公共行政理论精选》，北京：中共中央党校出版社，1997年版，第16页。

③ 行政是"行动中的政府"，"它就是政府的执行，政府的操作，就是政府工作中最显眼的部分"。行政不同于政治，因为"行政管理领域是一种事务性领域。它与政治领域的那种混乱和冲突相距甚远。""行政管理是置身于'政治'所特有的范围之外的。行政管理的问题并不属于政治问题。"参见：（美）伍德罗·威尔逊：《行政学研究》，载彭和平、竹立家主编：《国外公共行政理论精选》，北京：中共中央党校出版社，1997年版，第2~27页。

④ （美）伍德罗·威尔逊：《行政学研究》，载彭和平、竹立家主编：《国外公共行政理论精选》，北京：中共中央党校出版社，1997年版，第23页。

角度理解政治与行政，主张政治对行政的控制。古德诺认为无论是民治政府还是君主政府，国家都存在两种功能"作为政治实体的国家的行为，既存在于对表达其意志所必需的活动中，也存在于对执行其意志所必需的活动中。"①"政治是国家意志的表达，行政是国家意志的执行"。"行政既是立法的也是司法的②"古德诺从国家两种功能的角度理解政治和行政，认为行政机关和行政活动是不同的，行政机关也履行立法和司法职能。而行政活动则更多的是指对法律的、经常的、连续的执行活动，注重活动过程的技术、程序、方法和有效性，基本的价值判准是效率和经济。③

古德诺认为一方面民主政治要求执行机构服从表达机构，要求政治对行政有一定的控制；另一方面行政具有相对独立性，诸如"半科学、准司法核准或商业活动对国家意志的表达的影响很小"④ 为了保证行政效率的需要，这些行政机构具有相对独立性，政治对行政的控制应该保持控制的限度。这样才能在保证民主政治的基础上提高行政效率。政治对行政的控制有两种情况：一种是议会内阁制国家，议会作为政府机构实现对行政的控制。另一种情况，总统制国家，立法、司法行政是相对独立的，政治对行政的控制通过政党实现。"政党不仅担负起了在政府体制理论中表达国家意志的机关的成员，即立法机关的成员的责任，而且担负起了挑选执行这种意志的人"⑤，"没有这种控制，有条理、有进取的政府是不可能存在的。"⑥ 政党对政治与行政的协调与政府体制相关，"只有行政在一定程度上被集权化，才能达到政治与行政功能之间必要的协调。凡是政府体制中没有对这种协调做出规定的地方，就必须在政府体制之外做出这种规定，而这只能通过政党做到。"⑦

可以看出，古德诺认为行政机关既从事国家意志的表达，也从事国家意志的执行。行政机关进行国家意志表达的活动其实就是行政决策和政策的制定活动，行政机关中的国家意志的执行就是对行政决策和政策的落实。虽然古德诺没有明确指出行政机关中决策活动和执行活动的分开必然要求决策机构和执行

---

① （美）F. J. 古德诺著、王元译：《政治与行政》，北京：华夏出版社，1987 年版，第 15 页。

② （美）F. J. 古德诺著、王元译：《政治与行政》，北京：华夏出版社，1987 年版，第 10 页。

③ （美）伍德罗·威尔逊：《行政学研究》，载彭和平、竹立家主编：《国外公共行政理论精选》，北京：中共中央党校出版社，1997 年版，第 1 页。

④ （美）F. J. 古德诺著、王元译：《政治与行政》，华夏出版社 1987 年版，第 41 页。

⑤ （美）F. J. 古德诺著、王元译：《政治与行政》，华夏出版社 1987 年版，第 57 页。

⑥ （美）F. J. 古德诺著、王元译：《政治与行政》，华夏出版社 1987 年版，第 21 页。

⑦ （美）F. J. 古德诺著、王元译：《政治与行政》，华夏出版社 1987 年版，第 69 页。

机构的分开，但是他的思想为新公共管理运动中决策与执行分开，设立执行局奠定了基础。

3. 西蒙的《管理行为》：行为主义的方法研究行政

与威尔逊和古德诺从功能和机构的视角理解行政不同，赫伯特·西蒙（Herbent Simon）完全从行为主义的视角来理解行政。在笔者看来，从功能和机构的视角理解行政属于制度主义的中观层面的分析，从行为的视角分析行政则是行为主义的微观视角的分析。很难说西蒙完全颠覆了威尔逊和古德诺的政治行政二分学说。因为他们的研究范式是完全不同的，不同的范式之间不具有"通约性"。西蒙并不否认决策与执行之间的区别，只是他使用有限理性的"目标——手段"链条将决策和执行连接了起来而已，"当一个组织的大目标已经确立时，决策过程并没有结束。①"决策的大目标和执行决策的分目标毕竟存在差异，西蒙将其连接起来，从系统层级上区分了既定的决策和执行决策的再决策。总之，西蒙从"有限理性"的角度探讨了决策对执行控制的限度和执行的灵活性问题。并没有在制度层面上回答一个既定决策能否通过多种制度形式（比如科层、网络和市场）加以执行的问题。这些中观层面的分析理应纳入公共行政执行的研究中。

4. 公共行政研究的"价值回归思潮"本质上主张政治对行政的控制

在公共行政学中，1947 年罗伯特·达尔（Robert Dahl）在《公共行政评论》上撰文《公共行政科学：三个问题》（The Science of Public Administration：Three Problems）中指出，公共行政学应该充分考虑行为的复杂性、价值和社会背景，倡导通过比较研究促使行政学研究。1948 年，德怀特·沃尔多（Dwight Waldo）在《行政国家》（The Administrative State）等论著中强调行政研究的哲学、政治和制度纬度。笔者把达尔和沃尔多对行政价值理性的关注称为行政学中的"价值回归"思潮，这一思潮与威尔逊开创的公共行政学的工具理性定位形成内在的紧张。与行政学中的"价值回归"思潮相互一致，政策科学对价值理性的倡导主要体现在新公共行政、黑堡宣言的政策主张和公共政策的民主研究学派中。② 比如新公共行政并不否认行政活动的专业性和技术性，他强调民主和公平价值对行政活动的控制和渗透。由于

---

① （美）赫伯特·西蒙著：《管理行为：管理组织决策过程的研究》，北京：北京经济学院出版社，1988 年版，第 3 页。

② 张国庆、曹堂哲：《美国政策科学发展五十年回顾与启示》，载白钢、史卫民主编：《中国公共政策分析》（2007 年卷），北京：中国社会科学出版社，第 307 页。

新公共行政主张价值理性，而传统行政学遵循工具理性，新公共行政学试图用公平和民主的价值引导工具理性，将其渗透进行政过程中，重塑行政的组织结构。① 如果从古德诺所阐述的行政机关既表达国家的意志，也执行国家意志，意志表达应对意志的执行加以控制的思想来看，新公共行政学并没有超越古德诺的思想。

5. 后官僚制理论中政治（民意）与行政的平面化关系

正是由于官僚制范式的运转失灵，人们提出了后官僚制范式来修补和取代官僚制范式。"工业时代发展起来的官僚体制，专注于各种规章制度及其层叠的指挥系统，已不能有效运转；它变得机构臃肿、浪费严重、效率低下；它在变化迅速、信息丰富、知识密集的 90 年代已不能有效运转了。"② "从六十年代算起的二十至五十年里，人们将目睹并亲自加入官僚制的送葬队伍。"③ "关于使政府运作更卓有成效的术语是后官僚制范式。后官僚制范式是一个大家庭，包括众多的理论和实践。诸如放松管制、重塑政府等等。"④ 官僚制范式强调立法对行政的控制，而后官僚制范式更多地强调民意与行政平面化的关系，在行政的整个过程中，都贯穿公民至上、结果导向和质量控制的观点。⑤

在实践中，政治与行政概念是一个随着时间和政府过程发展的连续统一体。图 2-1 从经典论述、人员、事务和机构的角度归纳了政治与行政的具体内涵。

此处所作的梳理，仅仅是为了展示公共行政学和公共管理学领域中对政治和行政这两个概念的理解和界定。我们将在第四章公共行政执行协同机制的EPDFIIE 模型中详细地论述政治与行政的协同机制、决策—执行—监督的协同机制。

---

① （美）H. 乔治·弗雷德里克森：《论新公共行政学》，载彭和平、竹立家主编：《国外公共行政理论精选》，北京：中共中央党校出版社，1997 年版，第 298～318 页。

② （美）戴维·奥斯本、特德·盖布勒：《改革政府：企业精神如何改革着公共部门》，上海：上海译文出版社，1996 年版，第 12～13 页。

③ Jay M. Shafritz, Albert C. Hyde, *Classics of Public Administration*, 2nd, Chicago: The Dorsey Press, 1987, p. 325.

④ （美）麦克尔·巴泽雷著、孔宪遂、王磊、刘忠慧译：《突破官僚制：政府管理的新愿景》，北京：中国人民大学出版社，2002 年版，第 131 页。

⑤ 细致的对比参见：（美）麦克尔·巴泽雷著、孔宪遂、王磊、刘忠慧译：《突破官僚制：政府管理的新愿景》，北京：中国人民大学出版社，2002 年版，第 132 页。

连续统一体	政治 politics 　　　　　　　　　　　　　行政 administration
威尔逊	公法、法律、冲突和混乱　　　执行、具体措施、事务性领域
古德诺	国家意志的表达 expression of the state wills　　国家意志的执行 execution of the state wills
罗森布鲁姆	恩惠、党派、政策　　　　　　　　　　行政 partisanship patronage policy　　　　administration
人员	民选首长　政务官　政治性文官　高级文官或常任文官　执行文官
学科和事务	宪法　选举制度　地方制度　人事行政　财政学　事务管理
机构	核心决策部会　管制性部会　服务性部会　执行性机关　公营企业

时间和政府过程 →

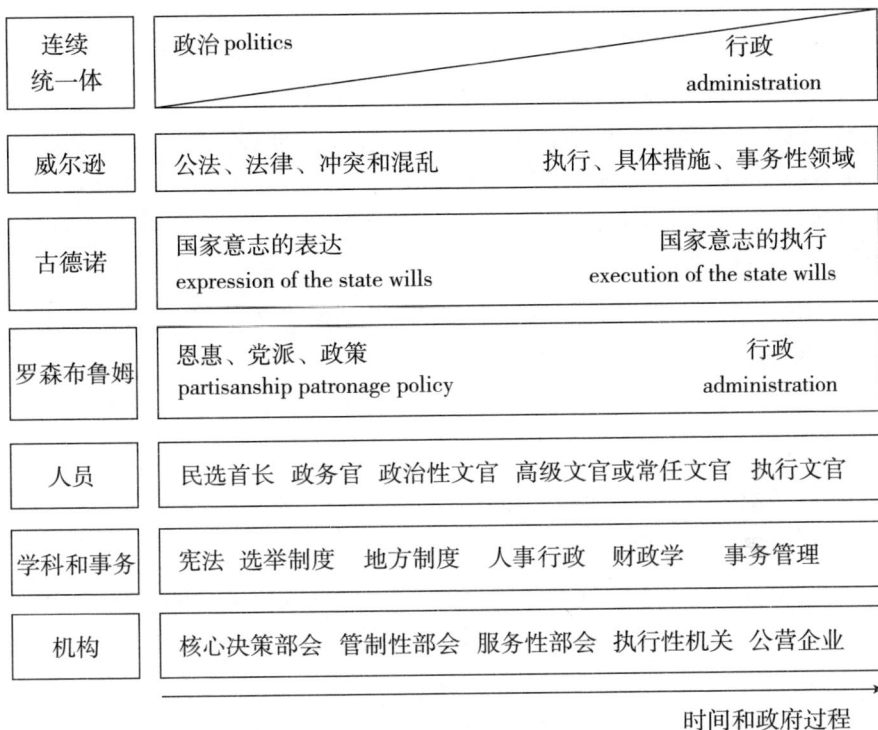

图 2 - 1　政治与行政的连续统一体

资料来源：作者根据彭锦鹏：《政治行政之虚拟分际：由"两分说"到"理想型"》，载《政治科学论丛》，第 16 期，2002 年 6 月，第 89 ~ 118 页。等著作整理。

（二）执行机构研究

公共行政领域对执行的另一个研究焦点是对执行机构（execution agency）的研究。本世纪最后 20 年至今，以英国、新西兰等国为代表的西方国家掀起了一场以执行机构多样化为特征的"管理革命。"[1] "执行"（execution）即可实施和落实，"机构"指的是组织形式，不同的机构具有不同的组织目标、履行不同的职能、具有一定的组织形式。"多样化"即机构的多种类型。比如美国政府的内阁、总统行政办公室、部、部属司局、独立机构、独立管制委员会、政府性公司、其他机构和实体、准政府实体。新西兰的皇家政府与皇家实

---

[1]　D. Clark，"Forward"，Cabinet Office，*Next Steps Report* 1997.

体（crown entities）都是不同类型的执行机构。①

机构的多种类型由这些机构与立法部门（或者决策部门）之间的关系、这些机构受到的法律约束以及这些机构内部治理结构决定。执行机构就是"由确定的专人（一般为首席执行官）主管的具有明确边界的工作领域（discrete area of work），主管人就日常管理向部长负责②"。

此处我们仅仅是为了考察执行的概念，详细地内容会在第八章中展开。

（三）执行中的治理工具和政策工具

执行中的治理工具和政策工具研究属于公共行政执行研究的微观层面和工具层面，是政策执行研究的深化、细化和实践化。诸如社会管制、经济管制、合同、拨款、直接贷款、贷款担保、保险、收费、用户付费、凭单制等等成为执行中常用的治理工具和政策工具。

1983 年克里斯托夫·胡德（Christopher Hood）出版的《政府工具》（The tools of Government）；1998 年，盖伊·彼特斯（Guy Peters）和弗兰克·尼斯潘（Frans Nispen）主编的《公共政策工具》（Public Policy Instruments）；2000 年伊曼纽尔·萨瓦斯（Emanuel Savas）出版的《民营化与公私部门的伙伴关系》（Privatization and public – private partnerships）；2000 年戴维·奥斯本（David Osborne）和彼得·普拉斯特里克（Peter Plastrik）出版的《政府改革手册：战略与工具》（The Reinventor's Fieldbook Tools for Transforming Your Government）；2002 年莱斯特·萨拉蒙（Lester Salamon）主编《政府工具——新的治理指南》（The tools of government：An Introduction to the New Governance）都是执行治理工具和政策工具研究的代表之作。

执行治理工具和政策工具研究根据影响执行有效性的变量，针对不同的任务，设计相应的执行方式方法，使得执行研究走出了学术和书斋，走向了现实和实践。

四、政治学中的执行研究

政治学站在国家的层面上研究执行和执行权问题。政治学中的分权学说、执行权学说和国家回归学派的国家能力学说对执行问题的研究较为集中。

---

① 经济合作与发展组织：《分散化的公共治理：代理机构、权力主体和其他政府实体》，国家发展和改革委员会事业单位改革研究课题组译，北京：中信出版社，2004 年版，第 298 页。

② HM Treasury and The Prime Minister's Office of Public Services Reform（2003），Better government services：Executive agencies in the 21st century.

（一）分权学说和执行权学说

政治学中的"分权学说"包括横向分权学说和纵向分权学说。横向分权学说主要围绕国家职能——机构——人员三个因素对权力边界和权力相互关系进行研究。纵向分权理论主要探讨国家权力在纵向上的划分：中央与地方关系、府际关系、府际治理和地方自治的研究与此紧密相关。

在分权学说的基础上对每种性质的权力进行研究构成分权学说的分支研究。包括执行权学说、司法权学说和立法权学说。执行权学说是分权学说的一个分支，是专门研究执行（execute）以及执行权（executive power）的内在性质、特点和发展规律的学说。美国学者哈维·曼斯菲尔德（Harvey Mansfield）的《驯化君主》（*Taming the Prince：The Ambivalence of Modern Executive Power*）一书是执行权学说的代表作之一。执行权学说从宏观的国家权力层面研究执行权的属性、运作和制约。执行权学说的研究成果是本书建构公共行政执行中层理论的理论源泉之一。

借鉴和使用政治学中分权理论的基本思路，研究具体领域中的分权，构成了具体领域中的分权理论。这些具体的研究领域包括：财政领域的财政分权理论，管理学领域中的集权与分权理论、公司治理理论，政府间关系理论，地方自治与治理理论，行政组织、结构和流程再造理论等等。

政治学从权力的属性、权力的性质、权力的运行等方面的视角研究执行问题，形成了执行研究的权力范式。

（二）国家能力、政府能力和政治能力研究

国家能力（state capacity）是与执行力紧密相关的概念。因为国家能力的概念是针对整个国家制度实体而言，政府的执行能力则是国家能力中的一种。要对政府执行力有深刻的理解，首先得澄清国家能力的概念。国家强度（state strength）则是一个与国家能力紧密相关的概念。

国家能力概念的提出与20世纪60年代末国家回归学派的崛起有关。国家回归（bringing the state back in）学派是对政治学中坚持行为主义研究方法的系统分析、结构功能主义理论和方法的反驳。行为主义将国家看作是过时的规范概念，系统分析和结构功能主义将国家看作是进行输入和输出转换的"黑箱"。国家概念不存在于行为主义的研究视域中。这一理论盲点导致了结构功能主义在分析非西方国家政治时，无法解释国家实际上发挥了极大作用的现实，离开国家的概念就无法解释政治发展的现实。基于此，很多学者开始重新关注国家的概念。国家能力是一个具有的宏观性、抽象性和概括性的概念，众多的学科的相关论述都为国家能力概念的形成提供了启发，学者们也都纷纷从不同的角度对国家能力概念进行阐释。① 国家能力概念是建立在国家与社会关系这一宏大的理论框架基础之上的。国家能力作为表征国家对社会作用的概念，从不同视角、不同侧面和不同角度去分析，当然会得出不同的结论。国家能力的概念是联系公共意志与行动结果之间的中介环节，从这一角度来讲，国家能力概念与广义的政府执行力的概念是一致的。国家能力的概念是本书所探讨的公共行政执行概念的来源之一，是从更为广阔和宏观的层面对公共行政执行的研究。

　　研究国家能力的各个学派都没有很清晰地区分国家能力与政府能力。一般而言，如果概念中的"政府"是广义的，政府能力就等同于国家能力。只不过政府这一词语的使用，更加侧重于国家权力有组织的行使。如果概念中的"政府"是狭义的，即指行政机关，那么政府能力就是公共行政能力，公共行政能力专指发展行政和行政发展过程中体现出来的能力，公共行政能力深化了国家回归学派提出的国家能力的研究，是政府执行力研究的中观层面和微观层面。

　　政治能力（political capacity）的研究与国家能力的研究几乎基于同样的学术和历史背景。正如美国学者罗伯特·杰克曼（Robert Jackman）在《不需要暴力的权力——民族国家的政治能力》一书所言："国家力量（strength）与政治容量（capacity）或政治能力（capability）密切相关②。"在该书中罗伯特·杰克曼通过回顾政治发展和新国家主义关于政治能力的研究，"阐明了界定政治能力一般性概念的适当标准③。"杰克曼将政治界定为"政治包含权力及权威的实施以及这两者被视为是相互关联的④。"杰克曼"交替使用 capacity, capability, development 来指代能力⑤。"杰克曼的基本观点是"制度是政治能力

---

① 我国学者时和兴在《关系、限度、制度：政治发展过程中的国家与社会》一书中对国家能力的理论渊源、各派学说和国家能力的涵义做了较为系统的梳理。参见时和兴：《关系、限度、制度：政治发展过程中的国家与社会》，北京：北京大学出版社，1996 年版，第 147～188 页。

② （美）罗伯特·杰克曼著：《不需暴力的权力：民族国家的政治能力》，天津：天津人民出版社，2005 年版，第 20 页。

③ （美）罗伯特·杰克曼著：《不需暴力的权力：民族国家的政治能力》，天津：天津人民出版社，2005 年版，第 7 页。

④ （美）罗伯特·杰克曼著：《不需暴力的权力：民族国家的政治能力》，天津：天津人民出版社，2005 年版，第 43 页。

⑤ （美）罗伯特·杰克曼著：《不需暴力的权力：民族国家的政治能力》，天津：天津人民出版社，2005 年版，第 20 页。

的关键。能力是一个程度的问题，但为了它的有效性，制度必须是建构在合法性的基础上。"① 政治发展（因为杰克曼混用能力和发展，此处的政治能力即政治发展）看作是包含了效能和能力的具有合法性的国家制度建构。② "政治能力只是指国家制度建设的政治效能问题③。"杰克曼不满国家能力这一定义中国家概念的多样性和模糊性，而从清晰地定义"政治"入手，研究政治发展（即政治能力）问题。其对政治能力的定义是基于权力实施的视角，重点关注权力运行的制度化和合法性，以及权力实施的结果。可以认为杰克曼运用了权力分析的方法研究了政治能力。

五、发展经济学、制度经济学和政治经济学中的执行研究

发展经济学和制度经济学关注国家在经济发展中的地位和作用。有的学者不仅研究国家对于经济的作用，还研究国家利益、国家的激励和国家行为（包括国家的政策执行行为）对经济发展的影响。这些研究中具有代表意义的包括：重商主义和德国历史学派为代表的赶超经济学家道格拉斯·诺斯（Douglass North）的制度变迁理论、阿瑟·刘易斯（Arthur Lewis）的强政府理论和卡尔·缪尔达尔（Karl Myrdal）的软国家理论。这些学者站在国家与经济之间的关系这样一个宏观层面展开，将国家的执行能力看作国家行为的一个构成部分。本书虽然侧重于在中观层面上探讨执行系统本身的权力结构和协同机制，侧重于执行系统的制度设计、运行机制和管理技术，但是宏观层面的研究为本书的研究提供了背景参照。

1. 赶超战略及其执行体制

赶超战略是指"一整套政策体系，通过扭曲宏观政策环境和体制，运用行政干预，实行产业歧视和保护的经济学思想和政策倾向。"④ 赶超战略最早出现于重商主义中，19 世纪 40 年代的德国历史学派以及德国的崛起、苏联的经济实践和崛起以及 20 世纪 50~70 年代的发展经济学主张和实践都体现了赶

---

① （美）罗伯特·杰克曼著：《不需暴力的权力：民族国家的政治能力》，天津：天津人民出版社，2005 年版，第 30 页。

② （美）罗伯特·杰克曼著：《不需暴力的权力：民族国家的政治能力》，天津：天津人民出版社，2005 年版，第 58 页。

③ （美）罗伯特·杰克曼著：《不需暴力的权力：民族国家的政治能力》，天津：天津人民出版社，2005 年版，第 57 页。

④ 林毅夫、蔡昉、李周著：《中国的奇迹：发展战略与经济改革》，上海：上海人民出版社，上海三联书店，1999 年版，第 94 页。

超战略的思想。

重商主义（mercantilism）一词最初出现于亚当·斯密（Adam Smith）所著的《国民财富的性质和原因的研究》（《国富论》）一书。重商主义盛行于16 至 17 世纪的西欧，反映了欧洲国家进入现代民族国家建立（nation - building）、殖民扩张和资本原始积累时期资产阶级利益的经济理论和政策体系。重商主义是"政治家引导他们时代的经济力以建立一个强有力的独立国家而作出的努力的产物。重商主义体系的目标是建立一个工业和商业的国家，在这个国家里，通过权力当局的鼓励或限制，私人利益和部门利益应服从于提升国民实力和国家独立性。"①

德国历史学派、对苏联经济的研究和发展经济学都表明国家干预经济和推动经济的巨大作用。著名发展经济学家刘易斯在 1955 年出版的《经济增长理论》中指出"国家越落后，一个开拓性政府的作用范围就越大。"② 拉美和东亚的发展充分地证明了强大政府的作用。

上述学者对国家能力的强调，本身涵盖了对政府执行能力的强调。这些研究着眼于国家与社会关系这一宏观视角，为本书研究公共行政执行力提供了参照和背景。

2. 强国家与软国家

缪尔达尔从反面关注了行政执行无能的问题。他把行政执行无能这类现象命名为"软国家"（soft state）现象。在他看来，"软国家缺乏立法和具体法律的遵守和实施，各级公务人员不遵从交给他们的规章制度和指令，并常常和那些他们本应该管束其行为的有权势的人们串通一气。"③ 缪尔达尔的研究是非常有见地的，就目前世界存在的经济发展模式来说，拉美模式、印度模式和俄罗斯模式等后发展国家或转型国家就是因为行政执行能力走低而导致了国家意志、国家目标、法律、法规、公共政策难以遵循和贯彻落实，直接影响了国家在满足社会公共需求方面的有效性，阻碍了经济和社会的发展。

对政府能力（包括政府执行能力）产生巨大影响的是分利集团，国家不能控制分利集团，提供制度框架，使其协同一致，实现国家的目标。对分利集团的研究以美国学者曼库尔·奥尔森（Mancur Olson）为代表，奥尔森认为：

---

① R. H. Palgrave, ed, *Dictionary of Political Economy*, Macmilan, Vol. 2, 1896, p. 727.

② （美）刘易斯著：《经济增长理论》，上海三联书店 1990 年版，第 520 页，第 516 页。

③ （瑞典）冈纳·缪尔达尔著、顾朝阳，张海红等译：《世界贫困的挑战：世界反贫困大纲》，北京：北京经济学院出版社 1991 年版，第 215 页。

"如果社会中典型组织只代表其中一小部分人的利益，则该组织必然不肯为增加全社会的利益而作出自我牺牲"，"不会关心社会总效益的下降或公共损失"，① 这样的组织就是分利集团。分利集团采取集体行动的目标几乎都是争取重新分配财富，而不是为了增加总产出。②

3. 诺斯和奥尔森的国家二元目标论及其执行悖论

诺斯在《经济史中的结构与变迁》一书中指出"国家的存在是经济增长的关键，然而国家又是人为经济衰退的根源；这一悖论使国家成为经济史研究的核心"。③ 诺斯认为国家处于界定产权的核心地位，"产权的本质是一种排他性的权利，在暴力方面具有比较优势的组织处于界定和形式产权的地位。"④ "国家提供的基本服务是博弈的规则。无论是文字记载的习俗（在封建国家里），还是用文字写成的宪法的演变，都有两个目的：一是，界定形成产权结构的竞争与合作的基本规则（即在要素和产品市场上界定所有权结构），这能使统治者的租金最大化。二是，在第一个目的框架中降低交易费用以使社会产出最大化，从而使国家税收增加。"⑤

国家意志和国家目标的两面性决定了实现国家意志的执行行为的两面性。执行过程中的协同机制必须能够很好地平衡国家的两个目标之间的冲突。既然国家目标存在冲突，那么在什么样的情况下才能使得国家两个目标协调一致，实现经济的持续繁荣呢？奥尔森在《权力与繁荣：超越共产主义与资本主义专制》提出"市场扩展性政府"才是经济繁荣的根本保障。"市场扩展性政府"包括两个基本的条件：（1）个人权利的有效保护及清楚的界定。（2）一个繁荣的市场不存在任何对个人财产的掠夺。奥尔森的"市场扩展性政府"协调了国家的二元目标。⑥

如果站在发展的视角看待执行的话，有效地执行应该是能够促进繁荣的执

---

① （美）奥尔森著、吕应中等译：《国家兴衰探源》，北京：商务印书馆，2001 年版，第 51 页。

② （美）奥尔森著、吕应中等译：《国家兴衰探源》，北京：商务印书馆，2001 年版，第 51～52 页。

③ （美）道格拉斯·C. 诺思著、陈郁、罗华平等译：《经济史中的结构与变迁》，上海：上海三联书店，上海人民出版社，1994 年版，第 20 页。

④ （美）道格拉斯·C. 诺思著、陈郁、罗华平等译：《经济史中的结构与变迁》，上海：上海三联书店，上海人民出版社，1994 年版，第 21 页。

⑤ （美）道格拉斯·C. 诺思著、陈郁、罗华平等译：《经济史中的结构与变迁》，上海：上海三联书店，上海人民出版社，1994 年版，第 24 页。

⑥ （美）曼瑟·奥尔森著、苏长和、嵇飞译：《权力与繁荣》，上海：上海人民出版社，2005 年版。

行。诺斯和奥尔森的研究提供了评价执行的根本性评价标准，也涉及到执行中目标的协同机制问题。这些研究都为本书理论框架的提出提供了理论资源。

4. 制度经济学的"政策失败"

政策失败理论将政策失败看作国家制度变迁能力的衰朽。从制度经济学的角度分析政策失败的原因。"维持一种无效率的制度安排和国家不能采取行动来消除制度不均衡，这二者都属于政策失败。政策失败的起因有以下几种：统治者的偏好和有界理性、意识形态刚性、官僚政治、集团利益冲突和社会科学知识的局限性。"①

政策失败理论从制度经济学的角度分析造成政策行动结果失败的原因，其贡献是从制度变迁的角度透视了国家政策制定和政策执行问题。

六、政党学中的执政和执政能力研究

在西方政党学文献中政党与行政机关（狭义政府）之间的关系实质是政党执政的问题，所谓执政（to hold the reins of government）是指政党掌握了国家最高行政权力，而不论该党在议会中的处境和地位，也不论该党在其他国家机关和地方行政机关中的处境和地位。中国执政党的内涵比西方的执政党的含义要宽广，不仅表现为掌握国家最高行政大权，而且表现为对国家的最高权力机关（人民代表大会）以及其他国家机关的领导，还表现在对整个国家经济、政治、社会和文化生活各个方面的领导。

在1990年前后，江泽民就指出：我们的党是执政的党，党的领导要通过执政来体现。"我们必须强化执政意识，提高执政本领"。这是明确地提高党的执政能力思想的初步表述。1999年1月江泽民在省部级主要领导干部金融研讨班上的讲话中就明确提出了"执政能力"的提法，认为提高"执政能力是极重要的"。2000年2月，他再次强调，我们要"提高各级领导班子、领导干部的领导水平和执政能力，增强广大党员和干部拒腐防变和抵御风险的能力"。从党的十六大开始，明确提出"党的执政能力建设"思想。十六大报告在论述加强和改进党的建设问题的六项要求时，将"加强党的执政能力建设，提高党的领导水平和执政水平"作为一项重要内容，并且对"执政能力"的内涵初步概括为五个方面。这就是"必须以宽广的眼界观察世界，正确把握时代发展的要求，善于进行理论思维和战略思维，不断提高科学判断形势的能

---

① 林毅夫：《诱致性制度变迁与强制性制度变迁》，载（美）R. 科斯等著：《财产权利与制度变迁：产权学派与新制度学派译文集》，上海：三联书店上海分店，上海人民出版社，1994年版。

力；必须坚持按照客观规律和科学规律办事，及时研究解决改革和建设中的新情况新问题，善于抓住机遇加快发展，不断提高驾驭市场经济的能力；必须正确认识和处理各种社会矛盾，善于协调不同利益关系和克服各种困难，不断提高应对复杂局面的能力；必须增强法制观念，善于把坚持党的领导、人民当家作主和依法治国统一起来，不断提高依法执政的能力；必须立足全党全国工作大局，坚定不移地贯彻党的路线方针政策，善于结合实际创造性地开展工作，不断提高总揽全局的能力"。在十五届六中全会通过《关于加强和改进党的作风建设的决定》之后，十六届四中全会又专门研讨党的执政能力建设问题，并通过了《中共中央关于加强党的执政能力建设的决定》。① 《中共中央关于加强党的执政能力建设的决定》将执政能力明确的界定为："党的执政能力，就是党提出和运用正确的理论、路线、方针、政策和策略，领导制定和实施宪法和法律，采取科学的领导制度和领导方式，动员和组织人民依法管理国家和社会事务、经济和文化事业，有效治党治国治军，建设社会主义现代化国家的本领。"② 《决定》还指出"当前和今后一个时期，加强党的执政能力建设的主要任务是：按照推动社会主义物质文明、政治文明、精神文明协调发展的要求，不断提高驾驭社会主义市场经济的能力、发展社会主义民主政治的能力、建设社会主义先进文化的能力、构建社会主义和谐社会的能力、应对国际局势和处理国际事务的能力。"③

由以上的定义可以看出，执政能力概念与国家能力的概念有几乎类似的定义域，抽象层次和综合性也非常类似。执政能力从党的领导的角度反映了国家能力的基本内涵，是本书提出的公共行政执行的中层理论的背景和参照。

第三节　公共行政执行研究的生态层次结构

与公共行政执行力相关的概念从不同层次、以不同视角聚焦于目标转化为现实这一现象。"目标转化为现实"这一现象的动态性、复杂性和异质性决定了透视这一现象的理论的多样性。执行理论丛林中，并没有一个专门而唯一的

---

① 石仲泉：《"执政能力"概念是怎样提出的》，载《北京日报》，2004 年 9 月 20 日。
② 中国共产党中央：《中共中央关于加强党的执政能力建设的决定》，北京：人民出版社，2004年版。
③ 中国共产党中央：《中共中央关于加强党的执政能力建设的决定》，北京：人民出版社，2004年版。

政府执行理论，这是由政府执行的复杂性和综合性决定的。执行学科丛林中的相关理论为理解政府执行问题提供了宽广的理论基础。如果我们跳出执行理论的术语丛林和学科丛林，聚焦于政府执行问题，我们能发现：执行理论在杂然丛生的混乱背后，实际上是一个多层次的"生态"结构。按照理论的抽象程度、研究视野和研究范围的差异，可以将与政府执行相关的执行理论分为宏观理论、中观理论和微观理论三个层次。如下表所示：

表 2－3　执行理论丛林的生态层次结构

层面	主要理论来源	理论框架和聚焦点
宏观层面	政治经济学、发展经济学、制度经济学 分权学说 国家回归学派的国家能力学说 政治能力学说 执政和执政能力的研究	国家与社会关系，国家与经济增长之间的关系
中观层面	执行力模型 分权学说的具体应用 政策网络 执行机构和执行体制等等	结构、协同、流程、模型和系统
微观层面	政策执行过程和效果研究 治理工具和政策工具研究等等	影响政策有效性的变量关系

资料来源：作者整理。

　　宏观层面的政府执行理论指的是在国家与社会关系的宏观分析框架下，研究整个国家制度实体、贯彻和实施国家意志、实现国家目标的相关理论群簇。所谓的"宏观"指的是研究概念的抽象程度高、研究的视野宽、研究的范围涉及整个国家制度实体，而不仅仅局限于行政机关。宏观层面的执行理论以自由与权威之间的矛盾关系为哲学基础，以国家与社会之间的关系为分析框架，所使用概念的抽象程度高。比如国家能力、政治能力、强国家等概念抽象程度都较高，概念的外延较宽，并不专门针对行政机关这一特定的国家制度实体。

　　微观层面的执行理论即关于执行过程中可观察的变量及其变量之间的相互关系的理论。这里的微观并非指政策范围的狭小、时间的短暂或者影响力微弱，而是与"可观察""可测量""可以经验"含义相同。政策科学的执行研究就属于微观层面的执行理论。

　　尽管在执行理论丛林中已经有中层理论的萌芽，比如政策科学的政策网络理论、公共行政学对执行体制和执行机构的研究、管理学的执行力模型研究，但是就目前国内外的研究来看，执行力的研究要么属于宏观层面，要么属于微观层面，仍旧缺乏一个系统的、能够连接宏观和微观的中层理论。走出执行理论的丛林，建构合理的执行研究"生态"结构，有必要以分工与协调这一管理学的基石性问题为基础，以分工形成的结构和分工形成的协同机制出发，建构连接宏观理论与微观理论的政府执行的中层理论，为政府执行力建设提供切实、具体的中层战略。这是本书随后的任务。

第二篇

公共行政执行中层理论的本体论维度——权力结构

爱因斯坦（Albert Einstein）曾经说过："如果没有界定范畴和一般概念，思考就像在真空中呼吸，是不可能的。""科学理论包含一些我们最精炼的思想，它们并不纯粹描述客观世界；它们是以一种让我们易于理解的方式描述这个客观世界。"① 对公共行政执行力的理解也是如此，如果不能建立思考公共行政执行力问题的基本范畴和概念体系，就无法真正深刻地理解公共行政执行力问题。

笔者将公共行政执行力的研究看作一个具有自身特殊规律和内在机制的研究领域。这一领域的确立有如下三个标志：第一，有确定的研究对象。就公共行政执行力研究而论，研究公共行政执行力（executive powers of public administration）就是研究公共行政执行权力结构协同转换过程中所表现出来的合力。第二，研究领域的基本问题明确。正如政策执行研究领域的基本问题是政策目标与实际结果之间的偏差一样，公共行政执行力研究的基本问题是公共行政执行目标和实际结果为何存在偏差？公共行政执行权力结构通过何种机制实现协同以贯彻公共意志？第三，具有成熟的概念体系和范畴体系。为了回答这一问题，需要在较高抽象层次上找到一个具有抽象力、统摄力和分析力的核心概念，以便在此概念的基础上构筑范畴体系，揭示公共行政执行的内在机制。公共行政执行中层理论就是笔者尝试建构的旨在阐释和理解公共行政执行和公共行政执行力的理论体系。该理论的本体论维度是"权力结构"、认识论方法论

---

① 转引自（美）欧阳莹之：《复杂系统理论基础》，上海：上海科技教育出版社，2002 年版，第 1 页。

维度是"协同机制"、现象学维度是"微观行为"。

在本篇的第三章和第四章中，笔者论证和阐述公共行政执行中层理论的本体论维度——权力结构。第三章首先阐述并论证选择权力概念作为分析起点的原因，然后通过经典性权力理论流派的梳理，总结各个流派权力概念的争论和分歧，归纳和总结出权力概念的构成要素。第四章在借鉴权力理论的结构主义流派和吉登斯的结构化理论流派的基础上，提出权力结构的概念。然后使用构建类型学的方法提出公共行政执行权力结构的 GVIIRRTCQ 模型。

第三章

权力概念的理论梳理

第一节　选择权力概念作为分析起点的原因

本节首先简要地阐述权力的字典定义。权力的字典定义表明：权力概念本身具有相当丰富的内容，外延比较宽泛，以至于权力概念已经成为了具有本体论意义的概念。权力概念更是政治学、政策科学和行政学的基盘概念。鉴于此，我们选择权力概念作为建构公共行政执行中层理论的本体论维度，作为理论分析的起点。

一、权力的字典定义

在古代汉语中"权"和"力"往往分开运用，"权"有多种含义，比如《论语·尧曰》集解认为"权，称也"（衡量）。《孙子·谋故》中说"三军之权（谋略，计谋）"。《谷梁传》："大夫执国权。（指权柄，权力）"。"力"则有力量、能力和权势等多重含义，比如《汉书·灌婴传》中说"战疾力"（力量）。《史记·淮阴侯列传》说"欲为陛下所为者其众，顾力不能耳。"（能力）。《孟子》中说"以力服人者，非心服也。"（权势）。在现代汉语中，《现代汉语词典》将权力定义为"政治上的强制力量；职责范围内的支配力量。"[①]

中文的"权力"一词来自对英语 power 的翻译。power 来自拉丁语 potestsa 或 potentia，引申自拉丁语动词 potere，意为可以做某件事，权力则指通过意志的运用以达到某种目的的能力。在《美国传统词典（双解）》对 power 的定义中，权力一般被定义为 ability、capacity、strength、influence、control、might、forcefulness、effectiveness、energy、motive force 等词。这些词有些与第二章提

---

① 中国社会科学院语言研究所词典编辑室：现代汉语辞典（第 5 版）[A]，北京：商务印书馆，2005，第 1130 页。

到的国家能力、执行有效性等概念的英文表述是相同的。

学术界一般精细地区分权力（power）、权威（authority）、影响（influence）、暴力（force）等概念的区别，彼得·巴贝奇（Peter Bachrach）和莫顿·巴拉茨（Morton S. Baratz）的论述具有代表性。[①]

实际上，过于细致的区分权力、影响和权威的概念没有太多的意义。因为从权力理论发展的历史来看，权力学说经历了从"压迫假说"（the repressive hypothesis）向"生产假说"（the productional hypothesis）的转变，以亚里士多德、霍布斯、韦伯、马克思、帕森斯为代表的传统权力观强调冲突和制裁，而以吉登斯、哈贝马斯和福柯为代表的现代（后现代）权力学说反对权力的压迫假说，强调权力的交互性、网络性和生产性。生产性假说的权力概念实际上包含了影响和权威的概念。

接下来笔者在权力字典定义的基础上，赋予权力现象以本体论意义，构筑权力理论诸流派争论的共同基础。随后在系统地梳理历史上的权力理论流派，以及流派之间争论焦点的基础上，提炼出权力概念的要素，给出一个整合性的权力定义（integral definition of power），作为本文提出的公共行政执行中层理论的概念基础。

一、权力现象的本体论意义

权力现象的本体论意义根植于辩证唯物主义世界观，辩证唯物主义认为世界是普遍联系和发展变化的，发展变化的终极原因是事物之间的相互作用。

"当我们深思熟虑地考察自然界和人类历史或我们自己的精神活动的时候，首先呈现在我们眼前的，是一幅由种种联系和相互作用无穷无尽地交织起来的画面，其中没有任何东西是不动的和不变的，而是一切都在运动、变化、产生和消失。"具体科学的任务就是把这一总画面的细节"从自然或历史的联系中抽出来，从它们的特性、它们的特殊原因和结果等方面来逐个加以研究[②]。"

在人文和社会科学中，使用"权力"（power）概念来表征人文和社会领

① Peter Bachrach and Morton S. Baratz, "Two Faces of Power", *American Political Science Review*, 56, (December 1962), pp. 947~52. 转引自（美）罗伯特·杰克曼著：《不需暴力的权力：民族国家的政治能力》，天津：天津人民出版社，2005年版。

② 恩格斯：《自然辩证法》，载《马克思恩格斯选集（第三卷）》，北京：人民出版社，1972年版，第7页。

域中的不平衡的相互作用现象是一个常用的途径，这种使用可以在马基雅维利、霍布斯、尼采、吉登斯、哈贝马斯等学者的著作中找到。我国著名政治学者李景鹏教授将权力看作是"不平衡的相互作用现象"①，并将此作为建立"权力政治学"的公理性的假设。笔者借鉴这一做法，也将此看作公理性假设。所不同的是：（1）笔者更具体地分析了"权力概念是政治学、政策科学和行政学的基盘概念"，更具体地界定了公共行政执行权力。（2）另一点不同之处在于，笔者分析公共行政执行权力的理论框架是一种中层理论，该中层理论具有双重含义，第一是作为连接宏观理论和微观理论意义上的中层理论；第二是表现为微观行为的机制（结构化的方式存在）分析理论。（3）还有一个不同点是，本文具体提出了公共行政执行权力结构的亚结构分析的思想。

二、权力概念是政治学、政策科学和行政学的基盘概念

20世纪30年代，政治学被看作成为权力的系统性关系。乔治·卡特利（George Catlin）和查尔斯·梅利亚姆（Charles Merriam）是这一思想的先驱。随后哈罗德·拉斯维尔（Harold Lasswell）和默顿·卡普兰（Morton Kaplan）继承了这一衣钵。研究权力概念的发展成为研究政治系统成长的政治科学的主流。② 比如，哈罗德·拉斯维尔认为政治学研究是对"权势和权势人物的研究，政治学的任务就在于进行政治分析，阐明情况。"政治学是"一门研究权力形成与分享的经验学科"。③ 诺贝尔经济学奖得主、著名行政学家赫伯特·西蒙（Herbert Simon）也认为，"解决不了权力的界定与测量问题，便不能说政治学是存在的④。"科林·海（Colin Hay）认为"政治研究"与"权力的分

---

① 我国著名政治学者李景鹏教授使用"权力"和"政治权力"分析政治现象形成了权力政治学。李景鹏教授将权力看作是"不平衡的相互作用现象叫做权力现象。"参见：李景鹏：《关于政治权力分析法》，载《中国转型期问题的政治学思考》，北京：中国法制出版社，2002年版，第43页。

② See：Marxist and Liberal Views of the Concept of Power，in http：//politicalstudies. blogspot. com/2007/02/concept – of – power. html. In the 1930s, politics came to be viewed as a system of relations with respect to power. Both George Catlin and Charles Merriam were at the forefront of this trend. Later, other political scientists such as Harold Lasswell, M. A. Kaplan, and others followed suit. Lasswell's Theory of Elites' where in he highlighted the "distribution of values" as the base point of the political process became the source point of the majority of American students if politics , and political science came to be treated thinking on the growth of political systems have contributed a great deal towards the development of the concept of power.

③ H. D. Lasswell & A. Kaplan, *Power and Society：A Framework for Critical Inquiry*. New Haven：Yale University Press, 1950, pp. xiv.

④ Herbert Simon, *Models of Man, Social and Rational：Mathematical Essay on Rational Human Behavior in a Social Setting*, New York：John Wiley and Sons, 1957, p. 4.

配、行使以及结果之分析"含义是相同的。① 凯思·道丁（Keith Dowding）认为"解答社会中有关权力的问题，就是在解答政治性质与政策过程的课题，不理解权力性质，就不能研究政治。"②

在行政学界，诺顿·朗（Norton E. Long）认为"行政管理的生命线就是权力，权力的获得、保持、增长、削弱和丧失是实践工作者和研究者不能忽视并承受不了这种后果的问题。"③ 诺顿·朗从权力的视角分析了行政管理的各个方面。

可见权力概念是分析政治和行政现象的基础之一，是政治学、政策科学和行政学的基盘（infrastructure）概念。从权力这个基础出发分析政治和行政管理具有较强的解释力和分析性，权力概念可以遵循"从抽象到具体复现现实"的原则贯穿在政治和行政现象分析的始终，比如：决策执定、议程设置、偏好的型塑等问题都可以用权力这一概念加以分析。

第二节　权力概念的理论流派

权力在本体论意义上表征一种非平衡的相互作用，但是不同的学者因所持的方法论、分析的聚焦点和视角不同，对权力的认识存在很大的差异。"政治权力概念本身在世纪之交仍处于变动之中，针对这一概念，发生了纷繁芜杂，纵横交错的辩论。"④

一、权力概念的理论流派梳理方法

任何定义都是在一定的概念体系中获得含义的，这一套概念体系构成一种理论"范式"。⑤ 既然权力是一个具有本体论意义的范畴，对于权力理论流派

---

① Colin Hay, *Political Analysis*, New York：Palgrave，2002，p. 256.

② Keith Dowding, *Power*, Buckingham：Open University Press，1996，pp. 1～2.

③ （美）诺顿·朗：《权力和行政管理》，载（美）R·J·斯蒂尔曼：《公共行政学》，李方等译，北京：中国社会科学出版社，1989 年版，第 211 页。

④ Goverde, Henri, Philip Cenny, Mark Haugaard and Howard Lentner. "General Introduction. " In Power in Contemporary Politics：Theories, Practices, Globalizations. London：Sage，2000，p1.

⑤ 英国学者玛格丽特·玛斯特曼对库恩的范式观作了系统的考察，他从《科学革命的结构》中列举了库恩使用的 21 种不同含义的范式，并将其概括为三种类型或三个方面：一是作为一种信念、一种形而上学思辨，它是哲学范式或元范式；二是作为一种科学习惯、一种学术传统、一个具体的科学成就，它是社会学范式；三是作为一种依靠本身成功示范的工具、一个解疑难的方法、一个用来类比的图像，它是人工范式或构造范式。参见（英）玛格丽特·玛斯特曼：《范式的本质》，载（美）拉卡托斯、马斯格雷夫编著、周寄中译：《批判与知识的增长》，台北：桂冠图书股份有限公司，1994 年版。

的梳理会有较大的难度，有必要明确梳理的方法。

一般而言，对理论范式和理论流派的梳理一般有如下几种方法：（1）按照人物的时间先后顺序进行梳理，将人物放在时代背景中进行知识社会学的解读。（2）按照理论传统中形成的各种流派进行梳理，在流派中介绍流派的代表人物，和流派内部和外部的争论。（3）根据各个流派理论争论的核心、基本问题进行梳理，梳理各个流派对这些核心范畴的理论解读。

本书综合运用这三种梳理方法对权力概念的理论流派进行梳理。首先对权力概念进行流派梳理；然后针对某一流派，进行历史梳理；最后在流派梳理和历史梳理的基础上，穿插使用范畴梳理。

首先，对权力概念进行流派梳理。对权力概念进行流派梳理目的在于提炼出权力研究的理论范式，为不同的权力概念找准理论定位。在进行流派梳理的时候，重点关注权力概念建构的哲学基础和学科所在（locus）。权力研究的本体论性质决定了权力研究并不局限在某一特定学科或领域。因此有必要从哲学方法论的角度对权力研究的哲学基础进行划分。笔者按照各派权力理论方法论上的特征，将各流派的权力理论划入近代哲学、现代哲学和后现代哲学的观念和方法论体系中。比如：行为主义的权力学大师罗伯特·达尔将权力定义为"权力是一种特别的影响力；它意味着反应者如果不顺从，就会有严重损失的制裁"，① 权力"本质上就是一种因果关系"，因此对权力的测量就类似于牛顿力学的测量。② 达尔的权力概念就体现了近代经验主义哲学方法论。再如：福柯将权力看作一个微观技术，从权力如何运作的角度探讨权力，就反应了后现代主义反基础主义、反理性主义和反中心主义的哲学倾向。③ 学科所在指具体学科（比如政治学、社会学、管理学、经济学、组织行为学等学科）中的

---

① Robert Dahl, *Modern Political Analysis*. N. J.：Prentice - Hall，1963，p. 50.

② Robert Dahl, "Cause and Effect in the Study of Politics", In Daniel Lerner, *Cause and Effect*, New York：The Free Press，1965，p. 93.

③ 需要说明的是：笔者不按照时间先后梳理各个流派，而按照这些权力理论所依据的哲学观念和方法论的差异进行分类。比如：行为主义的权力流派构建权力概念所依据的哲学思来源于近代哲学家大卫·休谟（David Hume）的经验主义和因果理论，但是行为主义权力学派的兴起却是 20 世纪 30 年代以后的事情，这个时期哲学思想已经进入了现代哲学的时期。再如：权力的历史研究学派是一个一直延绵至今的学派，但是历史归纳的方法论却是在近代成熟发展起来的，因此我们将其放入近代哲学观念和方法建构的权力概念里面。

权力概念。① 各个具体学科中的权力概念在术语使用、研究领域和研究层次上存在差异。

其次，流派内部的时间梳理。在流派梳理中，笔者按照代表人物的时间顺序，勾勒出这一流派的基本历史脉络。

最后，在流派梳理和人物梳理的基础上，穿插使用范畴梳理。范畴梳理主要包括两个方面的考量。第一个考量是定义属的区别。流派内部和不同流派之间对权力进行属加种差的定义时，在权力的"属"上存在差异。比如有的流派持"能力"说，有的流派持"人性"说，有的流派持"资源"说。有必要梳理"属"的差异。第二个考量是同一定义要素阐释的区别。有时候同一流派或者不同流派都认同权力定义的一个基始概念，但是对这一基始概念的关键要素阐释不同。比如行为主义学派内部对"权力三貌"（three dimension of power）的争论。又如结构功能主义、结构化理论、马克思主义、后现代主义等流派在定义权力时都将"行动"（agency）和"结构（structure）"看作定义权力的两个要素，但是对这两个要素之间关系的阐释不同。

权力概念理论流派梳理方法的核心是这些流派哲学基础的差异。放弃细节的争论，从哲学思想的特征和倾向而言，19世纪中后期到20世纪初期，西方当代哲学（contemporary philosophy）和后现代哲学（postmodern philosophy）相对于近代哲学（modern philosophy）而言思维方式发生了根本性的变化。据此，可将权力理论流派划分为三类，即以近代西方哲学为基础的权力理论流派；以当代西方哲学和后现代西方哲学为基础的权力理论流派；以马克思主义哲学为基础的权力理论流派。为了行文的简介，笔者用下表概括了这三类权力理论在哲学思维方式上的分歧。

表3－1　权力研究的哲学思维方式的对比

	近代西方哲学	当代西方哲学与后现代哲学	马克思主义哲学
英文	modern philosophy	contemporary philosophy, postmodern philosophy	marxism philosophy

① 沈启容在《权力概念分析》中从权力的发生和学科分类的角度对权力的概念进行过罗列。作者从重要的思想家和学科两个方面对权力概念进行了梳理，梳理得方式略显混杂，将人物和学科混在一起。参见沈启容：《权力概念分析》，载智识学术网。

续表

	近代西方哲学	当代西方哲学与后现代哲学	马克思主义哲学
时间	17 世纪的笛卡儿（Descartes）到 20 世纪之前（即 1900 年之前）	（1）contemporary philosophy：20 世纪早期的维特根斯坦（wittgenstein）至今 （2）postmodern philosophy：20 世纪 60 年代开始	19 世纪 40 年代至今
主要思想	理性主义、经验主义	流派众多	辩证唯物主义、历史唯物主义
权力研究的思维特征	经验主义的因果关系论、中心主义、主客二分崇尚工具理性、单极主义	结构和后结构主义、非中心主义、非理性主义、多中心主义、主体间性、解释学	物质生产关系、经济基础与上层建筑的矛盾关系
基本预设	第一个假设：镇压假设 第二个假设：尼采假设①	生产性、交往权力辩证关系	从物质生产关系出发解释政治和权力现象
权力研究的流派	规范研究学派 历史现实研究学派 行为主义学派	权力哲学学派 批判实在主义学派 结构功能主义学派 结构化理论学派 权力技术学派 交往理性学派	马克思主义经典作家和当代作家

资料来源：作者整理。

二、权力概念的主要理论流派综览

按照上述对权力概念的理论流派进行综合梳理的步骤，笔者对各个权力流派归纳为下表。②

---

① （法）米歇尔·福柯著、钱翰译：《必须保卫社会：法兰西学院演讲系列 1976》，上海：上海人民出版社，1999 年版，第 15～25 页。论述到权力观念的两个假设。第一个假设就是：权力的机制根本上主要是镇压，是镇压假设（the repressive hypothesis），它是一个契约—压迫模式（contract - oppression）；而第二个假设：权力就是战争，它是通过其他方法继续的战争，即"尼采假设"，它是一个"统治—镇压"或"战争—镇压"（war - repression）的模式。

② 下表主要梳理政治学、行政学、社会学和哲学领域中的权力概念，社会科学其他学科的权力概念主要来自这些学科，就不再赘述。

表3－2 权力概念的主要理论流派

主要流派		代表人物	学科和问题	研究方法	研究层次	主导概念
史前史		Aristotle 等古希腊到中世纪	政治学 伦理学	制度伦理	宏观	至善的政体
西方近代哲学的观念和方法	规范研究学派	Jean Bodin	政治哲学 主权问题	规范研究	国家宏观	绝对主权
		Thomas Hobbes	政治哲学 主权问题	规范研究	国家宏观	国家主权
		John Lock	政治哲学 主权问题	规范研究	国家宏观	主权分立
		Jean Rousseau	政治哲学 主权问题	规范研究	国家宏观	人民主权
		Charles Montesquieu	政治哲学 主权问题	规范研究	国家宏观	权力分立与制衡
	历史现实研究学派	Niccolo Machiavelli	政治学	历史现实	国家宏观	执行权力
		Max Weber	政治学 行政学	历史现实	宏观中观	官僚制度
		Charles Tilly	政治学	历史现实	宏观中观	国家与战争相互建构
		Michael Mann	政治学 行政学	历史现实	宏观中观	国家的基础权力
		Theda Skocpol	政治学 行政学	历史现实	宏观中观	国家能力
		Bertrand Russell	社会哲学	历史现实	多层面	以权力为核心的社会哲学
		Robert Jackman	政治学	历史现实	多层面	政治能力的概念
	行为主义学派	Robert Dahl	政治学	行为主义	微观	权力定义的第一张面孔
		Bachrach Baratz	政治学	行为主义	微观	权力定义的第二张面孔
		Steven Lukes	政治学	行为主义	微观	权力定义的第三张面孔

续表

主要流派		代表人物	学科和问题	研究方法	研究层次	主导概念
西方现代和后现代哲学观念和方法	权力哲学学派	Friedrich Nietzsche	哲学	思辨解释	多层次	权力意志哲学
		Bertrand Russell	社会哲学	思辨解释	多层次	权力社会分析
	批判实在主义学派	Roy Bhaskar	哲学	批判实在主义	多层面	批判实在主义的权力观
		Jeffrey Isaac	社会学政治学	批判实在主义	中观和微观	权力的结构定义
	结构功能主义	Talcott Parsons	社会学政治学	结构功能主义	宏观和中观	权力的结构功能主义定义
		Anthony Giddens	社会哲学	结构化理论	多层次	权力的社会结构阐释
	权力技术学派	Michel Foucault	哲学多学科	批判理性主义	中观和微观	权力的技术定义
		Nikolas Rose	哲学多学科	批判理性主义	中观和微观	权力的技术定义
		Mitchell Dean	哲学多学科	批判理性主义	中观和微观	权力的技术定义
	交往理性学派	Juergen Habermas	哲学政治学等	交往理性	中观和微观	交往权力的定义
马克思主义学派		经典作家	马克思、恩格斯、列宁等	历史唯物主义和辩证唯物主义	宏观	上层建筑
		现代作家			多层面	权力政治学

资料来源：作者整理。

（一）权力研究的缘起

权力研究可以追溯到古希腊时代。亚里士多德认为政治学和政体设计都是为了至善的伦理目标。亚里士多德认为，"一切政体都有三种机能：议事机能、行政机能和审判机能"，行使这三种机能需要相应的权力结构加以匹配。①但是亚里士多德并没有对权力进行一个清晰的界定，也没有系统地研究权力的性质和运行等问题。中世纪的"政教不分"，使得权力研究没有合适的空间和土壤。"在西方的政治思想史中，第一位把政治权力当成理论探究主要对象的当推尼古拉·马基维利（Niccolo Machiavelli），权力是马基维利政治哲学的中心议题"。"马基维利所创立的那一套非道德的政治权力观，直接影响了布丹、霍布斯等人，他同时也是一个道德无涉的现实主义者（amoral realist），开启了现代政治学的先河。"②

（二）以近代哲学为基础的权力研究流派

权力理论创立以来，在思维方式上受到近代西方哲学的深刻影响。他们的共同特征是：（1）吸收近代哲学主客体二分和工具理性的思想，将权力看作是主体对客体的支配和控制，客体和主体之间存在单向的、不对等的关系。（2）与此相关，他们构筑的权力理论以压迫假说作为前提，将权力看作是强制性的、统治性的、控制性的和否定性的力量。按照近代哲学特征的不同维度，以近代哲学为基础的权力理论可以进一步分为规范研究学派、历史现实学派和行为主义学派。

1. 规范研究学派

规范研究学派秉承让·布丹（Jean Bodin）的主权思想，对主权的起源、如何归属以及如何配置进行应然性研究，其代表人物是托马斯·霍布斯（Thomas Hobbes）、约翰·洛克（John Locke）、查尔斯·孟德斯鸠（Charles Montesquieu）等人。其基本思想反映了近代哲学理性主义的思维特征，即将"理性为世界立法"的启蒙思想运用到对权力和政治现象的研究中，核心是通过权力的归属和配置实现人类社会治理的理性化，实现自然法的原则。

布丹主要从主权的角度研究权力。布丹的主权理论是他政治思想的核心，这个理论完整的表现在他1576出版的《论共和国六书》（*The Six Books of a*

---

① （古希腊）亚里士多德、吴寿彭译：《政治学》，北京：商务印书馆，1965年版。

② （中国台湾）黄崇宪：《国家与治理性：从霍布斯到傅柯》，发表于《"国家与现代性：现代性与台湾政治/经济转型Ⅱ"》学术研讨会，东海大学主办，2005年12月17日。

Commonwealth）之中。他认为主权（sovereignty）是"不受法律的限制，而得以统治其臣民的最高权力"。① 对任何国家而言，主权是最重要的，且具有绝对、不可分割和不可让渡的性质。掌握主权的统治者乃拥有绝对权力去制订法律，且不需要更高或对等的权威或被统治者的同意。② 布丹的主权论开启了霍布斯、卢梭、洛克和孟德斯鸠的研究。

霍布斯"创造了一个抽象的'权力'，使其成为政治科学的核心，至今依然如此。例如，当我们说获得'权力'时，我们用这个词来指一种从各种具体能力（particular capacities）中抽象出来的能力（capability）"，"在霍布斯之前，权力（power）是一个物理学概念，而不是一个政治科学概念。"③ 霍布斯通过"自然状态"、"自然法"和"社会契约"等理论建构了一个关于强大国家权力的理论体系。"霍布斯虽然不是西方政治思想中的第一个权力理论家，但是他对权力作出了最彻底的研究。霍布斯分析了权力从自然状态到公民社会（from the state of nature to civil society）的转变。霍布斯的权力观念是一种零和的权力观念。在公民社会中零和博弈的概念变成了主权支配性权力范式（paradigm for the sovereign power of command）"。④

让·卢梭（Jean Rousseau）则通过社会契约的论述，阐述了人民主权至上的观念。洛克从保障公共福利的角度提出了主权合理运用的分权学说。洛克认为政治社会中的政治权力就是"为了规定和保护财产而制定法律的权利，判处死刑和一切较轻处分的权利，以及使用共同体的力量来执行法律和保卫国家不受外来侵害的权利，而这一切都只是为了公共福利"。⑤ 孟德斯鸠则进一步提出了分权制衡的分权学说。

2. 历史现实学派

历史现实主义学派使用历史归纳法研究权力的实际状态。其哲学基础是经验主义和归纳法。历史现实主义学派侧重于在宏观历史进程中提炼权力的概

① Jean Bodin, *On Sovereignty: Four Chapters from The Six Books of a Commonwealth*, trans, Julian H. Franklin, Cambridge: Cambridge University Press, 1992, p. 3.

② George H. Sabine, *A History of Political Theory*, 3rd Edition, New York: Holt, Rinehart and Winston, 1961, p. 406.

③ （美）哈维·C. 曼斯菲尔德著、冯克利译：《驯化君主》，南京：译林出版社，2005 年版，第 173 页。

④ James H. Read. Thomas Hobbes: Power in the State of Nature, Power in Civil Society, *Polity*, Vol. 23, No. 4, Summer 1991, pp. 505~525.

⑤ （英）洛克著、瞿菊农、叶启芳译：《政府论》，北京：商务印书馆，1964 年版，第 4 页。

念，而不同于规范研究学派的理性设计思想。历史现实学派主要关注政治能力、国家能力和执行能力。规范学派侧重研究权力的应然性质，即权力的应然归属、合法性和合理性。而历史现实主义学派侧重研究权力的实然状态，侧重研究权力的功能、运用和技巧。这一学派的代表人物包括马基雅维利、马克斯·韦伯（Man Weber）、查尔斯·蒂利（Charles Tilly）、米切尔·曼恩（Michael Mann）和瑟达·斯科克波尔（Theda Skocpol）。比如马基雅维利与福柯都关注权力技术，马基雅维利更侧重执行权的研究，因此划入关注执行权的现实主义学派。①

马基雅维利是第一个将政治权力的研究与伦理道德研究分开，从理论上开始研究权力的人。以至于人们将马基雅维利开创的现实主义研究称为马基雅维利主义（Machiavellianism）。② 马基雅维利认为政治统治就是权力的获取和维持，认为君主应该通过结果证明手段的正当，马基雅维利通过权力特征定义政治行为，认为知道如何运用权力才是成功的政治统治所必要的。因此有人认为"马基雅维利是第一个经常把现代含义的执行作为一个主题加以使用的政治作家③。"马基雅维利所说的权力是君主统治的强制性力量。他认为自始至终，政治只能使用至高无上的强制权力（the supremacy of coercive power）这一术语进行界定，而作为正当命令的权威（authority）没有独立的地位。④

韦伯对权力的研究与其国家理论是紧密相关的。韦伯将国家看作行政人员持有垄断地使用合法性的强制力力量的政治组织。⑤ 韦伯将权力界定为，"在

---

① "历史现实学派"一节的写作受到黄崇宪先生的启发，并参考了（中国台湾）黄崇宪：《国家与治理性：从霍布斯到傅柯》，发表于《"国家与现代性：现代性与台湾政治/经济转型Ⅱ"》学术研讨会，东海大学主办，2005 年 12 月 17 日。在此深表感谢。

② 马基雅维利对权力的研究集中在其 1517 年出版的《The Prince》一书中。该书被誉为"有史以来最伟大的对权力的专门研究"（"the greatest single study of power on record"）其根本意图在于为 Lorenzo De Medici 建立统一和强大的意大利而服务。参见 Adolf Augustus Berle, *Power*, Harcourt 1969, p. 19.

③ （美）哈维·C. 曼斯菲尔德著、冯克利译：《驯化君主》，南京：译林出版社，2005 年版，第 139 页。

④ Stanford Encyclopedia of Philosophy, 转引自 http: //plato. stanford. edu/entries/machiavelli/。原文是 "Concomitantly, a Machiavellian perspective directly attacks the notion of any grounding for authority independent of the sheer possession of power. Machiavelli's argument in The *Prince* is designed to demonstrate that politics can only coherently be defined in terms of the supremacy of coercive power; authority as a right to command has no independent status. "

⑤ "A compulsory political organization with continuous operations will be called a ' state ' insofar as its administrative staff successfully upholds the claim to the monopoly of the legitimate use of physical force in the enforcement of its order. "

特定的社会关系中，即使遇到其他人的抵制，仍能实现自己意愿的能力，无论这种能力所建立的基础。"① 权力就是"在社会交往中一个行为者把自己的意志强加在其他行为者之上的可能性②。"韦伯将权力看作是一种强制力量，这种强制力量的正当性奠定在法理型权威的基础上，官僚制就是这种法理型的权威。"韦伯的官僚体系说，为当代国家的权力开启了分析其'行政权力'（administrative capacity）的面向，这和我们之前所讨论的"社会契约论"有很大的不同。"社会契约论"所谈的国家权力是法理学上的、是主权论的，而韦伯学派取向的国家理论不从法理上来谈，而以'行政能力'作为界定国家权力的主要核心内容。"③ 在西方社会的学术研究中，20世纪50年代到20世纪60年代的人们普遍采用韦伯对权力的定义。《社会科学词典》（Dictionary of Social Science）就采纳了韦伯的定义，将权力界定为"在最一般的意义上来说权力意味着：（1）产生确定事件的能力（存在或不存在）（2）个人或者集团拥有的以任何方式，按照自己意愿控制他人的影响力。"④

蒂利在关注公元990年以来欧洲民族国家兴起的历史过程中发现了民族国家（national state）与战争之间的关系。他认为国家形成（state making）和战争形成（war making）的紧密相关。战争使国家从间接统治迈向直接统治（from indirect rule to direct rule），渗透在社会生活的各个角落，并形成了渗透和协商两种治理方式。⑤ 曼恩和斯科克波尔区分了国家的两种权力类型。曼恩在《社会权力的起源》一书中提出了两种类型的权力，一种是专断权力（despotic power），另一种是基盘权力（infrastructure power）。前者指的是分配权力，即统治者可不通过社会的同意而施行其意志的权力。后者渗透在社会构造中，是一种国家对社会的嵌入和穿透权力（power through society）。现代国家

① "Power signifies any capacity to work one's will within given social relations even against opposition, independent of what that capacity is based on. " 转引自 http: //politicalstudies. blogspot. com/2007/02/concept – of – power. html

② （英）戴维·米勒、（英）韦农·波格丹诺编、中国问题研究所等译：《布莱克维尔政治学百科全书》，北京：中国政法大学出版社，1992年版，第595页。

③ （中国台湾）黄崇宪：《国家与治理性：从霍布斯到傅柯》，发表于《国家与现代性：现代性与台湾政治/经济转型Ⅱ》学术研讨会，东海大学主办，2005年12月17日。

④ "Power in its most general sense denotes (a) the ability (exercised or not) to produce a certain occurrence or (b) the influence exerted by man or group, through whatever means, over the conduct of others in intended ways. " 转引自 http: //politicalstudies. blogspot. com/2007/02/concept – of – power. html

⑤ Charles Tilly, *Coercion*, *Capital*, *and European states* AD 990 ~ 1990, （New Ed edition）, Wiley-Blackwell, 1993.

的特征即是"基盘能力"的提高。① 作为国家回归学派的代表斯科克波尔，区分了"国家自主性"（state autonomy）和"国家能力"（state capacity）的概念。国家自主性是国家可以不受社会利益团体左右而独立制定政策的能力。"国家能力"是国家执行与贯彻政策的能力。曼恩进一步根据国家自主性和国家能力的强弱关系，分出了四种国家类型。

可以说自韦伯以来，权力研究的现实主义学派重点关注执行权和行政权问题，他们更多地从能力和强制力的角度界定权力的内涵。

3. 行为主义学派

权力研究的行为主义（behaviorism）学派，特指兴起于 20 世纪初期，强调运用自然科学和心理学的研究方法研究政治现实的学派。行为主义权力研究的鼻祖是梅利亚姆（Charles Merriam），代表人物是本特利（Arthur Bentley）、戴维·伊斯顿（Easton David）、阿尔蒙德（Gabriel Almond）、哈罗德·拉斯维尔（Harold Lasswell）和达尔，达尔则是行为主义权力研究的典范。该学派恪守"经验实证"和"权力是因果关系的一个特殊类型"两大信条。

查尔斯·梅里亚姆（Charles Merriam）于 1934 年出版了《政治权力》（Political Power）一书，在该书中梅里亚姆将政治学定义为获得、运用和保持权力的科学。② 拉斯维尔和卡普兰认为"权力是施加影响的一个特例，权力通过对那些不遵从意欲实现的政策，给以（实际或威胁）的严厉剥夺，从而影响他人的政策过程。"③

达尔的权力研究是行为主义权力研究的典范，他的研究引发了"权力的三张面孔"（three dimension of power）的争论，并进一步引发了权力定义的行为与结构的对峙。④ 达尔按照行为主义的思路区分了权力的理论定义（theoretical definition）和操作定义（operational definition）。就权力的理论定义而言，达尔将权力看作是"影响力术语"，将权力看作是因果关系的一个特殊类别，

---

① Michael Mann, *The Sources of Social Power: The Rise of Classes and Nation – stetes*, 1760 ~ 1914, Cambridge: Cambridge University Press, 1993, pp. 54 ~ 63.

② Charles E. Merriam, Political Power: *Its Composition and Incidencs*, New York: Whittlesey house, McGraw – Hill book company, 1934.

③ H. D. Lasswell & A. Kaplan, *Power and Society: A Framework for Critical Inquiry*, New Haven: Yale University Press, 1950.

④ （中国台湾）郭秋永:《对峙的权力观：行为与结构》，载《政治科学论丛》，第 20 期，2004 年，第 29 ~ 78 页。

可以从牛顿力学的方法对权力加以分析和判定（newtoniancriteria）。达尔认为权力概念是政治分析的中心，权力、影响力、权威、控制、说服、强权、武力、强制等术语都可称之为"影响力术语"。达尔认为"亚里士多德（Aristotle）、霍布斯和拉斯维尔对政治论述中，权力、影响力、控制和权威的关系，是两个或两个以上行动者（个体、团体、或其他集体）之间的一个因果关系①"，"权力……本质上就是一种因果关系②"，"在甲能够促使乙去作一件原本不愿作之事的范围内，甲对乙具有权力③。"就权力的操作定义而言中，达尔首次将政治权力归结为决策制定（decision – making），将决策制定作为权力的来源和指标，此即权力的第一张面孔。正如达尔所言，"社群权力的适当检定，乃在"考察一系列的具体决策④。"随后彼得·巴赫奇（Peter Bachrach）和默顿·巴拉茨（Morton Baratz）认为用决策制定作为权力的指标显得过于简单，而提出了权力的第二副面孔，即远离公众监督的幕后精英为了施加权力于社会而进行的议程设定（agenda – setting）。英国学者斯蒂文·卢克斯（Steven Lukes）提出了权力的第三副面孔，即型塑偏好。他强调了权力的规范性，其理论观点类似于文化霸权理论（notions of cultural hegemony）的观点。

（三）以现代和后现代哲学为基础的权力理论

根据当代西方哲学与后现代哲学思维方式建立起来的权力理论，打破了近代哲学的思维方式，具有如下特点：（1）将权力看作是意志、努力、生产性和流变性的力量。比如尼采（Friedrich Wilhelm Nietzsche）的"权力意志"、伯兰特·罗素（Bertrand Russell）的"有意努力"和米歇尔·福柯（Michel Foucault）的"生命权力"。（2）打破了主客二分的思维，运用去中心、结构和解构的方式建立权力概念和理论。比如尼采就用权力意志取代了主客二分的对峙；福柯将权力看作是一个网络，没有主体和中心，而是生产性的关系，不再使用主客体思维关注权力的获取和运用，而只关注权力如何运行的问题。虽

① Robert Dahl，"Cause and Effect in the Study of Politics."In Daniel Lerner，*Cause and Effect*，New York：The Free Press，p. 89.

② Robert Dahl，"Cause and Effect in the Study of Politics."In Daniel Lerner，*Cause and Effect*，New York：The Free Press，p. 93.

③ Robert Dahl，"The Concept of Power."In Power：Critical Concepts，*Behavioral Science*，1957（2），pp. 201～215.

④ Robert Dahl，"A Critique of the Ruling Elite Model"，*American Political Science Review* 52，p. 466.

然塔尔科特·帕森斯（Talcott Parsons）的权力观点仍旧带有将权力看作是压制性力量的痕迹，但是帕森斯的思想已经走出了简单的主客二分，开始将权力纳入系统和结构中去思考。吉登斯则进一步解决了帕森斯遗留的问题，将行动和结构整合在转换能力和支配能力的概念中。（3）从宏观权力走向微观权力。近代理性主义的思维方式强调理性和抽象思维的力量，因此理论叙事往往是宏大的叙事，概念的抽象层次很高。而后现代的思维方式不再关注宏大叙述，转而关注微观的情景、相互作用和话语。比如尤根·哈贝马斯（Jürgen Habermas）就用交往行动的概念，消融了政治权力的协商性和行政权力的工具理性之间的紧张关系。福柯则用系谱学的思想展示了历史发展过程中的权力"光谱"系列。

以现代和后现代哲学为基础的权力理论可以进一步分为权力哲学学派、批判实在主义学派、结构功能主义学派、结构化理论学派、权力技术学派和交往理性学派。

1. 权力哲学学派

权力哲学学派的基本特征在于将权力看作整个世界或某个领域的本体论概念，在本体论的高度研究权力的属性、类别和运行规律。尼采和罗素是这一学派的代表。尼采的权力哲学有很强的思辨色彩，而罗素则侧重社会领域的权力哲学，现实主义色彩较浓。

弗里德里希·尼采（Friedrich Nietzsche）的权力哲学集中体现在其出版的著作《权力意志》（*The Will to Power*）一书中。① 尼采的权力意志发展了叔本华的生存意志（will to live）学说，进一步将生存意志仅仅当作权力意志的附属部分。尼采将权力意志做为解释人类行为的一个重要原则，用权力意志解释了历史上的众多事件。尼采从哲学和形而上学的高度研究权力意志，他认为，"世界无一例外的是权力意志②。"（world is the will to power – and nothing besides!）尼采提出的权力概念的外延已经远远超出了一般学科所谓的权力概念的外延，而泛指繁殖生命的自我保存、维持、增长和征服等活动所表现出来的力量。

罗素在《权力：一种新的社会分析》（*Power：A New Social Analysis*）一书中尝试从权力概念出发建立一套完整的社会哲学学说。他认为"权力可以定

---

① Friedrich Nietzsche, *The Will to Power*（New Ed edition），Vintage, 1968.

② Friedrich Nietzsche, *The Will to Power*（New Ed edition），Vintage, 1968.

义为有意努力的产物", "权力就是实现目标的能力" (Power, for Russell, is one's ability to achieve goals)①, 是 "社会一切活动的动因, 是一切人类多种欲求的本源。"② 将权力与意欲和能力联系起来进行界定, 可以看见尼采的权力意志学说的影子。罗素发展出了将社会科学看作一个整体进行研究的方法, 认为社会科学的主题就是研究不同形式的权力, 主要包括经济的、军事的、文化的和公民的四种重要形式 (economic, military, cultural, and civil forms)。③ 罗素认为社会科学的任务在于发现社会动力的法则 (the laws of social dynamics), 这一法则用以描述特定形式的权力在何时、以什么样的方式发生改变。④

权力的哲学研究对权力的界定具有本体论的色彩, 一般将权力与人性、意欲、能力对权力进行界定, 重点关注权力的不同形式以及权力运行的动力法则。本文在建构公共行政执行中层理论的时候, 借鉴了这种从本体论入手的方法, 并试图找到权力运行的动态机制。

2. 批判实在主义学派

批判实在主义 (critical realism) 学派的权力定义建立在批判实在主义的本体论和认识论基础之上。批判实在主义从倾向性 (liabilities intentionality) 和权力 (powers) 角度对社会行动 (agency) 与结构 (structure) 之间的关系进行了分析。批判实在主义的领军人物罗伊·巴斯卡尔 (Roy Bhaskar) 在对实证主义 (positivism) 和诠释学 (hermeneutics) 进行批判的基础上提出了批判实在主义范式。批判实在主义包括先验实在主义的 (transcendental realism) 一般哲学和批判自然主义 (critical naturalism) 的人类科学 (human sciences) 两部分。

(1) 先验实在主义的一般哲学。批判实在主义在本体论上认为实存 (reality exists) 独立于我们的知识和对他的感知。反之, 如果不能区分实存 (reality exists) 和我们形成的概念就会产生认识论的谬误。在批判实在主义看来, 实存 (reality) 由三个不同的层面构成。经验层面 (empirical 完全根据人类的观察)、实际层面 (actual 存在于时间和空间中)、真实层面 (real 是先验而持

---

① Bertrand Russell, *Power: A New Social Analysis*, George Allen & Unwin Ltd, 1938.

② Bertrand Russell, *Power: A New Social Analysis*, George Allen & Unwin Ltd, 1938, p. 23.

③ Bertrand Russell, *Power: A New Social Analysis*, George Allen & Unwin Ltd, 1938, p. 4.

④ Bertrand Russell, *Power: A New Social Analysis*, George Allen & Unwin Ltd, 1938, pp. 4～6.

久，而不是我们所感知的）。① 基于此，批判实在主义将知识分为"不变的真实对象"（unchanging real objects）和"变动的认知对象"（changing cognitive objects）。经验层面是指我们可以"感觉"和"可以观察"的领域。② "实际层面"由经验层面的事件构成。"真实层面"是经验层面和真实层面背后的、持久而稳定的、独立于感觉的"机制"即"事物起作用的方式"。③

批判实在主义认为科学研究（scientific investigation）必须寻求到一种真实的（real）、可操作性的和内在的机制，用以引导细节性结果的产生。这种做法与经验主义科学家（empiricist scientists）所说的因果关系的观察不一样。经验主义和实证主义（empiricism and positivism）将因果关系定位在事件层次，而批判实在主义将因果关系定位在生成机制（generative mechanism）的层面，批判实在主义认为因果关系不能还原（irreducible）为大卫·休谟（David Hume）哲学所谓的自变量和因变量（postulated independent variable and dependent variable）惯常连接关系（constant conjunctive relationship），也就是说惯常的连接关系既不是建立因果关系的充分条件也不是建立因果关系的必要条件。④

（2）批判自然主义。巴斯卡尔在《自然主义的可能性》（*The Possibility of Naturalism*：*A Philosophical Critique of the Contemporary Human Sciences*）一书中尝试用自己的方式回答社会科学中的一个方法论问题，即社会在何种程度上可以根据自然科学的方式进行研究（"to what extent can society be studied in the same way as nature?"），⑤ 巴斯卡尔用批判自然主义的观点进行了回答。批判自然主义（critical naturalism）认为科学中的先验实在主义的模型（the tran-

---

① Fadhel Kaboub, Roy Bhaskar's Critical Realism1：A Brief Overview and a Critical Evaluation, http：//f. students. umkc. edu/fkfc8/BhaskarCR. htm. In critical realism, reality consists of three different layers：empirical（observable by human beings）, actual（existing in time and space）, and real（transfactual and more enduring than our perception of it）.

② Andrew Sayer, "Abstraction：A Realist Interpretation." In Margaret Archer et al, *Critical Realism*：*Essential Readings*, London and New York, 1998, pp. 120～43.

Andrew Collier, *Critical Realism*：*An Introduction to Roy Bhaskars's Philosophy*, London and New York：Verso, 1994, p. 42.

③ Roy Bhaska, *A Realist Theory of Science*, London and New York：Verso, 1997, p. 14, 17, 51.

④ Fadhel Kaboub, Roy Bhaskar's Critical Realism1：A Brief Overview and a Critical Evaluation, http：//f. students. umkc. edu/fkfc8/BhaskarCR. htm

⑤ Roy Bhaska, *The Possibility of Naturalism*：*A Philosophical Critique of the Contemporary Human Sciences*（3rd edition）, New York and London：Routledge, 1998.

scendental realist model of science) 同样可以用于人类社会的研究中，但是人类社会与物理世界不同，人类社会中社会事件的产生机制是社会事件多股力量汇流的结果。社会结构自身要求不断的复制（reproduction）特定的行动和先决条件（actions/pre - conditions），而使得人类行动（human agency）成为可能。进而言之，存在于社会结构中的个体有能力对社会结构作出反应，并且有能力改变产生他们的行为（actions）。①

（3）权力结构及其二元性。就社会现象而言，"真实层面"由具有权力和倾向性的结构组成。因此，社会现象从深层潜在的真实结构中涌现，成为"实际"，然后才成为"经验的"。我们对社会现象的理解则是一个与此相反的过程，即从经验到实际到真实，因此理解社会是非常艰难的任务。② 批判实在主义在研究社会的时候，总结出了四种社会理论模式，即以韦伯（Weber）为代表的模式 I，认为社会决定了个体的行为（志愿主义）；以迪尔凯姆（Durkheim）为代表的模型 II，认为个人行为决定社会（具体化）；第三种模型以彼得·伯杰（Peter Berger）及其追随者为代表（模型 III），认为社会形塑个体，同时个体创造社会；巴斯卡尔（Bhaskar）是第四种模型的代表，即社会行为的转换生成模型。社会和人类不是持续辩证的过程，两者存在根本的差异。③

表 3 - 3　社会（结构）与个体（行为）之间的理论模型

	代表人物	哲学和方法论	主要观点	优势或缺陷
模型 I	Weber	志愿主义 voluntarism	社会决定个体	单线决定
模型 II	Durkheim	具体化 reification	个体决定社会	单线决定

① Critical realism, From Wikipedia, the free encyclopedia, 引自 http：//en. wikipedia. org/wiki/Critical_ realism

② Morteza H. Ardebili, "Unpublished Lecture Notes：Social Science 610, Philosophy of Social Science," Department of Economics & Social Science Consortium, University of Missouri – Kansas City, Fall 2001. [Thus, social phenomena emerge from the deep underlying real structures, become actual, and then empirical. Whereas our understanding of these social phenomena goes exactly in the opposite direction (from empirical to actual and then to real), which makes understanding them a very difficult task.]

③ Roy Bhaska, *The Possibility of Naturalism*：*A Philosophical Critique of the Contemporary Human Sciences* (3rd edition), New York and London：Routledge, 1998, p. 33.

"They do not constitute two moments of the same process. Rather they refer to radically different kind of things"

续表

	代表人物	哲学和方法论	主要观点	优势或缺陷
模型Ⅲ	Peter Berger	持续辩证（continuous dialectic）	社会是人类存在的客观化和外在化，人类是社会意识的内化和再占有①。	辩证地（dialectically）综合了模型Ⅰ和Ⅱ
模型Ⅳ	Roy Bhaskar	社会行动的转换生成（transformational model of social activity）	社会和人类不是持续辩证的过程，两者存在根本的差异②。人类实践和人类社会具有双重特征。	指出了社会的双重特征

资料来源：根据 Fadhel Kaboub. Roy Bhaskar's Critical Realism1 A Brief Overview and a Critical Evaluation. 载 http：//f. students. umkc. edu/fkfc8/BhaskarCR. htm 整理。

在社会行动的转换生成模式中，所谓的人类实践与社会具有双重特征（human praxis must have a dual character），包括结构的双重特征（duality of structure）和实践的双重特征（duality of praxis）。结构的双重特征指"社会是经常存在的条件（质料因），并且不断地复制人类行动的产出。"实践的双重特征指"实践活动既是有意识的生产，又是（通常无意识地）生产条件的再生产③。"人类行动的特征在于倾向性（intentionality）。人和社会之间存在重要的区别，人类行动和社会结构的改变也存在重要的区别，人总是在有意识的行动、无意识的复制中偶然地转换了操控大量生产行为的结构。④

---

① Roy Bhaskar, *The Possibility of Naturalism*：*A Philosophical Critique of the Contemporary Human Sciences*（3rd edition），New York and London：Routledge，1998，p. 32.

"society is the objectification or externalization of human beings. And human beings are the internalization or are appropriation in consciousness of society"

② Roy Bhaskar, *The Possibility of Naturalism*：*A Philosophical Critique of the Contemporary Human Sciences*（3rd edition），New York and London：Routledge，1998，p. 33.

"They do not constitute two moments of the same process. Rather they refer to radically different kind of things"

③ Roy Bhaskar, *The Possibility of Naturalism*：*A Philosophical Critique of the Contemporary Human Sciences*（3rd edition），New York and London：Routledge，1998，p. 34 ~ 35.

④ Roy Bhaskar, *The Possibility of Naturalism*：*A Philosophical Critique of the Contemporary Human Sciences*（3rd edition），New York and London：Routledge，1998，p. 35.

总的看来，批判实主义和行为主义对权力的研究是相对的两大流派，下表列出了经验主义和批判实在主义研究权力的区别。

表3-4 批判实在主义和经验主义的区别和权力研究方法的区别

	经验主义	批判实在主义
代表人物	弗兰西斯·培根（Francis Bacon）、约翰·洛克（John Locke）、贝克莱（George Berkeley）、大卫·休谟（David Hume）	罗伊·巴斯卡尔（Roy Bhaskar）
本体论	"存在就是被感知"（George Berkeley）	实在分为三个不同的层次 社会是全体倾向性和权力的铰接。①
认识论	"我们的必然观念和因果观念，完全是由自然界各种活动中可以观察到的齐一性产生出来的。在相似的对象心理学连接在一起的那些地方，心灵就为习惯所决定，从一件事的出现推断到另一件事。这……就是我们认为物质具有必然性的全部理由。除了相似的对象恒常的连接以及由此而来的从一个对象到另一个对象的推论以外，我们没有任何'必然'或'联系'的概念。"②（David Hume）	社会现象从深层潜在的真实结构中涌现，成为实际，然后才成为经验的。我们对社会现象的理解则是一个与此相反的过程，即从经验到实际到真实，因此理解社会是非常艰难的任务。
方法论	"在我看来，观念的联系只有三条原则，这就是：'相似性'、时间或空间上的'连接性'，以及'原因'或'结果'。"③（David Hume）	社会结构作为一种解释社会事件的机制，并不独立于人类的行动。
权力的定义	权力……本质上就是一种因果关系	权力是社会真实结构的特性，与倾向性、行动能力和机制的因果作用力含义相同。④

---

① By Fadhel Kaboub, Roy Bhaskar's Critical Realism A Brief Overview and a Critical Evaluation http: //f. students. umkc. edu/fkfc8/BhaskarCR. htm. society is an articulated ensemble of tendencies and powers.

② （英）休谟著、吕大吉译：《人类理智研究》，北京：商务印书馆，1999年版，第74页。

③ （英）休谟著、吕大吉译：《人类理智研究》，北京：商务印书馆，1999年版，第19页。

④ Morteza H. Ardebili, "Unpublished Lecture Notes: Social Science 610, Philosophy of Social Science," Department of Economics & Social Science Consortium, University of Missouri - Kansas City, Fall 2001.

	经验主义	批判实在主义
权力的属性	权力乃是一种直接或间接可观察的"行为性"的概念。	权力乃是社会结构中行动者的行动能力,而为一种不易直接或间接观察到的"结构性"的概念。
权力现象	权力现象乃是行为者之间的一种规律性行为,适然(contingent)存在于经验世界中。	权力现象必然存在于社会结构的"机制"中,但其成功履行乃属适然。
权力关系	权力关系乃是一种因果关系,从而是两位行为者之间的一种规律性关系。	权力解析上的因果关系,乃指相干社会结构的"机制"造成一个权力现象的一种产生关系,而非两位行为者之间的一种规律性关系。

资料来源:作者归纳。其中"权力的属性、权力现象和权力关系"根据(中国台湾)郭秋永:《对峙的权力观:行为与结构》,载《政治科学论丛》,2004 年,第 20 期,第 29～78 页等相关资料整理。

批判实在主义的本体论和认识论理论是本文提出的公共行政执行中层理论的重要理论依据之一。本文所谓的公共行政中层理论的第二层含义就在于,中层理论探究中层层次的机制,从而可以过渡到微观行为。批判实在主义对权力二元属性的论述和吉登斯结构化理论异曲同工,是本文权力结构概念二元性特征的理论基础。

3. 结构功能主义学派

结构功能主义(structural functionalism)作为一种社会系统范式,强调整个社会系统的多种社会功能,社会结构分析是整个分析的中心,社会功能产生于社会结构。结构功能主义的思想可以追溯到埃米尔·迪尔凯姆(Emile Durkheim)、马林诺夫斯基(Bronislaw Malinowski)和拉德克利夫·布朗(Alfred Radcliffe·Brown),现代意义上的结构功能主义由美国社会学家帕森斯在 20 世纪 40 年代提出。

结构功能主义从结构和功能的视角定义权力。帕森斯认为传统权力理论的缺陷在于将权力表述为一种压迫理论(或零合理论)。[1] 比如传统理论的代表

---

[1] Anthony Giddens,'power'in the recent writings of Talcott Parsons. *Sociology*, Vol. 2, Issue 3, Sep1968,p. 257～272.

之一韦伯就将权力定义为"在特定的社会关系中，即使遇到其他人的抵制，仍能实现自己意愿的能力，无论这种能力所建立的基础。"① 作为结构功能论的创始人，帕森斯认为行动系统包括行为社会系统、行为有机体系统、人格系统和文化系统。在社会系统中，社会系统的基本结构由行动者之间的关系结构形成。社会角色，由价值观和规范构成的社会制度，是比较典型的社会结构单位。社会系统为了生存和维系，必须满足适应目标达成、整合、潜在模式维系的功能。在社会系统中，经济系统、政治系统、社会共同体系统和文化模式托管系统分别执行这四种功能。因此，帕森斯把权力视为一种系统中使资源流通的能力，权力在结构的框架中发挥作用。"当根据各种义务与集体目标的关系而使这些义务合法化时，如果遇到顽抗就理所当然会有靠消极情境之采取强制实行的地方，权力是一种保证集体组织系统中各单位履行有约束力的义务的普遍化能力。"② "权力是为了实现系统目标的利益，使资源流通的一般能力③。"

帕森斯的理论开启了后世政治学结构功能主义的权力观，后世的政治学者戴维·伊斯顿（David Easton）和布里埃尔·阿尔蒙德（Gabriel Almond）进一步使用政治系统、功能、角色等新的概念术语研究权力，对权力形成了崭新的认识。1957 年伊斯顿发表了《政治系统：政治学现状研究》，首次将一般系统论应用到政治分析，提出了系统分析的基本观点和方法，之后他又相继发表一系列文章和著作，形成了一套政治系统分析的方法论。作为政治系统分析方法的深化和表现形式，结构——功能主义成为分析政治现象，对不同的政治现象进行比较研究的常用方法。1960 年阿尔蒙德在《发展中地区的政治》中首次阐明了结构——功能主义的政治学分析方法，随后在《比较政治学：体系、结构、功能》对这一分析方法进行了完善。结构——功能主义假设政治结构具有普遍性，每一种政治体系都具有履行特定功能的结构。政治的功能具有普遍性，政治是多种特定功能模块的组合；政治结构的根本功能是维持政治系统的生存，政治的结构具有多功能性。他用政治系统、功能、角色等新的概念术语代替国家、权力、职位等传统的政治学术语。

---

① "Power signifies any capacity to work one's will within given social relations even against opposition, independent of what that capacity is based on." 转引自 http：//politicalstudies. blogspot. com/2007/02/concept - of - power. html

② （英）罗德里克·马丁著、丰子义、张宁译：《权力社会学》，北京：三联书店，1992 年版，第 84 页。

③ （美）帕森斯著、梁向阳译：《现代社会的结构与过程》，北京：光明日报出版社，1988 年版，第 34 页。

4. 结构化理论学派

安东尼·吉登斯（Anthony Giddens）是英国的社会学家，他因为提出了结构化理论而享誉世界，被誉为对现代社会理论最卓越的贡献者，是英国继约翰·凯恩斯（John Keynes）之后的最知名学者。① 吉登斯在批判和吸收前辈理论的基础上，提出了结构化理论（The theory of structuration）。② 结构化理论将社会看作是结构、倾向和互动的统一（structure, modality and interaction）。结构包括规则和资源，规则（rules）和资源（resources）可以被行动者利用和获得。结构化理论尝试解决社会科学中长期存在的行动与结构的两分法。通过结构二重性的概念，将行动与结构看作是统一的整体，结构双重性（duality of structure）的含义就是"社会结构使社会行动变得可能，同时社会行动创造真实的结构。"结构化的权力理论：重点分析权力与结构、权力与行动、权力与社会变迁之间的关系。

（1）权力与结构（structure）。吉登斯所谓的结构是一种实质性的结构，他将结构看作是涉及到权力关系的结构；而权力关系同时意味着结构。吉登斯将社会结构划分为三种类型，一种是意义结构（signification），意义结构通过有组织的语言网络产生意义。法律结构（legitimation）通过社会规范、价值和标准产生道德秩序。统治结构（domination）就是由资源控制产生的权力。③权力是社会系统三种结构中的一种类型。"权力必须被置于结构双重性（duality of structure）的系统中加以理解：④ 如果支配的存在意味的资源，并且行使权力利用这些资源，那么这些资源将同时被看作是社会系统的结构要素。"权力并非一个纯粹的行动，而是一个行动中的例示（"instantiated" in action），一个规律性的循规蹈矩的现象。将权力看作资源的观点是错误的。"资源只是一个媒介，通过这一媒介权力得以实施并且支配结构得以复制。"将资源看作社会系统结构的要素（组成部分）是结构化理论解析权力的关键。⑤

① George Ritzer（ed.）, *The Blackwell Companion to Major Contemporary Social Theorists*, Blackwell Publishing, 2003.

② Anthony Giddens, *Central Problems in Social Theory*, London: Macmillan Press, 1986, p. 92.

③ Duality of structure: social structures make social action possible, and at the same time that social action creates those very structures. 来源于维基百科。

④ 结构双重性就是社会结构使社会行动变得可能；同时社会行动创造真实的结构。duality of structure: social structures make social action possible, and at the same time that social action creates those very structures. 来源于维基百科。

⑤ Anthony Giddens, *Central Problems in Social Theory*, London: Macmillan Press, 1986, p. 91.

（2）权力与行动（agency）。权力概念在吉登斯的理论中占有重要的地位，他认为权力"意味着朝着一个目标努力，并且因此直接关涉到每个人的行动。权力是人们改变社会和物质世界的能力，与知识和时空紧密联系。①"在最广义上而言，当权力被看作是实现结果的能力时，行动的概念与权力的概念是逻辑地联系在一起的。"②"权力概念包括两个方面的维度，一个维度是转换能力（将权力看作行动者的行为的人持有这一独特的看法）；另一个维度是支配（这是将权力看作是具有结构性特质的人的主要观点），权力依赖于资源的利用。""权力同时涉及到转换能力和支配，是一个关系概念，它只有通过支配结构产生的转换能力才能得以利用。"转换能力以行动者的能动性为基础，表现为行动者具有"知识"（knowledgeability）和"能力"（capability）。③"支配结构涉及在多系统互动的持续权力关系中的不对称资源的利用④。""资源是权力得以实施的媒介，是社会再生产通过具体行为得以实现的常规要素。"⑤ 不对称资源包括权威性资源（authoritative resources）和配置性资源（allocative resources）。权威性资源主要指行动者对人类自身所具有的控制能力。配置性资源主要指行动者对自然世界所具有的控制能力。吉登斯把支配能力归结为狭义意义上的权力，认为它表现了行动者之间依赖性的一面。支配同时存在"积极"支配和"消极"支配两个方面⑥。

吉登斯用控制的辩证法来表达行动与权力之间的关系。控制的辩证法是"行动与权力之间的固有的联系⑦。""控制的辩证法意味着在自主性和依赖（构成社会系统）的调整中，弱小的能力能够变得强大起来。"控制的辩证法根源于社会系统的性质。"无论配置性资源不对称的大小，自主性和相互依赖

---

① Anthony Giddens, *The Nation – State and Violence*, University of California Press, 1987, p. 38.

The concept of action is logically linked to that of power, if the latter term is interpreted in a broad sense as the capability of achieving outcomes.

② Anthony Giddens, *Profiles and Critiques in Social Theory*, London: Macmillan Press, 1982, p. 91.

③ Anthony Giddens, *Classes and the Division of Labor*, London: Cambridge University Press, 1982, p. 29.

④ Anthony Giddens, *Central Problems in Social Theory*, London: Macmillan Press, 1986, p. 92 ~ 93.

⑤ （英）吉登斯著、李康、李猛译：《社会的构成：结构化理论大纲》，北京：三联书店，1998年版，第 80 页。

⑥ 转引自郭忠华：《转换与支配：吉登斯权力思想的诠释》，载《学海》，2004 年第 3 期，第48 ~ 54 页。

⑦ Anthony Giddens, *Central Problems in Social Theory*, London: Macmillan Press, 1986, p. 6.

关系都是相互作用的，所有权力关系表现为自主性和相互依赖两个方面。①

（3）权力与社会变迁。吉登斯从资源储存能力、权力、结构性原则之间的关系考察了社会变迁的形式。资源储存能力的差异导致了权力时空伸延能力的差异，并相应地使社会整合的结构性原则呈现出差异性特征，从而形成了不同类型的社会。以权力为核心标准，吉登斯把人类曾经经历过的社会划分为三种类型：部落社会、阶级分化社会和阶级社会。② 吉登斯对权力的理解是放在社会结构中进行的，他将其称作权力的社会结构（the social constructs of power）。吉登斯的权力概念已经上升为社会哲学本体论高度的概念，用以建构对社会和历史的解释。

吉登斯提出的结构二元性的观点，很好地消解了社会科学中普遍存在的"行动"与"结构"之间的对立，本文在界定权力和权力结构概念的时候，借鉴了吉登斯的观点。这些将在后文详细展开。

5. 权力技术学派

福柯（Michel Foucault）是后现代主义权力观的代表之一。后现代主义权力观奠定在后现代哲学思想的基础之上。后现代主义哲学是与现代主义哲学相对的哲学流派。福柯的权力理论充分表现了非中心主义、非理性义、多中心主义以及对宏大叙事的拒斥和对微观权力的关注。总体而言，福柯关注的焦点不是权力的规范架构、也不是权力的获取或保持，而重点关注权力如何被运用，以及运用权力的微观技术。福柯的权力观包括以下几点重要内容：

（1）权力是一个谱系和复杂的情势。福柯的权力观体现了后现代主义去中心化、多元化的思维的特征。福柯认为"权力不是一个机制、不是一个结构，也不是我们拥有的某种力量；它只是人们为特定社会中复杂的战略情势所使用的名字"。"权力关系既是意图的又是非主体的：权力总是有赖于一系列的目标来行使，但这并不意味它来自一个个别主体的选择或决策"；"权力无处不在，这不因为它有特权，将一切笼罩在它战无不胜的整体中，而是因为它时时刻刻、无处不在地被生产出来，甚至在所有关系中被生产出来，权力无处不在，并非因为它含括一切，而是因为它来自四面八方"。③ 权力具有各种不同的形态，使用各种不同的技术。特别是在现代社会，权力渗透到社会的各个不同的局部领域。福柯采用了系谱学的方法对历史上不同的权力形式进行了分析。

---

① Anthony Giddens, *Profiles and Critiques in Social Theory*, London : Macmillan Press, 1982, p. 39.

② （英）吉登斯著、李康、李猛译：《社会的构成：结构化理论大纲》，北京：三联书店，1998年版，第284~290页。

③ M. Foucault, *The history of sexuality*（Vol. I）, New York：Vintage Books，1990，p. 93.

（2）权力是一个网络。权力不是一个实体，不是可以占有的物，而是一种关系，是一种相互交错的网，它无所不在。它是各种力量关系的、多形态的、流动的场。"权力从未确定位置，它从不在某些人手中，从不像财产或财富那样被据为己有，权力运转着。"①福柯认为这种无所不在的权力关系，不是一种自上而下的单向性控制的单纯关系，而是一个相互交错的复杂网络。"权力以网络的形式运作，在这个网上，个人不仅在流动，而且他们总是既处于服从的地位又同时运用权力。"权力关系是"一个永远处于紧张状态和活动之中的关系网络②。"

（3）权力是技术和运作的过程。福柯的权力理论不同于霍布斯、卢梭和韦伯等人所谓的宏观层面法理权力。他认为权力是一种技术，而不是静态的制度。福柯认为"谁在行使权力"并不重要，而关键是"权力是如何运作的"，权力的运行通过规训技术得以实现。规训是"一种权力类型，一种行使权力的轨道。它包括一系列手段、技术、程序、应用层次、目标。它是一种权力'物理学'或权力'解剖学'，是一种技术学。"③

（4）权力是生产性的。福柯反对亚里士多德、马基雅维利、霍布斯、韦伯以来的传统权力观，传统权力观以强制压制性力量作为预定的假设（repression hypothesis）。④认为权力是具有支配性、主宰性和统治性。传统权力观是否定性的权力观，并且总是与法律和王权联系起来。福柯将权力扩展到政治、王权和法律以外的领域，追随尼采的权力意志理论，将权力看作是处于一定的关系网络中的、变动的、多元的、再生性的和流动性的力量。福柯将这种权力命名为"生命权力"（bio - power）。"生命权力"是提高生命、管理生命、繁殖生命、控制和调节生命的积极权力，它在生命、人类、种族和人口的层次上发挥作用。包括"人体的解剖政治学"和"人口的生命政治学"。其一是"规训权力"（disciplinary power），其二是进行"人口控制"的"治理权力"或

---

① （法）米歇尔·福柯著：《必须保卫社会：法兰西学院演讲系列1976》，钱翰译，上海：上海人民出版社，1999年版。

② （法）米歇尔·福柯：《规训与惩罚》，北京：三联书店，2003年版。

③ （法）米歇尔·福柯：《规训与惩罚》，北京：三联书店，2003年版。

④ 包括压抑假说［又称"莱希假说"（Reich hypothesis）］和战争假说（war hypothesis）（又称"尼采假说"），前者主张权力本质上是压抑的，一种对本性、本能的压抑力量；后者则认为权力是"战争"，产生持续不间断的战争、冲突或斗争。赖希 Wilhelm Reich（1897～1957）奥地利心理分析家，他的理论认为压抑是许多心理问题和社会问题的根源。参见 Robert Hurley, *History of Sexuality*: *Introduction*, New York: Vintage Books, 1990, p. 72～73.

"治理理性"（rationality of governmentality）。①

（5）权力、知识、言论和技术是紧密联结在一起的概念。福柯认为现代社会实现了权力—知识的控制系统。福柯总是将权力和知识联结在一起加以使用，是一个根本性的紧密联结的概念。② "知识"和"权力"之间的桥梁是"言论"。在福柯看来，"任何社会中的言论生产，都是根据一些程序——其作用在警惕权力者与危险、迎合不可预期的事件、避开不易处理的可怕材料——而被控制、筛选、组织和再分配。"这些规则系统中，对现代社会影响最深的当属"真和假的对立"这组排除系统。当真和假互相对立时，权力塑造了我们的"真话或真理意志"（the will to truth），使我们强烈地要求（意愿）自己和他人一定要"说真话"，如果人们说非真话（假话、谎话、空话、废话或虚构故事），就会被禁止或拒斥，他们的言论会被排除。因此，就在"知识做为真言论或真话"的意义上，知识和权力形成密不可分的体系。③

6. 交往权力学派

哈贝马斯是法兰克福学派第二代的代表人物。他的思想独特之处在于将语言哲学的思想用于社会批判理论中。哈贝马斯在《公共领域结构性转变》(1962)、《交往行动理论》(1981) 和《事实和规范之间》(1992) 等著述中逐渐形成了完整的交往行动（theory of communicative action）理论。交往行动理论被广泛地运用于民主理论、法学理论、社会学理论和行政学理论的研究中。哈贝马斯用交往行动理论重新审视汉娜·阿伦特（Hannah Arendt）提出的交往权力（communications concept of power）概念，④ 发展出了交往行动的交往权力理论（communicative power）。

（1）交往权力的理论基础：交往行动理论。哈贝马斯提出交往行动理论与其对资本主义意识形态的批判和资本社会公共领域的研究紧密相关。一是意识形态的批判。哈贝马斯将资本主义意识形态看作是不对称的权力关系（asymmetrical relations of power）所导致的"制度化的扭曲的交往"（systemati-

---

① M Foucault. *The History of Sexuality*（Vol. I）, New York: Vintage Books, 1988, p. 139.

② Michel Foucault, From Wikipedia, the free encyclopedia.

③ 转引自（中国台湾）陈瑞麟：《批判性地检视福柯的"知识—权力"理论》，"重访东亚：全球·区域·国家·公民文化研究学会2002年会"会议论文。

④ Jürgen Habermas, "Hannah Arendt's Communications Concept of Power," *Social Research*, 44: 1, Spring, 1977, pp. 3~24. 一文中哈贝马斯认为阿伦特提出权力的交往概念（communications concept of power），比韦伯（M. Weber）和帕森思（T. Parsons）单向度的权力概念可取；但是阿伦特的权力观念只关注于政治权力产生的问题，而忽略权力的行使、争夺与保持，是一种不完整的权力概念。

cally distorted communication）。① 对这种扭曲的交往进行批判的目的是寻找确保良好交往的基本条件和规范。② 二是公共领域研究。西方关于公共领域的研究以阿伦特和哈贝马斯为最重要的理论渊源。阿伦特认识到公共领域是一个由人们透过言语及行动（speech and act, or speech-act）展现自我，并进行协力活动（act in concert）的领域。但是他否认公共领域中存在理性的规范和准则。哈贝马斯的理论旨在寻找公共领域中的理性——交流理性③。

交往行动理论通过"言语行动"（speech act）、交往行动、交往行动的有效性标准、交往理性（communicative reason or rationality）等概念，建构了交往行动理论的基本框架。并用这一框架建立了商谈伦理学（discourse ethics）这一社会伦理规范。这一理论框架的基本思想可以表述为：主体之间的交往是一种语言和行动一体的交往，在特定情景下，交往主体的交往理性（communicative reason）和交往能力（communicative competence）、交往的有效性条件（真理性、真诚性及正当性）决定了交往的有效性；通过有效的交往，交往主体能够就经验、规范和真理形成共识，获得"交往理性"（communicative reason or rationality）。

（2）交往权力理论。哈贝马斯认为，阿伦特"把权力看作是非强制交往中形成的一种共同意志的潜力。她把权力同暴力相对立，也就是说，她把旨在达成理解之交往的形成共识的力量，同为了自己利益而对别人意志的工具化的能力对立起来。权力所应对的人类能力，不仅是行动或作某事的能力而且是与他人协调一致的能力。"④ "非正式的公众舆论的形成产生影响力，影响力通过政治选举的渠道转化为交往权力，交往权力再次通过立法转换为行政权力。这种影响力通过交往权力使自身获得合法性，并且使政治权力获得强制力。"⑤ "把权力代码导控的行政系统同具有立法作用的交往权力相联系，并使之摆脱社会权力的影响，也就是摆脱特权利益的事实性实施能力。行政权力不应该自

---

① （中国台湾）李英明：《哈伯马斯》，台北：东大图书公司，1986 年版，第 80 页，第 96 页。
② （中国台湾）李英明：《哈伯马斯》，台北：东大图书公司，1986 年版，第 101～102 页。
③ 参见（中国台湾）江宜桦：《公共领域中理性沟通的可能性》，在华东师范大学中国现代思想文化研究所举办的"公共知识分子与现代中国"国际学术研讨会上宣读。
④ （德）哈贝马斯著、童世骏译：《在规范和事实之间：关于法律和民主法治国的商谈理论》，上海：三联出版社，2003 年版，第 181～182 页。
⑤ （德）哈贝马斯著、童世骏译：《在规范和事实之间：关于法律和民主法治国的商谈理论》，上海：三联出版社，2003 年版，第 182 页。

我繁殖：它的再生产应该仅仅是交往权力之转化的结果"。① "法律是交往权力转化为行政权力的媒介②"。

哈贝马斯用交往行动来统摄交往权力和行政权力，这样就把话语和商谈原则贯彻到了行政权的行使中，从而超越了威尔逊——韦伯范式将行政权力的行使看作是工具理性的传统观念。用对话、商谈、主体间性等等具有交往行动理论特性的概念重新定位了行政权行使的规范基础。行政权力工具理性特质转向了行政权力的主体间性特质。但由此引发了一个问题：在传统理论看来，国家意志的表达本身就是商谈和对话的过程，而国家意志的执行则是一个官僚理性化的过程。怎样才能在工具理性中注入交往理性呢？也就是说：如何在具有很强的自主性和命令控制色彩的行政权力中注入反映平等对话精神的交往行动呢？哈贝马斯认为只有通过设计一套新的制度，才能保证行政权力的运行受到交往权力的约束。"借助于一些建制方面的想像，人们还可以考虑，现行的议会团体可以怎样补充一些这样的建制，它们给执行部门，包括法院，施加更大的、来自相关当事人和法律公共领域的合法化压力。"③ 交往权力理论开启了法学、政治学和行政学的崭新研究思路。行政学对合法性问题的讨论和公共行政的话语理论就建立在交往权力理论的基础之上。

笔者在研究公共行政执行权力结构时候，提出了公共行政执行权力结构的交往结构概念，直接源于哈贝马斯的交往行动思想。

（四）马克思主义权力理论流派

马克思主义同样也是对近代哲学思维方式的超越，与当代西方哲学与后现代哲学不同的是马克思主义用历史唯物主义和辩证唯物主义的方式定义和理解权力。④ 马克思主义经典作家并没有关于权力的专门论著，其对权力的论述分散在相关的著作中。马克思主义经典作家按照历史唯物主义的基本原理，

---

① （德）哈贝马斯著、童世骏译：《在规范和事实之间：关于法律和民主法治国的商谈理论》，上海：三联出版社，2003 年版，第 185 页。

② （德）哈贝马斯著、童世骏译：《在规范和事实之间：关于法律和民主法治国的商谈理论》，上海：三联出版社，2003 年版，第 184 页。

③ （德）哈贝马斯著、童世骏译：《在规范和事实之间：关于法律和民主法治国的商谈理论》，上海：三联出版社，2003 年版，第 644 页。

④ 我们可以分析一下马克思、韦伯、哈贝马斯和吉登斯的思想，就会发现三种哲学思想指导下的权力观和权力理论的继承和发展脉络。马克思的历史唯物主义和韦伯的理性化思想都深刻地影响到了吉登斯和哈贝马斯，哈贝马斯和吉登斯则在现代哲学发展的基础上批判性地继承了德国前辈的思想，构建了自己的权力理论体系。

遵循从抽象到具体的原则对权力展开了系列的论述。就像将商品作为政治经济学的起点一样，马克思主义将"权力"作为论述阶级社会政治关系形成的出发点。从最抽象的、最普遍的社会关系中包含的"协作"与"权力"现象出发，通过分析这一关系的内在矛盾，展开了权力发展的历史进程和权力分析的基本范畴。国家和阶级斗争是马克思主义经典作家研究权力时重点关注的内容。

（1）权力是马克思分析阶级社会政治关系的出发点。马克思、恩格斯将社会生产中的权威和服从看作一种最抽象、最简单的、最普遍的类似于细胞基因的关系。正如恩格斯指出"一方面是一定的权威，不管它是怎样造成的，另一方面是一定的服从，这两者，不管社会组织怎样，在产品的生产和流通赖以进行的物质条件下，都是我们所必需的。"①

马克思主义将横向协调和纵向权力放在社会关系中考察，认为权力本身是生产力和生产关系这对矛盾的具体体现。其中纵向权力分为微观的经济管理权力和宏观的政治权力。随着生产力的发展，私有制的产生，人类进入了阶级社会。马克思认为在阶级社会中，"有两种权力：一种是财产权力，也就是所有者的权力，另一种是政治权力，即国家的权力。"② 经济权力和政治权力都是生产力和生产关系这对基本矛盾的展开，各自都具有二重性。就经济权力而言"一方面，凡是有许多个人进行协作的劳动，过程的联系和统一都必然地要表现在一个指挥的意志上，表现在各种与局部劳动无关而与工场全部活动有关的职能上，就像一个乐队要有一个指挥一样。这是一种生产劳动，是每一种结合的生产方式中必须进行的劳动。另一方面凡是建立在作为直接生产者的劳动者和生产资料所有者之间的对立上的生产方式中，都必然会产生这种监督劳动。"③ 在政治权力中"既包括执行由一切社会的性质产生的公共事务，又包括由政府同人民大众对立而产生的各种特殊职能。"④ 经济权力是一种微观管理权力，而政治权力则是经济权力的宏观和集中体现。恩格斯则将"财产特权、政治上的统治权和精神上的指导权"看作权力的三种形式。⑤ 这三种基本

---

① 恩格斯：《论权威》，载《马克思恩格斯选集（第三卷）》，北京：人民出版社，1995 年版，第226 页。

② 《马克思恩格斯全集（第四卷）》，北京：人民出版社，1958 年版，第 330 页。

③ 马克思：《资本论（第三卷）》，北京：人民出版社，1975 年版，第 431 页。

④ 马克思：《资本论（第三卷）》，北京：人民出版社，1975 年版，第 432 页。

⑤ 《马克思恩格斯选集（第三卷）》，北京：人民出版社，1995 年版，第 233 页。

形式的权力派生出具体的权力。

（2）任何权力的产生都凭借一定的物质力量和精神力量。在马克思和恩格斯看来，社会生产中的经济权力与政治权力之间的关系，会随着生产方式的发展而发生变化，不同社会发展阶段对应着有不同的经济权力—政治权力模式。不同的经济权力—政治权力模式所凭借的物质基础和精神基础存在差别。马克思和恩格斯认为在原始社会中生产过程中的实际地位及其表现和经验是生产管理权的基础，在阶级社会中财产所有权则是经济权力和政治统治权力的根本凭借，随着所有权与管理权的分离，知识将成为掌握经济社会管理权的根本凭借。①

（3）公共权力的设立是国家的特征之一。恩格斯在《家庭、私有制和国家起源》一书中从权力历史演变的角度阐述了公共权力与国家之间的关系。恩格斯认为在国家产生以前的社会中，存在氏族或群体性的公共事务，存在着处理公共事务的氏族组织机关和首长，存在居民自动的武装，这是一种一定范围内的自我管理。存在的只是"自然发生的共同体的权力。"② 随着生产力的发展和私有制的产生，"社会陷入了不可解决的自我矛盾，分裂为不可调和的对立面而又无力摆脱这些对立面。而为了这些对立面，经济利益互相冲突的阶级，不致在无谓的斗争中把自己和社会消灭，就需要有一种表面上站在社会之上的力量来抑制冲突，把冲突保持在'秩序'的范围以内；这种从社会中产生但又居于社会之上并且日益同社会相异化的力量，就是国家。"③ 恩格斯认为国家和旧的氏族（或克兰）组织"……第二个不同点，是公共权力的设立，这种公共权力已不再同自己组织为武装力量的居民直接符合了。这种特殊的公共权力之所以需要，是因为自从社会分裂为阶级以后，居民的自动的武装组织已经成为不可能了。……这种公共权力在每一个国家里都存在。构成这种权力的，不仅有武装的人，而且还有物质的附属物，如监狱和各种强制机关，这些东西都是以前的氏族（克兰）社会所没有的。……"④ 国家具有两大特点：①按地区来划分他的国民。②公共权力的设立，这种公共权力不再同自己组织为武装力量的居民直接符合了。为了维持这种公共权力，就需要公民交纳费用、发行公债，用法律来维护公共权力的权威性。

---

① 李勇锋：《马克思主义"权力学"初探》，学术研究（广州），1998 年第 6 期，第 60~66 页。
② 《马克思恩格斯选集（第四卷）》，北京：人民出版社，1995 年版，第 94 页。
③ 《马克思恩格斯选集（第四卷）》，北京：人民出版社，1972 年版，第 166 页。
④ 《马克思恩格斯选集（第四卷）》，北京：人民出版社，1972 年版，第 166~167 页。

（4）政治权力是阶级斗争的直接目的。马克思主义对权力的研究主要是政治权力的研究。阶级分析的方法是马克思主义分析阶级社会中的社会群体划分和相互关系，进而把握社会政治力量的基本状况和相互关系的基本方法。在研究阶级社会中的社会和政治问题时，"必须牢牢把握社会阶级划分的事实，阶级统治形式改变的事实，把他作为基本的指导线索，并用这个观点去分析一切社会问题，即经济、政治、精神、宗教等等问题。"① 在《私有制、家庭和国家的起源》中恩格斯分析了三次社会大分工，社会分裂为不同的阶级。由于生产条件的变革及其所引起的社会结构的变化，产生了新的需要和利益，这些新的需要和利益与旧的氏族制度格格不入，阶级的分化和矛盾斗争使氏族制度被国家代替。阶级分析成为研究国家起源的直接环节。"两大社会阶级之间的斗争，必然会成为政治斗争。……在阶级反对阶级的任何斗争中，斗争的直接目的是政治权力；统治阶级保卫自己的最高政治权力，……被统治阶级首先争取一部分政治权力、然后争取全部政治权力……"。②

马克思主义经典作家的论述奠定了马克思主义权力分析的基本思路和框架。这一思路可以概括为，将权力看作是一种社会物质生产中的一种普遍现象，权力关系是物质生产方式中生产力和生产关系之间矛盾的具体体现，经济权力、政治权力和精神权力是三种不同的权力形式，是经济基础和上层建筑之间的矛盾的具体表现。随着历史的发展，马克思主义理论所回应的历史问题和历史任务也发生了巨大的变化，马克思主义权力理论所关注的层次和重点也有所发展。从马克思对资本主义生产方式的关注到列宁对国家与革命的关注，再到中国共产党从夺取政权到对执政能力的关注。马克思主义的权力理论不断深化和发展。③

本文提出的公共行政执行中层理论，从辩证唯物主义的方法出发，用权力概念表示一种非平衡的相互作用，然后进一步定义公共行政执行权力的思路，借鉴了马克思主义权力政治学的观点。

---

① 《列宁选集第四卷》，北京：人民出版社，1972年版，第47页。

② 恩格斯：《工联》（一八八一年五月），《马克思恩格斯全集（第十九卷）》，1958年版，第284页。

③ 就学术研究而言，国内著名政治学者李景鹏教授率先从马克思主义的辩证唯物主义和历史唯物主义出发，将权力看作是世界普遍联系和不平衡性地相互作用的概念，遵循从抽象到具体的原则，在马克思主义本体论和方法论的高度建立了权力政治学。权力政治学对于马克思主义权力学说的系统化做出了贡献。

第三节　权力理论流派争论和权力的整合定义

对权力的界定和理解可谓流派纷呈，但是各个流派也并非各自互不相干，他们的分歧和争论主要表现在主体主义和客体主义、定义的属种、定义的要素三个方面。这些分歧根源于这些权力理论的历史时代诉求和哲学思维方式。

一、主体主义与客体主义

权力研究的主体主义与客体主义之争实际上是权力所包含的二重性：行动（agency）与结构（structure）之间的争论。前者注重权力主体的能动性、意志，强调对权力客体的强迫和支配。后者则将社会结构（制度、系统和前设的关系）作为权力发挥作用的媒介，将行动者看作是对结构的消极适应。吉登斯使用转换能力和支配能力的概念将主体主义和客体主义进行了辩证的综合。巴斯卡尔则认为主体主义与客体主义之间的关系存在三种传统模式，即韦伯的志愿主义（voluntarism）、迪尔凯姆①的具体化（reification）和彼得·伯杰（Peter Berger）的持续辩证（continuous dialectic）模式。巴斯卡尔认为这三种模式都存在根本的局限性，它从批判实在主义（critical realism）的哲学观出发，将存在划分为经验层面（完全根据人类的观察）、实际层面（存在于时间和空间中）和真实层面（是先验而持久，而不是我们所感知的）。社会现象从深层潜在的真实结构中涌现，成为实际，然后才成为经验的。权力现象存在于社会结构的"机制"中。他将权力看作是社会真实结构的特性，与倾向性、行动能力和机制的因果作用力含义相同。巴斯卡尔的思想将权力分析深入到分析权力的机制层面，为本文权力结构概念的提出奠定了基础。本文认为分析公共行政权力的核心在于分析公共行政权力结构。将结构看作是权力的特性之一，看作是权力作用的内在机制，这种内在机制转化为特定时空的实际，并最终表现为微观行为。进而言之，本文根据公共行政执行趋于目的性的特征，将公共行政执行权力结构的运作机制看作是一种协同机制，这种协同机制的系列作用，表现为政策执行研究的微观行为。下表概括了权力研究的主体主义与客

---

① 迪尔凯姆（Durkheim）的法文全名为 Emile Durkheim，其诞生于 1858，卒于 1917 年，是法国民族学家、社会学家、哲学家、教育学家，法国社会学年刊学派的创始人，社会学的先驱和奠基人之一。国内将其名翻译为"涂尔干"、"杜克海姆"等。文章后面如果是直接引用，可能存在译名不一致的现象，就不再作说明。

体主义之争的基本分歧。

表3-5 权力研究的主体主义与客体主义之争

	主体主义	客体主义
共识	权力为个人或组织实现其目的或意志的能力，而且这种目的或意志又多少与掌权者的经济利益联系在一起，掌权者为了实现特定的利益目标，甚至不顾他人的反抗而强行地贯彻自己的意志，权力即是这种意志贯彻能力的表现。在吉登斯看来，这一权力观明显地与冲突、压迫联系在一起。①	把权力看作是社会结构、社会系统或者社会共同体的制度性特征，看作是社会系统本身所蕴含的一种"媒介"，通过这种媒介，社会可以实现其共同利益。②
代表人物或学派	霍布斯、韦伯、马克思、罗素、达尔、霍曼斯（行为交换）	迪尔凯姆、帕森斯、福柯、阿尔都塞、阿伦特、布劳（结构交换）
核心概念	行动（agency）、能力（capacity）	结构（structure）
缺陷	"权力概念并不像韦伯等其他主体主义者所认为的那样，它与意志或目的并不存在内在的联系。""尽管权力与利益、冲突等经常联系在一起，但毋宁说这种联系是一种偶然联系，它们之间并不存在本质的联系。"③　　主体主义者尽管把主体放到权力的核心位置，把权力看作是主体意志、意图的贯彻能力，但它没有考虑到主体是生活在一定社会背景下的行动者，没有看到社会结构对主体存在的制约性一面。④	忽视了人的能动性一面，把人仅仅看作是结构的消极"适应者。"⑤ 而且，它也忽视了社会上存在的利益分歧，低估了个体挑战社会规范的行为，从而忽视了暴力或暴力威胁在约束个人行动方面的事实。⑥

① Anthony Giddens, *A contemporary Critique of Historical Materialism*, London: the Macmillan Press Ltd, 1981, p.54. 转引自郭忠华：《转换与支配：吉登斯权力思想的诠释》，载《学海》，2004年第3期，第48~54页。

② Anthony Giddens, *A contemporary Critique of Historical Materialism*, London: the Macmillan Press Ltd, 1981, p.54. 转引自郭忠华：《转换与支配：吉登斯权力思想的诠释》，载《学海》，2004年第3期，第48~54页。

③ Anthony Giddens, *A contemporary Critique of Historical Materialism*, London: the Macmillan Press Ltd, 1981, p.54. 转引自郭忠华：《转换与支配：吉登斯权力思想的诠释》，载《学海》，2004年第3期，第48~54页。

④ Anthony Giddens, *A contemporary Critique of Historical Materialism*, London: the Macmillan Press Ltd, 1981, p.54. 转引自郭忠华：《转换与支配：吉登斯权力思想的诠释》，载《学海》，2004年第3期，第48~54页。

⑤ Anthony Giddens, *Introduction to Sociology*, London&New York: W. W. Norton &Company, Inc., 1996, p.10~13. 转引自郭忠华：《转换与支配：吉登斯权力思想的诠释》，载《学海》，2004年第3期，第48~54页。

⑥ （英）吉登斯著、李康、李猛译：《社会的构成》，北京：三联书店，1998年版，第376~378页。

吉登斯的 综合	行动是以行动者具有相应的权力为基础的，权力是主客体关系得以有机整合的前提。① 而且，他还认为，权力在赋予行动沟通主体和客体关系能力的过程中，还产生了它的"二重性"：转换能力和支配能力。前者表现为主体本身所具有的自主性，后者表现为主体间的依赖关系。②
Bhaskar 的 综合	社会行动的转换生成（transformational model of social activity）：社会和人类不是持续辩证的过程，两者存在根本的差异。人类实践和人类社会具有双重特征。 　　权力是社会真实结构的特性，与倾向性、行动能力和机制的因果作用力含义相同。③

资料来源：根据相关文献转引整理。

二、定义的属种之争

定义的属种之争主要体现在学者进行权力定义时，将权力归入不同的"属"概念。主要包括将权力归于力量、能力、影响力、意志、欲望、生命力、工具、资源和结果等等。

（一）将权力归于力量

将权力归于力量（force）的观点是传统权力理论的观点。亚里士多德、马基雅维利、霍布斯、洛克、卢梭等等都持这种观点。将权力归结为力量的观点潜含着权力的压迫假设。认为权力是一种权力主体对客体的强制、支配和控制。

亚里士多德在分析政体的时候就将权力看作一种强迫和统治他人的力量。马基雅维利则把权力看作至高无上的君主的强制力量。他认为自始至终，政治只能使用至高无上的强制权力（the supremacy of coercive power）这一术语进行界定，而作为正当命令的权威（authority）没有独立的地位。

布丹的主权理论产生后，洛克明确地把"政治权力"称为"共同体的力

---

① Anthony Giddens, *Profiles and Critiques in Social Theory*, London：the Macmillan Press Ltd，1982，p. 38～39. 转引自郭忠华：《转换与支配：吉登斯权力思想的诠释》，载《学海》，2004 年第 3 期，第 48～54 页。

② Anthony Giddens, *Central Problems in Social Theory*, London：the Macmillan Press Ltd，1979，p. 88. 转引自郭忠华：《转换与支配：吉登斯权力思想的诠释》，载《学海》，2004 年第 3 期，第 48～54 页。

③ Morteza H. Ardebili, "Unpublished Lecture Notes：Social Science 610, Philosophy of Social Science," Department of Economics & Social Science Consortium, University of Missouri - Kansas City, Fall 2001.

量"、"强力";① 卢梭更是认为"国家权力"是"一切个人力量的联合",是"一种普遍的强制性的力量。"②

（二）将权力归之于能力

历史现实主义学派的韦伯、结构功能主义学者帕森斯和结构交换社会学家布劳、行为主义政治学家拉斯维尔、社会学家吉登斯和国家回归学派的学者都把权力归之于能力（capacity）。韦伯认为权力就是"在特定的社会关系中，即使遇到其他人的抵制，仍能实现自己意愿的能力，无论这种能力所建立的基础。"③

霍布斯"创造了一个抽象的"权力"，使其成为政治科学的核心，至今依然如此。例如，当我们说获得"权力"时，我们用这个词来指一种从各种具体能力（particular capacities）中抽象出来的能力（capability）"，"在霍布斯之前，权力（power）是一个物理学概念，而不是一个政治科学概念。"④

帕森斯认为"当根据各种义务与集体目标的关系而使这些义务合法化时，如果遇到顽抗，必须采取强制实施的地方，权力是一种保证集体组织系统中个人和集团履行义务的普遍化能力。"⑤

布劳认为权力是"个人或集团通过威慑力量，不顾反对而把意志强加于他人的能力"。"权力是坚持其某些职责以造福于整个社会制度的能力⑥。"

我国学者李景鹏将政治权力界定为"某一政治主体依靠一定的政治强制力，为实现某种利益或原则而在实际政治过程中体现出的对一定政治客体的制约能力。"⑦

（三）将权力归之于影响力

拉斯维尔、卡普兰、达尔和卢克（Steven Lukes）都将权力归之于影响力

---

① （英）洛克著、瞿菊农、叶启芳译：《政府论》，北京：商务印书馆，1964 年版，第 4 页。

② （法）卢梭著、何兆武译：《社会契约论》，北京：商务印书馆，1980 年版，第 41 页。

③ See：http：//politicalstudies. blogspot. com/2007/02/concept – of – power. html

Power signifies any capacity to work one's will within given social relations even against opposition, independent of what that capacity is based on.

④ （美）哈维·C. 曼斯菲尔德著、冯克利译：《驯化君主》，南京：译林出版社，2005 年版，第 173 页。

⑤ （英）罗德里克·马丁著、丰子义、张宁译：《权力社会学》，北京：三联书店，1992 年版，第 84 页。

⑥ 卢少华、徐万珉著：《权力社会学》，黑龙江：黑龙江人民出版社，1989 年版，第 19 页。

⑦ 李景鹏：《中国转型期问题的政治学思考：李景鹏文集》，北京：中国法制出版社，2002 年版，第 44 页。

（influences）。

拉斯维尔和卡普兰认为"权力是施加影响的一个特例，权力通过对那些不遵从意欲实现的政策，给以（实际或威胁）的严厉剥夺，从而影响他人的政策过程。"①

达尔认为权力概念是政治分析的中心，权力、影响力、权威、控制、说服、强权、武力、强制等术语都可称之为"影响力术语"。达尔认为"亚里士多德（Aristotle）、霍布斯（Hobbes）和拉斯维尔（Lasswell）对政治论述中，权力、影响力、控制和权威的关系，是两个或两个以上行动者（个体、团体、或其他集体）之间的一个因果关系。"②

"权力……本质上就是一种因果关系③。"

"在甲能够促使乙去作一件原本不愿作之事的范围内，甲对乙具有权力。"④

卢克同样认为："当甲以一种违反乙利益的方式影响乙时，甲对乙行使了权力。"⑤

（四）将权力归之于意志、欲望和生命力

卢梭、尼采和福柯等人将权力归结为意志、欲望和生命力。

罗素认为"权力可以定义为有意努力的产物"，"权力就是实现目标的能力⑥。"是"社会一切活动的动因，是一切人类多种欲求的本源。"⑦

尼采认为世界的本体就是权力意志。

福柯则将权力归结为网络中不断流动的生产性的力量。

（五）将权力归结为工具

马基雅维利系统地阐述了权力是一种工具的观点。他彻底地颠覆了古希腊

---

① H. D. Lasswell& A. Kaplan, *Power and Society: A Framework for Critical Inquiry*, New Haven: Yale University Press, 1950.

② Robert Dahl, "Cause and Effect in the Study of Politics." In Daniel Lerner, *Cause and Effect*, ed. New York: The Free Press, p. 89.

③ Robert Dahl, "Cause and Effect in the Study of Politics." In Daniel Lerner, *Cause and Effect*, ed. New York: The Free Press, p. 93.

④ Robert Dahl, "The Concept of Power" In Power: Critical Concepts, *Behavioral Science*, 2, 1957, pp. 201～215.

⑤ Steven Lukes, *Power: A Radical View*, Palgrave Macmillan, 1997.

⑥ Bertrand Russell, *Power: A New Social Analysis*, George Allen & Unwin Ltd, 1938.

⑦ Bertrand Russell, *Power: A New Social Analysis*, George Allen & Unwin Ltd, 1938, p. 23.

和古罗马思想家们将政治和权力看作是对至善的追求的观点，而提出了"手段证明目的正当"的权力观。将强制性的权力看作是一种实现君主统治的工具，这种工具与道德无关。霍布斯继承了马基雅维利强大君主的理念，不同的是，他从人与人之间相互战争的自然状态出发，将权力看作是"获得未来任何明显利益的当前手段"。① 利维坦亦是维持安全和秩序的强力工具。马克思也将国家权力看作是阶级统治的工具。

（六）将权力归结为资源

将权力归结为资源的学派与将权力归结为能力的学派有紧密的联系，能力比较抽象，其中一些学者通过资源（resources）这种物质实体来测量权力；另一些学者则通过权力运行的结果来测量权力。

美国著名的现实主义国际政治学家汉斯·摩根索（Hans Morgenthau）区别了人口、地理、经济、战略等权力资源，认为国际政治的本质是对权力资源的追逐。

乌列·福阿（Uriel G. Foa）、约翰·科文斯（Jr. John Converse）、杰勒·塔布罗姆（Kjell Tarnblom）和艾德拉·福阿（Edna B. Foa）等人在《资源理论》（Resource Theory：Explorations and Applications）一书中阐述了资源与权力的关系。他们认为资源和权力是一种正相关关系。资源的拥有总是与权力和地位相联系的，拥有某种资源的人便拥有权力和地位，并在交换过程中居于优势位置，而缺乏资源的人则不得不依附并服从拥有资源的人。这便导致资源垄断现象的产生。②

将权力归结为资源的观点忽视了人的行动（agency），吉登斯使用转换能力的概念，将资源看作是权力行使的媒介，而将资源引入了权力分析中，这样就较好地解释了能动的行动者与资源之间的辩证关系。

（七）将权力归结为结果

罗素认为"权力可以定义为有意努力的产物。"他认为，权力是一个定量的概念，假定两个人怀有同样的欲望，如果甲方实现了乙方所实现的一切欲望，而且还实现了其他的一些欲望，则甲方并不比乙方拥有更多的权力；若二人实现了各自不同的欲望，则权力无法进行精确地比较；但是若甲方获得许多

---

① （英）霍布斯著、黎思复、黎廷弼译：《利维坦》，北京：商务印书馆，1985 年版。

② Uriel G. Foa, Jr., John Converse, Kjell Y. Tarnblom, and Edna B. Foa, *Resource Theory：Explorations and Applications*, Hardcover, 1992.

有意义的结果，而乙方却很少，那么，甲方就比乙方更有权力。① 罗素通过结果来定义权力的思想逐渐发展成为从权力运行的有效性来评价权力的系列方法。

三、定义的要素之争

不同流派将权力归结为某一个属概念的不同做法，各自从不同的角度凸现了权力的构成要素。笔者整合这些要素，提出权力的整合性定义：所谓权力就是意欲实现某种目标的多元利益主体之间，以利用资源而形成的资源转换能力为基础，从而具有一定的主体间支配能力的条件下，通过交往而形成的一种非平衡性的相互作用和相互关系。意欲实现某种目标的多元主体既不断地生产动态的权力关系结构，又受到既定的权力关系结构的制约。

这一定义包括以下几个要素：（1）主体的需要、欲望和意志；（2）利益；（3）相互作用；（4）作用的网络；（5）作用的媒介：资源和交往；（6）作用的方式；（7）作用的结果。每类要素都有自身的结构，我们将每类要素的结构称为权力的要素内部结构，每类要素之间亦以结构化的方式联结起来，构成总体性的权力结构。下一章笔者将这几类要素分解为公共行政执行权力的不同结构，即目标结构、价值结构、利益结构、制度结构、交往结构、资源结构、技术结构和量化结构。

---

① Bertrand Russell, *Power: A New Social Analysis*, George Allen & Unwin Ltd, 1938, p. 21.

第四章

公共行政执行权力结构的 GVIIRRTCQ 模型

本章在第三章提出的权力概念基础上，进一步论证了权力分析的核心是权力结构分析。本章提出的公共行政执行权力结构分析方法是亚结构的方法，不同于权力结构分析的类型学方法和有机体方法。该方法根据整合性的权力定义所涉及的要素，把公共行政执行权力结构（power structure）划分为九个亚结构，即目标结构（goal structure）、价值结构（value structure）、利益结构（interests structure）、激励结构（incentive structure）、资源结构（resource structure）、制度结构（rule structure）、技术结构（technology structure）、交往结构（communication struture）和量化结构（quantity structure）。这些要素之间的有机联系构成了公共行政执行权力结构分析的 GVIIRRTCQ 模型。本章对这一模型进行详细叙述，为公共行政执行协同机制分析奠定基础。

第一节　公共行政执行权力结构概论

一、权力分析的核心是权力结构分析

从一般意义上来说，权力分析方法指的是将权力作为一种基础性、原点性和本体论概念，在一定的哲学方法论的指导之下，使用权力概念对现象世界进行分析。如果研究某一领域中的权力，并形成特定领域的权力分析的概念范畴和框架则是具体领域的权力分析方法。以权力分析为基轴的政治学和行政学可以称为权力政治学或权力行政学。狭义的权力政治学（power politics）专指国际关系理论中的一个理论流派，这一理论流派将国际政治中的权力作为理解国际关系的方式，认为世界资源的竞争和国家利益会伤害到其他国家。国家利益优先于其他国家的利益和国际共同体的利益。狭义权力政治学所谓的权力是一种强制性和支配性的力量。而广义的权力政治学则指将权力作为基础性概念，

分析政治现象的理论学说。① 从权力的视角对行政现象进行研究，就目前所掌握的资料而言，可以追溯到诺顿·朗（Norton E. Long）的《权力与行政管理》。诺顿·朗将权力运用于行政现象的分析中，提出"行政管理的生命线就是权力"这一著名的论断，并分析了权力与利益、权力与决策、权力与机构协调等方面的关系。②

本书在权力研究的大量文献基础上，提出了一个全新的、整合性的权力定义，并将权力结构分析作为分析公共行政执行权力的核心。公共行政执行权力的结构分析虽然分析了要素结构的调整和转换问题，但是并不能深刻地揭示公共行政执行的动态发展机制。为此，笔者从公共行政执行研究的基本问题（执行目标与执行结果之间的偏离）出发，通过结构中诸多要素的协同机制的分析，展示出公共行政执行的动态发展过程。这样一来，以权力这一具有基始性、抽象性的本体论概念，逐渐具体到权力结构分析，再通过公共行政执行的基本问题这一桥梁，合乎逻辑地过渡到协同机制分析。

二、结构主义和结构的概念

结构（structure）一词来源于拉丁文"structura"，其原意是"部分构成整体的方法"。从一般意义上讲，结构是与功能相对应的范畴。是物质系统组成元素之间的相互联系，相互作用的方式。是物质系统组织化、有序化的重要标志。"广义地讲，元素之间一切联系方式的总和，叫做系统的结构。""构成系统的最小组分或基本单元，即不可再细分或无需再细分的组成部分，成为系统的元素。元素的基本特征是具有基元性。所谓元素的不可分性，是相对于它隶属的系统而言的，离开这种系统，元素本身又可看作由更小组分组成的系统。"③

结构主义（constructivism，亦翻译为建构主义、构成主义）是自古以来就存在的一种思维方式和科学研究方法，这种思维方式和科学研究方法与还原主义的思维方式和研究方法相对。当复杂的现象不能还原为简单的"原子"现

① 我国学者李景鹏的《权力政治学》一书，就是一本在马克思主义指导之下，从权力概念出发，建构相关的范畴和分析框架，对政治现象进行分析的代表作。郭济主编的《政府权力运筹学》也是从权力角度对政府权力（主要是行政权力）进行分析的著作。中国台湾学者陈瑞麟在《批判性地检视福柯的"知识—权力"理论》一文中总结了福柯权力分析的方法和福柯权力分析的"权力—知识模型"。

② （美）诺顿·朗：《权力和行政管理》，载（美）R·J. 斯蒂尔曼：《公共行政学》，李方等译，北京：中国社会科学出版社，1989 年版，第 211 页。

③ 苗东升著：《系统科学精要》（第二版），北京：中国人民大学出版社，2006 年版，第 22 页。

象时，就将试图寻找元素之间的联系，即运用结构来描述、分析和解释复杂的现象。结构主义这种思维方式在自然科学研究和人文社会科学研究中有非常广泛的体现。总体来看，结构主义并不是一个统一的思想流派，并没有统一的学说和理论体系。他们只是因为都关注"结构"现象而聚合在一起。结构主义内部的分歧主要表现在对结构本身的理解上，有些学者认为结构具有形式化、理性化、封闭、独立于要素的特征；而有些学者则认为结构具有开放性、变换性、动态性、生产性、具有与要素紧密相互作用的特征。

以下是结构主义对结构进行的具有代表性的阐释。

结构功能主义的代表人物帕森斯（Talcott Parsons）认为：结构由功能体现，是一种互动模式，结构是一种价值规范，三者通过"地位—角色"来体现。

人类学家列维·施特劳斯（Claude Levi - Strauss）认为结构是内在的、隐匿性的或不可直接观察到的，也是非实体的。结构是深层结构中的规则隐藏着的逻辑关系。

结构主义的马克思主义学者阿尔都塞（Louis Althusser）提出了结构因果观的概念。他认为马克思以前的因果观主要是经验主义的线性因果观和黑格尔为代表的本质表现因果观。而马克思进一步把本质理解为结构，从而发展了黑格尔的本质表现因果观，形成了结构因果观。"效果并不是在结构之外的，并不是一个预先存在着，以备结构在它上面刻下其印记的客体、要素或空间；相反地，它意味着，结构是内在于它的结果的，是在斯宾诺莎用此词的意义上的一个内在于其结果的原因，只是其特殊要素的特定组合的结构，并不是存在于其效果之外的任何东西。"①

结构化（the theory of structuration）理论的代表吉登斯认为："结构是潜在于社会系统不断再造过程中的规则和资源。……结构，恰似某种抽象的规则，它是能使某种构造性行为成为可能的虚幻的存在。"② 吉登斯通过结构概念消解了行动与结构之间的对立和紧张。

瑞士心理学家让·皮亚杰（Jean Piaget）在《结构主义》一书中较为全面地阐述了结构的概念和特点。"结构是一个由种种转换规律组成的体系。""一

---

① （法）阿尔都塞：《读〈资本论〉》，第 188～189 页。转引自刘爽：《"结构主义的马克思主义"的社会结构理论》，载《现代哲学》，1995 年第 3 期。

② Anthony Giddens, *Central Problems in Social Theory*: *Action*, *Structure and Contradiction in Social Analysis*, Berkeley, CA: University of California Press, 1979, pp. 81～94.

个结构包括了三个特性：整体性、转换性和自身调整性。""结构应该是可以形式化（或译：公式化）的。""对于他所发现的结构的存在方式，要在每一个特定的研究领域里去加以说明。"

笔者综合吉登斯的结构化理论（the theory of structuration）、皮亚杰的结构定义、阿尔都塞的结构因果观以及批判实在主义（critical realism）理论，提出权力结构的定义：权力结构就是权力构成要素之间组成的具有整体性、转换性（动态性和生成性）、自我调整性、规律性的因果机制体系。

三、公共行政执行权力结构的概念和阐释

公共行政执行权力结构是公共行政执行权力构成要素之间组成的具有整体性、转换性（动态性和生成性）、自我调整性、规律性的因果机制体系。权力要素之间相互作用形成了公共行政执行有规律的运行路径、运行程序和运行方式，即公共行政执行机制。公共行政执行机制是一种结构性的原因，外在地表现为可观察的经验世界变量之间的恒常联系。

公共行政执行权力结构的概念可以做如下阐释：

（一）公共行政执行权力结构体现了机制因果观和结构因果观

批判实在主义的"机制因果观"和阿尔都塞的"结构因果观"有异曲同工的含义。他们都认为结构中蕴含着机制，机制生成可观察经验现象的因果关系。本书提出的公共行政执行中层理论就是一种结构分析和机制分析理论，通过公共行政执行权力结构及其协同机制的分析逐渐降低宏观理论的抽象性，并通过协同机制将宏观理论和微观理论连接起来。

（二）公共行政执行权力结构与公共权力结构

公共权力的设立是国家的特征之一，因此公共权力结构就是国家权力结构。公共行政执行权力结构是国家权力结构的组成部分。国家权力结构是一个整体，这一整体协同作用形成和实施国家意志。公共行政执行权力与其他权力之间是相互作用和紧密衔接在一起的，在现实中不可能截然分开。公共权力结构概念的整体性和层次性将国家与社会视角下的宏观理论和公共行政执行中层理论连接起来。

（三）公共行政执行嵌入结构和实体结构

公共行政执行过程不单是一个作用于社会的过程，也是一个内部行政的过程。前者称公共行政执行权力的嵌入结构，反映了政府与市场、国家与社会之间的权力、职能关系，勾勒出了公共行政执行权的边界，表征了公共行政执行

权力与社会之间的互动、制约和相互作用。后者称作公共行政执行权力的实体结构，指的是公共行政执行权力的承载者内部诸要素的关系、比例和构成。

（四）公共行政执行的潜在结构和表层结构

公共行政执行的潜在结构可以简单地理解为公共行政执行的潜规则。潜结构真实存在，实际发挥作用，但与公诸于世的制度、程序和正义准则不完全相同甚至相背离。而表层结构则是法定的程序、制度和正义准则所规定的理想结构。潜结构对表层结构之间的背离，是造成公共行政执行权力脱离轨道运作的重要原因之一。

四、公共行政执行权力结构分析的方法

学界对公共行政执行权力结构进行分析主要有两种方法，一种是类型学的方法，一种是有机体方法。本书提出公共行政执行权力结构分析的亚结构方法。

（一）公共行政执行权力结构分析的类型学方法

人们常从公共行政执行权力结构的构成要素分析公共行政执行权力结构，这是一种静态的类型学方法，不能解释公共行政执行的动态过程。比如：从公共权力功能的角度将公共权力的要素分为：立法权力要素、行政权力要素和司法权力要素。从公共权力运行过程的角度可将公共权力要素分为：决策要素、执行要素和监督要素。从公共权力行使载体的角度分为：公共权力的非人格要素和公共权力的人格要素。从公共权力的纵向层级的角度分为：中央权力要素和地方权力要素。诸如此类，有多种分类方法。

（二）公共行政执行权力结构分析的有机体方法

戴维·奥斯本（David Osborne）和彼德·普拉斯特里克（Peter Plastrik）在《摒弃官僚制：政府再造的五项战略》中指出："公共体制是一个生存、成长、随着时间变化而变化及消亡的复杂的适应性系统。有机体是由其 DNA（即决定有机体的性质和状态的编码指令）决定的。改变有机体的 DNA，就可以导致其不同的能力与行为；在足够程度上改变 DNA，则可以演进为另外一种有机体。公共部门 DNA 最基本的要素就是体制目标、激励机制、责任机制、权力结构和组织文化等杠杆因素。"[①] 据此他们提出了政府再造的5C战略。戴维·奥斯本和彼德·普拉斯特里克实际上提出了体制分析（体制也是结构）

---

① （美）戴维·奥斯本、（美）彼德·普拉斯特里克著、谭功荣、刘霞译：《摒弃官僚制：政府再造的五项战略》，北京：中国人民大学出版社，2002 年版。

的有机体方法。

（三）公共行政执行权力结构分析的亚结构方法

本书贯彻结构主义的思想，提出亚结构分析的方法。公共行政执行权力结构由一些核心要素构成，这些核心要素就像公共行政执行体制的 DNA，但是每个 DNA 都是以结构化的方式存在的。公共行政执行权力结构包括每个核心要素内部结构和这些核心要素之间形成的结构。戴维·奥斯本和彼德·普拉斯特里克尽管从 DNA 这样具有本体论意义的概念出发思考公共体制，但是并没有全面地反映权力结构的各个方面。本书根据整合性的权力定义所涉及的要素，把公共行政执行权力结构（power structure）划分为九个亚结构，即目标结构（goal structure）、价值结构（value structure）、利益结构（interests structure）、激励结构（incentive structure）、资源结构（resource structure）、制度结构（rule structure）、技术结构（technology structure）、交往结构（communication struture）和量化结构（quantity structure）。公共行政执行权力结构之间的关系可以图示如下：

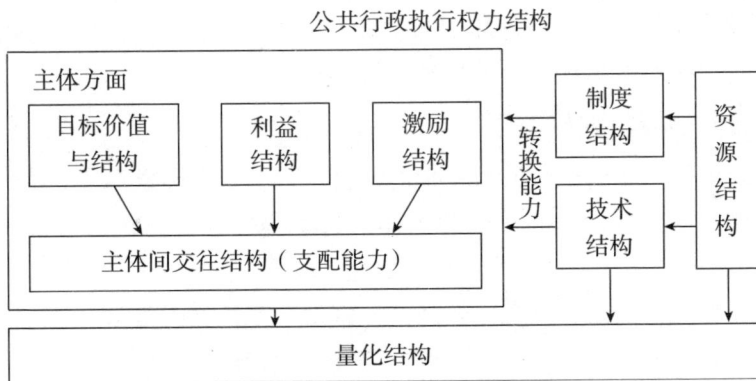

图 4-1　公共行政执行权力结构分析的 GVIIRRTCQ 模型

资料来源：作者绘制。

笔者把这个模型称作公共行政执行权力结构分析的 GVIIRRTCQ 模型。目标与价值结构、激励结构、利益结构和交往结构是公共行政执行权力结构的主观方面；资源结构、技术结构和制度结构是公共行政执行权力结构的客观方面。交往结构则是公共行政执行权力结构的主体间方面。这些结构是一个有逻辑联系的统一整体：资源结构通过技术结构和制度结构转化为主体间的权力关系。利益结构将目标价值结构、激励结构和交往结构连接起来，是权力结构分析的枢机。量化结构是人们用指标和量化的方法对其他几个结构进行测量和分析的产物。量化结构与其他结构不是同一个层面的结构，但是量化结构为公共行政执行权力研究的科学化、数量化、精确化提供了桥梁，为公共行政执行中层理论向微观行为的过渡提供了桥梁。

第二节　公共行政执行目标与价值结构

公共行政执行权力的目标结构指的是公共行政执行过程中，各个主体目标之间的关系。公共行政执行目标结构中基本的结构是公共目标与私人目标之间的关系结构。目标结构具有重大的意义。正如阿克顿（Lord Acton）所说："只要某个单一的明确目标成为国家的最高目的，无论该目标是某个阶级的优势地位、国家的安全或权力、最大多数人的最大幸福，还是对一个抽象观念的支持，此时国家走向专制就是不可避免的了。"① 公共行政执行过程亦是如此，有必要详细分析。目标是主体意欲实现的未来状态，价值则是主体以需要的属性看待客体，而赋予客体的基本属性。价值结构是与目标结构紧密相关的概念，公共行政执行权力的价值结构和目标结构可以合并讨论。

一、公共目标与私人目标

对于行政执行来讲，公共目标指的是行政机关依据国家意志、法律和正义价值应该履行的目标，公共目标的主体间共识程度高，旨在为社会提供公共产品。

公共目标的核心是公共性。公共性一直是一个含混的概念，最为广义的定义为："公共是一个含义广泛的概念，举凡对所有公众开放的场合都是公共的。""它首先意味着，在公共领域中展现的任何东西都可为人所见、所闻，具有可能最广泛的公共性。""其次，就对我们所有人都一样，就不同于我们在其中拥有的个人空间而言，'公共'一词表明了世界本身。"② 除了广义的界定以外，著名行政学者尼古拉斯·亨利（Nicholas Henry）从三个角度系统地梳理了学者们对公共性的可操作性界定。第一个视角即公共性的制度定义，

---

① Lord Acton, *Essays on Freedom and Power*, Boston: The Beacon Press 1949.

② （美）汉娜·阿伦特著、竺乾威等译：《人的条件》，上海：上海人民出版社，1999 年版，第 38～45 页。

认为从政府组织编制表中靠税收支持的机构——政府的官僚制度就具有公共性。第二个视角是公共性的规范定义，该定义建立在新公共行政运动倡导的"公共利益"之上。第三个视角即公共性的组织定义，该定义从公共组织与私人组织运行环境和内部运作之间的差别来定义公共性。① 斯坦利·本恩（Stanley Benn）和杰拉尔德·高斯（Gerald Gaus）则从机构、利益和参与三个要素分析了公共性问题。②

由上述对公共性的论述可以看出，公共目标是一个很难达成一致界定的概念。无论是从制度、规范、组织、机构、参与还是利益的视角进行界定都只能反映公共性的一个侧面，或者说任何一个侧面的界定都潜含着一种价值预设。比如将公共性界定为制度，就是站在政府的立场之上，如果税收支持的官僚追求自身目标的话，就很难说是公共目标。

实际上，公共性是一个可以从主客观两个方面加以理解的概念。从客观方面来说，公共产品理论给出了公共性的一个客观描述标准。根据公共产品理论，那些具有非竞争性和非排他性的产品就是公共产品。因此公共性的标准就是非排他性和非竞争性。③ 从主观方面来讲，公共性是表征主体间共识达成度的概念。当具有各自目标的个人聚合在一起形成公共意志的时候，主体间共识达成度高则公共性高，主体间共识达成度低则公共性低。此时的公共性相当于哈贝马斯所谓的"主体间理性"。因此从规范意义上来说，公共目标就是主体间共识程度高的目标，公共目标的内容就是为社会提供公共产品。

如果把公共目标和私人目标看作是目标光谱的两极的话，那么私人目标和公共目标之间存在广阔的空间地带。公共行政执行过程就是将抽象的公共目标转化成为与公共目标协同的私人目标的过程。公共目标与私人目标之间的协同是保证公共行政执行有效性的根本。比如公私伙伴关系（public – private part-

---

① （美）古拉斯·亨利著、项龙译：《公共行政与公共事务》（第 7 版），北京：华夏出版社，2002 年版，第 35~37 页。

② Stanley I. Benn and Gerald F. Gaus, The Public and the Private: Concepts and Action, In Stanley I. Benn, Gerald F. Gaus ed., *Public and Private Social Life*, New York: St. Martin's press, 1983, p. 5. 转引自尼古拉斯·亨利著、项龙译：《公共行政与公共事务》（第 7 版），北京：华夏出版社，2002 年版，第 35 页。

③ 非排他性和非竞争性构成两个坐标维度，可以将产品分为四种类型，即纯粹公共产品、俱乐部产品，公共池塘资源和私人产品。萨缪尔森给出了纯公共产品的定义，布坎南、蒂伯特等人则发展了俱乐部产品理论和地方公共产品理论。

nerships）这一制度安排，就是一种使公共目标与私人目标协同的机制。

二、公共行政执行权力的目标结构

公共行政执行权力的目标结构指公共行政执行过程中的相关主体与公共目标之间的关系以及这些主体之间的关系。公共行政执行权力的目标结构有多种表现形态。基本的形态是协同型目标结构和离散型目标结构。协同型目标结构意味着执行过程中的各个主体目标共同指向公共目标。而离散型目标结构意味着执行过程中各个主体之间存在目标的冲突，不能形成合力。

一般而言，公共行政执行的主导力量是官僚。民众通过利益表达形成政治意志，政治家通过官僚这一中介将政治意志变为具体的行动，并最终作用于社会和民众。因此公共行政目标结构的基本要素包括：政治家的目标、官僚的目标和社会的目标。公共行政执行权力目标结构也就是这三者之间的关系模式。比如英国的公共行政执行的目标结构就是一种政治家目标控制、引导官僚目标的结构；美国的公共行政执行的目标结构则是分权制衡、多种独立管制机构具有极强自主性的结构；日本的公共行政执行则是"官僚主导型"的目标结构。

由于官僚是连接政治家和公民的桥梁，对官僚目标结构的分析是公共行政执行权力目标结构分析的关键。公共选择理论对官僚目标结构的分析具有一定的代表性，公共选择理论认为"政治家和官僚……的行为同经济学家研究的其他人的行为没有任何不同……都是效用最大化的行动者①。""薪金、职务津贴、社会名望、权力、人事权、较大影响力、轻松的工作负担等"是官僚追求的目标。②

公共行政执行权力的目标结构只是表层结构，其形成的根源在于利益，利益结构是公共行政执行权力结构的动力结构。

第三节　公共行政执行利益结构

利益对应的英文单词有 benefits；interests；advantage；gain；profit。本书所谓的利益（interest）一词指自身拥有的好处、优势条件和私利。

---

① （美）詹姆斯·布坎南著、平新乔、莫扶民译：《自由、市场与国家》，上海：上海三联书店，1989 年版，第 40 页。

② Carl J. Friedrich, *Constitutional Government and Democracy*, Boston：Ginn, 1946, p. 36.

一、利益、利益结构的概念阐释

（一）利益概念的地位

利益是一个历史哲学概念，是历史唯物主义的基础概念和重要环节。马克思和恩格斯从唯心史观到唯物史观转变的关键就是对物质利益的关注。对物质利益问题的接触和研究，是历史唯物主义创立的关键点。[①] 历史唯物主义正是从利益出发，从唯心史观过渡到对法哲学、政治经济学等问题的研究，并最终过渡了完整的历史唯物主义理论体系。同时也形成了完整的利益分析方法和利益理论。马克思主义的利益理论包括以下要点：

第一，利益是自然属性和社会属性的统一。利益的自然属性来自于人的需要，而物质生产过程是利益具有的社会属性。"人们所奋斗的一切，都同他们的利益有关。"第二，利益决定思想。第三，"每一个既定社会经济首先表现为利益。"第四，利益是多层次的、多类型的。第五，利益、道德、国家和法等社会现象都是为了调整利益格局。第六，分工引起利益矛盾。第七，利益矛盾具有动力作用。[②]

历史唯物主义在历史哲学层面上研究利益，诸多具体学科则从各自学科角度研究利益。在法学领域，利益法学派（德文 Interessejurisprudenz，英文 interest school of law）就是典型代表。利益法学派主要代表人是德国的菲利浦·黑克（Philipp Heck）、海润奇·施托尔（Heinrich Stoll）和 R. 米勒·埃尔茨巴赫（Rudolf Müller Erzbach）等人。该派主要观点是反对传统的概念论和形式主义法学观点，认为法是立法者为解决相互冲突的各种利益而制定的原则，因而法只表明某一社会集团的利益胜过另一集团的利益，或双方的利益都应服从第三个集团或整个社会的利益。这里所讲的利益是广义的，包括公共利益和私人利益、物质利益和精神利益。

经济理论界对利益问题的探讨主要集中于物质利益或经济利益问题的研究中。[③] 比如：公共选择理论的研究起点就是"理性经济人"，理性经济人就是具有理性计算能力的自身利益最大化者。马克思通过利益结构的变化研究人类社会的变迁，新制度经济学对制度变迁的研究也是奠定在利益研究的基础之

---

① 彭劲松：《利益理论：历史唯物主义的重要一环》，载《重庆社会科学》，1998 年第 1 期，第 37 页。

② 彭劲松：《利益理论：历史唯物主义的重要一环》，载《重庆社会科学》，1998 年第 1 期，第 37 页。

③ 薛永应：《物质利益理论比较研究》，载《求是学刊》，1983 年第 3 期，第 29~37 页。

上的。

利益问题也是政治学和行政学研究的一个主题。比如：政治系统分析和结构功能主义将利益表达和利益聚合作为政治过程的重要环节。政府过程研究的学者则将利益集团作为分析政府过程的一个核心概念。1936 年美国公共行政学家彭德尔顿·赫林（Pendleton Herring）较早地研究了公共行政与公共利益之间的关系，他在《公共行政与公共利益》一书中探讨了如何保持国家和行政自主性的问题，如何使得行政过程免受集团利益和非公共利益的控制和阻挠。①

（二）利益概念的界定

对于利益概念界定的主要分歧集中在概念属种的确定和概念外延的范围两个方面。

就概念属种的确定而言，有三种关于利益的主要观点，第一种观点将利益归结为纯粹主观的产物。认为利益是主观的东西。黑格尔（Hegel）的法哲学观就是这种利益观的典型代表。第二种观点将利益归结为纯粹客观的东西。认为利益从内容到形式都是完全由社会经济条件决定的东西。第三种观点将利益看作是主观和客观的统一。认为利益是社会关系在人们意识中的反应。② 本书将利益看作是一个与权力紧密相关的概念。权力反映的是主体间非平衡的相互作用关系，利益是连接主体行动和关系结构的中介。一方面利益是主体需要的产物，表现为主体的意志和目标；另一方面利益又以一定的社会关系结构的形式存在，是自然资源和社会资源这些客观物质存在的社会存在形式。主体需要、依附于社会关系的资源结构是利益的二元属性。③

就概念的外延而言，不同学科会从各自研究的领域来界定利益。并将利益赋予一定的载体。比如：公共选择理论利益分析的载体是个人利益，从方法论的个体主义出发研究政治和官僚行为。利益集团理论则从多元主义出发研究政治和行政行为。国家理论则从国家利益出发研究国家的本质、行为和能力问题。总之利益因其定义域和载体不同，有不同的表现形态，但是利益的二元属性是相同的。为了分析的方便，我们先按照属加种差的方法，对公共利益、官

---

① E. Pendleton Herring, *Public Administration and the Public Interest*, New York：McGraw - Hill, 1936.

② 薛永应：《物质利益理论比较研究》，载《求是学刊》，1983 年第 3 期，第 29～37 页。

③ 将利益看作是主体需要和资源结构统一，是权力的构成要素的观点，受到了权力理论研究中"行动"与"结构"之争的启发。本书借鉴吉登斯的结构化理论思想，持行动与结构综合的观点。

僚利益、政府利益、部门利益和集团利益进行界定。公共、官僚、政府和部门都是一般性利益概念的载体。

公共利益的载体是"公共性"，公共利益就是通过特定社会关系实现了的公共需要。人们对公共性的理解存在分歧，导致了"公共利益"的界定显得纷繁芜杂。[1] 本书从主客观两个维度界定公共性，公共性在客观上具有非竞争性和非排他性的特征；在主观上则标志着主体间较高的认同程度。公共利益就是具有公共性的利益。政府利益则是以政府为主体和载体的利益。官僚利益就是以官僚机构为主体和载体的利益。部门利益则是以政府部门为载体的利益，是政府利益的一种特殊形态。集团利益是以集团为载体或主体的利益。公共利益、官僚利益、政府利益、部门利益和集团利益的关系如下表所示。政府利益和官僚利益的概念基本上是相同的。我们使用政府利益的概念时侧重于从中央政府、地方政府和地方政府间的角度进行分析。而官僚利益侧重于从官僚个人和官僚运行机制的角度进行分析。

表 4-1　公共行政执行中的各种利益比较

利益	利益具有主体需要和实现主体需要的社会关系结构的二元特征	
	主体需要	社会关系
公共利益	公众共识和享有的非排他性和非竞争性	利益表达和利益聚合机制
官僚利益	官僚制（个人行为和组织运作机制）	政治、官僚和社会的制度结构
政府利益	政府中的个人、机构和层次	国家与社会、政府与市场的关系
集团利益	集团	社会结构和政治结构

资料来源：作者整理。

（三）利益结构概念的已有共识

从对利益概念的界定中我们可以得出一个简单的结论，利益总是以结构化的方式存在。利益结构分析连接了目标结构和制度结构。并表现为价值结构、

---

[1]　刘连泰在《"公共利益"的解释困境及其突围》一文中总结了"公共利益"的实体解释及其困境、"公共利益"的程序解释及其困境，提出了从反面，即集团利益、政府利益和商业利益的反面界定公共利益的尝试。参见刘连泰：《"公共利益"的解释困境及其突围》，载《文史哲》，2006年02期。张千帆在《"公共利益"的构成——对行政法的目标以及"平衡"的意义之探讨》一文中将"公共利益"等同于法律（不包括宪法）所追求的最终目标。行政法的基本目标就是公共利益的最大化，加上其相对"合理"的个体之间的分配。作者从功利主义方法论出发论证了公共利益最大化和合理分配的概念。诸如此类的争论非常纷繁。

激励结构、交往结构、资源结构、技术结构和量化结构。可以说利益结构的概念是权力结构分析的枢机。①

我国学者李景鹏教授认为利益结构就是"社会成员之间以及社会成员与社会之间的利益关系的一定模式。这种利益关系的一定模式是在占统治地位的社会生产关系的基础上形成的。"②"利益结构是利益主体之间形成的各种利益关系。它主要是因人的社会需要而产生,并因各种需要和利益的不同排列、组合、分布与流动而表现为不同的层次、模式和类型。利益结构的基础是人们与社会资源的关系。那些能够掌握和支配对生产过程具有决定意义的资源的人,自然会占据主动和优势地位;另一些人则只能处于被动和劣势地位。社会对这一过程的控制和调节是通过国家来实现的。而国家的控制和调节则不可避免地要受到占有主动和优势地位的那部分社会成员的影响,从而使社会的控制和调节有利于他们利益的实现。"③ 李景鹏教授认为利益结构具有五大要素,即利益单元、利益观念、利益追求的性质、利益追求的方式和社会阶层的分化状况及其相互关系。利益结构的最大特点是它具有一定的转化功能,可以将人们外部的各种关系(包括经济的、政治的、意识形态的关系)转化为人们内在要求,然后通过利益结构的外在形式表现出来。所以,它是外在形式表现出来的人类的内在要求。这一特点使利益结构具有普遍性和灵活性,它既是经济、政治、意识形态三大领域的"公约数",又是随时与三大体系联系起来发挥作用,从而使利益结构成为一个非常重要而且不可替代的分析工具。④

国内很多学者都对利益结构进行了研究,比如:叶富春的博士论文《利益结构、行政发展及其相互关系》对利益结构的性质、构成要素、特征、类型、起源、演变和变迁做了阐释,并剖析了行政发展与利益结构之间的关系。陈祖华在《利益结构论》一文中对利益结构的分析侧重于分析利益结构的类别和层次。⑤ 黄河清在《利益结构新论》中将利益结构定义为"利益的内部

① 利益结构对应于英文的 Interests Structure 和 Interests Pattern。前者一般翻译为利益结构,后者一般翻译为利益模式或者利益格局。两者都是从整体性和关系的视角分析利益问题。

② 李景鹏:《中国转型期问题的政治学思考——李景鹏文集》,北京:中国法制出版社,2002 年版,第 57~59 页。

③ 李景鹏:《中国转型期问题的政治学思考——李景鹏文集》,北京:中国法制出版社,2002 年版,自序。

④ 李景鹏:《中国转型期问题的政治学思考——李景鹏文集》,北京:中国法制出版社,2002 年版,第 59~60 页。

⑤ 陈祖华:《利益结构论》,载《武汉大学学报(社会科学版)》,1989 年第 4 期,第 10~16 页。

构成"，侧重分析了利益的类别和层次。① 唐志君在《行政利益结构：研究行政权力运行的新视角》一文中也引用李景鹏对利益结构的界定。②

（四）作为公共行政执行权力亚结构的利益结构

本书将利益结构看作是公共行政执行权力结构的一个亚结构，作为分析公共行政执行权力的基础概念，利益结构同样具有结构的基本特性，即整体性、转换性（动态性和生成性）、自我调整性和规律性，本质上是一种机制性的因果关系。利益结构至少包括以下几点含义：（1）利益结构是权力要素结构的枢纽。根据第三章对权力要素的归纳，在结构分析的视角下，权力结构是由目标结构、利益结构、价值结构、制度结构、交往结构、资源结构、技术结构和量化结构组成的统一体系。按照吉登斯的结构化思想和哈贝马斯的交往行动理论，利益结构具有二重性，利益结构是"行动（agency）"的主体能动性和"结构（structure）"的制约性、再生产性的统一。从利益的主体方面来讲，目标结构、激励结构和价值结构是利益结构的主观表现。从利益的客观方面来讲，制度结构、资源结构和量化结构是利益结构的客观表现。从主体间结构来讲，利益结构的互动形成了交往结构。总之，利益结构是权力结构要素的枢纽。（2）利益结构可以进一步区分为关系结构、类别结构、层次结构和作用结构。关系结构侧重描述利益主体之间的关系。类别和层次结构侧重于描述利益的属性，用于将利益结构概念具体化。作用结构描述利益主体之间的作用方式、制度规则和作用结果。作用的结果可以通过量化的方式，使用有效性等概念加以测量。（3）利益结构的形成途径有多种，一种是方法论的个体主义途径，将利益结构看作是经济人理性选择和博弈的结果；一种是多元主义方法论，将利益结构看作是利益集团与政府之间互动的关系模式；一种是马克思主义的历史唯物主义，将利益结构看作是人类需要、人类生产过程中形成的社会关系化的需要结构。本书尝试从协同机制的视角来研究公共行政执行权力结构，协同思想和网络分析的引入有助于综合多种分析途径，这将在第五章具体展开。

将利益结构看作是公共行政执行权力结构的一个亚结构，为公共行政执行权力研究提供一个分析工具和概念框架。在政治和行政领域，利益所蕴含的主

① 黄河清：《利益结构新论》，载《湘潭大学学报（社会科学版）》，1994年第2期，第27～29页。

② 唐志君：《行政利益结构：研究行政权力运行的新视角》，载《中国行政管理》，2001年第3期，第55～57页。

体需要和社会关系的矛盾具体转化为个体性与公共性的矛盾，这对矛盾首先在公共利益的确定过程中表现出来。个体或集团通过利益表达和利益聚合形成国家意志，国家意志以公共利益和普遍利益的姿态获得合法性，获得合法化的公共利益以法律和政策的形式出现。这个过程中充满了个体利益与公共利益之间的冲突和妥协，利益内在矛盾表现在自下而上的政治过程中。当公共利益形成以后，政治共同体通过委托和授权公共行政机关执行法律和政策。于是利益的内在矛盾就表现为自上而下的公共利益与非公共利益（官僚利益、部门利益、集团利益、个人利益等等）之间的矛盾。这对矛盾是公共行政执行的基本矛盾，贯穿在公共行政执行过程的始终，成为公共行政执行权力运动的内在动力。公共利益与非公共利益的矛盾可以拆分为众多对具体的矛盾加以分析，从而使得公共行政执行过程表现为整体性的、转换性的、规律性的复杂利益结构。下面我们重点讨论一下公共行政执行利益结构中的几对矛盾。

二、公共利益与官僚利益

公共利益的形成、确立与合法化的过程与公共利益的实现过程是两个分离的过程。公共利益一旦经过政治过程确立以后，就以法律和政策的形式表现出来，由政治授权委托给行政机关（官僚机构）来执行。实践中，建立在工具理性基础上的官僚组织，容易摆脱政治控制，成为自主性滥用和自由裁量权力过度扩张的组织。正如公共选择理论所揭示的那样"官僚的目的不是公共利益，也不是最大效率，而是个人效用的最大化。"[1] 因此在理性官僚制度建立的前提下，如何控制官僚的自主性和自由裁量权力成为公共行政执行过程中的首要问题。分权学说、官僚自主性和官僚裁量理论分别从各自的角度阐释了这一问题。

（一）分权学说和权力定律

霍布斯、洛克、孟德斯鸠以来的分权学说从权力本性的角度阐述了权力控制的必要性。正如孟德斯鸠指出的那样："一切有权力的人都容易滥用权力，这是万古不易的一种经验。有权力的人们使用权力一直遇到有界限的地方才休止。"[2] 英国著名历史学家阿克顿（Lord Acton）则把它概括为一个权力定律，

---

[1] 方福前：《公共选择理论：政治的经济学》，北京：中国人民大学出版社，2000 年版，第 166 页。

[2] （法）查尔斯·孟德斯鸠著、张雁深译：《论法的精神》（上册），北京：商务印书馆，1987 年版第 154 页。

即著名的"阿克顿定律"："权力导致腐败，绝对的权力导致绝对的腐败。"①
分权学说和权力定律是对官僚利益和权力的经验总结。

（二）官僚自主性

"行政机构积极介入到公共政策制定和执行的现实情景，使得公共官僚
（公共行政）的自主性（bureaucratic autonomy）议题成为当前众多政治学派和
政策分析理论关切的热点话题。"② 官僚自主性是官僚行为的典型特征③，亦
是公共行政执行的核心问题，即政治控制、利益集团和官僚之间的关系
问题。

官僚自主性有广义和狭义的区别，广义的官僚自主性是一个反映政治控制
与官僚自身利益和行为的概念，可以简单地界定为：官僚个人和官僚组织具有
不受政治（或公共利益）控制和社会利益集团影响的独立利益，拥有自主决
策、自我发展和自主行动的倾向性和能力。官僚自主性和国家能力都是描述国
家意志执行的状态的概念。官僚自主性和国家自主性是两个不同层面的概念，
国家自主性表明国家具有独立于社会，不受社会影响的独立决策和行动能力。
而官僚自主性则表明官僚在执行国家意志过程中，具有摆脱国家和社会控制的
独立决策和行动能力。狭义的官僚自主性仅仅指官僚追求一种尽量少受限制的
工作环境。④ 本书使用的官僚自主性指的是广义的官僚自主性。

官僚自主性根源于公共利益与非公共利益的矛盾，在行政领域则表现为政
治控制与官僚自主性之间的矛盾。对于行政自主性的研究有多种视角。韦伯提
出的法理型权威和工具理性的概念是官僚自主性的最早表述。韦伯对官僚自主
性的研究主要聚焦于效率，自主性是实现效率的理想状态。威尔逊在《行政
学研究》一文中，论证了将君主政体中的行政管理原则引入美国的共和政体
必要性的同时，也阐述了行政权力的制约。⑤ 公共行政学者沃尔多（Dwight
Waldo）在论述行政国家现象的同时，提出了重塑公共行政价值基础和建构民

---

① Lord Acton, *Essays on Freedom and Power*, Boston：The Beacon Press 1949，p. 364.

② Yoo－Sung Choi and Chung－Lae Cho, Administrative Autonomy Among American State Agencies：
An Empirical Analysis of Fragmentation and Functionalism"，*In International Administration*，2004（6）.

③ G. Tullock, *The Politics of Bureaucracy*, DC. ：Public Affairs Press，1965，p. 62.

④ 詹姆斯·威尔逊（James Q Wilson）归纳了狭义的官僚自主性的特征，随后会对其进行介绍。
参见 James Q Wilson, *Bureaucracy：What Government Agencies Do and Why They Do It*，New York：Basic
Books，Inc，1989.

⑤ （美）伍德罗·威尔逊：《行政学研究》，载彭和平、竹立家主编：《国外公共行政理论精选》，
北京：中共中央党校出版社，1997 年版，第 25 页。

主行政的观点。① 公共选择学派则从方法论的个人主义出发，将经济人作为分析的起点引入对政治和行政现象的分析中，较为详尽地论述了官僚的自主性问题。官僚自主性表现为多个方面，主要包括：预算的最大化；机关行政的自主性；自由裁量等等。

威廉·尼斯坎南（William Niskanen）在 1971 年出版的《官僚与代议政府》（*Bureaucracy and Representative Government*）一书中，从官僚的效用函数和制度结构两个维度提出了官僚的预算最大化模型。就官僚的效用函数而言：尼斯坎南认为追求效用最大化的自利性官僚的效用函数包括下列的变量：薪资、福利津贴、公共声誉、权力、受到照顾、机关产出、容易改变以及容易管理等。这些变量除了最后两项外，都与机关预算有正相关的单向函数（positive monotonic function）。就制度结构而言：官僚机关与其主管人（sponsors，即国会里的政客）之间存在双边垄断的关系。这种关系使得官僚在整个预算过程中处于较有利的地位，而出现委托代理问题。②

詹姆斯·威尔逊（James Wilson）认为官僚所追求的，并不是预算最大化，而是追求自主性（autonomy）。此处的自主性是狭义的，不同于广义的自主性概念，主要指官僚的地盘（turf）意识，威尔逊发现：官僚都希望有一个单纯、敌对者不存在且限制极少的工作环境，在此环境下官僚获得拥有自主性的地盘和生态环境（ecological niche）。"官僚对于自主性与资源应是等量齐观的，因为官僚的自主性决定了他们获取或运用资源的成本"。具体做法包括："寻找别的单位还没有执行的工作作为自己最重要的工作；反抗试图插手自己工作的任何可能性；避免接触与自己核心工作无关的工作；以保留的态度与其他机关的合作；避免执行可能导致自己工作支持者分裂的工作；谨记个别机关过去经验中常犯的缺失，避免重蹈覆辙，以获取大众支持③。"

（三）官僚裁量

官僚的自由裁量（bureaucratic discretion）是广义的官僚自主性的一个重要表现。鉴于官僚的自由裁量已经成为一个相对独立的研究方向，故与上段分

---

① Dwight Waldo, "Politics and Administration: A Profound Disjunction", *Dialogue* 4 (Sept/Oct.) 1980, p. 3. (our politics are Greek, but our administration is Roman).

② W. A. Niskanen, *Bureaucracy and Representative Government*, Chicago: Aldine Atherton, 1971, p. 38.

③ James Q Wilson, *Bureaucracy: What Government Agencies Do and Why They Do It*. New York: Basic Books, Inc., 1989.

开论述。官僚的自由裁量指官僚机构或个人超越其法定的地位和职能，超越政治家的控制，在公共决策过程中发挥主导作用的现象。① 官僚裁量问题的研究是法学和公共选择理论的重要领域。

在行政法学的研究中，1969 年肯尼斯·戴维斯（Kenneth Davis）的《裁量的正义——一个初步的研究》一书出版，标志着行政法学界正式开始研究行政裁量权。② 行政裁量包括"执行性裁量"和"制定准立法性政策的行政裁量"。③ 行政裁量实际上是公共行政执行过程中"国家意志的再表达"。

公共选择学派学者让卢克·米格（Jean Luc Migue）和杰勒德·柏兰格（Gerard Belanger）认为，官僚真正关心的不一定是预算规模的大小，而是"自由裁量预算（discretionary budget）"。自由裁量预算系指"机关总预算"与"足以满足有关政治当局的之产出与生产成本"两者之间的差额。自由裁量预算用于官僚机构的利益，如增加福利、津贴、扩充下属；还可用于政治交换和公关资源。④

（四）官僚对公共利益的再表达和再聚合

公共利益的再表达是公共行政执行过程中的一个普遍现象，正如古德诺所说："以执行国家意志为主要功能的政府机关，事实上通常地，有被赋予表达国家意志的具体细节的职责，尽管这些国家意志的具体细节在表达时，必须合乎由主要职责在表达国家意志的机构所制定的一般原则。"⑤ 西蒙将决策看作价值选择工具的有限理性的过程，认为"决策是管理的心脏；管理是由一系列决策组成的；管理就是决策。"⑥ 古德诺和西蒙都说明了官僚在执行过程中会不断地进行具体的国家意志的再表达，在执行过程的"目标——手段链"中不断地修正目标、注入新的价值。

国内学者一般认为古德诺主张政治—行政二分，认为西蒙用决策概念消解

① 袁瑞军：《官僚自主性及其矫治——公共选择学派有关论点评介》，载《经济社会体制比较》，1996 年第 6 期，第 70 ~ 75 页。

② Kenneth Culp Davis, *Discretionary Justice: a Preliminary Enquiry*, Baton Rouge: Louisana State University, 1969.

③ Gary C. Bryner, *Bureaucratic Discretion: Law and Policy in Federal Regulatory Agencies*, New York: Pergamon Press, 1987, p. 6.

④ J. Migue &G. Belanger, "Toward a General Theory of Managerial Discretion," *Public Choic*, 17, 1974, pp. 24 ~ 43.

⑤ （美）F. J. 古德诺著、王元译：《政治与行政》，北京：华夏出版社，1987 年版，第 9 页。

⑥ （美）赫伯特·西蒙著：《管理行为：管理组织决策过程的研究》，北京：北京经济学院出版社，1988 年版，第 3 页。

了政治行政二分。笔者认为是一种误读。古德诺只认为国家存在政治和行政两种功能，在机构上每个政府机构都可能同时履行着这两种功能。也就是说，每个政府机构的日常行为中政治和行政是同时存在的。古德诺主要是反驳"纯粹的分权学说"，而不像威尔逊那样可以分开论证政治和行政两种组织结构和原则。威尔逊侧重于论证组织结构分离，而古德诺认为组织中政治和行政功能并存，古德诺的思想和西蒙的思想是一致的。因此，可以认为从古德诺起，就开始了威尔逊提出的政治与行政组织结构分离这一传统公共行政范式的挑战。德怀特·沃尔多（Dwight Waldo）、文森特·奥斯特罗姆（Vincent Ostrom）、戴维·罗森布鲁姆（David Rosenbloom）和罗伯特·丹哈特（Robert Denhard）进一步将行政机关也履行政治功能的观点发展为民主行政的思想，或者理解公共行政的政治途径。进而言之，传统公共行政学的"威尔逊——韦伯"范式侧重于行政的工具理性，即执行层面；而沃尔多、新公共行政学派、民主行政理论、代议官僚、新公共服务理论都强调行政的价值理性层面，即政治层面。后者的本质是官僚对公共意志的再表达和再聚合。"再"这个词语用于区别国家立法机关所形成的国家意志、国家目标和法律。代表性官僚理论和民主行政理论较为集中地论述了官僚对公共利益的再表达。①

1974 年，塞缪尔·克瑞斯洛（Samuel Krislov）在《代表性官僚》一书（Representative Bureaucracy）中指出：官僚人员的构成类型越广泛，就越具有代表性和公平性。代表包括"消极性代表性"（passive representation）和"积极性代表性"（active representation）。前者指官僚体系的人员属性（如政治、经济、社会等特征）应该具有多样性，能反映出社会人口的组成特性。后者指官僚能够充分地代表和公平地反映社会利益。②

民主行政试图融合效率和民主之间的紧张关系。沃尔多认为"真正有效率的政府必定是民主的：其必须满足人民的需要；同时，真正民主之政府必定是效率的：其能敏感地察觉人民的需要，且以知识、诚实、正直、经济等实现人民的意志。"服务性官僚（client centered bureaucracy）、参与式官僚（participation bureaucracy）与代表性官僚（representative bureaucracy）是民主行政的三大要件。③ 奥斯特罗姆则认为"民主行政范式"的基本特征是：决策的多中

---

① 代表性官僚制（representative bureaucracy）亦翻译为代议官僚制。

② S. Krislov, *Representative Bureaucracy*. Englewood Cliffs, N. J. : Prentice – HallLee, 1974.

③ Dwight Waldo, *Democracy*, *bureaucracy*, *and hypocrisy*, Berkeley : Institute of Governmental Studies, University of California, 1977.

心（poly – centricity）而不是决策的单中心（mono – centricity）；权威的多元中心；复合组织安排（multi organizational arrangements），而不是官僚层级结构；交迭的职权；自治，而非命令；分权参与，而非集权控制；行政具有政治色彩，而非政治与行政的分立。①

三、公共利益与政府利益

从学理上讲，经过利益表达和利益聚合的过程，国家意志获得政治共识和合法性基础后，公共利益以法律和公共政策的形式得以确立。公共行政机关得到授权而开始落实法律和政策时，就进入公共行政执行过程。公共利益与政府利益所形成的结构关系，决定了公共行政执行权力运动的状态和结果。

政府的法理上的规范角色决定了政府是公共利益的代表机关和执行机关，但实际的政治过程表明政府的行为并不是总能代表和执行公共利益，往往会追求非公共的利益。我们把政府代表和执行的公共利益以外所追求的利益称作政府利益。公共利益与政府利益并不总是一致的。因为公共利益的形成是多元主体参与形成的，而政府利益则是政府作为主体所具有的利益。政府作为社会主体和政府所处的社会关系决定了政府利益的存在状态。

在公共行政执行过程中，公共利益与政府利益之间的矛盾具体表现为：公共利益与中央政府利益的矛盾、公共利益与地方政府利益之间的矛盾、公共利益与政府部门利益之间的矛盾、公共利益与官僚（作为个人和组织的运作机制）利益之间的矛盾。公共利益与官僚利益之间的矛盾前已述及，以下重点从学理的角度探讨其他利益矛盾的表现。

行政系统纵向分权形成了中央政府和地方政府利益的不一致、矛盾甚至是冲突。中央政府和地方政府之间财政税收关系、权限范围、拥有的资源等等因素是造成中央政府与地方政府利益冲突的重要原因。地方政府的双重代理者身份（即中央政府代理人和地方居民代理人）也是造成中央政府利益与地方政府利益冲突的原因。公共利益、中央政府利益和地方政府利益之间所形成的结构关系是公共行政执行利益结构的重要方面。本位主义（sectionalism）、区域主义（regionalism）和地方保护主义是对过渡强调地方利益，而损害到公共利益的描述。

---

① （美）文森特·奥斯特罗姆著、毛寿龙译：《美国公共行政的思想危机》，上海：三联书店上海分店，1999 年版。

四、公共利益与部门利益

官僚机构的部门主义（sectionalism of officialdom）指的是特定部门因为其职权而形成的强调部门自身，与其他政府部门和全局性的战略相冲突和抵触的现象。部门利益则指的是"行政部门的行政行为偏离了'公共利益'导向，以追求部门自身局部利益的形式来变相地实现个人利益。"[1]

部门主义和部门利益是世界范围内公共行政执行中的普遍现象。部门利益是在一定的社会关系中得以实现的部门利益。西方国家70年代兴起的政策网络理论对部门利益存在状态进行了深入细致的描述。次级政府（sub—government）、"铁三角"、议题网络等概念就是对西方国家存在的部门利益的一种描述。中国政府的部门利益则与中国从计划经济体制向市场经济体制转型，行政管理体制的转型紧密相关。下表列出了以公共利益为基础的执行和部门利益为基础的执行的差异：

表4-2　公共利益为基础的执行和部门利益为基础的执行的差异

	公共利益为基础的行政	以部门利益为基础的行政
国家与社会之间的关系	市场经济和有限政府	计划经济和全能政府
政府与企业关系	法律和管制	微观管理
决策与执行	决策与执行分开	决策、执行和监督不分
职能和机构设置	与市场经济相适应的大部门体制	行业类别
权力行使	法治行政	计划行政

资料来源：作者根据宋世明：《试论中国从"部门行政"向"公共行政"的转型》，载《中国转型期问题的政治学探索》，北京：中国法制出版社，2002年版，第379页。整理。

五、公共利益与集团利益

公共利益与集团利益之间的矛盾是公共行政执行过程中的重要矛盾。公共利益与集团利益之间既存在一致的地方也存在不一致的地方，集团利益与公共利益的协同是确保良好执行的必要条件。

---

[1]　宋世明：《试论中国从"部门行政"向"公共行政"的转型》，载《中国转型期问题的政治学探索》，北京：中国法制出版社，2002年版，第379页。

（一）集团利益的概念

集团利益是以集团为载体的利益。① 拥有共同利益联系的集团一般称作利益集团。利益集团在政策执行过程中，影响行政执行中利益的再表达，影响政策实施的目标——手段链，影响公共利益的落实。《布莱克维尔政治学百科全书》认为 interest group "是致力于影响国家政策方向的组织"，它们自身并不图谋组织政府或代替政府。由于利益集团为实现某种特殊利益而对政府施加了一定的政治影响和压力，因此也被称为 pressure group，即压力集团或院外集团。②

国外学者对利益集团持有多种定义。

阿尔蒙德认为利益集团是"指因兴趣或利益而联系在一起，并意识到这些共同利益人的组合。"③

R·戴伊认为"利益集团是那些致力于对政府政策影响的组织，它们为主人谋求各种特殊的利益、各种补贴补助、各种特权以及各种保护。"④

戴维·杜鲁门认为"利益集团是一个持有共同态度、向社会其他集团提出要求的集团，如果他通过和向政府的任何机构提出其要求，它就变成一个政治性利益集团。"⑤

日本学者迁中丰认为利益集团是"针对政府公共政策的制定和执行而开展活动的、具有特定的共同利益的人们的结合体。"⑥

就国内的研究而言，王沪宁是我国较早使用"利益集团"概念的学者，他认为"利益集团就是在政治共同体中具有特殊利益的团体，它们力图通过自己的活动来实现自己的特殊利益。"⑦ 1988 年中国共产党十三届二中全会报告《谈中央政治局四个多月来的主要工作及今后进一步贯彻十三大精神的思路与布局》中提出了人民内部利益集团的概念。报告指出，"在社会主义制度

---

① 许耀桐在《利益集团与利益群体——关于 interest group 的解析》一文中认为：在英文中认为 interest group 可以翻译为利益群体和利益集团，前者组织化程度低，后者组织化程度高。笔者认为两者的共性在于以群体和集团形式承载利益。

② （英）戴维·米勒、（英）韦农·波格丹诺编、中国问题研究所等译：《布莱克维尔政治学百科全书》，北京：中国政法大学出版社，1992 年版，第 363 页。

③ （美）阿尔蒙德、鲍威尔：《比较政治学：体系、过程和政策》，上海：上海译文出版社，1987 年版。

④ （美）托马斯·R. 戴伊：《自上而下的政策制定》，北京：中国人民大学出版社，2002 年版。

⑤ David B Truman, *The Government Process*, N. Y., Alfred Knopf, 1951.

⑥ （日）迁中丰：《利益集团》，北京：经济日报出版社，1989 年版。

⑦ 王沪宁：《比较政治分析》，上海：上海人民出版社，1987 年出版，第 116 页。

下，人民内部仍然存在着不同利益集团的矛盾。"①

（二）利益集团理论

利益集团理论分析和揭示了公共利益与集团利益之间的关系。如果将集团利益和公共利益看作光谱的两极的话，那么所有的利益集团都处于集团利益，完全有悖于公共利益和集团利益互动形成公共利益的两极之间。集团的实力、参与程度、集团间的互动方式、制度设计等因素都会影响到集团利益与公共利益的吻合程度。我们选取几个具有代表性的理论，简要地勾勒一下集团利益与公共利益的光谱系列。

表 4 - 3 集团利益与公共利益的理论光谱

集团有悖公益	集团互动形成公益	
特殊集团利益	精英利益	社会公共利益
党争理论 分利集团 软国家理论	权力精英理论 次级政府、"铁三角"、议题网络 马克思主义	托克维尔的美式民主理论 本特利的政府中介论 杜鲁门的利益调整论 达尔的政治代言论 凯伊的动力和平衡论

资料来源：作者根据文献整理。

以詹姆斯·麦迪逊（James Madsion）为代表的党争理论，曼库·奥尔森（Mancur Olson）提出的分利集团理论，冈那缪尔达尔（Gunnar Myrdal）提出的软国家理论都是集团有悖于公共利益理论的代表。利益集团理论家在研究利益集团的时候有如下的基本观点：

（1）将利益集团作为解释全部政治现象的原材料。正如本特利所说："排除了集团现象便无所谓政治现象"，因此，"除了集团所包括的复杂性之外，社会本身什么也不存在……当集团被充分地阐述时，一切便得以阐明……"。②

（2）利益集团与制度之间存在辩证关系。制度为利益集团的活动提供游戏规则。"如果说制度是游戏规则，那么利益集团是玩家③"。而利益集团同样会影响制度的变迁，利益集团之间的利益不均衡，引起政治变迁。制度框架与

---

① 中共中央政治局：《谈中央政治局四个多月来的主要工作及今后进一步贯彻十三大精神的思路与布局》，载《人民日报》1988 年 3 月 21 日。

② Arthur Bentley, *The Process of Government*, Cambridge, Belknap Press of Harvard University Press, 1967, p. 205 ~ 417.

③ （美）道格拉斯·诺斯：《历史、经济、绩效》，载《经济译文》，1994 年第 6 期。

利益集团之间的关系类似于"行动（agency）"与结构之间的关系，很难有截然明确的分界线，是一种辩证的关系。

（3）不存在抽象的公共利益，公共利益产生于利益集团与相关主体之间的互动关系。正如马克思指出不存在抽象的国家一样，也不存在抽象的公共利益。"国家的权力并不是悬在空中的，波旁王朝是大地产的王朝，奥尔良王朝是金钱的王朝，波拿巴王朝是农民的王朝。"①

（4）公共利益的公共性程度取决于利益集团自身的特性、集团互动和制度框架等多个变量。公共利益的公共性程度取决于利益集团的力量、参与程度、国家自主性程度、制度框架等变量。

集团利益互动所形成的合力与公共利益也并不是完全吻合的，不同的理论派别对此的理解不一。多元主义认为利益集团的互动所形成的利益实质上就是公共利益；精英主义则认为利益集团的互动实质上由精英主导，公共利益反映的是精英的利益。比如，权力精英理论、次级政府、"铁三角"、议题网络理论、马克思主义理论就认为公共利益实质是精英利益。

承认公共利益不仅仅局限于精英利益，还聚合了其他社会集团利益的理论，主要包括托克维尔的美式民主理论、本特利的政府中介论、杜鲁门的利益调整论、达尔的政治代言论和凯伊的动力和平衡论。

托克维尔（Alexis de Tocqueville）认为美式民主的最大特点就在于"世界上没有哪个国家比美国更加成功地把协会的原则适用于实现众多的目标②。"

本特利（Arthur Bentley）的政府中介论认为"政府部门，包括立法部门、行政部门和司法部门均为集团作用于政府的中介，政府组织则是调整和协调各种利益的工具。"③

杜鲁门（David Truman）的利益调整论认为："集团的种种作用均具有合法性，它意味着社会整体利益的调整。"④

达尔（Robert Dahl）的政治代言论认为"政治阶层不同部分的独立性、渗透性、异质性保证了任何不满的集团都能在政治领域中找到代言人。"⑤

---

① 马克思：《路易·波拿巴的雾月十八日》，北京：人民出版社，1962 年版。

② Alexis de Tocqueville, *Democracy in America*, Alfred A. Knopf, Inc., 1956, p. 1835 ~ 1836.

③ Arthur Bentley, *The Process of Government*, Cambridge：Belknap Press of Harvard University Press, 1967, pp. 205 ~ 417.

④ David B Truman, *The Government Process*, N. Y., Alfred Knopf, 1951, p. 15.

⑤ Robert A Dahl, *Who Governs? Democracy and Power in the City*, New Haven, Yale University Press, 1961, p. 93.

凯伊（Valdimer Key）的动力和平衡论认为："一个阶级或集团对现行状况不满时，政治过程便发生运转，从而产生一种新的平衡。"① "集团力量是政治过程中生气勃勃的力量，理解美国政治必须了解主要的利益以及他们在公共政策中的作用。政府权力的行使在很大程度上是去实现合理的集团目标，协调集团冲突……因此，理解压力集团及其利益是政治家必须做的事。"②

（三）公共行政执行过程中的公共利益与集团利益的矛盾

在公共行政执行过程中，公共利益与利益集团的利益常常难以达到一致。可以认为利益集团、政府和相关主体的合力共同作用重新表达和重新塑造了在原有政治议程中形成的公共利益。正如哈贝马斯所说的那样，行政权力也是一种交往权力（communicative power）。要想在行政执行过程中保证公共利益的落实，必须通过一定的制度安排确保利益结构这一权力亚结构的协同性转换。

第四节　公共行政执行激励结构

一、公共行政执行激励结构的概念和地位

激励就是根据人的需要，激发人的动机，产生内在动力，使人朝向所期望的目标努力。利益结构（通过社会关系实现的主体需要）通过激励结构和目标结构连接起来。为了确保公共行政执行过程中权力结构的变换始终指向公共目标，就有必要在利益结构的基础上探讨公共行政主体之间的激励结构。公共行政执行的激励结构是公共行政执行权力的亚结构，表征公共行政执行过程中的参与主体，基于一定的利益考量，朝向特定目标努力，而形成的一种动态关系。

公共行政执行激励结构研究的核心问题是，如何使执行主体（官僚机构、利益集团、社会组织等）有动力朝向政治共同体（立法机关、利益集团、社会组织等）业已形成的公共目标。公共行政执行的过程就是公共目标不断分解为执行主体的目标，并使得执行主体的目标协同指向公共目标的过程。机制

---

① V. O. Key, *Politics parties and Pressure Groups*, 5th, N. Y., Thomas Y. Crowell Company, 1964, p. 40.

② V. O. Key, *Politics parties and Pressure Groups*, 5th, N. Y., Thomas Y. Crowell Company, 1964, p. 17.

设计理论和委托代理理论可以较好地解释这一过程。公共行政执行过程中的目标协同机制不同于工程领域的系统工程和人工科学，而是一种涉及到人的需要、动机和利益的机制设计。

二、公共行政执行激励结构的理论解释

机制设计理论（mechanism design theory）和委托代理理论（the principal – agent theory）为理解公共行政执行过程中的激励结构提供了参考。机制设计理论是如何实现社会目标的经济科学，从信息和激励的角度研究指向目标的协同机制。而委托代理理论则重点探讨了委托人和代理人之间的协同机制，笔者将在第四章中对此详细分析。

机制设计理论和委托代理理论属于经济学博弈论与信息经济学的范畴，诺拉·麦克卡特（Nolan McCarty）和亚当·梅若维茨（Adam Meirowitz）的《政治博弈论》（Political Game Theory）对政治和行政领域的机制和委托代理关系作了介绍。①

将机制设计理论运用到政治学和行政学领域已经有很多著名的研究。比如公共产品的提供、政府最优税收设计、基础设计、公共教育、环境保护和国防等领域。②

委托代理理论（principal – agent theory）虽然起源于雇主与定约人（employer – contractor）或者雇主与雇员（employer – employee）互动关系的行为研究，但是这一理论也广泛地运用到公共和非盈利机构中。正如霍恩（Horn）所说"政治过程就好似一连串独立的委托人与代理人关系③。"米勒（G. J. Miller）在《委托代理理论在政治学中的发展》一文使用委托代理理论对官僚制以及官僚的控制问题进行了探讨。④ 武德（B. D. Wood）的《官僚控制的委托代理模型》一文专门研究了官僚的政治控制问题。⑤ 沃特曼（Richard Waterman）和梅尔（Kenneth Meier）从委托代理理论的两个假设：信息不对

---

① Nolan McCarty &Adam Meirowitz, *Political Game Theory: An Introduction*, Cambridge Univ Pr.

② E. Maskin. Mechanism Design Theory: How to Implement Social Goals Institute for Advanced Study and Princeton University Nobel Lecture December 8, 2007.

③ Horn Murry J. 1995. *The Political Economy of Public Administration*. New York: Cambridge University Press. p. 24.

④ G. J. Miller, "The Political Evolution of Principal – Agent Model.", *Annual Review of Political Science*, 2005, Vol. 8: pp. 203 ~ 225.

⑤ B. D. Wood., "Pricipal – Agent Model of Political Control of Bureaucracy," *American Political Science Review*, 1989. p. 83.

称和目标冲突出发，研究了政治行政领域中的委托代理关系，如下表所示①：

表4-4 政治领域的委托——代理关系

目标冲突			
		代理人信息水平	
		少	多
委托人信息水平	多	恩惠体系	倡议联盟
	少	政治标语的政治（如堕胎政策）	经典的委托——代理关系
目标一致			
		代理人信息水平	
		少	多
委托人信息水平	多	柏拉图共和国	政策次系统
	少	神权政治	底线机构

资料来源：Richard W. Waterman and Kenneth J. Meier, "Principal - Agent Models: An Expansion?", *Journal of Public Administration: Research and Theory*, 1998. 8 (2), pp. 173~202.

公共行政执行涉及到的关系错综复杂，单一的委托代理关系不能有效地解释公共行政执行领域中的复杂现象。在政治和公共行政执行研究中，人们常常使用多重委托代理模型（multiple agents）来解释公共行政执行中的公民、公共意志（立法）与公共意志实施（行政）之间的关系。包括多重代理人（multiple agents）、多重委托人（multiple principals）和不对称的制衡关系三种常见的问题。②

第五节　公共行政执行资源、制度和技术结构

资源结构、制度结构和技术结构是公共行政执行权力结构的三个重要组成部分。对这三个结构的分析我们借鉴吉登斯的结构化理论加以展开。资源结构通过制度结构和技术结构形成转换能力这一权力形式。

---

① Richard W. Waterman and Kenneth J. Meier. . "Principal - Agent Models: An Expansion?" *Journal of Public Administration: Research and Theory*, 1998, 8 (2): 173~202.

② （中国台湾）陈敦源、徐仁辉：《从"权力授予"概念看台湾的行政立法互动关系——以八十七年预算法修正为例》，发表于"迈向二十一世纪的立法院：新国会、新规范、新挑战"学术研讨会，1999年3月8日。

一、公共行政执行的资源结构

"资源是权力得以实施的媒介，是社会再生产通过具体行为得以实现的常规要素①。"权力通过资源结构这一媒介发挥作用。资源结构由两部分组成，即权威性资源（authoritative resources）和配置性资源（allocative resources）。下图展示了资源结构与权力结构之间的关系。

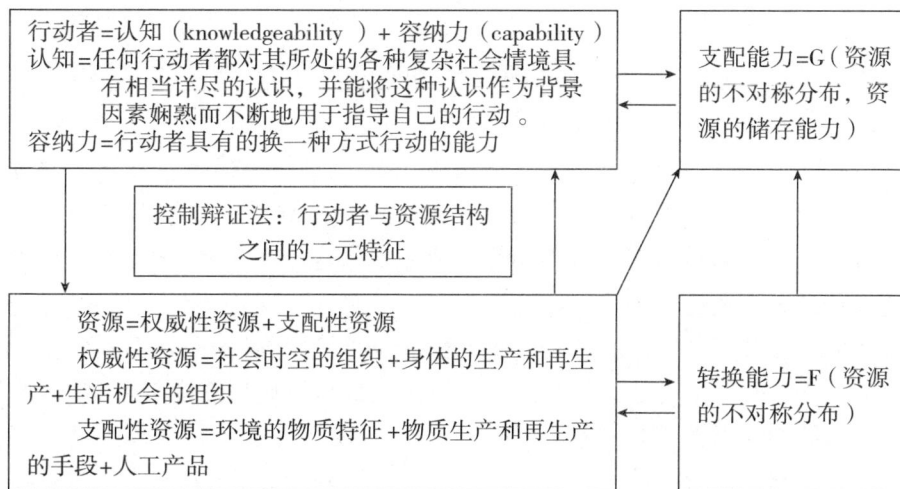

行动者＝认知（knowledgeability）＋容纳力（capability）
认知＝任何行动者都对其所处的各种复杂社会情境具有相当详尽的认识，并能将这种认识作为背景因素娴熟而不断地用于指导自己的行动。
容纳力＝行动者具有的换一种方式行动的能力

控制辩证法：行动者与资源结构之间的二元特征

资源＝权威性资源＋支配性资源
权威性资源＝社会时空的组织＋身体的生产和再生产＋生活机会的组织
支配性资源＝环境的物质特征＋物质生产和再生产的手段＋人工产品

支配能力＝G（资源的不对称分布，资源的储存能力）

转换能力＝F（资源的不对称分布）

图4－2　资源结构、行动者与权力结构

资料来源：作者整理。

丹尼尔·马兹尼安（Daniel Mazmanian）和保罗·萨巴蒂尔（Paul Sabatier）将影响政策有效执行的因素概括为三个方面。② 在法令控制力中提到过"财政资源的最初分配"这一要素。中国台湾学者林水波和张世贤在总结和概括已有研究成果的基础上，也将影响政策有效执行的因素分为三个方面。③ 其中政策本身的条件一项中就包括了"政策资源（经费、人员、资讯和权威）"。就目前的研究而言，学者们主要关注影响公共行政执行权力的资源包括财政资源、人力资源、信息资源和政治资源。其中政治资源和人力资源都属于权威性资源，财政资源和信息资源则属于支配性资源。将财政资源和公共行政执行力

---

① 安东尼·吉登斯著、李康、李猛译：《社会的构成》，北京：三联书店，1998年版，第80页。

② Daniel A Mazmanian and Paul A Sabatier，"Implementation of Public Policy：A Framework of Analysis，*Policy Studies Journal*，Vol. 8，No. 4，1979～1980，p. 542.

③ 林水波、张世贤：《公共政策》，中国台北：五南图书出版公司，1982年版，第263页。

联系起来的概念是财政汲取能力、财政运用、财政分配和财政监控能力等。人力资源通过特定的开发和管理机制转换为公共行政执行力。特别是通过公务员管理制度和干部管理制度转换成公共行政执行力。信息资源是现代政府管理中的重要资源，以至于"信息就是权力"，公共行政信息管理系统的建立和电子政府建设有助于公共行政执行力的提升。政治资源就是政治主体可以用来影响他人行为的政治手段和政治财富，政治资源是维持公共政策执行顺利推进的力量源泉，是实现公共政策目标的基本保证。① 政治合法化能力、政治参与程度、政治认同度和政治控制能力等等都是政治资源转化为公共行政执行权力的中介。

二、公共行政执行的制度结构

对于制度的理解是最富争议和充满分歧的领域。经济学、社会学、政治学、历史学等等不同学科对制度有不同的界定和解释。汪丁丁在《制度分析基础讲义Ⅰ，自然与制度》、《制度分析基础讲义Ⅱ：社会思想与制度》中对制度进行过历史性的梳理。②

本书在吉登斯结构化的理论框架下看待制度，将制度理解为具有结构二重性特征的规则和行为规范，包括组织的架构、博弈规则和政策法规。③ 制度结构和技术结构共同作用将资源转换为主体间的权力关系。制度本身具有二重性，一方面制度影响行动，为行动提供一个先行条件，使行动具有一定的惯常性；另一方面行动不断复制和创造出特定的制度。

制度是连接资源结构和主体的中介，制度的形成和设计是为了实现特定的目标。正如青木昌彦所言："制度是关于博弈如何进行的共有信念的一个自我维系系统。""制度概括为关于博弈重复进行的主要方式的共有信念的自我维系系统。我们把"博弈重复进行的方式"等同于博弈规则。不过，不同于博

---

① 邓伟志：《政治资源配置问题简论》，载《新华文摘》，2000 年第 2 期；沈艳兴：《"两个转变"：政治资源的新生点》，载《探索》，1996 年第 3 期。

② 《制度分析基础讲义Ⅱ：社会思想与制度》第一个部分是生物学思想，从孔德到涂尔干再到斯宾塞，都与这门学科有密切的联系；第二部分是经济学思想，即"理性选择"和实证方法，它们对整个社会科学产生了重大影响；第三部分是"符号学"思想，这可以溯源到米德的行为学。参见汪丁丁：《制度分析基础讲义Ⅱ：社会思想与制度》，上海：上海人民出版社，2005 年版。

③ 正如制度的学者主要存在三种制度观：一种观点认为制度就是组织机构。另一种观点认为制度是："社会的博弈规则"诸如正式的宪法、法律、政府管制以及非正式的规范、惯例、道德、准则等。第三种观点将制度看作内生性与客观性的统一，认为"制度是关于博弈如何进行的共有信念的一个自我维系系统。"最后一种制度分析的观点将制度看作博弈的结果，解决了长期存在的制度内生和外生的争议，并得出了分析不同制度作用、功能和转化的理论框架。参见（日）青木昌彦：《比较制度分析》，上海：上海远东出版社，2002 年版，第 5～11 页。

弈规则论的观点，我们不认为规则是外生给定的，或者由政治、文化和元博弈（mate game）决定的那样。制度作为共有信念的自我维系系统，其实质是对博弈均衡的概要表征（信息浓缩）[summary representation（compressed information）]，它作为许多可能的表征形式之一起到了协调参与人信念的作用。制度也许存在于人们的意会理解中，也许存在于人们头脑之外的某种符号表征之中。但在任何情况下，某些信念被参与人共同分享和维系，由于具备足够的均衡基础而逐渐演化为制度。"① 可见制度是主体之间的协同机制。制度是连接主体交往结构（而主体交往结构由利益结构、目标与价值结构、激励结构组成）和资源结构的中介环节。

三、公共行政执行的技术结构

从一般意义上讲技术是一种实现目标的手段、方式和程序，是操作性和实践性知识的总和。② 公共行政执行的技术结构就是公共行政执行过程中为了实现特定的目标，而采用的手段、方式和程序的总和。

公共行政执行的技术结构与制度结构一起，连接资源结构和主体方面的结构（目标与价值结构、利益结构、激励结构）。分析公共行政执行技术结构的时候重点分析以下几个问题：（1）公共行政执行中的所采用的技术有哪些。（2）公共行政执行中的技术结构对公共行政执行其他结构的影响。

以信息技术为例，对信息技术结构的分析包括两个方面：（1）公共行政执行中信息技术的内容，包括主要用于管理和处理信息所采用的各种技术的总称。管理信息系统、流程再造、电子政府等等是公共行政执行中常常运用到的信息技术。（2）信息技术对权力结构的影响。第一，是资源结构的影响，信

---

① （日）青木昌彦：《比较制度分析》，上海：上海远东出版社，2002年版，第11~12页。

② "技术是什么"是一个长期以来一直在争论的问题。有作者把它概述为："目前，这种分歧主要表现为物质手段说或物质手段和方式方法的总和说与操作性（实践性）知识说的论争，表现为技术仅局限为自然技术或物质生产技术与技术包括自然技术、社会技术和思维技术或人本技术的论争。"事实上这里的分歧还有技术哲学与"技术论"的不同视角，以及不同的哲学范式。国外的主要技术理论，如德索尔的第四领域理论、杜威的实用主义技术论、芒福德的技术文明论、海德格尔的存在技术观、法兰克福学派的批判理论、艾鲁尔的技术系统论、科塔宾斯基的技术行动学、温纳的自主技术论、平奇的建构主义、伊德的实践技术论和芬伯格的技术批判理论，以及星野芳郎等的技术论，在国内都有介绍或研究，其中有些还有较大影响。米切姆关于"工程学的技术哲学"与"人文主义的技术哲学"的划分，对国内的研究者亦有影响。参见朱葆伟：《技术哲学研究综述》，载《哲学动态》，2001年第6期，第29页。

息技术使得将资源转化为权力的模式发生了变化，也改变了资源的存储能力和资源的不对称性，从而改变了公共行政执行过程中的参与者（行政机关、公众和其他集团之间的）的权力结构。第二，信息技术对制度结构的影响，信息技术改变了行政流程、行政职能、行政组织结构。第三，信息技术改变了目标与价值结构，产生了新的需求和新的价值标准。第四，信息技术改变了利益结构，由于信息改变了社会关系和组织模式，从而使得利益实现方式发生了改变，从而改变了利益结构。第五，信息技术与激励结构，信息技术使得委托代理过程中的信息不对称情况发生了变化，从而改变了委托人与代理人之间的激励结构。第六，信息技术与交往结构。通过信息人与人之间交往的范围、交往的媒介和交往的方式发生了变化，从而影响到了主体间理性的达成和交往结构的变换。

第六节　公共行政执行交往结构

公共行政执行的交往结构指的是公共行政主体之间，按照一定的交往准则，通过话语之间的交流达成共识，从而在公共行政执行过程中实现公共意志合法地再表达，纠正官僚、利益集团或者民众任何一方的话语独白局面的程序、机制和过程。交往结构是公共权力结构分析的最高范畴，因为它融合了公共权力结构分析的主观方面、中介和客观方面，形成了分析公共行政执行权力的新范式。

交往结构的概念以哈贝马斯的交往行动权力理论为基础。交往行动的权力理论开辟了理解人类理性、行动、政治、伦理和行政等问题的新范式。交往结构的概念根植于德国传统中，康德的道德学说、马克思的人的交往形式、韦伯的理性化思想、维特根斯坦的语言哲学共同构成了交往行动和主体间性理论的渊源。交往行动理性深刻地影响到了现代社会科学的走向，渗透在政治学、行政学、社会学、法学、新闻传播学等人文社科领域。

就公共行政执行而言，交往行动理论为理解公共目标的形成（政治）和公共目标的实现（行政）之间总是存在偏差这一问题提供了新的视角，回答了如何在官僚的工具理性中注入民主、合法性和主体间性的问题。与这一学术运思相一致的学术努力包括：罗森布鲁姆将政治途径整合进入公共行政的努力，达尔和奥斯特罗姆的民主行政范式，民主化公共政策分析学派，公共行政的话语理论等等。笔者以公共行政话语理论为例，阐发交往结构的思想。①

（一）公共行政的困境和后现代重建

理性主义、基础主义、本质主义、还原主义以及由此推演出的中心主义、进化主义是现代性思维的基本特征。在这一思维的指导下，以公共权力为研究对象的近代政治学形成了"环式民主"的公共权力建构；② 公共行政学则在政治与行政二分的信条下建立了官僚组织的行政架构。这种思维在主体之间的认同上表现为"环式民主"的规则和程序的不断优化和完善；在主客体之间的工具关系上表现为官僚制的强化和不断的扩张。20 世纪 50 年代以来，在科技革命的推动下，人类进入了后工业社会。与工业社会的稳定、线性、机械、决定等特征不同，混乱、非线性、有机、非决定等特征成为后工业社会的特征。"环式民主"框架下增强主体间共识（合法度）的策略遇到了难题，而且增强公共政策理性程度的策略也受到了非议。

在这一背景之下，查尔斯·福克斯（Charles Fox）和休·米勒（Hugh Miller）教授提出了公共行政话语理论，这一理论独辟蹊径，在批判和超越现代性思维的基础上，通过融合语言哲学、解释学、现象学、建构主义、交往理性等多种理论和方法，建立了以公共能量场为基础的公共行政话语理论，解决了传统公共行政的困境。公共行政的话语理论由理论基础（本体论和认识论融合）、理论逻辑与内容、理论应用（操作规则和手段）三部分构成。

（二）话语理论视角下的交往结构

"为了埋葬传统和避免后现代状况的陷阱，公共行政管理需要一种值得追求的新模式③。"这种新的模式就是话语模式。为了避免现代性的基础主义、本质主义、理性主义、还原主义，话语理论以公共行政能量场作为话语模式建

---

① "公共行政话语理论中的交往结构"的写作主要参考并转引自曹堂哲、张再林：《话语理论视角中的公共政策质量问题——提升公共政策质量的第三条道路及其对当代中国的借鉴》，武汉大学学报（哲学社会科学版）第 58 卷，第 6 期，2005 年 11 月，第 857~861 页。

② "环式民主"就是"开始于个人倾向，然后集中于大众意愿，由立法机构编纂成法典，再由各级官僚机构来实施，最后由专门的选民进行评估"的"程序化的民主"。参见（美）查尔斯·J. 福克斯、休·T. 米勒著、楚艳红等译：《后现代公共行政：话语指向》，北京：中国人民大学出版社，2002 年版，第 15 页。

③ （美）查尔斯·J. 福克斯、休·T. 米勒著、楚艳红等译：《后现代公共行政：话语指向》，北京：中国人民大学出版社，2002 年版，第 106 页。

立的本体论基础和认识论基础。"现象学是构成主义的基础，二者的结合是结构化理论的基础，现象学、构成主义和结构化理论三者的结合是公共能量场。"① 从行政哲学的角度来看，话语理论借鉴现象学和构成主义理论形成了公共政策的人性基础理论。借鉴结构化理论构成了公共政策的宏观规则和秩序理论。独创公共能量场概念则构成了公共政策分析的逻辑单元和起点。其中人性理论、宏观规则和秩序理论是一个交互的、历史的、辩证生成的过程。

（1）公共政策的人性论：与主客二分和心物二分的传统哲学不同，现象学认为主体和身体是不可分割的，身体—主体具有意向性，意向性受到历史沉淀和习惯的影响，意识是具体在场的意识，意识总是指向某个具体的对象，有一个内在的目标。因此人与环境、心和物、主体和客体在具体情景之中融合为一体。也就是说，"构成主义的认识论和本体论从根本上说是唯名论的②。"人们总是生活在生活世界中，在生活世界中充满了相互交叉的意向性和群体中身体—主体的谋划。

（2）公共政策秩序论：与现代性思维的基础主义、本质主义不同，吉登斯提出的结构化理论将人性和社会宏观制度结构统一起来，认为两者是历史的生成的过程。这样一来"系统制度以及其他类似的事物并不是存在于个体（群体中的）进行实践活动的客观领域之外，而是内化于这一客观领域之中。""制度就是被资源配置和规则所维持的重复性实践"。③ 在构成主义的视角之下，传统的官僚制是一种命令—控制结构，是一种"因果型的、正式的层级命令和实施系统。"因此不能抓住重复性实践的演变规律，不能综合的理解公共行政人员以及其他现实的参与者对公共政策的执行。为了走出官僚制的局限性，话语理论"使公共行政领域的模式从官僚制转换到公共能量场。"④

（3）话语理论的分析单元和逻辑起点：公共能量场是话语理论的分析单元和逻辑起点。公共能量场"是由人在不断变化的当下谋划时的意图、情感、

---

① （美）查尔斯·J. 福克斯、休·T. 米勒著、楚艳红等译：《后现代公共行政：话语指向》，北京：中国人民大学出版社，2002 年版，第 106 页。

② （美）查尔斯·J. 福克斯、休·T. 米勒著、楚艳红等译：《后现代公共行政：话语指向》，北京：中国人民大学出版社，2002 年版，第 83 页。

③ Giddens, *The constitution of society: Outline of the theory of structuration*, Berkeley: University of California Press, 1984, p. 17.

④ （美）查尔斯·J. 福克斯、休·T. 米勒著、楚艳红等译：《后现代公共行政：话语指向》，北京：中国人民大学出版社，2002 年版，第 95 ~ 99 页。

目的和动机构成的①。"公共能量场包括各种各样的组织、个人和角色。比如公共行政人员、专家、利益集团、非政府组织、宗教团体等等。公共能量场是表演社会话语的场所，公共政策在这里制定和执行。

（4）话语理论的交往结构：在公共能量场中，公共政策制定和执行过程实质上是一个多元话语争夺语意制高点，通过对抗性的紧张关系相互辩驳、相互修正而形成"下一步该怎么做"的共识的过程。为了提升公共政策制定和执行的质量，首先要保证话语的正当性，实现话语正当性需要同时满足四个条件：真诚、切合意境的意向性、自主参与和具有实质意义的贡献。从形式上来看，政策对话可以分为三类，少数人的对话、多数人的对话和一些人的对话。少数人的对话和多数人的对话都不满足话语正当性的条件，只有一些人的对话才能保证话语和交往的正当性。为了保证一些人的对话能够启动和展开，公共能量场中的公共行政人员需要学会倾听。"倾听就是工作，而且它表明了一种关切的态度，体现了真实话语的一种愿望。"② 官僚组织之中的公共行政是一种典型的少数人的对话。少数人的对话是一种独白性的语言，与公众之间缺少沟通，造成公众的冷漠、政策议程和内容被少数人操纵、政策执行的实际无能等等弊端。然而诸如社群主义这种多数人的对话则很难获得对话的共识，公共政策的质量淹没在话语的噪声之中。只有一些人的对话是一种真诚的互动，满足话语正当性的条件。一些人的对话从启动到政策制定、政策执行和政策评估、政策终结形成一个历时性的政策网络，通过网络之间的互动，实现公共行政过程。

第七节　公共行政执行量化结构

权力的量化研究有三个常见的路径，一是质点式的分析，即对权力的大小、范围、结果和有效性的研究。另一个是对权力的结构进行动态网络分析。"网络理论发展出了描述权力的方法③。"第三个是对权力运作的外在表现

---

① （美）查尔斯·J. 福克斯、休·T. 米勒著、楚艳红等译：《后现代公共行政：话语指向》，北京：中国人民大学出版社，2002 年版，第 103 页。

② （美）查尔斯·J. 福克斯、休·T. 米勒著、楚艳红等译：《后现代公共行政：话语指向》，北京：中国人民大学出版社，2002 年版，第 152 页。

③ Davern Michael, "Social Network and Economic Sociology: A Proposed Research Agenda for a More Complete social Science", *American Journal of Economics and Sociology*, Vol. 56, No. 3 （July, 1997）, pp. 287～302.

（绩效）进行测量，通过权力的整体表现来测量权力的运行状况。诸如绩效评估、绩效管理以及治理绩效测量是第三种研究路径的代表。比如美国《政府绩效与成果法案》中提到，绩效评估的目标在于：提高联邦政府能力（the capability of the federal government）和联邦规划的有效性（federal program effectiveness）。① 通过设计一套结构化的绩效指标结构能够很好地测量权力的运行结果和有效性。世界银行亦发布了治理和制度质量指标（Indicators of Governance & Institutional Quality），② 对治理进行量化的测量和全球性的比较。③ 在世界银行的指标中，公共行政执行的有效性放在了政府有效性中进行测量。④

博弈论和信息经济学中的委托代理理论、机制设计理论等、社会网络分析是权力结构进行量化研究的第二种途径。这种研究途径将权力的量化结构看作一种动态结构，看作是权力主体之间动态协同的过程。对此将在第三篇详细分析。

总之，公共行政执行权力的量化研究使得公共行政执行研究可能走向了精确的"科学"之路。

---

① 原文表述如下：（1）improve the confidence of the American people in the capability of the Federal Government, by systematically holding Federal agencies accountable for achieving program results;

（3）improve Federal program effectiveness and public accountability by promoting a new focus on results, service quality, and customer satisfaction;

② 参见世界银行网站 http://web. worldbank. org/WBSITE/EXTERNAL/TOPICS/EXTPUBLICSECTORANDGOVERNANCE/0, contentMDK: 20773712 ~ menuPK: 433525 ~ pagePK: 210058 ~ piPK: 210062 ~ theSitePK: 286305, 00. html

③ Worldwide Governance Indicators: 1996 ~ 2006, 参见 http://web. worldbank. org/WBSITE/EXTERNAL/WBI/EXTWBIGOVANTCOR/0, contentMDK: 20771165 ~ menuPK: 1866365 ~ pagePK: 64168445 ~ piPK: 64168309 ~ theSitePK: 1740530, 00. html

④ 世界银行 A User's Guide to Governance Indicators

第三篇

公共行政执行中层理论的认识论维度——协同机制

　　协同现象是自然界和人类社会中普遍存在的一种现象。不同的学科习惯使用不同的单词表达协同的概念，比如：synergy、collaboration、cooperation、harmony、join - up、partnership、working together 等等。我们会在后几节梳理不同学科的习惯用法和含义。不过，这些单词所指的基本含义是相同的，即将各种主体力量协调、整合起来发挥整体效应。

　　本书使用 synergy 一词表示协同。synergy 研究脱胎于管理学中的协调（coordination）概念。① collaboration、cooperation、harmony、join - up、partnership、working together 等词语则是在具体情景和具体的研究领域内，对 synergy 含义的具体表达。

　　协同机制（synergy mechanism）就是元素或主体通过互动（冲突和合作），共同努力，以实现既定目标或协定目标的过程、作用方式和程序。公共行政执行的协同机制发生在公共行政执行权力结构的动态转换过程中，是公共行政执行权力主体通过互动（冲突和合作），共同努力以实现公共意志（既定的或协定的）的过程、作用方式和程序。公共行政执行的协同机制由公共行政执行权力结构诸要素的协同产生。协同机制既是一个系统现象也是网络现象和制度

---

　　① 参见（法）H. 法约尔著、周安华等译：《工业管理与一般管理》，北京：中国社会科学出版社，1998 年版，第 5～6 页。法约尔将管理定义为"实行计划、组织、指挥、协调和控制。计划，就是探索未来，制定行动的计划；组织，就是建立企业的物质和社会的双重结构；指挥，就是使其人员发挥作用；协调，就是连结、联合、调和所有的活动及力量；控制，就是注意是否一切都按已制定的规章和下达的命令进行。"法约尔对协调的定义是广义的，包括了沟通、谈判、合作、缔约、战略伙伴、框架协议等等将所有活动及力量协同起来的努力。"法约尔跳板"就是著名的一种协调方式。

现象。系统科学的协同学、社会网络和政策网络分析、制度主义是研究协同机制的三个主要研究途径。

公共行政协同机制研究的核心是运用不同的理论途径，探讨将个人目标协同转换为公共目标的机制。围绕这一核心问题，衍生出几对主要的协同关系，即公共行政执行的生态协同机制（ecology synergy）、政治—行政协同机制（politics – administration synergy）、决策—执行—监督协同机制（decision – a-gency – supervise synergy）、职能—结构协同机制（function – structure synergy）、部际协同机制（Inter – agency synergy）、层级协同机制（inter – governmental synergy）和嵌入性协同机制（embed synergy）。将这几个协同机制的首字母合写用来命名本书分析公共行政执行协同机制的模型，即公共行政执行协同机制的 EPDFIIE 模型。

本篇分为五、六两章，第五章重点阐述和论证从权力结构到协同机制的逻辑连接和三个研究途径。第六章具体阐述和论证公共行政执行的协同机制的 EPDFIIE 模型。

第五章

公共行政执行协同机制的研究途径

本书所建立的公共行政执行的中层理论包括本体论维度、认识论方法论维度和现象维度。认识论和方法论维度侧重探讨采用何种途径去认识权力结构，即围绕公共行政执行的基本问题（"公共目标与实现的结果之间的差异何以存在？"），从认识和方法上探讨公共行政执行权力结构的协同性转换机制。我们可以用下图表示权力结构与协同机制之间的逻辑联系。

表 5 - 1　权力结构与协同机制的联系

		认识论和方法论·协同机制	
		自然主义（主体性理性主义）naturalism	诠释学（主体间性）hermeneutics
本体论·权力结构	结构（structure）	自然主义的结构论： 假定可以运用科学方法认识客观的社会世界，此社会世界的结构对个人的动机具有影响力，而使人类行为可以预期。 官僚治理模式（传统公共行政途径） 制度主义途径（历史制度主义和文化制度主义） 系统科学途径（协同学）	诠释的结构论： 假定有一主观的社会世界，只能由社会建构的方式而认知，但人的行动可由对实体的集体诠释进行预测。 网络互动治理模式 治理理论
	行动（agency）	自然主义的动因论： 假定可以运用科学方法认识客观的社会世界，在此社会世界中，可通过无限制的理性人预测其行动。 市场治理模式的基础（新公共管理） 制度主义（理性选择制度主义） 博弈论和信息经济学（机制设计和委托—代理理论）	诠释学动因论： 假定有一主观的社会世界，具有争议性地认知，动因受限于社会实体的主观知觉，因而使人的行为不可预测。

资料来源：根据 Dixon and Dogan, John and Rhys Dogan, "Hierarchy, Networks and Markets: Response to Societal Governance Failure," *Administrative Theory & Praxis*, 2002, 24 (1), p. 178. 和其他资料整理。

公共行政执行的基本问题决定了公共行政执行权力结构是一种转换性的协同结构，一种指向和锁定于目标的协同过程。协同机制的研究最早可以追溯到亚里士多德的"四因说"，自然界中趋向目的现象和人类社会对如何实现目的的探究，都为公共行政执行协同机制的研究提供了丰富的思想和理论基础；就公共行政学领域而言，系统科学（协同学）途径、网络途径和制度主义途径是探究公共行政执行协同机制的三个主要途径。系统途径使用系统科学的理论和方法研究协同问题，将协同看作一个系统问题进行研究。这一途径是协同研究的主导途径。网络分析的途径运用网络分析的途径研究公共行政执行问题。制度主义途径包括理性选择制度主义、社会学制度主义和历史制度主义。

下图描述了从权力结构到协同机制的基本逻辑环节。

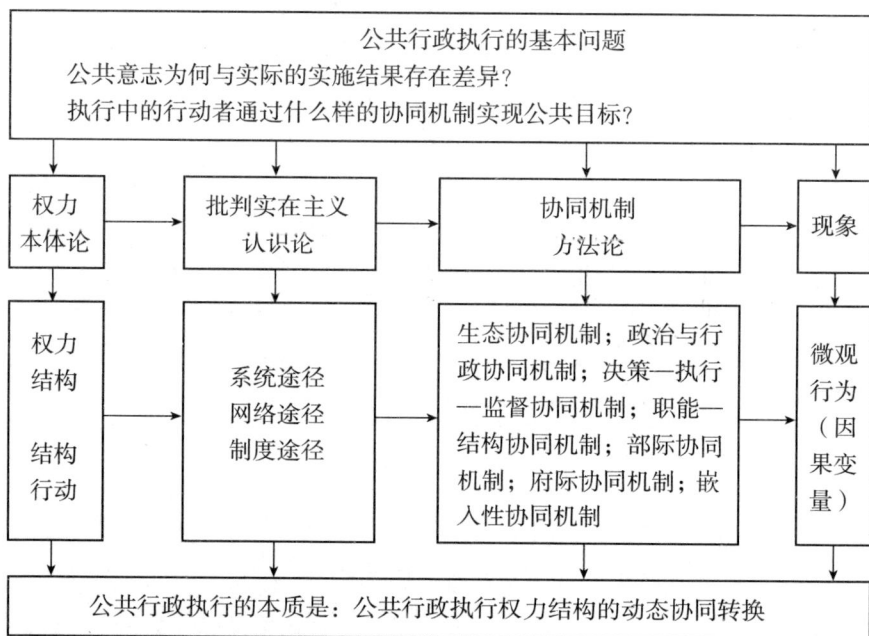

图5-1 从权力结构到协同机制的基本逻辑环节

资料来源：作者绘制。

第一节 公共行政执行协同机制研究的系统科学途径

协同学是系统科学的构成部分，系统科学、协同学与公共行政执行在研究对象属性上的相似性，以及三者对整体、行为、结构、自组织、人工装置、目的性等核心范畴理解上的相似性，决定了将系统科学，特别是协同学引入公共行政执行机制研究的合理性。

一、系统科学、协同学与公共行政执行研究的相似性

系统科学就是"从系统角度观察客观世界所建立起来的科学知识体系。""是关于系统的科学①。""系统科学研究的问题必须有系统意义。在现实生活和理论研究中，凡着眼于处理部分和整体、差异和同一、结构和功能、自我和环境、有序和无序、合作和竞争、行为和目的、阶段和过程等相互关系的问题，都是具有系统意义的问题。撇开这些问题所涉及的具体领域的特殊性质，在纯粹系统意义上进行研究，即属于系统科学的研究，这种研究得到的知识体系就是系统科学。""或者说，凡需要处理多样性的统一，差异的整合、不同部分的耦合、不同行为的协调、不同阶段的衔接、不同结构或形态的转变以及总体布局、长期预测、目标优化、资源配置、信息创生与利用之类问题，都具有系统意义的问题。"②

协同学作为系统科学群族中的一员，是一门典型的横断科学，研究的内容不仅涉及物理学、化学、生物学、统计力学、动力系统理论等自然科学领域的内容，还涉及经济学、社会学、军事学等社会科学领域的内容。广义而言，所有对协同（或者不协同）现象予以关注、思考、分析和研究的思想、理论、知识和技巧都可以认为是协同研究。狭义而言的协同研究，特指奠定在严格的自然科学基础上，上升到系统科学和系统哲学高度的协同学基础理论研究，以及渗透于具体学科领域，与具体学科领域交叉的协同学应用研究。协同学的应用研究根据协同学的基础理论，结合特定学科自身的理论、范畴和规律探讨具体领域的协同原理、机制和技术。协同学与系统科学群族中的其他理论相比，特点在于，协同学从协同的视角研究系统的存在形式、运作机制和演化机制。

协同学在研究公共行政执行时，将公共行政执行看作一个系统过程，尝试从元素、系统、结构、环境、开放性、行为、功能、涌现、信息、秩序、组织、目的性、协同等范畴解释公共行政执行问题。系统科学为公共行政执行研究奠定了非常宽广的知识基础，协同学是理解公共行政执行权力结构协同转换过程的直接理论基础。能够将系统科学和协同学用于公共行政执行研究的根本

① （美）贝塔朗菲：《普通系统论的历史与现状》，载《科学学译文集》，北京，科学出版社，1980年版。

② 苗东升：《系统科学精要》（第二版），北京：中国人民大学出版社，2006年版，第4页。

原因在于系统科学和协同学与公共行政执行研究的问题在本质上是类似的。下表列出了两者之间的类似点。

表5－2　系统科学、协同学与公共行政执行研究的相似点

比较项	系统科学和协同学	公共行政执行研究
研究对象的特征	多样性的统一，差异的整合、不同部分的耦合、不同行为的协调、不同阶段的衔接、不同结构或形态的转变以及总体布局、长期预测、目标优化、资源配置、信息创生与利用之类。	具有复杂性、动态性、目的性、行为的协调性、不同阶段的衔接。
整体	通过子系统之间的这种相互作用，整个系统将形成一种整体效应或者一种新型结构。在系统这个层次上，这种整体效应具有某种全新的性质，而这种性质可能在微观。	通过执行中各个权力主体之间的相互作用，形成特定的结构，实现系统的目标。
行为	研究系统整体行为的复杂性和协同机制。	执行是复杂的行为，通过一定的机制才能实现协同。
结构	协同学研究的是系统怎么从原始均匀的无序状态发展为有序结构，或从一种有序结构转化为另一种有序结构。	执行过程中权力结构的转化。
自组织和人工装置	协同学认为人工制造的装置与自组织具有相同的运行机制和原理。	执行是自组织和人工装置的统一。
目的性	系统被拖到相变点，子系统迅速地建立起合作关系，以很有组织性的方式协同行动。	执行是围绕特定目标合作和协同的过程。

资料来源：作者整理。

二、公共行政执行协同机制研究的自然科学和工程学基础

自然科学和工程学领域对协同的研究，率先阐明了协同的基本原理和机制，这些原理和机制为工商管理和公共管理等社会科学领域的协同研究提供了理念、认知和思维方法上的指导。自然科学领域的协同学研究是对协同现象的基础理论研究，工程学、工商管理学和公共管理学等社会科学领域的协同研究则是对协同现象的应用研究。公共行政执行协同机制的研究建立在协同基础理

论研究和应用研究的基础之上。

物理学领域首次将协同作为学科来研究。1960 联邦德国斯图加特大学（Stuttgart University）教授、著名物理学家郝尔曼·哈肯（Hermann Haken）在研究激光理论时发现：激光在远离平衡态时，会出现由无序向有序转化的协同现象。他以激光理论为基础，通过类比归纳，在 1969 年首次创立了协同学这一专业领域。哈肯创立的协同学（synergetics）一词来源于希腊文，意为"协调合作之学"，其中前缀 syn 表示"together"的意思，ergetics 表示"working"的意思，两部分合在一起表示不同的要素一起协同合力的状态和过程。协同学创立后，吸收了信息论、控制论、耗散结构理论、相变理论、超循环理论、动力系统理论、突变理论等理论成果，逐渐形成了系统科学层次上的协同学。

协同学的基本理念和思维方式如下：

（1）协同学研究系统整体效应的涌现："协同学是研究由完全不同性质的大量子系统（诸如电子、原子、分子、细胞、神经原、力学元、光子、器官、动物乃至人类）所构成的各种系统。"协同学研究"子系统彼此之间会通过物质、能量和信息交换等方式相互作用。通过子系统之间的这种相互作用，整个系统将形成一种整体效应或者一种新型结构。在系统这个层次上，这种整体效应具有某种全新的性质，而这种性质可能在微观[①]。"（2）协同学研究系统整体行为的复杂性。协同学"建立一种统一的观点去处理复杂系统的概念和方法[②]。"各种类型的子系统是千差万别的，但是它们之间的合作导致系统产生相变规律则是相同的。协同学尝试研究这些一般规律，发现协同的机制和过程。（3）协同学研究结构的形成和转化。协同学研究的是系统怎么从原始均匀的无序状态发展为有序结构，或从一种有序结构转化为另一种有序结构。[③]（4）协同学重点关注自组织结构，但是也研究他组织的人工装置。"研究这些子系统是通过怎样的合作才在宏观尺度上产生空间、时间或功能结构的，我们尤其要集中研究以自组织形式出现的那类结构，从而寻找与子系统性质无关的支配着自组织过程的一般原理[④]。"同时协同学认为人工制造的装置与自组织具有相同的运行机制和原理，因此研究系统的自组织结构的协同学，也使用协同的观念研究人工装置。对人工装置的研究属于人工科学（the sciences of the artificial）的范畴，西蒙早

[①] 苗东升：《系统科学原理》，北京：中国人民大学出版社，1990 年版，第 518 页。

[②] （德）H. 哈肯：《信息与自组织》，四川教育出版社 1988 年版，第 1 页。

[③] 苗东升：《系统科学原理》，北京：中国人民大学出版社，1990 年版，第 518 页。

[④] （德）H. 哈肯著、郭治安译：《高等协同学》，北京：科学出版社，1989 年版，第 1 页。

在 1969 年首次在学理上界定了人工科学的范围，以区别于自然科学。人工科学是研究人工物的科学，人工物具有四个热点：第一，合成的。第二，可模仿自然物的外表。第三，可以通过功能、目标、适应性三方面来表征。第四，通常同时运用规范性和描述性两种术语探讨人工物。[1]（5）协同学关注目的性系统。协同理论研究发现，"不论是平衡相变或者非平衡相变，系统在相变前之所以处于无序均匀态，是由于组成系统的大量子系统没有形成合作关系，各行其事，杂乱无章，不可能产生整体新质；而一旦系统被拖到相变点，在'序参量'役使作用之下，这些子系统仿佛得到某种'精灵'的指导，迅速地建立起合作关系，以很有组织性的方式协同行动，从而导致系统宏观性质的突变。两种相变都是系统微观组分集体运动的结果，都是合作效应。"[2] 在开放系统中，序参量与各个变量会循环强化，协同增效。

协同学的理念、理论成果和思维方式对公共行政执行研究具有诸多启发：（1）整体效应的涌现对于公共行政执行研究具有启发和指导意义。公共行政执行过程是各个主体围绕政策目标博弈的过程，参与执行的各个主体、部门之间的目标、利益和权力关系会形成一个整体结构，如果这一整体结构实现了协同，就会形成整体的合力，推动执行，否则执行可能会偏离既定的目标。协同学有助于深化对执行中的整体效应的理解。（2）协同学研究复杂、动态的趋于目的的现象，公共行政执行也具有这样的特征，可以使用协同学的思想来认识公共行政执行问题，抓住关键变量，引导执行过程不偏离目标，确保执行围绕特定目标形成合作和协同。（3）协同学研究结构的形成和转化。可以借鉴协同学的思想研究公共行政执行过程中权力结构、利益结构、目标结构和激励结构的转化。（4）协同学认为自组织和人工装置是统一的。公共行政执行协同机制兼有人为设计的人工装置和自发形成的自组织的双重特征，借鉴协同学的思想可以为公共行政执行协同机制的设计提供思想指导。

哈肯在创立了协同学过后，将协同学的思想应用到工程学中，在工程学中具体阐述协同机制，使协同学走向了实际应用领域。哈肯所著的《协同计算机和认知——神经网络的自上而下方法》和《大脑工作原理——脑活动、行为和认知的协同学研究》等著作开拓了计算机、脑科学和人工智能协同研究

---

[1] Herbert A. Simon, *The Sciences of the Artificial* (First Edition), MIT Press, 1969.

[2] 相变（phase transition）指物质从一种相转变为另一种相的过程。物质系统中物理、化学性质完全相同，与其他部分具有明显分界面的均匀部分称为相。相变是物质系统不同相之间的相互转变。相变是有序和无序两种倾向相互竞争的结果。相变点，就相变发生的临界点。

的基础。在哈肯的开拓性研究之后，利用计算机信息科学和技术，设计高度智能化的协同系统，提高系统的整体效应，形成了工程领域中的协同研究途径（synergetic approach）。

需要说明的是，协同学不光运用到自然科学和工程学，也逐渐渗透在社会科学的研究中。将协同的思想用于社会科学的研究日益繁荣。协同学的理论和方法被广泛地运用于舆论的形成、人口动力学、投资的非平衡理论、系统工程、区域和产业经济①、知识经济②、教育协同③、军事作战④、传媒⑤、生态和环境⑥等等领域。社会科学具体领域的协同研究逐渐形成了社会协同学这样一个知识领域⑦。正如哈肯所言："社会协同学将刻画出一幅人类未来的生存与发展的新模式的蓝图⑧。"以至于逐渐形成了"社会协同学"这一知识领域。

上述这些理论成果和研究方法都为公共行政协同机制的研究提供了丰厚的知识基础，为公共行政执行协同机制的研究提供了理念、方法和思维。

三、公共行政执行协同机制研究的工商管理学基础

工商管理学中一般使用 coordination 一词表达协同的含义。coordination 的研究可以追溯到享利·法约尔（Henri Fayol）提出的管理过程理论。法约尔将协调看作管理过程的一个环节。⑨ 但是采用协同学的思想研究管理协同问题，是 20 世纪后半期协同学产生之后的事情，战略协同、管理流程协同和协同技术是主

---

① 王传民著：《县域经济产业协同发展模式研究》，北京：中国经济出版社，2006 年版。运用了协同学的基本理论研究了县域经济的协同问题。另参见黎鹏著：《区域经济协同发展研究》，北京：经济管理出版社，2003 年版。

② 李忠民著：《知识经济发展理论：科技教育经济协同发展机理与实证分析》，北京：中国社会科学出版社 2006 年版。另参见杨培芳著：《网络协同经济学：第三只手的凸现》，北京：经济科学出版社，2000 年版。

③ 张楚廷著：《教育协同效应研究》，长沙：湖南教育出版社，1993 年版。

④ 姜道洪，刘会民主编：《作战协同概论》，北京：国防大学出版社，2004 年版。

⑤ 张晓锋、王新杰著：《传媒协同发展论》，北京：新华出版社，2006 年版。

⑥ 徐桂荣等编著：《生物与环境的协同进化》，武汉：中国地质大学出版社，2005 年版。

⑦ 进一步的研究参见曾健、张一方著：《社会协同学》，北京：科学出版社，2000 年版。另参见桂慕文编著：《人类社会协同论对生态、经济、社会三个系统若干问题的研究》，南昌：江西人民出版社，2001 年版。

⑧ 曾健、张一方著：《社会协同学》，北京：科学出版社，2000 年版，哈肯的序言。

⑨ （法）H. 法约尔著、周安华等译：《工业管理与一般管理》，北京：中国社会科学出版社，1998 年版，第 5～6 页。

要的研究领域。国内关于管理协同的研究则刚刚起步，学术著作相对较少。①

（一）战略协同

战略协同（strategic synergy）学产生于 20 世纪 60 年代，美国通用电气、摩托罗拉，日本夏普、东芝，德国西门子，韩国三星等国际知名公司纷纷采用多元化战略，解决多元化过程中的协同和整合问题，成为公司战略研究中的重要概念。俄籍美国经济学家伊戈尔·安索夫（Igor Ansoff）在欧洲和美国研究公司多元化经营的过程中，首先提出了战略协同的思想，并出版了一些关于战略协同的文章。1965 年他出版了《公司战略》（Corporation Strategy）一书，较为系统地提出了协同战略的分析框架。② 80 年代迈克尔·波特（Michael Porter）对企业价值链的研究，③ 罗莎贝丝·坎特（Rosabeth Kanter）对多元化协同的研究④等等，共同推进了公司战略协同的研究，使得战略协同学成了工商企业管理中的重要领域。

（二）管理流程和管理子系统之间的协同

管理流程和管理子系统之间协同（collaboration）研究的例子包括协同商务（cooperative commerce）⑤、协同产品商务（collaborative production commerce，CPC）的研究⑥、供应链的协同管理（supply chain collaborative management）研究⑦、协同办公的研究⑧、协同制造（collaborative manufacturing）的

① 国内的研究则刚刚起步，学术著作相对较少。潘开灵和白烈湖的《管理协同理论及其应用》较早地开始注意到管理协同理论。参见潘开灵、白烈湖：《管理协同理论及其应用》，北京：经济管理出版社，2006 年版。

② H. igor Ansoff, *Corporation Strategy* (revised edition), NY：Penguin Books, 1987.

③ Michael. Porter, *Competitive Advantage*, New York：Free Press, 1985.

④ Rosabeth Kanter, *When Giant Learn to Dance.* London：Simon&Schuster, 1989.

⑤ 熊励、陈子辰，梅益著：《协同商务理论与模式》，上海：上海社会科学院出版社，2006 年版，第 8 页。定义协同商务为以协同学为理论基础的"企业综合利用前沿技术所提供的一整套跨企业合作能力和更有效地管理当今错综复杂的企业生态系统。它能帮助企业同其关键的交易伙伴共享业务流程、决策、作业程序和数据，共同开发全新的产品、市场和服务，提高竞争优势。"

另参见高波著：《主体组织理论与协同商务》，北京：经济科学出版社，2007 年版。

⑥ 1999 年 Aberdeen Grop 最早提出 CPC 概念，CPC 是一种新的解决方案，利用 internet 技术把产品商业化过程中的不同用户，包括企业各职能部门、供应商、制造商、合作伙伴、顾客连成一个全球知识网络，无论这些人员承担什么任务，使用什么计算机工具，分布在什么地理位置，都能够协同完成产品开发、制造和生命周期管理。参见张蓬、黄乐圆编著：《协同产品商务 CPC》，北京：机械工业出版社，2004 年版，序言。

⑦ （澳）约翰·加托纳著、赵海然译：《动态协同的供应链：实施方法与案例》，北京：电子工业出版社，2007 年版。供应链动态协同模型，它是可以有效把顾客期望和企业运作两者结合起来的方法，它系统解决了顾客需求履行过程中，在顾客改变他们的购买需求时的处理方法。另外参见：邹辉霞著：《供应链协同管理理论与方法》，北京：北京大学出版社，2007 年版。

⑧ 李登虎著：《工作流技术在协同办公系统中的应用》，北京大学图书馆藏硕士论文。

研究①等等。管理流程的设计主要以计算机科学以及人工智能领域的协同研究为基础。管理子系统的协同主要研究管理环境、制度和人的协同。②

（三）协同管理技术

协同管理技术就是协同管理中使用的具体可操作性的程序和工具。比如平衡记分卡就是一种有效的实现组织的协同，创造企业合力的协同管理技术。③有学者使用 working together 表示工作中的协同，迪恩·乔斯瓦尔德（Dean Tjosvold）在《协同与成功：组织效率管理论》一书中"提出了一些能够促进协同工作从而提高组织效率和工作质量的思想、策略和规程。高技巧管理工作的关键则是使人们协同工作来规划战略、解决问题、获得成功。在私部门方面，企业界中常形成策略联盟、集团，对内则运用团队（team）、任务编组（task force）等方式实现协同。"④

四、公共行政执行协同机制研究的公共管理学基础

在公共管理领域对协同问题的探讨最早源于对法约尔提出的管理功能包括计划、组织、指挥、协调和控制五大职能的思想。⑤ 卢瑟·古立克（Luther Gulick）用 POSDCORB 来概括行政学的研究内容，协调（coordinating）成为行政学的一个研究范畴。⑥ 法约尔和古立克所谓的协调，主要局限于行政组织（官僚组织）内部的协调。

使用协同理论和方法研究公共管理的协同问题，是协同论诞生和公共行政范式转化的共同结果。公共行政范式转化的核心是寻求"威尔逊——韦伯范式"的修正和替代，奥斯特罗姆的民主制行政范式，西蒙的决策范式、新公共行政范式、新公共管理与重塑政府范式、治理范式等等都是官僚制范式的竞

---

① 于海斌、朱云龙编著：《协同制造 e 时代的制造策略与解决方案》，北京：清华大学出版社，2004 年版。另参见：徐浩鸣、毕晓君编著：《基于非线性理论的制造业信息化系统组织协同》，哈尔滨：黑龙江科学技术出版社，2006 年版。

② 参见卢中原著：《企业制度环境配套与协同》，福州：福建人民出版社，1996 年版。另参见夏国洪等著：《人本制协同管理：人本、科技和制度的协同》，北京：科学出版社，2006 年版。

③ （美）罗伯特·S. 卡普兰、戴维·P. 诺顿著、博意门咨询公司译：《组织协同：运用平衡记分卡创造企业合力》，北京：商务印书馆，2006 年版。

④ （美）迪恩·乔斯瓦尔德著、徐世群，陈奎宁译：《协同与成功：组织效率管理论》，成都：四川科学技术出版社，1991 年版，第 3 页。

⑤ （法）H. 法约尔著、周安华等译：《工业管理与一般管理》，北京：中国社会科学出版社，1998 年版。

⑥ POSDCORB，即管理的七项重大职能首字母的合写：计划（Planning）、组织（Organizing）、人事（Staffing）、指导（Directing）、协调（Coordinating）、报告（Reporting）和预算（Budgeting）。

争范式。① 但是能体现协同思想，并建立在系统科学（包括协同论、信息论、控制论、自组织理论等）基础之上的理论是治理理论。罗伯特·罗茨归纳了治理的六种不同的用法，即作为最小国家、作为公司治理、作为新公共管理、作为善治、作为社会——控制系统、作为自组织网络。② 但是就协同的视角而论，"治理的重新发现有可能标志着这一过程中的一场革命——对过去由国家进行协调遭到失败的事例做出简单周期性的反应；在更晚的一些时候，则是对市场调节失败做出的周期性的反应。"③

治理理论群簇中的相关理论有的侧重于理论基础的建构和论证、有的侧重于结构和网络分析，有的侧重于技术和工具分析。其中网络分析途径，具有一定的独立性，并与治理理论有一定的交叉。治理的技术和规则层面的研究也是一个庞大的群族，就协同的视角而论，组织间关系、政府间关系、部际关系、协作管理、公私伙伴关系、治理工具、把政府连接起来（join - up government）④ 等等主要属于这一层面的研究。美国公共管理学者罗伯特·阿格拉诺夫、迈克尔·麦圭尔所著的《协作性公共管理——地方政府新战略》较为详细阐释了协作性公共管理（collaboration public management）的概念。协作性公共管理"包括制定政策、计划和实施项目，以及管理资金。"⑤ "既是一种活动，又是一种战略⑥"，"我们用协作（collaboration）作为我们对'在政府

---

① 笔者认为官僚制范式经历了（1）范式确立，（2）常规发展，（3）反常出现并受到政治学、经济学和社会学诸多学科的批评修正，（4）范式竞争四个阶段。目前行政学研究领域出现了范式多元化的局面。西蒙的决策范式、新公共行政范式、新公共管理与重塑政府范式、治理范式和新公共服务范式是官僚制范式的有力的竞争者。进一步的了解参见（美）蓝志勇著：《行政官僚与现代社会》，广州：中山大学出版社，2003 年版。

② （英）罗伯特·罗茨：《新的治理》，载俞可平编：《治理与善治》，北京：社会科学文献出版社，2000 年版，第 86 页。

③ （英）鲍勃·杰索普：《治理的兴起及其失败的风险：以经济发展为例的论述》，载俞可平编：《治理与善治》，北京：社会科学文献出版社，2000 年版，第 59 页。

④ Joint - up Government 原本是 Tony Blair 在英国第一个电子政府战略中提出的概念，目标是在 2005 年左右将电子服务连接起来，后来这一术语的含义逐渐宽泛，用来指服务、程序、体制、数据和软件的整合以便实现流线型的、以公民为中心的政府（integration of services, processes, systems, data and applications necessary to achieve a seamless, citizen - centered government）。参见 Andrea Di Maio, Move 'Joined - Up Government' From Theory to Reality, 20 October 2004, www. gartner. com/DisplayDocument? doc_ cd = 123844

⑤ （美）罗伯特·阿格拉诺夫、迈克尔·麦圭尔著、李玲玲、鄞益奋译：《协作性公共管理：地方政府新战略》，北京：北京大学出版社，2007 年版，第 5 页。

⑥ （美）罗伯特·阿格拉诺夫、迈克尔·麦圭尔著、李玲玲、鄞益奋译：《协作性公共管理：地方政府新战略》，北京：北京大学出版社，2007 年版，第 6 页。

与组织间进行管理'的基本描述符号①。""协作既存在于强调美国联邦系统内政府层级的纵向环境，也存在于参与者是地方并代表社区内多种利益的横向环境里。尽管在实践中，横向与纵向协作活动相互重叠，我们为描述之便而将它们分别进行分析，我们用协作性管理（collaboration management）一词涵盖所有此类活动。"② 作者对协作管理的类型、机制、特征、模型和不同情境的应用做了实证性的研究。

公共管理领域的治理理论群族将协同研究从行政组织的内部协调扩展到公共管理各主体和各要素的协同。随着政府职能的转变、社会组织功能的分化、公共服务提供主体的多元化等变革进程的逐渐推进，公共管理领域的协同研究将为公共行政执行机制研究提供直接的理论支持。

第二节　公共行政执行协同机制研究的网络途径

网络途径是分析协同现象的一个重要途径。特别是社会网络理论为分析社会协同现象（包括公共行政执行）提供了一套较为完备的概念工具和分析工具。社会网络理论包括微观、中观和宏观三个层次的分析，其基本的思想是寻求结构中的协同（即整合与整体效应），政策网络理论是网络途径在政策制定和执行领域中的应用，政策网络理论是理解公共行政执行协同机制的重要理论途径。

一、网络分析的起源和发展

网络（web 和 network）概念可以上溯到很久远的文献中。但是将网络进行学理探讨的相关思想和理论来自生物学、计算机科学、经济学和社会学等多种学科。发现社会中的网络现象，较早地将其作为学术概念进行研究的是人类学家拉德克利夫·布朗（Radcliffe Brown）从 1910 年开始对澳大利亚土著血族"结构"的关注。③ 20 世纪 40 年代美国社会学家塔尔科特·帕森斯（Talcott

---

① （美）罗伯特·阿格拉诺夫、迈克尔·麦圭尔著、李玲玲、鄞益奋译：《协作性公共管理：地方政府新战略》，北京：北京大学出版社，2007 年版，第 19 页。

② （美）罗伯特·阿格拉诺夫、迈克尔·麦圭尔著、李玲玲、鄞益奋译：《协作性公共管理：地方政府新战略》，北京：北京大学出版社，2007 年版，第 20 页。

③ 英国人类学家拉德克利夫·布朗（Radcliffe – Brown）曾任悉尼大学（University of Sydney）人类学教授，他是研究社会关系和整合的先驱，其对澳大利亚和非洲血族关系（kinship relations）的分析对后世社会学影响很大。在对西澳大利亚血族关系的研究中阐释了"结构"的意义。参见 http://www.bookrags.com/Alfred_ Radcliffe – Brown

Parsons）提出了结构功能主义这一概念，并形成了结构功能主义途径。从 20 世纪 30 年代开始，学者们开始用网络这一更形象和更具内涵的概念来理解结构。"理解结构分析的一个重要线索就是要认识到，社会结构可以被表达为网络，即表达成为一系列点（或社会系统成员）和描述它们之间相互关联的一系列关系。"① 图 5 - 2 描述了社会网络分析的形成过程。

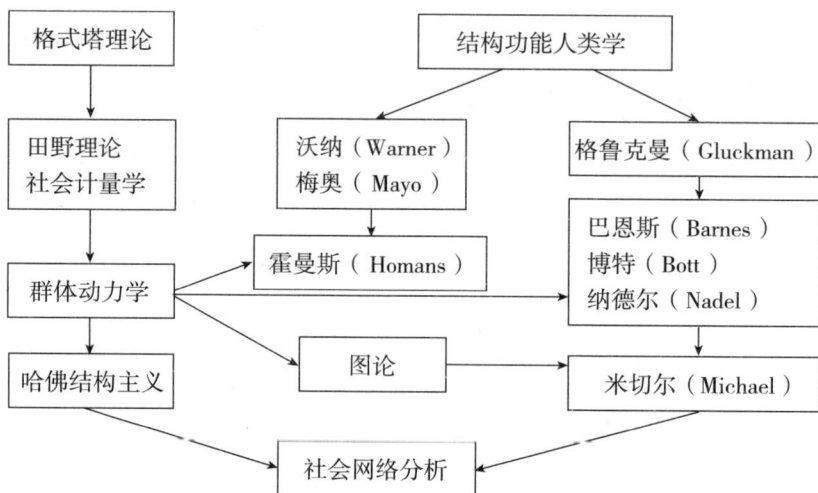

图 5 - 2　社会网络分析的形成过程

资料来源：约翰·斯科特著：《社会网络分析法》，刘军译，重庆：重庆大学出版社，2007 年版，第 7 页。

网络分析起初还只是定性的描述，后来经过数学方法的引入，已经成为一套规范的量化分析技术。网络分析（social network analysis）是网络理论（social network theory）的重要构成部分。

社会网络分析被广泛地运用于不同学科。不同的学者也会根据具体的问题，选择特定的分析层次，形成各自的社会网络分析的基本思路。这使得社会网络分析显得零乱缺乏整合，为此戴夫·米切尔（Davern Michael）通过理论综合，提炼出了社会网络分析的基本要素和分析步骤，使得网络分析方法得到了简单明了的一般性表述。②

---

① B. W wllman, S. D. Berkowitz, eds, *Social tructure：A Network Approach*, Cambridge, England: Cambridge University Press, 1988, p. 4.

② Davern Michael, "Social Network and Economic Sociology：A Proposed Research Agenda for a More Complete social Science", *American Journal of Economics and Sociology*, Vol. 56, No. 3（July, 1997）, pp. 287~302.

网络是行动者之间的一种关系。这种行动者可以是个人，也可以是个人的总体。从方法上讲，网络是一种描述社会结构的方法。社会网络由四种要素构成：结构要素、资源要素、规则要素和动态要素。结构要素是指行动者联系的形式和强度，这是网络分析的基石。网络形式和网络强度差异会产生不同的社会后果。资源要素是指各种特性如能力、知识、财产、性别、宗教等的分布。每个行动者都是带着一定的资源进入到网络中的。通过对这种特性分布的分析，研究者可以确定行动者通过网络能获得的非结构性资源的程度。规则要素指的是影响行动者行为的各种规则。动态要素指的是网络形成与变化的各种机会和限制。

社会网络分析的思想为公共行政执行的协同机制分析提供了有益的启发，政策科学的政策网络分析则为公共行政执行协同机制分析提供了直接的理论工具。作为利益中介的政策网络和作为治理结构的政策网络是公共行政执行协同机制分析的两个基本途径。

二、作为公共行政执行协同机制的政策网络①

随着人类社会从现代社会走向后现代社会化，人类社会的存在特征和思想特征发生了根本性的变化，动态性、复杂性和多元性成为后现代社会的一个显著特征。这些特征对人类社会的治理能力提出了挑战。正是在这样的一个大的时代背景之下，伴随着国家与社会之间关系的调整，政府的职能和角色发生了很大的变化，政策网络这种有别于科层和市场的治理方式开始兴起。

"政策网络是一种中层的概念，主要在处理决策制定过程中利益团体与政府角色之微观分析（micro – level analysis）以及处理权力分配之宏观分析（macro – level analysis）的连结桥梁②。"政策网络由三个要素构成：（1）相互依赖：政策网络的基本前提。（2）政策过程：由各种不同目标的参与者组成。（3）制度：由参与者之间的关系类型组成。③

从政策网络的三个构成要素可以看出，政策网络理论实际上是一种协同机

---

① （中国台湾）林玉华著：《政策网络理论之研究》，台北市：瑞兴图书公司，2002年版。对政策网络理论兴起的背景、概念的发展、政策网络的关系类型、分析途径、理论功能（制度性解释功能）及其批判和辩护作了全面的梳理。本部分的文献梳理的内容，如无特殊说明，参考并部分转引自林玉华的文献梳理。

② （中国台湾）林玉华著：《政策网络理论之研究》，台北市：瑞兴图书公司，2002年版，第62页。

③ （中国台湾）林玉华著：《政策网络理论之研究》，台北市：瑞兴图书公司，2002年版，第77~78页。

制，通过这种机制，不同目标的参与者共同合力制定或执行政策。利益中介和治理结构是政策网络发挥协同作用的两种机制。

（一）作为利益中介的政策网络

对政策网络的利益中介机制进行研究的理论主要源自次级政府（subgovernment）和政策社群（policy communities）的概念。根据参与成员整合的程度、参与成员的类型与成员间资源的分配可以将利益中介机制分为五种。①

（1）政策社群（policy communities）或地域的网络（territorial networks）：是一种具有高度稳定与限制性成员的网络，垂直的相互依赖奠基于共同传递服务的责任基础上，并且与其他的网络（民众、国会）隔离，这种网络具有高度垂直依赖性与有限的平行意见，它们是高度整合的。

（2）专业网络（professionalized networks）：这是专业团体支配的网络。专业网络表达特殊专业的利益，并具有实质的垂直互赖关系，与其他的网络有所隔离。

（3）府际网络（intergovernmental networks）：指代表地方政府利益的网络，最大的特点是有限的地方参与者，追求广泛的地方上所有服务，垂直的互赖性有限，但有广泛的水平意见的沟通与其他网络的渗透。

（4）制造者网络（producer networks）：这是经济团体（包括公共与私人部门）扮演主要角色的网络，网络成员流动性高，垂直的互赖关系有限，中央依赖工业组织以传递期望的财货与专业。

（5）议题网络（issue networks）：议题网络的特点是参与者人数很多，垂直的互赖关系有限，水平的意见并未整合。网络的整合度很低，相当不稳定，成员很多，不能成为坚强的网络。

利益中介机制的要素包括：行动者、网络功能、网络结构、制度化、行为规则、权力关系、行动者策略等要素。②

这些要素共同构成了利益中介这一协同机制。

---

① D. Marsh and R. A. W. Rhodes, Policy Networks in British Politics: A Critique of Existing Approaches. In D. Marsh and R. A. W. Rhodes eds, *Policy Networks in British Government.*, Oxford: Oxford University Press, 1992. 转引自林玉华著：《政策网络理论之研究》，中国台北市：瑞兴图书公司，2002 年版，第 95 页。

② （中国台湾）林玉华著：《政策网络理论之研究》，台北市：瑞兴图书公司，2002 年版，第 95 ~ 97 页。

（二）作为治理结构的政策网络

"政策网络正如层级节制与市场一般，是一种形式的治理结构，政策社群之所以发展与存在乃因资源互换的成本经济。在政策网络的系统中不同参与者参与政策制定过程中的规划与执行，经由非层级节制体系的交易（bargain）获得协调（co-ordinate）。"① 网络治理是一种超越官僚和市场机制的第三种治理机制。表5－3列出了官僚、市场和网络三种治理机制的区别。

表5－3　官僚、市场和网络的治理机制

	市场	政府	网络
主要特征	市场	等级	网络
规范基础	契约、财产	雇佣关系	力量互补
沟通方式	价格	常规	关系
冲突解决办法	讨价还价，法院强制	行政命令、监督	互益规范，尊重
弹性	高	低	中等
成员间承诺的数量	少	至多中等	至多中等
风气或气候	精确或怀疑	正式的、科层的	开放互益
行动者意愿或选择	独立	依附	相互依赖
可能的结果	市场失灵	政府失败	

资料来源：根据和沃尔特·W. 鲍威尔："组织的网络形式：既非市场亦非层级，"孙荣周译，载《国外社会学》，1994年第4期和 Tanja A Borzel, Organizing Babylon: On the Different Concepts of Policy Networks, *Public Administration*, 76, Summer 1998, p264. 整理。

第三节　公共行政执行协同机制研究的制度主义途径

制度主义途径是众多社会科学都采用的研究途径。因为制度现象是人类社会中存在最普遍、最常见、最一般的现象。只要存在人与人之间的相互作用，就一定存在相互作用的规则。这种互动的规则就是最抽象意义上的制度，因此从这一意义上来讲，制度与人类社会一样久远。

---

① （中国台湾）林玉华著：《政策网络理论之研究》，台北市：瑞兴图书公司，2002年版，第232页。

一、作为协同机制的制度

制度主义是一个纷繁的研究流派，但是任何制度主义学派都是围绕社会科学中的一个基本矛盾展开，即行动与结构之间的矛盾展开。行动者的理性、价值和情感与结构之间的关系是制度主义的共同话题。对这对关系中行动、结构及其相互关系的理解的差异构成了各个学派的分歧。

（一）制度主义的逻辑和流派

对制度概念的理解可以从理论和逻辑两个方面入手：（1）从理论逻辑来看：不同的社会科学学科（经济学、政治学和社会学）对这一概念进行认识的认识论和方法论存在区别。从而形成了经济学中的制度主义、政治学中的制度主义和社会学中的制度主义。[①]（2）从历史演变来看：不同学科中的制度主义都经历了从旧制度主义向新制度主义演变的过程。笔者将两者结合起来对制度主义做简单的梳理，为公共行政执行协同机制分析的制度主义途径的提出奠定知识基础。

1. 经济学中的新旧制度主义

作为对亚当·斯密为代表的古典自由主义经济学范式的竞争范式，19世纪40年代德国历史学派兴起，一直延续到20世纪初期。19世纪末20世纪初，德国历史学派的思想传播到美国，发展成为美国的制度学派（institution school），包括以索尔斯坦·凡勃伦（Thorstein Veblen）、约翰·康芒斯（John Commons）和威斯理·米切尔（Westley Mitchell）为代表的旧制度经济学（old institutional economics）和以约瑟夫·熊彼特（Joseph Schumpeter）、约翰·加尔布雷斯（John Galbraith）为首的新近制度经济学（neo - institutional economics）；1937年罗纳德·科斯（Ronald Coase）发表《企业的性质》开辟了新制度经济学（new institutional economics）的研究，新制度经济学（new institutional economics）起源于科斯《企业的性质》一文。科斯将经济学的经济分析方法（边际分析和替代分析）和制度经济学的"交易"概念结合起来，形成"交易费用"这一核心概念，对企业为何存在这一问题分析。新制度经济学和旧制度经济学的根本区别就在于新制度经济学将经济分析的方法引入到对制度

---

① Walter W. Powell and Paul J. DiMaggio. *The New Institutionalism In Organizational Analysis*. Chicago and London：The University of Chicago Press，1991.

的分析中。① 新制度经济学主要有四个流派：一是以科斯——威廉姆森为代表的交易费用途径。二是以 1960 年科斯的《社会成本问题》为开端的产权途径。三是从制度变迁的角度研究制度问题的诺斯和戴维斯。四是对组织问题的研究。

2. 政治学中的新旧制度主义

从亚里士多德的《政治学》开始，政治学就关注制度问题，从马基雅维利、霍布斯到孟德斯鸠直到 20 世纪中期，政治学的主题都是关注国家制度、法律规范和制度的变迁。规范研究、历史现实研究和定性研究是主要的研究方法。这一时期的政治学研究称为"旧制主义"的研究。与"旧制度主义"相区别的"新制度主义"这一概念是詹姆斯·马奇（James March）和约翰·奥尔森（Johan P. Olson）在《新制度主义：政治生活中的组织因素》一文中首先提出的。②

盖伊·彼得斯（Guy Peters）将旧制度主义的特征概括为以下几点：律法尊重主义（legalism）、结构主义（structuralism）、整体主义（holism）、历史相对论（historicism）和规范分析（normative analysis）。③

20 世纪 20、30 年代以来，行为主义开始影响到政治学的研究，行为主义在 20 世纪 60 年代末期转向后行为主义。詹姆斯·马奇和约翰·奥尔森对行为主义时期政治学研究作了如下概括：背景论的（contextual）、还原论的（reductionist）、功利主义的（utilitarianism）、工具主义的（instrumentalist）以及机能主义（functionalist）。④ 在行为主义盛行的时候，学者们开始觉察到制度缺失所带来的问题，呼吁将制度重新带回政治学的研究中。新制度主义就是在

① 更为详细的差异参见：杨海：《浅析新旧制度主义经济学的差异》，载《生产力研究》，2005年第 1 期。

② James G. March and Johan P. Olson, The New Institutionalism : Organizational Factors in Political Life, *American Political Science Review*, Vol. 78, No. 3, September 1984, pp. 734～749.

③ B. Guy Peters, *Institutional Theory in Political Science*, Londonand New York：Wellington House, 1999, pp. 6～11. 政治学中新旧制度主义的差别参见：石凯、胡伟：《新制度主义"新"在哪里》，载《教学与研究》，2006 年第 5 期。将新制度主义作为一个整体，与旧制度主义区别开来的进一步研究参见：詹姆斯·马奇和约翰·奥尔森：《新制度主义：政治生活中的组织因素》载《美国政治科学评论》，1984 年第 3 期，总第 78 卷。卡罗尔·索尔坦、埃里克·尤西拉纳、维吉尼亚·郝夫斯著：《新制度主义：制度与社会秩序》，陈雪莲编译，《马克思主义与现实（双月刊）》，2003 年第 6 期；（德）埃伦·M. 伊梅古特著、汤涛编译：《新制度主义的基本理论问题》，载《马克思主义与现实（双月刊）》2003 年第 6 期。

④ James G. March, Johan P. Olsen. *Rediscovering Institutions*. New York：The Free Press, 1989, pp. 3～8.

对旧制度主义和行为主义的双重反思的基础上发展起来的。政治学中的新制度主义并不是一个统一的学术流派，而是众多学术流派的综合体。他们因为不满行为主义的制度缺失，并且以不同于旧制度主义的方式关注制度而聚合在一起。对于新制度主义流派的划分大致有盖伊·彼得斯（Guy Peters）的七分法、西蒙·雷奇（Simon Reich）的四分法、彼德·霍尔等人（Peter Hall）的三分法和威廉·克拉克（William Clark）的二分法。①

3. 社会学中的新旧制度主义

受实证主义哲学影响下而诞生的社会学，诞生之初就是以制度作为本学科的研究对象。奥古斯特·孔德（Auguste Comte）、埃米尔·迪尔凯姆（Emile Durkheim）、帕森斯（Talcott Parsons）、马克斯·韦伯（Max Weber）等人都是旧制度主义的代表。

社会学新制度主义，比经济学和政治学的新制度主义，对制度的研究更为严格，也更为广泛。在他们的眼里，"每一个地方都有制度②"。瓦尔特·W.鲍威尔、保罗 J. 迪马乔在《组织分析的新制度主义》一书中归纳了社会学新旧制度主义的区别③：

表 5 - 4　社会学新旧制度主义之间的区别

	旧制度主义	新制度主义
利益冲突	既定利益	合法的需要
势能的来源	中心的	外围的
结构重点	正式结构	非正式结构的象征作用
包含的组织	当地社区	领域、部门或社会
嵌入性	协同	宪政
制度化场所	组织	领域或社会

---

①　何俊志：《新制度主义政治学的流派划分与分析走向》，载《国外社会科学》，2004 年第 2 期。

②　Walter W. Powell and Paul J. DiMaggio, *The New Institutionalism In Organizational Analysis*, Chicago and London：The University of Chicago Press, 1991, p. 9. 转引自郭小聪：《不同学科制度主义方法论特征比较》，载《中山大学学报·社科版》，2004 年第 5 期。

③　Walter W. Powell and Paul J. DiMaggio, *The New Institutionalism In Organizational Analysis*, Chicago and London：The University of Chicago Press, 1991, p. 13. 转引自郭小聪：《不同学科制度主义方法论特征比较》，载《中山大学学报·社科版》，2004 年第 5 期。

续表

	旧制度主义	新制度主义
组织动力	变化	持久
批评功利主义的基础	利益聚集理论	行为理论
批评功利主义的依据	不可测的后果	草率行动
认知的关键	价值、标准、态度	分层、惯例、原型、体制
社会心理学	社会化理论	归因理论
秩序认知基础	承诺	习惯、实践行动
目标	置换	含糊不清
议程	相关政策	议程纪律

资料来源：Walter W. Powell and Paul J. DiMaggio, *The New Institutionalism In Organizational Analysis*, Chicago and London：The University of Chicago Press，1991，p. 13. 转引自郭小聪：《不同学科制度主义方法论特征比较》，载《中山大学学报·社科版》2004 年第 5 期。

（二）作为公共行政执行协同机制分析途径的制度主义

笔者将制度看作是社会本体概念——权力结构的一个构成要素。而个人与制度，行动与结构之间的矛盾是制度研究中最基本的矛盾。公共行政执行权力结构转换的基本特征在于动态地趋于目的性，这种动态地趋于目的性的本质决定了权力结构转换的本质是一种协同机制。笔者在探讨制度结构的时候，将制度看作是主体之间的一种协同机制，即一种实现社会目标的机制。制度是连接主体交往结构（而主体交往结构由利益结构、目标与价值结构、激励结构组成）和资源结构的中介环节。

将制度作为一种协同机制，是对制度最抽象的理解。什么状态算是协同？影响协同的因素是什么？如何协同？协同的过程是什么？等等问题的回答，不同的制度研究学派从自己的研究方法、研究途径和研究立场出发，会得出不同的答案。从亚当斯密到哈耶克的古典自由主义经济学和新自由主义经济学、旧制度主义、新制度主义、马克思主义对这些问题的回答各不相同。下表列出了这些具有代表性的制度研究学派对制度协同的理解。如表5－5所示：

表 5 – 5　制度研究的代表学派对制度协同的理解

	古典和新自由主义	旧制度主义	新制度主义			马克思主义
			理性选择	社会	历史	
共同点	制度作为交往规则，作为一种协同机制，是连接个人和社会的桥梁。将众多的个人目标协同生成社会目标。					
研究方法	方法论的个体主义	方法论集体主义	方法论个体主义	价值和文化研究	比较历史研究	历史唯物主义
研究途径	理性经济人通过市场机制增进社会财富	通过制度建构形成社会秩序，制度作为整体影响人的行为	经济学的途径	非理性因素对人的影响	综合途径	生产力和生产关系的矛盾运动
研究焦点	市场	国家制度、法律和制度的历史变迁	官僚行为、选举、投票等	文化、规范和符号	中间层制度影响、历史系络	经济基础、上层建筑
研究层面	由微观行为到市场机制	侧重宏观层面	微观层面	综合	侧重中层	宏观层面
协同基础①	市场	权力	利益	知识和观念	综合	物质生产方式
协同机制	市场	法律和规范制度	公共选择和博弈	文化型塑	历史和制度的影响	经济基础和上层建筑的矛盾
公共行政执行的协同机制	市场机制	法律和规范制度	利益博弈、公共选择	执行文化	政策执行网络	经济基础与上层建筑的矛盾

资料来源：作者整理。

二、理性选择制度主义视角下的协同机制分析

理性选择制度主义并非一个统一的学派，而是汇聚在"理性选择"和"制度"相接合这一共同信念旗帜之下的众多学派的统一。从广义上讲，所有

---

① Andreas Hasenclever, Peter Mayer and Volker Rittberger, *Theories of International Regimes*, Cambridge: Cambridge University Press, 1997, pp. 1～7. 德国图宾根大学里特尔伯格（Volker Rittberger）等人将过去的制度研究方法概括为三种，即以权力为基础的（power – based）机制理论，以利益为基础的（interest – based）机制理论和以知识和观念为基础的（knowledge – based）机制理论。

将理性选择和制度结合起来研究的学派都可以归入理性选择制度主义学派。根据盖伊·彼特斯（Guy Peters）的概括：常见的理性选择制度主义可以包括五个分支。[①] 如表 5 - 6 所示。

表 5 - 6　理性选择制度主义的分歧与会通

	制度分析与公共政策（IAPP）	公共选择Ⅰ：宪政	公共选择Ⅱ：官僚制度	机制设计和委托—代理	博弈论
代表人物	奥斯特罗姆夫妇	阿罗、布坎南、图洛克	尼斯坎南和唐斯	莱昂尼德·赫维奇（Leo Hurwicz）、埃里克·马斯金（Eric S. Maskin）、罗杰·迈尔森（Roger Myerson）	冯·诺依曼青木昌彦
焦点	公共池塘治理	政府失灵与宪政	国会、官僚和预算（个人效用）最大化	信息和激励	博弈均衡
制度观	制度定义为规则	将个人偏好转化为社会决策的机制和程序的选择	制度就是机构及其机构关系	制度是一些委托人和代理利益的机制	制度则是指博弈的规则
协同机制	制度协调个人理性与制度理性之间的悖论（公地悲剧）	个人私利导向公共利益	政治制度为理性个人提供使其效用最大化的空间	通过信息和激励机制协调委托人和代理人之间的利益	通过博弈机制实现主体间的共识，使得个人目标与公共目标均衡协同
共同点	（1）方法论的个体主义。 （2）个人偏好外生于制度。 （3）制度约束、影响人的行为，同时制度可以通过理性行为创造和设计。 （4）制度作为规则和机制，用以协同个人目标与公共目标。				

资料来源：B. Guy Peters, Institutional Theory in Political Science, London and New York：Wellington House, 1999, pp. 47 ~ 52. 整理并扩充加入机制设计流派。

[①]　B. Guy Peters, *Institutional Theory in Political Science*, London and New York：Wellington House, 1999, pp. 47 ~ 52.

在理性选择主义的各个流派中，奥斯特罗姆的理论、公共选择的宪政和官僚理论都是针对具体领域的研究。博弈论是一种经济分析工具。机制设计理论和委托—代理理论较为典型地体现了理性选择制度主义的通过制度设计协同个人目标与公共目标的思想。

（一）机制设计理论

机制设计理论（mechanism design theory）的运用非常广泛，凡是涉及到人的行为、信息、目标和激励的问题都可以运用机制设计理论进行分析。可以简单地认为机制设计理论就是关于"如何实现社会目标"的学问，机制设计理论从目标开始，探究机制能否实现目标和如何实现目标，机制设计理论是规范研究和描述的统一。机制设计理论被广泛地运用于经济学、政治学、行政学和社会学等领域。比如政府管理中的基础设施、国防、环境保护、公共教育；政治领域的选举；经济领域的拍卖和房屋的购买等等。① 机制设计理论代表了现代社会科学的重要发展方向，2007 年的经济学诺贝尔奖就颁给机制设计理论的经济学家。

机制设计埋论由莱昂尼德·赫维奇（Lco Hurwicz）开创并由埃里克·马斯金（Eric Maskin）、罗杰·迈尔森（Roger Myerson）进行了发展。机制设计思想最早起源于二十世纪三四十年代路德维格·米塞斯（Ludwig Mises）和弗里德里希·哈耶克（Friedrich Hayek）与奥斯卡尔·兰格（Oskar Lange）和艾伯·勒纳（Abba Lerner）的著名论战。赫维奇是犹太人，1917 年出生于莫斯科，成长于波兰，1940 年移居美国，而后任教于明尼苏达大学。赫维奇对社会主义制度和资本主义制度有深刻的理解，紧紧抓住了社会制度运作中的两个关键问题——"信息"和"激励"问题，围绕着两个核心概念，逐渐建构了机制设计理论的一般框架。

1. 信息、激励的分析框架

1960 年赫维奇在其发表的论文《资源配置最优化与信息效率》中分析了制度中的信息问题，建立了通过信息对制度进行比较分析的基本框架。1972 年，赫维奇发表了题名为《论信息分散系统》的著名论文，提出了激励相容的概念。1973 年，赫维茨总结了前述有关机制设计理论的研究，在《美国经济评论》上发表了《资源分配的机制设计理论》一文。赫维奇在这篇论文中

---

① E. Maskin, Mechanism Design Theory: How to Implement Social Goals, Institute for Advanced Studyand Princeton University Nobel Lecture December 8, 2007.

提出了一个分析和比较各种经济机制的统一框架，奠定了机制设计理论的基础。

2. 显示原理

赫维奇构建的机制设计理论框架的要点在于：只有满足参与约束和激励兼容约束这两个条件，社会目标才能实现。但是，满足以上两个条件，是否就存在能实现目标的机制呢？这样的机制可能存在也可能不存在。在存在的情况下，也许有很多能够实现目标的机制，那么，如何寻找最优机制就成了一个重要的问题。为了解决这个问题，经济学家提出了"显示原理"（revelation principle）。显示原理在简化机制设计分析和寻找最优机制方面极其有用，但是，在找到了最优机制后，仍然要面临如何实施最优机制。

3. 执行理论

是否有办法设计一种从社会角度看均衡总是最优的经济机制呢？1977年马斯金在《纳什均衡与福利最优化》一文中提出了"执行理论"（implementation theory）。在马斯金之后，执行理论朝多个方向扩展，并且在社会选择理论以及不完全合约等许多经济学领域发挥着重要的作用。[①]

（二）委托—代理理论

委托—代理问题普遍存在于人的行为世界中。委托—代理理论从具体的人类行为中总结出了众多的模型，这些模型加深了对人类协同机制的理解。委托—代理理论的协同与"信息不对称"和"激励"两个概念相关。因为委托人和代理人之间存在信息和激励问题，因此需要一定的契约形式（协同机制）确保代理人实现委托人的意志。公共行政执行过程就是一连串的委托—代理结构。凯思琳·伊森哈德（Kathleen Eisenhardt）归纳了代理理论的核心理论、分析单位、行为假设、组织假设、信息假设、契约问题和问题范围。如表5-7所示：

公共行政执行领域中的协同和契约思想是建立在新制度经济学的交易成本理论、公共选择理论和委托—代理理论基础之上的。核心在于解释执行过程中多目标的动态博弈和协同机制。西方国家执行机构多样化的改革运动、市场化改革、分权化改革等等举措都综合运用了上述理论。

---

① "A. 信息、激励的分析框架"、"B. 显示原理"、"C. 执行理论"写作参考了郭其友、李宝良：《机制设计理论：资源最优配置机制性质的解释与应用——2007年度诺贝尔经济学奖得主的主要经济学理论贡献述评》，载《外国经济与管理》2007年第29卷，第11期。

表 5 - 7　代理理论的基本内容

核心理论	如何决定最有效率的契约，以规范委托人与代理人之间的代理关系。
分析单位	委托人与代理人所签订的契约
行为假设	自利动机（self - interest） 有限理性（bounded rationality） 风险规避（risk aversion）
组织假设	组织成员间存在目标冲突 效率（efficiency）是衡量组织效能（effectiveness）的指标 委托人与代理人之间为信息不对称
信息假设	将信息视为可购买的商品
契约问题	道德风险与逆向选择 风险分摊
问题范围	探讨委托人与代理人之间的代理关系（例如：报酬的决定等）

资料来源：K. M Eisenhardt, Agency theory: An assessment and review, Academy of Management Review, 14（1），1989, pp. 57 - 74.

三、社会学制度主义视角下的协同机制分析

社会学制度主义的这个流派，基本上是从社会学组织理论这一分支学科中发展出来的。其出现的时间大约在 20 世纪 70 年代末，当时社会学家开始挑战社会学中两种相互区别的传统：其中第一个传统的人认为社会世界反映的是与现代组织形式或官僚体制相联系的正式手段——目的"合理性"；另一个传统认为社会世界所展示的是与"文化"相联系的一系列实践模式。① 社会学制度主义制度观介于"理性"与"文化"之间。具体而言，社会学制度主义认为：制度意味着"惯例、程序、习俗、角色、策略、组织形式、以及使政治行动得以建构的技术"，还意味着"嵌入、支持、解释及反驳那些角色和惯例的信仰、范式、法规、文化和知识②"。彼得·豪尔（Peter Hall）和罗斯玛丽·泰勒（Rosemary Taylor）在《政治科学与三个新制度主义》中总结了社会学制度主义区别于其他新制度主义的特征：

---

① 彼得·豪尔、罗斯玛丽·泰勒著、何俊智译：《政治科学与三个新制度主义》，载《经济社会体制比较（双月刊）》，2003 年第 5 期（总第 109），第 22 页。

② James G. March, Johan P. Olsen, *Rediscovering Institutions*, New York: The Free Press, 1989, p. 18.

（1）社会学制度主义倾向于比政治科学家在更为广泛的意义上来界定制度，打破了制度与文化概念之间的界限。（2）这种方法倾向于将文化本身也界定为制度。（3）社会学中的新制度主义对制度与个体的行动之间的关系持有与旧制度主义"规范版本"不同的"认知版本"。（4）社会学新制度主义者也采用"社会适当逻辑"来解释制度的起源与变迁问题。①

社会学制度主义视角的协同机制分析主要包括以下两个要点：

1. 社会制度型塑行为。社会学制度主义的研究途径和理论逻辑不同于理性制度主义的计算途径，而是一种文化的途径，这种途径遵循"适当性逻辑"。这种逻辑用以确定什么是恰当的行为：（1）这是一种什么情形？（2）在这种情形下我是谁？（3）在这种情形下，对于我来说，不同行为的恰当性如何？（4）我做什么最恰当？② 恰当性逻辑主张社会制度对行为的塑造作用，通过制度型塑作用改变利益、资源和规则。"通过创造新的行为者及身份感，通过给行为者提供成功与失败的标准，通过构建关于恰当行为的规则，通过赋予某些人而不是其他人以权威或其他形式的资源，发生于政治制度之中的行为或政治制度本身的行为改变了政治利益、资源与规则。"③

2. 制度不均衡引起制度变化。既然制度会型塑行为，那么是什么引起制度的变化呢？社会制度主义不像理性选择制度主义那样将制度变迁看作理性计算的结果，而将其看作是价值冲突的结果，即制度价值不均衡导致了制度变迁。制度价值不均衡并非来自于理性计算，而是内在于制度的历史经验中。从不均衡走向新的均衡的过程是一种"制度通过学习过程来确认和适应变化的环境"的过程。④

四、历史制度主义视角下的协同机制分析

历史制度主义（historical institutionalism）发源于集团理论和结构功能主义，同时又超越了这两者。从广义上说，他们将制度界定为嵌入政体或政治经

---

① 彼得·豪尔、罗斯玛丽·泰勒著、何俊智译：《政治科学与三个新制度主义》，载《经济社会体制比较（双月刊）》，2003 年第 5 期（总第 109），第 25~27 页。

② James G. March, Johan P. Olsen, *Rediscovering Institutions*, New York：The Free Press, 1989, p. 23.

③ James G. March, Johan P. Olsen, *Rediscovering Institutions*, New York：The Free Press, 1989, p. 164.

④ B. Guy Peters, *Institutional Theory in Political Science*, Londonand New York：Wellington House, 1999, p. 33.

济组织结构中的正式或非正式的程序、规则、规范和惯例。其范围涵盖宪政秩序、官僚体制内的操作规程和对工会行为及银——企关系起管制作用的一些惯例。总之，历史制度主义所说的制度是与组织和正式组织所制定的规则和惯例相连的。① 历史制度主义冠之以"历史"，因为这一学派认为历史是克服人类理性（工具理性，手段——目的的算计）局限性的一个主要途径。之所以又是"制度主义"，因为他们注重以制度为核心来考察历史。② 彼得·豪尔和罗斯玛丽·泰勒从 4 个方面来概括历史制度主义的主要特征：

（1）历史制度主义倾向于在相对广泛的意义上来界定制度与个人行为间的相互关系；（2）强调在制度运作和产生过程中权力的非对称性；（3）在分析制度的建立和发展过程中强调路径依赖和意外后果；（4）尤其关注用其他因素，尤其是能够产生某种政治后果的因素来整合制度分析。保罗·皮尔森（Paul Pierson）和瑟达·斯科克波尔（Theda Skocpol）在新近的一篇文章中也提出，历史制度主义具有这样三个特征：（1）集中关注那些重大的结果或令人迷惑的事件；（2）突出事件的背景与变量的序列；（3）以追寻历史进程的方式来寻求对事件和行为作出解释。③

历史制度主义视角的协同机制分析主要包括以下两个要点：

1. 权力结构和历史影响政策。与旧制度主义不同，历史制度主义"关注范围要比国家的法律和正式政治行为更广泛，包括制度在社会和经济里的角色以及决定政策的非正式网络。"④ 这里的权力结构包括宏观的国家与社会格局、中观的政策网络和利益集团间的关系，还包括微观的具体规则、程序和规范。（1）宏观的国家与社会之间的关系。比如彼得·卡特曾斯坦（Peter Katzenstein）在《权力和繁荣：发达工业国家对外经济政策》一书中提出了"国内结构"（domestic structure）的概念，用以解释产业政策的差异。"国内结构"就是一个宏观概念，指的是国家与社会之间的关系架构。⑤ （2）中观层面。历

---

① 彼得·豪尔、罗斯玛丽·泰勒著、何俊智译：《政治科学与三个新制度主义》，载《经济社会体制比较（双月刊）》，2003 年第 5 期（总第 109），第 21 页。

② 朱德米：《新制度主义政治学的兴起》，载《复旦学报（社会科学版）》，2001 年第 3 期。

③ 何俊志：《结构、历史与行为———历史制度主义的分析范式》，载《国外社会科学》，2002 年第 5 期。

④ Hall, *Governing the Economy: The Politics of State Intervention in Britain and France*, New York: Oxford University Press, 1986, p. 14.

⑤ Peter J Katzenstein, *Between power and plenty: Foreign economic policies of advanced industrial states*, University of Wisconsin Press (Madison), 1978 .

史制度主义所研究的权力结构的中观层面界定为中介层制度（intermediate‐level institutional）。中介层制度是连接宏观制度架构和个人行为的中介环节，包括利益集团结构、政党结构、官僚结构等等，中介层制度的研究开辟了制度研究的中层理论，通过中层运行机制，连接了微观行为和宏观社会格局。① 历史制度主义认为权力结构并不是理性选择的结果，而是历史形成的，对权力结构进行历史分析是历史制度主义的特色之一。

2. 行为和结构是相互作用的。历史制度主义将行为和结构结合起来分析政治现象。历史制度主义这方面的研究主要集中于三个主题。（1）制度通过型塑行为者在制度内的职责以及与其他行为者的关系来影响该行为者对自身利益和偏好的认识。（2）历史制度主义倾向于认为复杂的要素结构是偶尔有意义的。通过历史比较观察，这些结构就变得很清晰，如果可能的话，它也许很难将这些模式变成偶然的独立变量。智力结构、经济社会制度以及政治之间的相互作用总是通过各种途径为经济发展开辟道路。（3）强调历史偶然性。我们对特定事件和发展的理解局限于偶然扮演的大量角色。②

3. 制度是历史形成的具有路径依赖的特性。历史制度主义将"历史"作为影响制度的重要因素加以研究，认为"历史地动力型塑了国家与社会的组织架构，同时这些架构进一步型塑、限制和约束行为者，使他们获得力量。"③ 历史对制度的影响表现为制度的路径依赖性。制度的路径依赖表明制度变换不是刚性的转换，而是具有黏性的东西，是背景依赖的产物。背景因素可能影响制度的运转及其特色。④

从旧制度主义到行为主义再到新制度主义是一种否定之否定的过程。旧制度主义的反题是行为主义，新制度主义则在更高水平上否定了行为主义而回到了制度。只不过新制度主义在经历了这一轮辩证的否定过程中，丰富了对制度研究的方法、途径、视角和内容。从协同机制的角度来看，新制度主义提供了

---

① Thelen Kathleen, & Sven Steinmo, "Historical Institutionalism in Comparative Politics" in: Sven Steinmo and Thelen, Kathleen, eds, *Structuring Politics: Historical Institutionalism in Comparative Analysis*, UK: Cambridge University Press, 1992.

② （德）埃伦·M 伊梅古特著、汤涛编译：《新制度主义的基本理论问题》，《马克思主义与现实（双月刊）》，2003 年第 6 期。

③ John Ikenberry, Conclusion: An Institutional Approach to American Foreign Economic Policy, *International organization*, Vol. 42, No. 1, 1988, p. 223.

④ （德）埃伦·M 伊梅古特著、汤涛编译：《新制度主义的基本理论问题》，《马克思主义与现实（双月刊）》，2003 年第 6 期。

将个人目标和公共目标协同起来的解释途径，为分析公共行政执行中协同现象提供了思路。

总之，本章梳理了认识协同机制的理论途径，下一章将具体地提出公共行政执行协同机制所包括的基本要素和内容。

第六章

公共行政执行协同机制的 EPDFIIE 模型

政治系统和行政体系的运作，是一个协同实现特定目标的过程。将协同思想运用于政治和行政系统的研究将有助于理解政府的协同机制。政府协同，有广义和狭义之分。广义的政府协同指：在国家与社会、公共与私人构成的结构性关系框架之下，国家公共权力主体之间的协同一致，并与社会相互作用，从而形成国家与社会的良性关系，达到国家与社会的双赢，实现经济和社会的持续繁荣。狭义的政府协同指：行政系统，即国家的执行权力系统，在实现国家战略、目标、意志、法律和政策的时候，行政系统与行政环境（包括行政系统之外的国家公共权力主体、利益集团、第三部门组织等等）之间的协同，以及行政系统内部各个要素之间的协同。本书所谓的公共行政协同机制研究的属于对狭义政府协同的研究。优良的公共行政协同机制有助于提高政府的协同执行力，协同执行力是从协同的视角对公共行政执行权力运行状态和运行结果的描述，协同执行力的提升是公共行政改革的核心。

第五章已经详述过公共行政执行权力结构和协同机制之间的关系，即公共行政执行权力结构侧重从本体论角度分析公共行政执行；公共行政执行协同机制侧重从认识论和方法论的角度分析公共行政执行。公共行政执行协同机制研究的任务就是运用不同的理论途径，透视公共行政执行权力结构的协同性转换过程。如果采用协同机制的视角透视公共行政执行权力，可以将公共行政执行权力运转过程中产生的协同关系归纳为如下几对主要关系：（1）公共行政执行权力与其他权力主体的关系；（2）政治与行政之间的关系；（3）行政机关中决策、执行与监督之间的关系；（4）公共行政职能与机构之间的关系；（5）公共行政部门之间的关系；（6）公共行政府际关系；（7）公共行政执行主体与其他社会主体之间的关系。与此相应，公共行政执行协同机制主要包括公共行政执行的生态协同机制（ecology synergy）、政治—行政协同机制（politics - administration synergy）、决策—执行—监督协同机制（decision - agency - supervise synergy）、职能—结构协同机制（function - structure synergy）、部际协同机制（inter - agency synergy）、府际协同机制（inter - governmental synergy）和嵌入性协同机制（embed synergy）。将这几个协同机制的首字母合写，得出了本书分析公共行政执行协同机制的 EPDFIIE 模型。如图 6 - 1 所示：

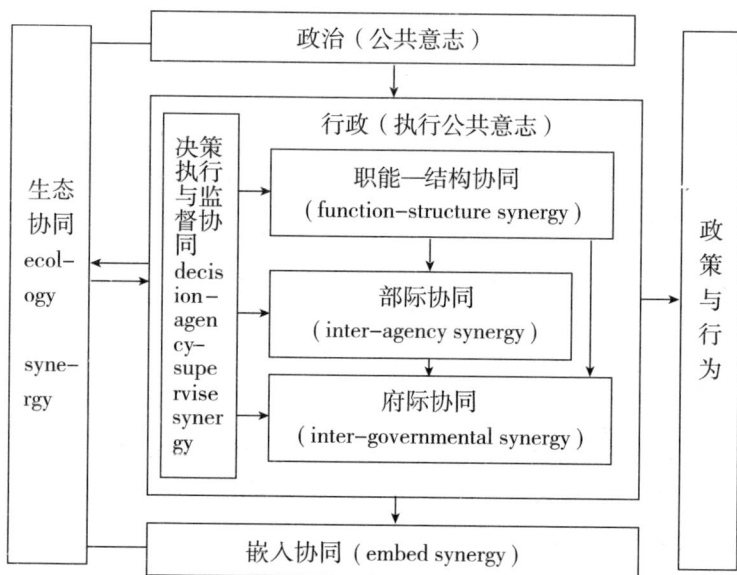

图 6 - 1 公共行政执行协同机制的 **EPDFIIE** 模型

资料来源：作者绘制。

在这些协同机制中，生态协同机制（ecology synergy）、政治—行政协同机制（politics - administration synergy），决策—执行—监督协同机制（decision - agency - supervise synergy）的研究需要综合运用系统途径、制度途径和网络途径。而部际协同机制（inter - agency synergy）、府际协同机制（inter - governmental synergy）和嵌入性协同机制（embed synergy）主要采用网络途径进行分析。

无论采用何种途径来分析协同机制都离不开对分工问题的探讨。公共行政执行的各个协同机制就是从各个侧面（比如政治与行政、决策执行与监督、职能与结构、部门间等等）对公共行政执行过程中分工所带来的协同问题的解决方式。考虑到公共行政职能、组织结构、部门关系和府际关系的确立都涉及到决策执行和监督的划分和界定。比如职能—结构协同中就涉及到决策性的职能、执行性的职能和监督性职能的划分；部际协同中就贯穿着决策部门、执行部门和监督部门的划分。因此，这些协同机制中，决策执行监督协同机制贯穿在职能—结构协同机制、部际协同机制和府际协同机制中。职能—结构协同又可以衍生出部际协同和府际协同，也就是说部际协同实际上是部门间职能—结构的协同，府际协同则是政府间职能—结构的协同。另外，在这些协同机制中，生态协同和嵌入协同从行政与环境、行政与政治间的关系角度审视公共行政执行协同机制。政策和行为是协同机制运行后的产出，属于微观行为变量。从协同机制到政策和行为，反映公共行政执行中层理论与微观行为的连接。

比如我们为政府经济调节职能的实现设计合理的协同机制，就应该包括以下几个方面的考虑：（1）对经济调节这一政府职能进行工作分析，按照分工的不同，将经济调节活动按照工作属性的差异，分为不同的类型，在每种不同类型的工作中进一步细分为不同的亚类型，从而形成类型清晰、层次完整、流程优化的职能分工体系。（2）将这些工作按照决策事项、执行事项和监督事项进行分类。（3）设立决策机构、执行机构和监督机构分别完成决策、执行事项和监督事项。机构设置过程中体现决策组织多层化、执行机构多样化、监督机构多元化的要求。（4）根据工作性质和机构确定相应的人员。

第一节　公共行政执行的生态协同机制

公共行政执行生态协同指的是公共行政执行过程与环境之间的协同关系。威尔逊在《行政学研究》中就较早地意识到公共行政与舆论环境之间的关系。公共行政执行生态协同机制的研究可以归纳为以下几个派别：

一、系统学派

系统学派用生态学和系统论的思想考察公共行政与环境之间的协同关系。系统学派侧重研究环境与公共行政之间的互动，环境的制约机制和公共行政的适应机制是系统学派分析公共行政执行生态协同机制的基本理论框架。

行政生态学集中体现了系统学派的生态协同思想。高斯（John Gaus）把"生态学"的理念和方法引入行政学研究，[①] 经过弗雷得·雷各斯（Fred

---

① 系统论研究组织和管理的起点在于划定组织与环境之间的边界。Ecology 一词由德国生物学家 E. 海克尔（Ernst Haeckel）于 1869 年提出，"eco"源自希腊文，意为家或生活场所，"logy"源自希腊文，意为学问，Ecology 研究生物体与其四周环境间互动的学科。

Riggs）的完善后，行政生态学成为重要的学术领域。行政生态学的代表雷各斯较为系统地阐述过随着历史发展，而出现的三种行政模式及其生态环境，即与农业社会相适应的熔合型行政模式（fused model）；与现代工业社会相适应的衍射型行政模式（diffracted model）；与过渡转型期社会相适应的棱柱型行政模式（prismatic model）。行政生态环境要素包括政治框架、经济要素、社会要素、沟通网和符号系统。①

二、政治系统分析学派

政治系统分析学派对公共行政执行协同机制的分析侧重分析公共行政执行在政策系统中的地位，以及政治系统其他要素对公共行政执行的影响。

1957 年戴维·伊斯顿（David Easton）发表了《政治系统：政治学现状研究》，首次将一般系统论应用到政治分析，提出了系统分析的基本观点和方法，之后他又相继发表一系列文章和著作，形成了一套政治系统分析的方法论。政治系统分析将政治系统看作是对社会规定有价值物的权威性分配（或强制性决定），并且予以实施的行为或互动行为。政治系统由政治团体、体制和权威机构等部分构成。政治系统与环境相互作用，政治系统总受到自然的、生物的、社会的以及心理的等外部和内部环境的影响，同时政治系统会对环境的压力作出适应和反馈。环境对政治系统的影响叫输入，主要指包括环境的干扰或压力，要求或支持。政治系统为了维持自己的生存和发展，会对压力作出反应。要求和支持输入政治系统后，转换成为政治系统的输出，从而对社会作出权威性的价值分配，即公共政策。随着政治系统的输出和政策的实施，政治系统又反馈于环境。政治系统就是一个从环境输入、输出、反馈、再输入的过程。

中国台湾学者詹中原基于比较政策（comparative policy）和公共管理（public management）学者的文献，归纳了美国政策执行系统（contextuality）的几个类别。可以列表如下：

表 6 – 1　美国公共行政生态环境

	主要内涵	代表研究
宪政与制度的系统	宪政的原始设计及制度	Van Horn 等人（1992） Denhardt（1994）

---

① Fred Riggs. *The Ecology of Public Administration*. New York：Asia Publishing. 1961.

	主要内涵	代表研究
经济和市场系统	市场（market）、价格体系（the price system）、议价（bargain）等相关因素	David C. Paris & James F. Reynolds（1983）
文化和意识型态系统	主导行动者行为判断 自由（liberty）、平等（equality）、道德（ethic）等等普遍存在的共识和冲突性价值	Robert A. Heineman、William T. Bluhm & Steven A. Peterson（1990）
官僚行政系统	以管制性政策、再分配性政策、分配性政策、混合型政策为主轴，分别对官僚体制和环境的重要关系	Kenneth J. Meier（1987）politics and Bureaucracy
立法系统	国会是重要的会商场所和（venues）管辖权的战场（jurisdictional battlefield）	Frank R. Baumgartner & BryanD. Jones（1993）Charles O. Jones（1977）
司法系统	司法审查权（judgical rc-view）	

资料来源：作者根据詹中原：《公共政策的发展与政策系统》，载财团法人国家政策研究基金会宪政（研）091～043 号，2002 年。一文整理。

三、政策科学学派

政策科学学派、政治系统分析学派都以系统论作为理论框架，所不同的是政策科学学派将政策和行政看作是一个持续不断的系统过程，侧重于微观层面的分析，试图发现影响政策执行的环境变量。杰弗瑞·佩尔兹曼和奥洛·威尔达夫斯基开辟了政策执行研究以来，政策环境一直被看作是影响政策过程的重要因素。以下是这一流派的代表。

1973 年托马斯·史密斯（Thomas Smith）在《政策科学》（Policy Sciences）杂志上发表了"政策执行过程"（The Policy Implementation Process）一文。提出了政策执行过程模型。理想化的政策、执行机构、目标、环境因素是政策执行过程中所牵涉的重大因素。[①]

1989 年尼古拉斯·亨利（Nicholas Henry）和罗伯特·科里尔（Robert

---

① T. B. Smith，*The Policy Implementation Process*，Policy Sciences，Vo. 4，No. 2，1973，p. 203.

Cleary）在《公共规划管理》（*Managing Public Programs*：*Balancing Politics*，*Administration*，*and Public Needs*）一书中研究了政治环境对公共规划管理的影响。该书概括了影响美国政策执行的主要环境变量，包括：美国宪法、立法部门的政治、行政部门的政治、利益团体的政治、媒体的政治、代理统治的政治等等。①

1992 年卡尔·范·霍恩（Carl Van Horn）、唐纳德·巴莫尔（Donald Baumer）和威廉姆·果木利（William Gormley）合著的《政治与公共政策》（*Political and Public Policy*）一书中研究了政治和政策的六个领域作为环境因素对公共政策的影响，及其对决策者、利害关系人、幕僚等人认知和行动的影响。②

1980 年罗伯特拉卡姆瑞（Robert Nakamura）和弗兰克·斯莫伍德（Frank Smallwood）认为政策环境对整个政策过程都有深刻的影响。政策规划（policy formation）、政策执行（policy implementation）和政策评估（policy evaluation）三个阶段都贯穿着行动者（actor）、领域（arenas）与环境的互动。③

第二节　公共行政执行的政治—行政协同机制

政治与行政之间的协同，是公共行政执行中最基本的协同关系。其核心在于如何在保证公共行政积极有为的同时保证公共行政执行不偏离政治控制的轨道，也即如何协调好公共行政的价值理性和工具理性，或者如哈贝马斯所说，如何处理好交往权力和行政权力之间的关系。公共行政执行过程中政治与行政之间的协同就是公共行政执行的价值理性与工具理性之间的辩证、协同和中庸的关系，这种关系意味着政治与行政之间的动态均衡，工具理性在充分发挥其功效的同时，受控于价值理性；价值理性在充分发挥自身功效的同时，不损害工具理性的功效。④ 公共行政执行过程中政治与行政之间的失衡状态表现为：

①　Nicholas L. Henry，Robert E. Cleary，*Managing Public Programs*：*Balancing Politics*，*Administration*，*and Public Needs*，San Francisco：Jossey - Bass，1989.

②　C. E Van Horn，D. C. Baumer & W. T. Gormley，*Politics and Public Policy*，Washington D. C.：Congressional Quarterly Inc.，1992.

③　R. Nakamura & Smallwood，Politics of Policy Implementation，N. Y.：St. Martin's，1980.

④　政治与行政之间的结构性关系，可以概括为公共行政执行过程中价值理性和工具理性之间的紧张关系。价值理性范畴与政治、公共性、民主、交往理性、主体间性等范畴属同一范畴，都指称人与人之间通过一定的交往和对话规则形成的共识和公共意志。工具理性范畴与主客体性、官僚制、技术理性等范畴属同一类范畴，都指称实现主体目标的技术手段。对价值理性和工具理性之间紧张关系的探讨是众多学术理论关心的话题。

（1）价值理性异化，损害了公共行政执行的效率和相对独立性；（2）工具理性的异化，导致理性的专政。

政治与行政之间协同关系的建立过程，需要一定的制度和机制作保证，这种平衡价值理性要求的"公共性"和工具理性要求的"效率性"的制度设计，笔者将其称作公共行政执行的政治与行政协同机制。目前来看，公共行政执行的政治与行政协同机制主要有如下几种：（1）从洛克到孟德斯鸠以来的权力分立学说；（2）威尔逊和古德诺的政治对行政的控制说；（3）公共行政的价值回归思潮；（4）公共选择理论；（5）政策民主化研究；（6）新公共服务；（7）协商民主；（8）公民会议；（9）话语行政等等。表6－2简单地概括了政治与行政协同机制的概况。分权学说、威尔逊和古德诺的政治对行政的控制学说、公共行政的价值回归思潮已在第二章中有所论述。这里重点论述政策科学民主化研究、公共选择理论、新公共服务、协商民主、公民会议和话语行政对政治与行政协同关系的论述。

表6－2 政治与行政的协同机制概览

理论		聚焦点	研究途径	政治与行政协同机制
分权学说		国家层面横向和纵向分权	历史现实比较和规范研究	权力分立制衡实现协同
威尔逊和古德诺		如何将君主制的行政引入共和制的政治中	历史现实比较和制度研究	政治与行政在属性和运行方式上存在差异；政治控制行政
公共行政价值回归思潮	达尔和沃尔多	民主行政	规范研究和行为研究	使用民主价值和制度规范重塑行政过程
	新公共行政	公平行政	规范研究	以公平和公正等政治价值控制行政并重新设计行政组织模式
	黑堡宣言	行政要合乎宪法	规范研究	宪法价值和原则约束行政
	奥斯特罗姆	民主行政	理性选择制度主义	使用民主价值和制度规范重塑行政过程
政策科学民主化研究		公共政策的民主和参与	制度和规范途径	使用民主价值重塑政策过程

续表

理论	聚焦点	研究途径	政治与行政协同机制
公共选择理论	政治行政规则	理性选择	通过宪政改革、制度设计和信息显示机制设计改进政治和行政
新公共服务	公共精神	规范途径	用公共服务中的公共精神对抗官僚行政的去政治化倾向
协商民主、话语行政和公民会议	公共领域的交往行动	规范和制度途径	使用对话和协商理性、制度和规范沟通政治和行政的理论

资料来源：作者整理。

一、政策科学民主化研究

政策科学民主化（democratization of the policy sciences）研究又称作民主的政策科学（policy sciences of democracy）或者参与型政策分析（participatory policy analysis）研究，旨在探讨政策科学的民主价值理性基础。①

1988 年皮特·德利恩（Peter DeLeon）出版了《建议和赞成》一书，1992年随后又撰写了《政策科学的民主化》一文，1995 年发表《民主的政策科学》一文，1997 年出版了《民主与政策科学》一书。② 与此相应 1988 年戴博拉·斯多（Deborah Stone）出版了《政策悖论和政治理性》一书。③ 1991 利恩·凯瑟林与约翰·马丁（Lyn Kathleen, and John Martin）发表了《强化公民参与》一文。④ 1993 年弗兰克·费希尔（Frank Fischer）发表了《公民参与专

① "政策科学民主化研究" 的写作参考并转引自白钢、史卫民主编：《中国公共政策分析（2007年卷）》，北京：中国社会科学出版社，2007 年版，第 291～324 页。

② Peter deLeon, Advice and Consent, New York: Russell Sage Foundation, 1988. also see: Peter de-Leon, "The Democratization of the Policy Sciences", Public Administration Review, 52, 1992, pp. 125～129.

Peter deLeon, The Policy Sciences of Democracy, American Journal of Political Science, Austin: Nov. Vol. 39, Iss. 4, 1995.

Peter Deleon, Democracy and the Policy Sciences, Albany: State University of New York Press, 1997.

③ Deborah A Stone, Policy Paradox and Political Reason, Chicago: Scott, Foreman, 1988.

④ Lyn Kathleen and John A. Martin. "Enhancing Citizen Participation: Panel Designs, Perspectives, and Policy Formation", Journal of Policy Analysis and Management, 10, 1991, pp. 46～63.

家的民主化》一文。① 1993 年丹·德宁（Dan Durning）发表了《参与式政策分析：对一个社会公益服务机构的案例研究》一文。② 1994 年刘易斯·怀特（Louise White），发表了《作为话语的政策分析》一文。③ 1997 年圣安尼·斯切丝德（Anne Larason Schncider）和海伦·英格让（Helen Ingran）出版了《针对民主的政策设计》一书。④ 2000 年迪亚·维格尔（Udaya Wagle）发表了《民主的政策科学：公民参与的理论和方法问题》一文。⑤ 这些论著和论文紧紧围绕政策与民主化之间的关系展开，在以往对实证主义和后实证主义探讨的基础上，讨论了民主化和公民参与在政策科学中的角色，探讨了政策科学中的价值、道德和民主化的制度安排问题，主张通过公民参与、对话和民主制度安排保证公共政策价值的实现。主张必须在更为广泛的参与的道路之上重建政策科学的理论和方法，构建政策科学的价值理性。

二、公共选择理论

公共选择理论对政治与行政协同机制的论述主要集中体现在以下几个方面：

第一，宪政改革和政治制度设计。布坎南在《自由、市场与国家》一书中将经济学的"稀缺—理性选择—效率"范式转化为"人与人之间关系—规则—同意"的政治经济学范式。⑥ "我们称之为'政治经济学的科学'。它旨在估价强制的结构，即'规则'，其最终目的是重新设计和改革，以确保在利

---

① Frank Fischer, "Citizen Participation and the Democratization of Policy Expertise: From Theoretic Inquiry to Practical Cases", *Policy Sciences*, 26, 1993, pp. 165~88.

② Dan Durning, "Participatory Policy Analysis in a Social Service Agency: A Case Study", *Journal of Policy Analysis & Management*, 12, 1993, pp. 231~57.

③ Louise G. White, "Policy Analysis as Discourse." *Journal of Policy Analysis and Management*, 13, 1994, pp. 506~25.

④ Anne Larason Schncider and Helen Ingran, *Policy Design for Democracy*, Lawrence: University Press of Kansas, 1997.

⑤ Udaya Wagle, "The policy science of democracy: The issues of methodology and citizen participation", Amsterdam: *Policy Sciences*, Vol. 33, Iss. 2, Jun 2000, p. 207.

⑥ （美）詹姆斯·M. 布坎南著、平新乔、莫扶民译：《自由、市场与国家：80 年代的政治经济学》，上海：三联书店上海分店，1989 年版，第 51 页。第一章"几种选择的观点"中实际上论述了经济学范式的转移。从研究的目标来看从效率取向转向了利益协调取向。从研究的过程来看：从追求真理转向了追求共识。从研究内容来看，从效率机制转向了更为广泛的制度规则。这充分反映了公共选择理论作为理性制度主义一个分支的特色。布坎南认为"这个结果不表示'社团价值'或'社会利益'，仅仅因为它产生于决策规则，根据设想，这种规则是在为政治制度规则的某个法制阶段被同意的。"

用潜在互利关系上增强效率。"① 布坎南将集体行动分为：执行现行的行动、在现行法律范围内的集体活动、改变法律本身和现行成套法律规定的活动。由于人的自利本性，只有预先形成一套建立在一致同意基础上的规则和程序，才能约束政府的官僚的自利行为。"在其最一般的含义上，政治的一个功能，是建立'道路规则'，这个'道路规则'使具有不同利益的个人和团体能够追求极为不同的目标，而不至于出现公开的冲突。"② 通过宪政改革和制度设计，是公共选择学派协同政治与行政，增强行政政治控制的重要途径。

第二，打破官僚机构与议会之间双边垄断的委托—代理关系。尼斯坎南认为议会与官僚机构组成的公共物品生产与消费的供需关系具有双边垄断（bilateral monopoly）性质，这种结构性关系为官僚实现预算最大化、实施自由裁量奠定了制度基础。③ 因此打破垄断是保证走出政治和行政双边垄断的重要途径。包括公民参与、监督，以及将竞争机制引入公共服务提供和为政府内部服务工作创造竞争机制等多种举措。④

第三，旨在降低交易成本的制度设计。⑤ 立法和行政机关之间存在严重的信息不对称。监督技术和信息成本导致了政治对行政控制的乏力。因此需要设计一种制度，降低监督的信息获取和加工成本。莫雷·霍恩（Murray Horn）在国会控制理论研究的基础上，运用交易费用理论提出了一个"用于解释现代政府行政架构的主要制度化特征的理论⑥。"霍恩认为立法者、行政人员和选民都参与交易，从而存在大量的交易费用，这些交易费用包括决策和私人参与的费用、委托问题、代理费用、不确定性风险和费用分担四个方面，"立法者选择那些最适合于处理所面临交易问题的执行安排。更确切的说，在任何情况下，他们从可选择的制度安排中，选择那些能使交易费用最小化

① （美）詹姆斯·M. 布坎南著、平新乔、莫扶民译：《自由、市场与国家：80 年代的政治经济学》，上海：三联书店上海分店，1989 年版，第 33 页。

② （美）詹姆斯·M. 布坎南著、平新乔、莫扶民：《自由、市场与国家：80 年代的政治经济学》，上海：三联书店上海分店，1989 年版，第 149 页。

③ Carl J. Friedrich, *Constitutional Government and Democracy*, Boston: Ginn, 1946, p. 38.

④ （美）戴维·奥斯本、（美）特德·盖布勒著、上海市政协编译组、东方编译所编译：《改革政府 企业精神如何改革着公营部门》，上海：上海译文出版社，1996 年版。

⑤ 参见曹堂哲：《西方国家执行机构多样化的改革运动——实践、理论与制度设计》，载《云南行政学院学报》，2006 年第 5 期，第 73～76 页。

⑥ （新西兰）穆雷·霍恩著、汤大华、颜君烈等译：《公共管理的政治经济学——公共部门的制度选择》，北京：中国青年出版社，2004 年版，第 1 页。

的安排。"独立管制机构、官僚机构和公营企业是三种常见的执行性制度安排。①

第四，设计旨在显示绩效信息的激励机制。② 查尔斯·沃尔夫（Charles Wolf）所著的《市场或政府——权衡两种不完善的选择》一书中认为官僚机构具有非市场缺陷。非市场的需求条件和供给条件的交点决定了非市场缺陷的类型。其中非市场的需求条件是"政治组织增强的意识、政治报酬的时间贴现和成本与需求的分离"；非市场的供给条件是"确定和度量产出的困难、单一的根源的产品、不确定的技术和缺乏终止机制"，这两方面的力量决定了非市场缺陷表现为"成本和收入分离，多余和增加成本、内在性和组织目标、派生的外在性和分配不公"，沃尔夫认为"内在性"是"非市场失灵"的关键，而市场检验是解决内在性的重要手段。③ 市场检验的实质是通过市场信号显示出官僚的信息，以便于激励和监督。对政府项目进行损益分析，引入预算返还机制和绩效考核机制等等手段可以有效地显示官僚机构和官僚的绩效，从而有助于政治对行政的监督和激励。

三、新公共服务

新公共服务、协商民主和对话行政都是试图用政治价值重塑行政价值的努力。新公共服务来源于民主公民精神理论（theories of democratic citizen-ship）、社区与公民社会模式（models of community and civil society）、组织的人性主义与新公共行政（organizational humanism and the new public administration）以及后现代公共行政（postmodern public administration）。对话行政则来源于哈贝马斯的交往行动理论、吉登斯的结构化理论和后现代哲学。他们共同点在于消解传统现代性的政治——行政制度架构，尝试建立一种一元性的，理解公共领域（包括政治和行政）行动的统一理论，用政治中的协商、对话、民主和公共利益等价值重塑行政中的效率、层级、控制等官僚工具理性价值。

罗伯特·丹哈特（Robert Denhardt）与珍妮·丹哈特（Janet Denhardt）夫

---

① （新西兰）穆雷·霍恩著、汤大华、颜君烈等译：《公共管理的政治经济学——公共部门的制度选择》，北京：中国青年出版社，2004 年版，第 25 页。

② 参见曹堂哲：《西方国家执行机构多样化的改革运动——实践、理论与制度设计》，载《云南行政学院学报》，2006 年第 5 期，第 73～76 页。

③ （新西兰）穆雷·霍恩著、汤大华、颜君烈等译：《公共管理的政治经济学——公共部门的制度选择》，北京：中国青年出版社，2004 年版，第 74 页。

妇在《新公共服务：服务而不是掌舵》（The New Public Service：Serving not Steering）一书中阐述了新公共服务理论的七个方面，即：（1）服务于公民，而不是服务于顾客；（2）追求公共利益；（3）重视公民权，胜过重视企业家精神；（4）思考要具有战略性，行动要具有民主性；（5）承认责任并不简单；（6）服务，而不是掌舵；（7）重视人，而不只是重视生产率。[1] 丹哈特使用以公共性为价值基础的民主理论、公民权利理论、公民精神和公共利益理论重塑公共行政的工具理性价值，提出了政治控制行政、增强行政的责任性和回应性的具体机制。

四、协商民主

协商民主（deliberative democracy，有学者翻译为审议式民主，审议民主）是西方90年代兴起的民主理论。协商民主产生于西方学者对直接民主模式和代议制民主——官僚行政架构不足的反思而提出的一种新的民主模式。协商民主建立在后现代哲学、建构主义、现象学和交往行动理论的基础之上，这种民主模式以公共协商作为基础，通过公共协商，公民可以以对话的方式决定自己应当遵循的法律和政策。拥有协商能力（deliberative capacities）的对话成员是相互尊重的关系。协商能力要求切合公开说理和交流的情境，要求有能力提出解决方案，并且有能力通过公众说理的交流达成政策共识。[2] 从政治与行政之间的紧张关系来看，协商民主尝试克服官僚制行政在追求效率的同时带来的行政专政问题和直接民主带来的行政决策质量不彰和行政无力问题。用"协商"和"对话"消解掉政治与行政的对立，从协商和对话的理性、制度和规范重塑政治和行政过程。协商民主是一种使用对话和协商理性沟通政治和行政的理论。

（一）协商民主协同机制的类型划分

协商和对话的伦理、规范和理想程序就是协商民主的协同机制。协商民主的协同机制存在多种划分方法。下表列出了这些分类方法和作为协同机制的要点：

---

① （美）珍妮特·V. 登哈特、罗伯特·B. 登哈特著、丁煌译：《新公共服务：服务，而不是掌舵》，北京：中国人民大学出版社，2004年版。

② Joshua Cohen，"Deliberation and Democratic Legitimacy," in James Bohman and William Rehg, eds. *Deliberative Democracy*：*Essays on Reason and Politics*，Cambridge：MIT Press，1997，p. 72.

表6-3 协商民主的协同机制的类型

分类法		代表人物	类　别	依　据
两分法	层次	亨德里克 （Carolyn Hendriks）①	微观（micro）协商民主和宏观（macro）协商民主两种	层次和范围
	方式	乌比内 （Nadia Urbinati）②	共识型审议民主模式（consensus model of deliberative democracy）和竞争型审议民主模式（agonistic model of deliberative democracy）	协同方式
		古丁 （Robert E·Goodin）③	内在反思性审议（internal - reflective modes of deliberation）和外部集体性审议（external - collective modes of deliberation）	协同方式
三分法	性质	布劳格 （Ricardo Blaug）④	共和主义的协商理论、后现代的协商理论和普遍主义的协商理论	规范的类型和性质
	途径	麦加菲 （Noelle McAfee）⑤	偏好为基础的审议民主模式、理性的程序主义审议民主模式和综合的审议民主模式。	研究途径
四分法		塞沃德 （Michael Saward）⑥	正式性和代表性	诉求和结果两个维度

资料来源：根据谈火生：《审议民主理论的基本理念和理论流派》，载《教学与研究》，2006年11期，第50~56页。整理。

哈贝马斯（Habermas）提出了保证对话和协商正当性、有效性的条件，这些条件可以确保商谈的进行。（1）没有一方应该被排除在讨论之外（普遍性的要件）；（2）所有参与者有平等的出席、陈述以及批判已经被宣称为正当

---

① Carolyn Hendriks, Institutions of deliberative democratic processes and interest groups: roles, tensions and incentives, *Australian Journal of Public Administration*, 61（1）, 2002, pp. 64~75.

② Nadia Urbinati, Representation as Advocacy: A Study of Democratic Deliberation, *Political Theory*, Vol. 28, No. 6., Dec. 2000, pp. 758~786.

③ E. Goodin Robert, *Reflective Democracy*, Oxford: Oxford University, 2003, pp. 169~172.

④ Ricardo Blaug, New Developments in Deliberative Democracy, *Politics*, 16（2）, 1996.
Ricardo Blaug& John Schwarzmantel, *Democracy: Reader*, Edinburgh: Edinburgh UniversityPress, 2000.

⑤ Noelle McAfee, Three Models of Democratic Deliberation, *Journal of Speculative Philosophy*, Vol. 18, No. 1, 2004, pp. 44~59.

⑥ Michael Saward, Less than meets the eye: democratic legitimacy and deliberative theory, in Michael Saward, *Democray Innovation*, London and New York: Routledge, 2000, pp. 66~77.

程序之机会（自治权）；（3）参与者愿意且能够感同身受地理解其他人之主张（理想的角色扮演）；（4）参与者间既存的权力差异必须无效，且对舆论的创造性无任何影响（权力中立）；（5）参与者们必须公开的为其目标与意向作辩解，而其互动往来仅止于言谈而非行动（透明度）。① 美国学者伯曼（Bohman）与里格（Rehg）则进一步指出协商民主的对话和参与包括两个层面：（1）信息知识的提供，属于辨证层次；（2）人与人在面对面的沟通、社会的互动上，属于对话层次。②

（二）协商民主协同机制的实践形式

公民会议和话语行政是协商民主协同机制的重要实践形式。

公民会议（citizen conference 又称共识会议 consensus conference）是源自 1977 年美国国家健康组织（U. S. National Institution of Health，简称 NIH），处理乳癌检查的争议，汇集各类专家小组对新的医学技术给予专业评估。③ 公民会议重视民众在公共政策制定和执行中的作用，通过实质性和程序性的制度设计，寻求参与者的共识。公民投票（referendum）、公共听证（public hearing）、大众意见调查（public opinion survey）、协商式的法规制定（negotiated rule making）、公民会议（citizen conference）、公民陪审团（citizen's jury）、公民顾问团（citizen advisory committee）以及焦点团体（focus group）是常见的公共参与模式。④

话语行政的理论基础和理论逻辑在第四章第六节中已经作了论述，此处从略。

第三节　公共行政执行的决策—执行—监督协同机制

决策、执行和监督（控制）是管理过程（职能）的三个基本环节。决策和计划含义接近，系指作出决定和设计方案。执行则是实施计划和决策。监督

---

① Jürgen Habermas, *Justification and Application*: *Remarks on Discourse Ethics*, Cambridge：MIT Press, 1993.

② Bohman& Rehg, *Deliberative Democracy*: *Essays on Reason and Politics*, Cambridge：MIT Press, 1997.

③ 黄东益：《公共商议与地方政策参与》，发表于"第二届地方发展策略学术研讨会"，宜兰：佛光人文社会学院公共事务学系，2003 年。

④ 詹中原：《公共政策问题建构过程中的公共性研究》，载《公共管理学报》，2006 年第 4 期，第 19 页。

和控制则纠正实施过程中偏离计划设置的目标。决策、执行和监督三种职能的协同是管理学研究的核心问题之一。在公共行政执行协同机制的 EPDFIIE 模型中，决策—执行—监督协同机制是一个纵向的模块，它贯穿在职能—结构协同机制、部际协同机制和府际协同机制中，即职能、结构、部际关系、府际关系都会涉及决策—执行—监督权力、机构、人员的分工、制约、协同。

公共行政执行中的决策—执行—监督协同的思想奠定在"分工出效率"这一亚当·斯密论证的基本原理之上，其理论渊源可以较早地追溯到泰罗提出的计划与执行分开的原理。英国的大部制和执行机构多样化的执行制度设计，则在组织和实践层面实现了决策、执行和监督分开的管理原则。

一、管理学对决策执行分开机制的论证

"分工出效率"是决策、执行和监督分开的理论前提，对分工或组织职能的具体分析则是决策、执行和监督分开提供具体的操作办法和组织原则。管理学中决策和执行分开的原则至少可以追溯到泰罗（Frederick Taylor）提出的"计划和执行分析"、"设置计划室"、"建立职能工长制"的管理思想。科学管理之父泰罗首次从分工的角度论证了将计划和执行分开的原理。泰罗提出计划和执行分开的原理始于 1880 年泰罗在米德维尔钢铁厂（midvale steel works）进行了钢铁切削试验，该试验旨在"测定在切割钢铁时所使用的工具应以怎样的角度和形状为佳，同时还要测定切割钢铁的恰当速度"。历时长达 20 多年的试验表明：工作设计、计划、安排和工人的操作分开，才能确保切削的效率。以此为基础，泰罗论证了计划与执行分开的组织原则。泰罗认为要确保计划的科学性，推行科学管理就有必要将所有者、经营者和管理者分开，设立计划室这一专门的机构从事工时研究、计划、决策和控制等系列管理活动。泰罗把计划室的职能和任务归纳为 17 项，几乎囊括了经营中的所有技术工作和管理工作。具体包括：（1）对公司接到的全部定单加以详细分析。（2）对全厂所有手工操作进行工时研究。（3）对各种机器的操作进行工时研究。（4）了解一切原材料、库存和成品的余额，以及每种机器和每类工人未完成的工作，以进行工作调度。（5）对交货日期的承诺进行分析。（6）了解一切制造项目的成本并进行成本分析。（7）管理工资和员工考核。（8）设计所有文书与账目的帮助记忆符号系统。（9）设立情报所，加工和提供一切相关信息。（10）确定标准工具以及使用的方法。（11）制定厂房和设备的维护制度。（12）制定送信员制度以及信息传递办法。（13）雇佣管理或人事管理。（14）管理车间纪律检查员。（15）管理事故保险互助会。（16）管理紧急订货和售后服务。

（17）制定厂务制度并改进厂务工作。计划室的设置使得管理人员和操作工人、决策和执行分开了。在计划室设置的基础上，泰罗进一步根据分工和职能归并的原则，将工厂的职能部门分为车间部分和计划室部分，计划室由四种管理人员构成即工序流程管理员、指示卡办事员、时间成本管理员、纪律检查员；车间也由四种管理人员构成，即班组领班、速度员、修配员、检验员。

法约尔进一步系统化了管理过程理论，将管理过程区分为计划、组织、指挥、协调和控制五大职能。法约尔奠定了管理职能学派的基本框架。福特通过福特制的建立，在汽车制造业通过流水线设计和流水线分开操作，成功地发展了泰罗的理论。

二、公共行政执行决策—执行—监督协同机制

公共行政执行中决策—执行—监督协同机制与政治—行政协同机制是紧密相衔接的概念。政治—行政协同侧重于民意、法律和行政之间的关系，侧重于国会、政治领导、民意对行政的控制。而决策—执行—监督协同则侧重于公共行政机关在执行既定和协定政策时，决策、执行和监督之间的关系，侧重于公共行政组织架构的设计。政治—行政协同和决策—执行—监督协同是一个分工和职能系列的连续统一体。

管理学的职能分析和工作分析、系统理论和组织理论、公共选择理论是执行机构之间进行市场检验的理论依据；新制度经济学的委托——代理理论、交易成本理论和合同理论则是公共行政执行决策、执行和监督协同机制设计的基础。这些理论表明：将决策和执行分开，一方面可以使政府将主要精力集中在计划和规划上，并且能够使得计划和规划少受部门主义和部门利益的干扰，从而确保制定符合公共利益的计划和规划。另一方面可以使执行的目标明确，减少执行过程中多目标的加入，取代和削弱原定的目标，从而使决策的目标能够不走样地实现，还能使得执行变得更加有效、经济、公正、透明和灵活。将决策、执行和监督分开也是提高效率和降低交易费用的方式。

英国的独立执行机构改革、美国的独立管制机构、日本的独立行政法人是公共行政执行决策—执行—监督协同机制的典型代表，对此将在第八章详述。

第四节　公共行政执行的职能—结构协同机制

职能与结构的协同反映了公共行政执行的一个基本原理，即职能和结构相匹配的原理。职能是政府需要履行的职责和任务。结构则是实现这些职能的组

织载体。从系统设计的角度来看，职能是政府的"功能"，[①] 机构设置则是"结构"。要素的结构组合形成特定的功能。政府的职能可以通过工作分析加以科学化，在工作分析的基础上，得出优化的职能结构，在职能结构的基础上设计组织架构，这就是职能与结构协同的基本原理。这一原理包括三个逻辑环节：第一，分工与政府职能的界定。第二，工作分析与职能结构优化。第三，职能结构与组织（机构）结构的匹配。以下详细展开这几个逻辑环节。

一、分工、协调与政府职能

分工和协同是经济学、组织管理学、社会学等学科的基础范畴。亚当·斯密的《国富论》（*The Wealth of Nations*）就是以分工作为全书的开始，该书随后依次论述了分工带来的好处，分工的起因和分工的市场限制。斯密认为分工可以带来劳动效率的提高、带动相关产业发展并带来相关产业人员和社会的共同富裕。分工起因于人的自利倾向和资源禀赋的差异，市场范围会对分工产生影响。[②] 从经济学发展出来的分工思想和分工理论很快地延伸到管理学中，构成了管理职能划分、工作分析和组织结构设计的基础。20 世纪以来的西方行政改革中的大部制、执行机构多样化、流程再造、绩效评估等举措也是建立在政府工作分工和工作分析的基础之上的。[③] 法国社会学家迪尔凯姆（Emile Durkheim）在《社会分工论》中从社会分工在传统社会向现代社会变迁中社会分工和社会整合的机制。[④] 总之，分工及其协同问题是社会科学中的基本问题之一。从分工和协同的角度分析公共行政执行的协同机制也是本书的思想基石。

（一）管理学分工与协调研究的两大传统

在管理学中通常使用协调一词，表达协同的含义。[⑤] 泰罗和法约尔开辟了管理分工与协调研究两大传统。泰罗传统侧重研究技术和生产中的分工和协作；法约尔传统侧重研究组织和管理中的分工和协作。

科学管理之父泰罗的"动作研究"和职能原则（计划和执行分开，职能工长制度）都是建立在分工原则的基础之上的。法约尔则从分工的角度将企

---

① 系统行为所引起的环境中某些事物的有益变化，成为系统的功能。

② （英）亚当·斯密著、郭大力、王亚南译：《国富论》：上海：中华书局，1949 年版，第一章。

③ 撒切尔夫人上任后的第四天，就成立了由雷纳（Derek Rayner）主持的"效率小组"，旨在对政府既定的目标和过程进行效率审计，以精简业务程序和减少浪费。

④ （法）迪尔凯姆著、王力译：《社会分工论》，上海：商务印书馆出版社，1985 年版。

⑤ 本书使用 synergy 一词表示协同。synergy 研究脱胎于管理学中的协调（coordination）概念。

业活动分为：（1）技术（生产、制造、加工）；（2）商业（购买、销售、交换）；（3）财务活动（筹集和最合适的利用资本）；（4）安全（保护财产和人员）；（5）会计（财产清点、资产负债表、成本、统计等等）；（6）管理活动。管理就是实行计划、组织、指挥、协调和控制。法约尔指出："劳动分工（division of work）不只适应于技术工作，而且毫不例外地适应于所有涉及或多或少的一批人或要求几种类型的能力的工作。其结果是职能化和权利的分散①。"

管理学中的现代分工理论则逐渐地将这两个传统融合在一起，流程再造、全面质量管理和供应链管理就反映了这两个传统的融合。亨利·福特（Henry Ford）的流水线作业就是对泰罗传统的继承。亨利·福特为通用汽车设计的流水装配线大大提高了生产效率。埃尔弗雷德·斯隆（Alfred Sloan）的事业部体制和泰森·钱德勒（Tyson Chandler）的经理式资本主义则是对法约尔传统的继承。弗雷德·斯隆的事业部体制使经理人员与其他人员的工作显著地区别了开来。职能领域由技术专家负责，经理只需要掌握财务知识就可以管理企业。钱德勒在他的名著中则提出了所有权与管理权的分离原则。"当多单位工商企业在规模和经营多样化方面发展到一定水平，其经理变得越加职业化时，企业的管理就会和它的所有权分开。现代工商企业的兴起使所有权和管理权之间的关系具有了新的内容，从而为美国经济带来了一种新型的资本主义——经理式资本主义。"②

将技术和管理流程看作一个整体，全面提升管理效率是经济全球和信息化时代催生的新管理模式。流程再造，全面质量管理、横向一体化和供应链管理则反映了这一趋势。"20世纪90年代这10年的特征就是公司内部的'墙'开始倒塌。面临改善经营绩效的紧迫任务，公司已经系统地打破了内部职能部门之间及处于不同地理位置的部门之间的分隔界限。"③通过技术流程、管理流程和企业间供应链流程的整合，大大地提高了管理效率。

（二）作为分工产物的政府职能结构

政府职能是社会分工的产物。现代社会需要市场、政府和第三部门分工协

---

① （法）亨利·法约尔：《工业管理和一般管理》，转引自孙耀君主编：《西方管理学名著提要》，江西人民出版社，2001年版，第78页。

② （美）钱德勒著：《看得见的手：美国企业的管理革命》，北京：商务印书馆，1987年版，第10页。

③ （美）迈克尔·哈默著、赵学凯、王建南、房成鑫译：《企业行动纲领》，北京：中信出版社，2002年版。

作，共同形成良好的社会治理状态。合理地政府职能界定，能够带来社会生产效率的提高，也能促进整个社会交易费用的降低。政府职能是不同职能要素构成的有机整体，这些要素的关系、比例和配置形成政府职能结构。政府职能结构会深刻地影响经济发展的绩效。按照特定的标准（经济、效率、效益和降低交易成本等标准）对政府职能进行分析、归类和合并可以优化政府职能结构。政府职能结构的优化建立在工作分析的基础上。

二、工作分析与政府职能结构优化

工作分析（job analysis）是形成政府职能结构的前提和基本方法。工作分析是根据一定的标准，借助一定的分析方法和手段，确定工作的性质、类别、结构和要求等基本因素的活动。工作分析是进行组织设计和管理的基础。常见的工作分析的方法主要有职务分析问卷（PAQ）、工作要素法（JEM）、管理人员职务描述问卷（MPDQ）、临界特质分析系统（TTAS）、职能工作分析法（FJA）、任务清单分析系统（TIA）和关键事件法（CIM）。通过工作分析有效地确保组织职能的实现，促使组织各个部门根据工作性质形成协同关系。

工作分析因为其目的不同对工作进行分析的重点和标准有所不同，可分为以组织优化为导向的工作、以人才甄选为导向的工作分析、以薪酬为导向的工作分析、以绩效考核为导向的工作分析、以培训开发为导向的工作分析等等。就政府职能结构的优化而言，首先是进行"以组织优化为导向的工作分析"，"强调对工作职责、权限的明确界定；强调将工作置于流程与战略分解体系中来重新思考该职位的定位；强调职位边界的清晰化。"其次才是关于人才、绩效、薪酬、培训和财务方面的分析。英国的撒切尔行政改革、联合国的政府机构标准①和中国台湾行政院的再造②就是将对政府职能结构进行优化的典型案例。

三、政府职能结构与组织结构的协同

政府职能结构是组织结构（机构）建立的基础。后者可以看作是为了实现职能而对组织中人员、信息和资源进行的组织化配置。职能与机构之间的协同是确保政府职能得以实现，政府良性运作的基础。政府再造运动充分地体现了职能结构与组织结构协同的思想。

---

① 转引自竹立家：《"大部制"改革之我见》，载《中国改革》，2008 年第 1 期。
② （中国台湾）政府改造委员会"弹性精简的行政组织"研究分组：《行政院组织改造的目标与原则》，2002 年 2 月 17 日。

（一）再造的概念

1990 年，美国麻省理工学院教授迈克尔·海默（Michael Hammer）在《哈佛商业评论》（Havard Business Review）上发表《再造工作：不要自动化，彻底抛弃》一文，第一次提出了"再造"的概念。① 1993 年，海默和钱皮（James Champy）出版了《公司再造———企业革命宣言》（Reengineering the Corporation：A Manifesto for Business Revolution）一书。在书中，海默和钱皮提出，业务流程再造就是"对企业的业务流程进行根本性的再思考和彻底性的再设计，以便在衡量绩效的重要指标如成本、质量、服务和效率等方面取得显著的改善"。再造是一场革命，是基于从头至尾的整个过程和为顾客创造价值。再造不是缩小规模（downsizing）；再造不是组织重组（restructing）；再造不是取时髦和预期的灵丹妙药，再造是一项彻底的新原则，推翻以等级制和专业分工来设计工作的理念。② 之后，再造理论和实践逐步扩展和完善，并直接影响到了公共行政领域。

再造理论的提出遵循这样一个逻辑过程：分工——政府的角色——顾客价值至上——工作分析——机构、人员、财政流程。流程（process）指一组结合在一起的能为顾客创造价值的相关工作，这些工作是协同的关系。

（二）政府流程再造

政府业务流程再造（GPR，Government Process Reengineering）也可称为政府再造（reinvention），是将业务流程再造的理念和方法运用到政府职能分析和结构设计的改革举措。从分工和协同的角度来看，政府再造反映了政府在社会分工中地位以及政府职能分工与结构之间的协同关系，流程这一概念是对协同关系的描述。戴维·奥斯本（David Osborne）和特德·盖布勒（Ted Gaebler）《改革政府》一书较早地阐述了政府再造的概念和系列做法。③ 1997 年，戴维·奥斯本和彼德·普拉斯特里克（Peter Plastrik）出版了《摒弃官僚制：政府再造的五项战略》一书进一步明确了再造的"是什么"和"不是什么"。

再造就是"对公共体制和公共组织进行根本性的转型，以大幅提高组织

---

① Michael Hammer, Reengineering Work：don't automate, obliterate, *Harvard Business Review*, Jul/Aug, 1990, p. 104.

② Michael Hammer and James Champy, *Reengineering the Corporation：A Manifesto for Business Revolution*, New York ：Harper Collins Publishers Inc. , 1993.

③ （美）戴维·奥斯本、（美）特德·盖布勒著、上海市政协编译组东方编译所编译：《改革政府企业精神如何改革着公营部门》，上海：上海译文出版社，1996 年版。

效能、效率、适应性以及创新的能力，并通过变革组织目标、组织激励、责任机制、权利结构以及组织文化等来完成这种转型过程"。在该书中两位作者也归纳出了政府再造的几个"不是"：（1）政府再造不是改革政治体制（change in the political system）。如财政体制改革、立法或议会体制改革、任期限制等。在美国，如果要进行重大的政策或统治方式改革，那么，政治体制改革则举足轻重，但这并非我们所说的政府再造。（2）政府再造也不是（对政府组织结构框架）重组（reorganization）。政府再造主要是指通过对组织目标、组织激励、组织责任、权力分配和组织文化进行变革，来重构公共组织和公共体制。一旦如此，有时会对改变组织结构框架起一定的作用。但如果改革伊始，就对组织结构进行改造，那么在未取得实质性变革以前，就可能因争夺势力范围而筋疲力尽。（3）政府再造也不是减少浪费、政治欺诈或权力滥用（cutting waste，fraud and abuse）。再造并非对以前的变革进行效率检查，并列举其变革清单以节约资金；而是要创造一种能够持续寻求高效途径的公共组织。政府再造并不是要除掉花园丛生的杂草，而是要造就确保花园中杂草无处可生的政体。（4）政府再造不是缩减政府规模的同义语。一些公共组织可能会因较小的预算和人员规律而变得更加有效，而其他的公共组织则不然。没有人会认为，可以通过削减学校预算与解雇教师来改进办学质量。对任何一个特定的组织而言，再造政府的一部分就是寻求保证绩效最大化的合适组织规模。（5）政府再造不是私有化（privatization）的同义语。资产出售、签约外包（contracting out）以及其他私有化名义下所有工具，都只不过是政府再造工具箱内的部分工具而已。促使政府绩效改进的是竞争和顾客选择，而不只是产权私有化。从公共垄断到私人垄断的简单转变是鲜有完美结果的。（6）政府再造不是仅仅使政府更具效率的替身。政府再造的部分目标在于提高效率（efficiency），但更为重要的是要提高政府管理的效能（effectiveness）。如果组织或体制效能不足，那么提高效率又有何意义呢？在工业时代，公民渴望的不只是"廉价的政府"，而且还渴望"有效的政府"。（7）政府再造也不只是"全面质量管理"（total quality management，TQM），或"企业流程再造"（business process reengineering，BPR）的同义语。如果能在战略上加以运用，这两种工具可以帮助再造者获取成功。但仅有这些工具还远远不够。[①]

---

① （美）戴维·奥斯本和（美）彼德·普拉斯特里克著、谭功荣、刘霞译：《摒弃官僚制：政府再造的五项战略》，北京：中国人民大学出版社，2002年版。

总之，政府流程再造的实质是政府职能与政府结构之间的匹配和协同关系。这里的政府结构包括政府的组织结构、人员结构、信息结构、责任结构、财务结构、监督结构等内容。流程再造借鉴工商管理中流程的概念，将这些结构通过动态的过程统一起来。无缝隙政府、重塑政府运动、政府部门的全面质量管理等等都体现了流程再造的思想。

第五节　公共行政执行的部际协同、府际协同和嵌入协同机制

在实际的公共行政执行过程中部际协同、府际协同和嵌入式协同是不可分割的，这三种协同关系都建立在职能——结构协同关系的基础之上，共同指向公共意志（目标）的实现。对这三种协同关系的研究主要采用的是网络分析途径。

一、公共行政执行的部际协同机制

部门与部门之间的协同关系和层次政府之间的协同关系都是建立在职能——结构协同的基础之上的。前者称作部际关系（interagency），后者称作府际关系（intergovernmental relationship）。表6－4列出了两者之间的差异。

表6－4　府际关系和部际关系的区别

区别项目	府际关系 （intergovernmental relationship）	部际关系 （interagency）
垂直关系 （vertical）	上级与下级政府 （中央与地方政府关系）	上级与下级单位 （上下级部门关系）
水平关系 （horizontal）	平行地位政府 （广域行政）	平行单位 （跨域管理）

资料来源：作者整理。

垂直关系和水平关系是职能—结构协同关系的具体展开。使用职能——结构和水平——垂直两个维度，就形成了公共行政执行协同机制的四个领域。即水平方向的职能协同、水平方向的结构协同，垂直方向的结构协同和水平方向的结构协同。表6－5列出了职能——结构协同与部际、府际协同形成的协同领域。

表 6 – 5　协同机制的四个领域

		职能——结构协同	
		职能协同	结构协同
协同方向	部际关系	部际职能协同	部际结构协同
	府际关系	府际职能协同	府际结构协同

资料来源：作者整理。

部际关系（对应的英语包括 interdepartment、cross – department 或 inter-agency）有广义和狭义的区别。狭义的部际关系中的 agency 只指政府中的部门，interagency 则指政府水平部门和政府垂直部门之间的互动关系。广义的部际中的 agency 包括政府部门、私人部门和第三部门，interagency 指的是公共部门与私人部门之间以及公共或私人部门、内设部门之间形成的互动关系。此处我们使用狭义的部际关系的概念，广义的 interagency 与公私伙伴关系（public private partnership）和治理（governance）含义接近。

二、公共行政执行的府际协同机制

公共行政执行的府际协同（intergovernmental synergy 或者 intergovernmental partnership）指的是公共行政执行过程中，中央政府与地方政府、地方政府之间通过协商、缔约、战略联盟、签订框架协议等行为共同努力合作实现公共目标的行动、程序和制度。府际协同与联邦主义、府际关系和府际管理的概念紧密相关。

（一）府际关系、联邦主义、府际管理

1937 年，府际关系（intergovernmental relation，IGR）第一次出现在了克林德·斯奈德（Clyde Snider）对县和乡镇政府关系的研究中，随后威廉姆·安德森（William Anderson）大大地扩展了这一概念。罗斯福新政（new deal）时期，罗斯福对美国联邦主义（federalism）进行了改进，倡导新型的府际关系。新型府际关系通过加强联邦政府的权力，改变联邦政府与州政府分权和各自为政的局面，主张政府间积极合作，共同建立全新的公共产品供给机制和政策执行机制。1953 年美国成立府际关系临时委员会（1953～1955 年），1959 年成立永久性的府际关系 26 人顾问委员会，从此府际关系成为正式的官方法律用语。20 世纪 60 至 70 年代，府际关系概念已经作为一种正式用语被联邦、州和地方政府所采用。到 20 世纪 70 年代，差不多所有的州都设立了机构或官

员处理府际关系事务。① 府际关系已经从一个单纯的学术概念，变为政治和行政实践概念。

有学者采用政策网络的途径来理解府际关系。比如：肯尼斯·本森（Kennth Benson）认为资源相互依赖以及由此形成的行政结构和利益结构是府际关系这种政策网络的特点。② 诺德·豪德（Rod Rhodes）则将府际关系放入政策网络光谱中，认为中央政府与地方政府之间是一种谈判关系。③

府际关系与联邦主义是紧密相关的概念。"'联邦主义'的概念出现于16世纪的神学和神学政治的用法，并在18世纪作为严格的政治术语首度使用。其发展的大致要点可以在 Oxford English Dictionary 中找到。……然后，在中世纪来描述在中欧发展起来的联盟。"④ 18世纪开始，联邦主义作为政府制度成为政治现实。"联邦主义是一种政府制度，在这种政府制度中，权力在中央政府和更低层面政府之间划分。中央政府拥有主权和有效的决策权，但低层次单位，特别是州，也拥有可观的权力，实行自治。"相对于府际关系概念而言，"虽然联邦主义与府际关系是两个经常可以互换使用的概念，但它们还是具有不同的涵义。"⑤

华特（Deil Wright）认为府际关系与联邦主义相比具有以下几个特征：

第一，府际关系超越了宪法上所规范的政府参与形态，包括全国与地方、区域与地方、全国与区域，地方与地方，及准政府组织与私人组织的关系变化；⑥

第二，府际关系是一种人性因素的考量，及重视在不同治理单位的官员关系之活动和态度；

第三，府际关系更涉及到官员之间持续接触与信息或意见交换关系；

---

① Deil S. Wright, Understanding Intergovernmental Relations，载 Jay M. Shafritz, Albert C. Hyde 编：*Classicsof Public Administration*（第四版），北京：中国人民大学出版社，2004 年英文版。第 578～579 页。

② J. K. Benson, A Framework for Policy Analysis, in D. L. Rogers and D. Whetten（eds.），*Interorganizational Coordination：Theory, Research and Implementation*，Ames：Iowa State University Press, 1982, p. 148.

③ R. A. W. Rhodes, *Beyond Westiminster and Whitehall*, London：Unwin Hyman, 1988, p. 85.

④ （美）丹尼尔·J. 伊拉扎著、彭利平译：《联邦主义探索》，上海：三联书店，2004 年版，第 19 页。

⑤ Steven A. Peterson, Thomas H. Rasmussen, *State and Local Politics*, McGraw2Hill, 1994, p. 4.

⑥ 我国学者林尚立：《国内政府间关系》，浙江：浙江人民出版社，1998 年版，第 25 页，认为府际关系有多种类型，如"集权主义、地方分权主义、均权主义和联邦主义"。

第四，府际关系在运作过程中涵盖了在不同政府层级之所有参与者，如立法者、法官、执行者在决策过程中所扮演的角色；

第五，府际关系是一种政策面向，涉及到跨区域且在政策形成、执行与评估过程中行动者的互动关系。①

20 世纪 80 年代，随着公共行政的"威尔逊——韦伯范式"受到民主行政、管理主义和治理理论的挑战，有学者在府际关系概念的基础上提出了府际管理的概念。将民主行政、管理主义和治理理论的理念、核心价值和操作手段引入府际关系中来。府际管理（intergovernmental management，IGM）的概念也应运而生。

华特（Deil Wright）认为"府际管理"已经取代联邦主义和府际关系，成为新兴研究的主题。文森特·马拉多（Vincen Marando）和帕特丽夏·弗罗斯坦（Patricia Florestano）认为府际管理具有五点特性：

第一，组织互动与网络关系；

第二，不同功能的专业网络解决问题的过程；

第三，问题的解决及协调、课责、能力建构；

第四，以目标、结果为导向，强调评估、执行、监督、缩短等功能。

第五，府际管理不但涉及公部门内的组织关系，更涉及公、私部门的组织关系网络，以及 IGM 是 IGR 之中强调达成目标的部分。②

罗伯特·阿格让福（Robert Agranoff）总结了府际关系和府际管理之间的区别：

第一，府际管理以问题解决为焦点，被视为一种行动导向的过程（action - oriented process），通常允许政府官员采取必要的手段去推动各项具有建设性工作；

第二，府际管理是了解和处理联邦政府组织变迁的一种方法或工具，可以用来解释各级政府，如何以及为何用特定的方式进行互动，并可提供吾人采取有效策略行为的建议；

第三，府际管理强调连系、沟通以及网络发展的重要性，这些途径是促使

---

① Deil S. Wright, *Understanding Intergovernmental Relations*, 3rd ed, Pacific Grove, CA: Brooks/Cole Publishing Company, 1988.

② V. L. Marando and P. S. Florestano, "Intergovernmental management: The state of the discipline" in B. L. Naomi, and A. Wildavsky（eds.）, *Public Administration: The state of the Discipline*, New Jersey: Chatham House, 1990, p287 ~ 317.

府际间计划得以顺利推展的正面因素。①

　　华特进一步从参与的组织、权威的关系、冲突解决的方式、价值的取向和议题的型态等项目区对联邦主义、府际关系和府际管理进行了区别。② 参见下表。

表6-6　联邦主义、府际关系和府际管理的区别

比较项	联邦主义	府际关系	府际管理
参与组织	联邦、州与州际	联邦、州与地方、各级政府间所有可能的互动	前述府际关系单位政治与行政连续体 公司部门的混合体
权威关系	层级节制关系	非对称导向	非阶层化网络
冲突解决	法院、普通选举和公民复决	市场、博弈和联盟	交易和磋商
价值取向	任务观点： 保障自由与宪法权利	政策观点： 了解参与者的偏好	管理观点： 强调计划的结果
议题形态	高度政治性议题	政策执行和协调	执行和问题解决

　　资料来源：Deil S. Wright, "Conclusion: Federalism, Intergovernmental Relations, and Intergovernmental Management – Conceptual Reflections, Comparisons, and Interpretations." In Robert W. Gage and Myrna P. Mandell, ed, *Strategies for Managing Intergovernmental Policies and Networks*, New York: Praeger Publishers, p. 158.

（二）府际协同机制

　　府际协同机制是政府间协同模式、协同程序、协同制度安排、协同方式和协同手段的总和。以下是府际协同模式的典型归纳：

　　詹姆斯·斯蒂汶（James Stever）提出府际协同的机制可以分为行政主导式和网络互动式。行政主导（executive – centered）是自上而下，由官僚科层通过控制和命令，协调和控制中央与地方的相互关系。网络互动式府际协同，则是自下而上和平行的协调，在这种协调中强调利害相关者（个人和组织）

---

　　①　Robert Agranoff, "Directions in Intergovernmental Management", *International Journal of Public Administration*, 11（4）, 1988, pp. 357～391.

　　②　Deil S. Wright, "Conclusion: Federalism, Intergovernmental Relations, and Intergovernmental Management – Conceptual Reflections, Comparisons, and Interpretations", In Robert W. Gage and Myrna P. Mandell, ed, *Strategies for Managing Intergovernmental Policies and Networks*, New York: Praeger Publishers, pp. 158.

的平等和自愿，通过协商、共识、合作、联盟等方式建立伙伴关系，提升公共行政执行的有效性，网络互动式协调建立在治理和网络的理念基础之上。[①]

莱斯（D. C. Nice）提出府际关系运作的三种模式：竞争型模式、互赖型模式及功能型模式。（1）竞争型模式（competitive model）：系指上下级关系有明确规范不同层级所拥有的功能与权力范畴，在此僵化的权责分配下，上下级间必然存在着利益冲突与权力竞争关系，形成零合博弈的游戏。（2）互赖型模式（interdependent model）：互赖型模式认为不同层级间，政府的任务与权力运作并非是定型化的契约关系，彼此间无丝毫弹性调整的空间，强调上下层政府间的权力分享与责任共担。（3）功能型模式（functional model）：认为不同层级间的功能性专业官僚拥有专业知识、训练、目标及价值体系，在政策执行过程中，是政策的主要推动者，透过功能性专业官僚的垂直合作关系，进行规则性的接触、互动与协调，以促使政策的运作。[②]

中国台湾学者张四明总结了三种府际协同的途径。即财政补助途径、冲突管理途径和组织间网络设计途径。下表列出了这三个途径的概貌。[③]

表 6 - 7　府际协同机制的三种途径比较

协调途径	互动基础	使用机制
财政补助	经济诱因 附带条件	一般补助 特定补助
冲突管理	议价和协商	磋商投资策略 司法审查制度
组织间网路设计	多边协调 交换	垂直调解式协调 水平调解式协调 非调解式或志愿式协调

资料来源：张四明：《府际间的协调：问题与解决途径》，载《行政学报》，1990 年，第 29 期，第 225 页。

三、公共行政执行的嵌入协同机制

公共行政执行的嵌入协同指的是在公共行政执行过程中，公共行政机关与

---

① James A Stever，"Adapting Intergovernmental Management to the New Age of Terrorism"，*Administration & Society*，Vol. 37，No. 4，2005，pp. 382～384.

② D. C. Nice，"The intergovernmental Setting of State - local relations"，in：*Governing Partners*，R. L. Hanson Ed.，Boulder（CO）：Westview Press，1998.

③ 张四明：《府际间的协调：问题与解决途径》，载《行政学报》，1990 年，第 29 期，第 225 页。

其他组织、公民个人之间通过建立伙伴关系、协商和对话、形成共识、签订合约等合作方式，努力共同实现公共目标。公共行政执行的嵌入式协同反映了公共行政机关与企业、市场、第三部门和公民个人之间的关系模式。

公私伙伴关系（public private partnership）是公共行政执行嵌入式协同的主要表现形式。而在实际的公共行政执行过程中，府际关系、府际管理和公私部门伙伴关系是紧密结合在一起的。都是公共行政执行职能——结构协同机制的衍生协同机制。

公私伙伴关系是一种公共与私人相互协作协力共同提供公共产品和服务的制度、机制和管理工具。"所谓的公、私伙伴关系指的是政府、营利公司、与非营利组织协力关系（cooperative relationships）的形成以完成政策功能①。""一个公私伙伴关系可以看作一个合适的制度手段（Institutional Means），通过在公私领域中以合作行为实现的转移创造的平等和相关责任来处理特定的市场失灵的来源。""一个公私伙伴关系可被定义为一个政府或它的部门与一个或多个私人部门机构之间的协调性安排（collaborative arrangement）②。""公私伙伴关系首先是广义界定（多少有点夸张），指公共和私营部门共同参与生产和提供物品和服务的任何安排。其次，它指一些复杂的、多方参与并被民营化了的基础设施项目。再次，它指企业、社会贤达和地方政府官员为了改善城市状况而进行的一种正式合作。"③ 可以认为，公私伙伴关系是一种通过协同的制度、机制和工具实现政策目标的治理工具。

公私伙伴关系建立在以下几个共识的基础之上：其一，通过打破垄断、打破行政机关在公共服务提供中的垄断，运用市场竞争能够促进行政执行的效率。其二，分开公共产品的安排和提供，公共产品因其属性的不同，可以采取不同的安排方式和提供方式。④ 其三，公共产品的提供主体是多元的，政府、企业、社区、第三部门、私人在一定的制度安排之下都能成为公共产品的提供主体。其四，偏好私营企业，认为私营企业执行公共政策和公共方案比政府更

① P. V. Rosenau, *Public–Private Policy Partnerships*, Massachusetts：The MIT Press, 2000, p. 5.

② R. K. Mishra, Morton R. Davies, K. S. Bhat, *Privatization：a global perspective*, New Delhi：Vikas Publishing House Pvt Ltd, 2004.

③ （美）E. S. 萨瓦斯著、周志忍等译：《民营化与公私伙伴关系》，北京：中国人民大学出版社，2002 年版，第 105 页。

④ （美）E. S. 萨瓦斯著、周志忍等译：《民营化与公私伙伴关系》，北京：中国人民大学出版社，2002 年版，第 69 页。

有效率和效益。①

公私伙伴关系治理工具是多种多样的，根据市场参与的程度不同，可以分为：委托授权、政府撤资和政府淡出三类。具体包括合同承包、特许经营、补助、凭单、法令委托、出售、无偿赠与、清算、民间补缺、撤出、放松管制等形式。②

总之，本章论述了公共行政执行的协同机制，第八章将通过国别案例和事件案例验证和丰富这些协同机制的具体内容。

---

① Nicholas Henry, *Public Administration and Public Affairs.* 7th, Prentice - Hall, Inc., 1999, pp. 345.

② （美）E. S. 萨瓦斯著、周志忍等译：《民营化与公私伙伴关系》，北京：中国人民大学出版社，2002 年版，译者前言第 7 页。

第四篇

公共行政执行中层理论的现象维度和实践应用

　　本篇实际上分为两个部分，一部分是公共行政执行中层理论的现象维度，另一个部分是公共行政执行中层理论的实践应用。

　　第一部分即第八章公共行政执行中层理论的现象维度——微观行为。该章研究公共行政执行研究的现象维度，系统地梳理公共行政执行的微观行为研究。公共行政执行的微观行为指的是公共行政执行过程中可观察的变量及其变量之间的相互关系。这里的微观并非指政策范围的狭小、时间的短暂或者影响力微弱，而是与"可观察""可测量""可以经验"含义相同。西方的政策执行（policy implementation）研究主要就是一种行为主义方法论指导下的微观行为研究。按照批判实在主义（critical realism）认识论的观点，本文所建构的公共行政执行的中层理论当中的"权力结构和协同机制"属于批判实在主义所谓的真实层面，"微观行为"则属于批判实在主义所谓的经验层面和实际层面。真实层面的结构性机制产生微观层面"可观察"的变量之间的联系。本章的意图不是简单重复地介绍西方政策执行研究的成果，而重点在于论证西方政策执行研究主要是一种行为主义的微观研究。当然西方政策执行研究当中也关注政策网络、治理、官僚体制这些协同机制层面的范畴，但是从政策执行的研究途径、理论模型、研究主旨和操作性工具层面来看，政策执行研究总体上还是局限于寻求经验层面的变量关系，近30年来政策执行研究的论文也大都采用微观行为的研究方法。

　　第二部分即公共行政执行中层理论的实践应用。第二部分将公共行政执行中层理论运用于分析英国、美国和日本的公共行政改革，并运用公共行政执行的中层理论对中国的案例进行分析。故名为公共行政执行中层理论的实践应用。考虑到国外公共行政执行权力结构的研究有较为丰富的文献，而协同机制的分析文献较为缺少，本篇在运用公共行政执行中层理论分析英国、美国和日本公共行政改革和公共行政执行的时候，侧重分析这三个国家公共行政改革和公共行政执行的协同机制。三个国家的经济发展模式和政治体制的差异，决定了三个国家公共行政执行协同机制具有各自的特色，第八章在具体分析这三个国家公共行政执行协同机制的时候，抓住各自的特色进行分析。第九章笔者将公共行政执行中层理论运用于分析当代中国公共行政执行（即通常所谓的政府执行力）问题。主要方法是案例分析的方法，将公共行政执行中层理论与2003~2007年房地产宏观调控政策执行案例结合起来进行，将案例中的权力结构和协同机制展现出来。在案例分析的基础上，归纳总结出中国政府执行力面临的主要问题，提出并论证重塑公共行政执行权力结构和协同机制是提升当代中国政府执行力的基本战略的观点。

第七章

公共行政执行中层理论的现象维度——微观行为

本章首先对西方政策执行研究的文献进行回顾，然后从政策执行研究的理论途径、理论模型、执行有效性、执行工具和方式等方面展示公共行政执行微观行为研究的概貌。

第一节　公共行政执行微观行为研究的文献综述

在导论中我们没有对本书的文献基础进行系统的展示，那是因为目前关于公共行政执行的研究主要集中在宏观和微观层面。第二章除了系统地梳理公共行政执行研究的层面以外，对宏观层面的研究亦进行过梳理。公共行政执行研究的微观层面主要来源于政策执行研究领域的文献，这个领域的文献比较丰富，故放入本章单独进行梳理。

一、英文期刊关于政策执行研究的文献分析

在英文世界里，截至 2007 年 12 月，进入学术研究图书馆（Academic Research Library，简称 ARL），以 policy implementation 为题名进行检索，从 1979 年到 2007 年共有 121 篇文章。

从数量分布来看，1980 年到 2000 年的 20 年内，政策执行的文章数量基本保持在平均 4 篇左右。2000 年以后，政策执行的研究的文章在数量上有所增长，每年平均在 11 篇以上。最多的 2006 年达到 13 篇。从趋势上看，政策执行研究越来越受到重视。（文章的数量分布详见附录 1：Academic Research Library 数据库收录的政策执行期刊论文数量统计）。

从研究的类型来看，论文研究的政策可以分为经济调节类、市场监管类、社会服务类和公共管理类，另外有一些属于理论与方法类的文章。所有文章中，理论与方法类的文章占有较大的份额，分别涉及理论发展的综述、政策网

络、组织间关系、政策模型（比如模糊冲突模型等）、政策工具、政策风格、执行有效性、组织发展等。在专业类的政策执行研究中，公共服务类的政策执行占据较大的份额，经济与市场监管类的政策执行与社会管理类的政策执行文章数量持平。关于中国问题的研究主要涉及中国的环境、经济发展、妇女政策等多方面内容。（文章类型的数量分布详见附录 2：Academic Research Library 数据库收录的政策执行期刊论文类型）。

从研究方法来看，国外政策执行研究的期刊文章一般都采用案例研究的方法，通过案例研究验证或者发展理论框架，在案例研究的过程中大多会使用访谈、问卷调查法和统计分析等方法。

总体而言，在 Academic Research Library 中，西方政策执行研究从 1979 年以来，主导的研究方法是案例研究法，往往借鉴多学科的知识来发展理论框架。论文基本上不涉及执行中的体制、机构设置等宏观和中观问题，主要是微观行为的分析。构建中层理论弥合宏观理论与微观行为之间的断裂，是有必要的。

二、英文学位论文、专著的文献统计和综述

在英文世界里，截至 2007 年 8 月 5 日进入 ProQuest 博士硕士论文全文数据库进行检索，使用标题（title）"policy implementation"进行检索，共有 237 篇论文，这些论文全部是博士论文。

从论文的分布数量来看，从 1976 年以后，关于政策执行的研究就开始保持相对稳定，虽然有些年份的数量较少，但大体上保持稳定。最少每年 4 篇，最多的达到 12 篇。（数量分布的详细情况参见附录 3：ProQuest 博士硕士论文数据库中收集的政策执行的博士论文数量统计）

从论文的研究类型来看，本书根据政府职能的区别将 ProQuest 博士硕士论文数据库中的博士论文分为以下几类，即经济调节类政策执行、市场监管类政策执行、公共服务类政策执行和社会管理类政策执行。其中研究最多的是公共服务类政策的执行，其次是社会管理类政策的执行。这与西方国家政府职能结构紧密相关。经济类政策执行研究较少是由于如下原因：（1）在西方国家，经济政策主要集中在经济学领域进行研究，研究的方法也多采用经济学的方法，而经济学的方法与政策执行领域采用的质性研究和案例研究方法不同。经济学家习惯于按照自己的专业范式进行研究，政策执行领域对经济政策的研究并不占据主要地位。（2）更为重要的原因是西方国家市场经济运行机制也较为成熟，政府的政策执行虽然发挥作用，但是政策执行的模式较为成熟和专业

化，政策执行的研究空间不大。公共服务领域和社会管理领域是西方国家20世纪50～60年代以来"大政府"和福利国家兴起以来政府职能的重点。对于这些政策的执行，政府的执行发挥着关键的作用，因此在公共政策和公共行政领域，研究公共服务和社会管理政策的执行始终是西方国家政策执行研究的重点和热点。（详细的数量分布参见本章附录4：ProQuest博士硕士论文数据库收集的政策执行博士论文类型）

国外博士论文的文章分布与期刊文章的分布有类似的地方。研究方法也与期刊文章类似，以案例研案为主。案例研究所采用的理论框架比较多样化，比如尤格尼·巴贝奇（Eugene Bardach）的博奕模型，范·米特，范·霍恩（Van Meter/Van Horn）模型，金登（Kingdon）模型，萨巴蒂尔（Sabatier）模型等等。总体而言，国外政策执行博士论文主要关注微观行为，很少关注制度、机构和机制。有关国外期刊论文和博士论文的基本内容、发现、理论框架和研究方法等内容的归纳笔者将另文详述。

三、中文期刊关于执行研究的文献分析

执行、政策执行和执行力的研究是一个涉及学科和领域很广的研究范畴，主要涉及法学、管理学（包括工商企业管理和公共管理学科）、政策科学、政治学等学科（期刊文献的数量分布见本章后面的附录5：1911年到2007年10月执行、政策执行和执行力研究期刊文献统计）。

（一）政策执行研究

在中国期刊网上以"政策执行"为篇名对文章进行搜索，所获的文章可分为理论与方法类、中国现状总论类、专业类（包括经济调节、市场监管、公共服务和社会管理）、地方政府类和其他五类（这些文章的数量分布参见附录6：1911年到2007年10月"政策执行"为篇名的期刊统计）。①

---

① 这样分类是基于以下几个考虑：理论与方法类的文章有助于本文提出创新性的理论框架。中国现状和总论类便于从总体上把握中国的政府执行力状况。专业类为本文的案例研究提供相关的背景知识。地方政府类比较特殊，因为它更多的涉及执行中的纵向分权，对于中国这样由全能主义国家转型为市场经济的国家而言，研究执行力是无法逃避地方分权问题的，所以将地方政府类单独列出。

对政策执行理论和方法的关注在期刊中最早出现在1988年张怀玉对政策执行变通现象的关注。从1988年到1997年10年间，政策执行的理论和方法类的研究只有9篇文章，主要涉及政策执行中的社会心理、执行中的反馈、执行的有效性的影响因素、执行中的有限集权体制等问题。可以说中国对执行理论和方法的研究在20世纪末期才进入轨道。其余的文章主要都是专业领域政策执行的讨论和研究，以描述和介绍为主，在特定的学理框架下进行研究的成果较少从1998年的研究情况来看，主要集中在经济调节类的政策执行研究，理论和方法的文章没有。从1999年的研究情况来看，大多数（接下页）

从已有文献可以看出政策执行研究在中国开始于 20 世纪末期，国内政策执行的研究具有如下三个显著的特征：第一，政策执行的理论和方法类的文章所使用的理论框架没有超出西方政策执行文献的范畴。大多是对西方政策执行研究的介绍，创新性的理论和方法几乎没有。第二，西方政策执行的文献以案例研究为主，所提出的理论模型和框架也都是建立在案例研究的基础之上，因此在研究层面上侧重于微观，侧重于可测量的微观变量之间的关系的寻求。核

（接上页）文章集中在经济调节类的政策执行研究。理论方法类的文章主要涉及执行中的公众参与，执行中的目标置换以及影响政策执行有效性的因素分析中。从 2000 年的研究情况来看，文章主要集中在经济调节类的政策执行的研究。理论方法的研究中主要涉及政策决定与政策执行之间的关系、影响政策执行有效性的因素分析这两大范畴。对中国现状的总论涉及到地方对中央政策的执行和社会主义市场经济条件下政策执行问题。从 2001 年的研究情况来看，主要集中在经济调节类的政策执行研究。理论和方法类的文章主要涉及政策执行中的责任、风险、偏差以及政策执行能力问题。从 2002 年的研究情况来看，仍旧主要集中在经济调节类的政策执行的研究。主要内容涉及财政、税收和货币政策。理论和方法类的文章主要涉及政策执行中的监督、初始状态、政治社会化、执行体制和执行阻滞问题。从 2003 年的研究情况来看，主要集中在对经济调节类的政策执行的研究。主要内容涉及财政政策、货币政策、税收政策、价格政策和土地政策执行。四篇理论与方法类的文章中，有两篇是运用了系统科学的原理对政策执行进行研究，涉及到了"非线性"和"涌现"的概念。另外两篇涉及政策执行的有效性问题。从 2004 年的研究情况来看，主要集中在经济调节类的政策执行研究。主要内容涉及财政政策、货币政策和价格调控政策。公共服务类的政策执行主要集中在对教育政策执行的研究。政策执行的理论和方法类的文章主要涉及政策执行中的力度、效度以及信息等范畴。就 2005 年的研究状况来看，政策执行的理论与方法类的研究较为突出。专门领域的政策执行研究主要集中在经济调节类的政策执行研究和公共服务类的政策执行研究。（1）政策执行的理论与方法的文章主要涉及政策执行中的政治因素、价值因素和自由裁量问题。（2）中国现状总论类的研究主要包括政策执行与执政能力之间关系的分析，政策执行不力的原因分析，另外还有一篇是关于陈云政策执行思想的研究。（3）专业领域的政策执行研究中经济调节类和公共服务类政策执行研究比较集中。经济调节类的政策执行主要涉及财政、金融、税收和三农政策的研究。公共服务类的政策执行研究则主要涉及教育和医疗政策执行的研究。在专业领域的政策执行研究中主要运用了政策执行理论中的公私部门伙伴关系理论和制度分析的方法作为研究的理论框架。就 2006 年的研究现状来看，对政策执行的理论和方法研究，对经济调节类政策的研究比较集中。（1）理论与方法主要集中两个方面：一是对西方国家政策执行理论的综述和介绍。一类是关于政策执行理论相关范畴专门的研究。主要包括公民参与、协商民主、地方政府自由裁量、社会资本与政策网络、政策博弈、政策执行心理、政策组织、政府权威是各篇文章主要研究的范畴。（2）中国问题总论中两篇文章分别提出了"地方政策执行力的问题"和"政策执行阻滞问题"。（3）专业方面的政策研究主要集中在经济调节类的政策执行研究中。主要包括财政、货币、金融、房地产政策的研究。公共服务类的政策执行则主要集中在教育政策执行的研究中。从 2007 年的研究现状来看，理论和方法类的文章占有较大的份额。主要涉及政策执行中的公共权力、主观因素、执行评估、内部环境、政策认同和影响执行有效性的因素，其中有三篇文章是对政策执行力问题的探讨。有三篇文章分别运用了新公共管理理论、治理理论和制度分析的方法探讨政策执行问题。另一个突出特征是，对地方政府政策执行问题研究的文章数量比以前有明显的增加。地方政府在政策执行中的博弈、地方政府利益、预算软约束、执行过程和执行机制等问题得到了关注。专业类的政策执行研究则主要集中在经济调节类的政策执行分析。教育政策执行是公共服务类政策执行的主要关注领域。

心在于寻求影响政策有效执行的因素，具有显著的"因素论"的色彩。因素论长于分析和提出管理层面的反思，而其局限在于宏观关照和制度分析的缺失。这反映了西方国家执行系统在整个社会结构中地位相对稳定这一事实。分析中国公共行政执行问题，不能仅仅停留在微观叙事的层面，还需要兼顾制度和宏观叙事，否则无法深刻地反映中国快速的发展转型引起的公共行政执行问题。第三，专业类的政策执行研究"就事论事"的色彩较重，虽然也有文章尝试使用西方政策执行的理论框架进行分析，但是分析的深刻性和研究框架的普适性仍有待进一步探讨。

（二）法律学科中的"执行"和"执行力"研究

法律学科中所探讨的执行问题一般称为"司法执行"，与司法执行相关的概念是"司法执行力"，"司法执行机构"。司法执行的研究来源于学者和实际工作者对司法执行难现象的观察和思考。对执行难的研究是法律领域中的一个重要课题，主要集中在对执行难现象的分析和描述、对其原因的分析以及解决对策等问题上。其中通过司法执行机构改革解决执行难问题，在论文中探讨较多。由于司法执行难的问题不属于本文研究的主题，因此就不再赘述。

（三）"政府执行力"研究

从1911年起到2007年，以"执行力"为篇名，发表在核心期刊上的文章共有50篇。其中"政府执行力"为篇名的文章有30篇。这些关于政府执行力的研究可以分为概念和理论类、地方政府执行力类、提升政府执行力的对策类和政府执行力的案例研究类。

总体而言，政府执行力的研究刚刚起步，尚未形成一个较为系统和完整的理论框架，运用执行理论进行的案例研究也非常少。政府执行力的研究有必要首先形成较为完善的中层理论框架，并在此理论框架的指导下丰富案例研究，这是本文意图努力完成的议题。

四、中文学位论文、专著关于执行研究的文献分析

截至2007年10月，在国家图书馆中的博士硕士论文库，用"执行"作为题名进行检索，共有35篇论文。其中9篇是关于法律学科中执行问题的研究，由于法律学科中的执行问题不是本文的研究范围，在此不多叙述。只有一篇属于政策科学领域的政策执行研究，即丁煌的《政策执行阻滞及其防治对策探析》。其余的文章都是关于理工科中的执行问题，在此也不做赘述。

通过中国台湾全国硕士博士论文系统的检索，截至2007年共检索到关于政策执行的硕士博士论文 121 篇。其中博士论文仅有三篇，即姚祥瑞：《台湾地区水库兴建政策与环保团体互动之研究——以美浓水库为个案分析》、伍泽元：《我国现行住宅政策执行绩效之研究》、石泱：《我国就业保险政策执行成效评估之研究》。这些博士论文与西方国家政策执行研究的博士论文的研究范式相同，属于政策执行的微观行为研究。

截至 2007 年 10 月，在北京大学学位论文库，用"执行"作为题名进行检索，共有 56 篇论文，其中法律学科方面的执行论文有 17 篇，政策执行的文章有 19 篇。剩下的是计算机科学、环境科学以及其他理工科中执行相关问题的研究。现有的政策执行研究的 19 篇文章大都是研究某一个具体领域的政策。这些领域包括最低生活保障政策、干部任期制、农民工培训、大气污染、住房政策、教育职员制、十个五年计划、低保、退耕还林、经济适用房政策、股票市场政策等等方面。研究中涉及到政策执行过程的模型（比如史密斯模型）、政策执行绩效、政策执行的有效性等相关理论和方法。以"政策执行"为题进行全面检索，共有 164 本专著和学位论文。这些专著的研究可以分为政策执行的理论与方法类研究、国际比较类和案例类三类。理论方法类主要追随西方政策执行研究的微观行为范式。比如李允杰，丘昌泰合著：《政策执行与评估》，李兆光著：《公共政策如何贯彻执行》，张骏生主编：《公共政策的有效执行》，金太军：《公共政策执行梗阻与消解》等。除了追随西方政策执行研究的微观行为研究范式外，丁煌提出了分析政策执行的利益、行为和制度分析框架（丁煌著：《政策执行阻滞机制及其防治对策——一项基于行为和制度的分析》）。陈恒钧提出了政策执行的治理框架（陈恒钧：《治理互赖与政策执行》）。这些框架对于理解和分析政策执行都具有一定的合理性，但是没有严格区分理论层次，更没有提出专门的中层理论。国际比较类主要研究不同国家的政策执行问题，比如赵凯农所著的《国会监督与政策执行——美国经验之研究》。案例类主要研究特定专业领域的政策执行，比如周佳所著的《教育政策执行研究——以进城就业农民工子女义务教育政策执行为例》。

截至 2007 年 10 月，在北京大学图书馆，用"执行力"为题进行检索，共有 24 本专著或论文。其中除了徐珂著：《政府执行力》和莫勇波著：《公共政策执行中的政府执行力问题研究》涉及政府执行力问题以外，其余的都是关于企业管理中的执行力问题的研究。关于企业管理执行力研究和政府执行力研究的范式、取向和特色在第二章已经详细叙述。

总之，执行、政策执行和政府执行力是与公共行政执行直接相关的文献，这些文献以西方政策执行研究范式为主流范式，是一种微观行为研究。具体体现在理论途径、理论模型和变量、理论研究的核心问题三个方面，以下分述之。①

第二节　公共行政执行微观行为研究的理论途径

政策执行微观行为的研究已经经历了三代的发展。

20 世纪 70 年代初到 20 世纪 70 年代末期的执行研究是执行研究的第一代。（1）第一代研究主要采用自上而下的研究途径（top – bottom approach 或者 top – down approach）。这一途径还带有传统官僚组织研究的印记，但是自上而下的研究试图找到执行过程中目标偏离的轨迹和引起这些偏离的因素，试图寻求影响政策执行有效性的因素的合理组合，这与韦伯组织理论的理想类型方法大不相同。（2）第一代研究主要是小规模的案例研究。比如对美国"大社会"（great society）项目的案例研究，对约翰逊政府建立现代通讯系统项目的案例研究，对 ESEA 教育规划的研究，对奥克兰项目的研究等等。②

自上而下的途径（top – bottom approach 或者 top – down approach）是帕雷特（Susan Barrett）和佛杰（Colin Fudge）对第一代政策执行主导研究途径的概括。其最早代表人物是佩尔兹曼和威尔达夫斯基，随后史密斯（T. B. Smith）提出的政策过程模型、霍恩（C. E. Van Hoer）和米特（D. S. Meter）提出的系统模型、马兹曼尼安（D. A. Mazmanian）和萨巴蒂尔（Paul A Sabatier）提出的执行综合模型都采用自上而下的研究途径。

20 世纪 80 年代初到 20 世纪 80 年代末是执行研究的第二代。第二代研究主要采用自下而上的研究途径（bottom – top approach 或 bottom – up approach），这一研究途径在研究的出发点、关注的中心、执行过程的性质、政策的界定等方面与自上而下的研究途径相对。李普斯基（M. Lipsky）对街头官僚（street level bureaucracy）的研究，埃尔莫（Richard F. Elmore）对追溯性筹划（backward mapping）的研究，贺恩（Benny Hjern）和波特（David Poeter）对执行结构的研

---

① 本章从第二节到第四节的内容主要参考了张国庆主编：《公共行政学》（第三版），北京：北京大学出版社，2007 年版第八章行政执行的内容，该章系笔者所著。凡是参考的内容均用楷体字体标出。

② Catherine E. Johnson, *Intergovernmental Relation：The Implementation of Federal Policies*，UMI（bell&Howell Information Company），1999，pp. 34 ~ 36.

究是这一研究途径的主要代表。

20 世纪 90 年代至今是执行研究的第三代。（1）第三代研究试图综合和超越第一代和第二代的理论，具有研究方法和理论工具的多样性的特征，综合利用制度分析、组织理论、治理理论、网络分析的理论成果来分析复杂的执行问题，将案例研究和理论模型结合起来，深化了执行研究。"就执行研究而言：自上而下和自下而上的争论结束了，取而代之的是对它们各自不同方面优势的认识，并且取得了众多的理论成就。"① 比如：门泽尔（Donald Menzel）的组织间模型（1987），郭锦等人（Malcolm Goggin）的府际关系模型（1990），萨巴蒂尔（Paul Sabatier）的政策变迁和学习模型（1993），麦特兰德（Richard Matland）的不明确冲突模型（ambiguity – conflict）（1995），瑞恩（N. Ryan）的综合途径（integrated approach）（1996），奥斯特罗姆的制度分析途径、治理理论模型、网络分析模型等等。执行研究现在已经进入了一个综合和多元的时代。（2）第三代研究扩大了研究的范围，将执行扩展到府际关系的范围和分析层面。

需要特别加以说明的是 1981 年贺恩（Benny Hjern）和波特（David Poeter）在《组织研究》上发表了《执行结构：一种新的行政分析单元》提出了执行结构概念。执行结构是一种分析单元，是区别于市场和官僚组织而介于两者之间的一种协调和联系方式。这种方式通过公共政策的纽带将政策执行涉及的各种组织以相互依赖的结构联系起来。执行结构不通过权威设立，是组织成员在自我选择和相互作用的过程中形成的。"执行结构的正式程度较低，权威关系不如行政组织系统那样明显；所处的社会环境较容易变动，其行动集合体是并非具有法律地位的实体；参加项目执行的决定是模糊的，基于同意和相互妥协"。执行结构的概念提出后，学者们对其做了深化和细化，形成了大量的文献。在执行研究的第三代中，执行结构的概念进一步深化为政策网络的概念。

执行结构概念的提出标志着政策执行研究中层理论的萌芽，政策网络理论作为执行结构理论的深化，形成了政策执行研究的中层理论。② 笔者将政策网络看作是公共行政执行的协同机制之一，整合进入了权力结构和协同机制的分

---

① Laurence J. O' Tool Jr. , Research on Policy Implementation: Assessment and Prospects, *Journal of Public Administration Research and Theory*, 10, 2000 (2), p. 283.

② S. Wilks, and M. Wright, "Conclusion: Comparing Government – Industry Relations: States, Sectors, and Networks", Edited by Stephen Wilks and Maurice Wright, *Comparative Government – Industry Relations: Western Europe, the United States, and Japan*, Oxford: Clarendon Press; New York: Oxford University Press, 1987.

析，这在第四章中已经进行过详细的论证和阐释，特在此说明。

第三节　公共行政执行微观行为研究的理论模型和变量

传统公共行政理论认为执行过程只是一种纯粹的官僚行政功能，通过自上而下的官僚控制结构能够使政策最小的偏离目标。古典的行政执行模型与传统公共行政理论的官僚组织模型是一致的，认为官僚组织的控制结构等同于政策的执行，官僚组织的合理化控制能完美实现政策目标。20 世纪 70 年代执行研究领域的兴起，在理论和实践上终结了古典行政执行模型。

1973 年，史密斯（T. B. Smith）在《政策科学》（Policy Sciences）杂志上发了"政策执行过程"（The Policy Implementation Process）一文，提出了政策执行过程模型。理想化的政策、执行机构、目标、环境因素是政策执行过程中所牵涉的重大因素。[①]

1975 年霍恩（C. E. Van Hoer）和密特（D. S. Van Meter）在《行政与社会》（Administration and Society）杂志上发表了"政策执行过程的概念框架"（The Policy Implementation Process：A Conceptual Framework）一文，提出了政策执行的系统模型。该模型标示出了影响政策执行的六大要素之间的关系，这六大要素是：政策目标与标准、政策资源、执行方式、执行机关的特性、系统环境、执行人员的价值取向。[②]

1977 年巴达奇（E. Bardach）将博弈论运用到政策执行的研究中，较为系统的阐述了政策执行的博弈模型。政策执行的博弈模型将政策执行看作相关决策主体之间的一种博弈，这一博弈是由政策执行的相关人（包括政策执行者和受到政策影响的人）基于利益的考虑，在一定的规则之下，调动各自的资源，通过信息的交流和沟通达到一种博弈结果的过程。[③]

1979 年马兹曼尼安（D. A. Mazmanian）和萨巴蒂尔（Paul A Sabatier）在《政策研究杂志》（Policy Studies Journal）发表了"政策执行的分析框架"（Implementation of Public Policy：A Framework of Analysis）一文，提出了一个综合性的、动态的政策执行模型。该模型将影响政策执行的变量归纳为政策问题

---

① T. B. Smith, *The Policy Implementation Process*, Policy Sciences, Vo. 4, No. 2, 1973, p. 203.

② D. S. Van meter and C. E. Van Horn, "The Policy Implementation Process：A Conceptual Framework", Administration and Society, Vol. 6, No. 4,（Feb. 1975）, p. 463.

③ Eugene Bardach, *The Implementation Game*, Cambridge, Mass: MIT Press, 1977.

的特性、政策本身的可控变量、政策以外的变量。这些变量构成了执行过程的各个阶段。①

1987 年门泽尔（Donald Menzel）回顾了 70 年代和 80 年代以来的执行理论后指出：以往的执行研究忽视了组织在公共政策中的角色，也没有一个组织理论或模型能很好的应用到政策执行研究（比如：自上而下的研究途径和自下而上的研究途径都不能很好的解释冲突和协调）。为此，门泽尔采用组织理论的分析工具，构建了政策执行的组织间模型。政策执行的组织间模型认为：执行的成功不但依赖于组织自身的选择，还依赖于其他组织的选择。该模型将焦点集中在互动网络中组织的相对属性上，认为组织间的依赖包括资源依赖和结构依赖两个重要的方面。②

1990 年，郭锦（Malcolm Goggin）等人提出了府际关系模型，该模型认为：第一，中央政府与地方政府之间具有冲突或合作关系；第二，州政府具有自主裁量权，可以解释联邦计划的内容也能够了解地方政府需要解决的问题；第三，不同时间或不同管辖权下具有不同的执行模式；府际关系模型包括三个变量：（1）因变量：即州政府的政策执行。（2）自变量：包括两项：第一项为联邦政府层次的诱因与限制；第二项为州与地方政府层次的诱因与限制，两者形成交互依赖关系。（3）中介变量：包括州政府本身的决策后果与州政府本身的能力。前述自变量与中介变量构成州与地方政治的执行次级系统（implementation subsystem）。这一系统包括下列要素：州与地方政府机关首长、机关组织、州发言人、州立法委员、地方政府层次的行动者、州政府层次的能力、回馈等，这些要素都是互动性的、互赖性的、多元性的动态过程。③

1993 年萨巴蒂尔（Paul Sabatier）出版了《政策变迁与学习：一个宣导联盟途径》（Policy Chang and Leaning：An Advocacy Coalition Approach）一书，提出了政策变迁与学习的宣导联盟模型（advocacy coalition framework of policy change）。该模型建立在政治系统论、精英理论和组织学习理论的基础之上，

---

① Daniel A Mazmanian and Paul A Sabatier, "Implementation of Public Policy: A Framework of Analysis, Policy Studies Journal, Vol. 8, No. 4, 1979 ~ 1980, p. 542.

② Donald C. Menzel, "An Interorganization Approach To Policy Implementation", *Public Administration Quarterly*, Vol. 11, No. 1, (spring1987), pp. 3 ~ 19.

③ Malcolm L. Goggin, Ann O' M. Bowman, James P. Lester, Laurence J. Jr. O' Tool, Implementation Theory and Practice: Toward a Third Generation, Glenwood, Ⅲ: Scott Foresman/Little, Brown, 1990.

认为政策执行过程本身就是改变政策内涵、政策取向学习（policy - oriented learning）的过程。这一模型包括以下三方面的基本内容：① （1）政策变迁受到两种外在因素的影响。一种是相对稳定变项（relatively stable parameters），包括问题领域的基本特征、自然资源的基本分配、基本的文化价值与社会结构、基本法制结构等。另一种是动态事件变迁（dynamic events），包括社会经济条件与科学技术的变迁、系统治理联盟（systemic governing coalitions）的改变、其他次级体系的政策的变迁等。（2）行动者通过宣导联盟影响政策。行动者通过宣导联盟影响政策的基本过程是：具有相似信仰和利益的行动者构成联盟，联盟成员采取若干宣导与公关策略，影响政府的政策，政策的结果再回馈到宣导联盟。宣导联盟之间通过政策中介者（policy brokers）加以协调，以形成平衡的政策影响力。（3）政策变迁本身就是一种政策取向的学习过程。政策次级体系内的行动者从互动过程中修正自己的想法或行为，累积互动的经验，从而形成新的信仰体系，这就是一种相互学习的动态过程。政策取向的学习表现在下列几个方面：第一，某些联盟成员的信仰体系认为某些变项状态甚为重要，因而采取更为积极的学习态度，以增强信仰的凝聚力。第二，某些联盟成员的信仰体系内所建立的逻辑因果关系，可能有所修正。第三，某些联盟成员可能认同，亦可能挑战其他联盟的信仰体系，因而形成相互对立或妥协冲突的互动关系。

公共行政执行微观行为的研究旨在找到各个行为和事件变量之间的关系。政策执行领域的博士论文和期刊论文所使用的变量一般都来自上述的理论模型。表7-1简要地归纳了这些理论模型所涉及的变量。

表7-1　公共行政执行微观行为研究的理论模型变量

模型	自变量	中介变量	因变量	与中层理论的关系
传统官僚理论	政策	官僚体制	政策结果	官僚体制是中层理论的协同机制之一

---

① Paul A Sabatier, Jenkins - Smith., Hank C., eds, *Policy Chang and Leaning: An Advocacy Coalition Approach*, Boulder, Coli: Weatview, 1993. 另外还参考了李允杰、丘昌泰：《政策执行与评估》，中国台北：元照出版公司2003年版第92页。郑进明：《影响台北市政府中阶主管业务执行因素之探讨》，中国台湾世新大学行政管理硕士论文2004年，第9～29页。

续表

模型	自变量	中介变量	因变量	与中层理论的关系
史密斯模型	理想化的政策、执行机构、目标、环境因素	—	政策结果	属于微观行为
霍恩模型	政策目标与标准、政策资源、执行方式、执行机关的特性、系统环境、执行人员的价值取向	—	政策结果	属于微观行为
马兹曼尼安和萨巴蒂尔模型	政策问题的特性、政策本身的可控变量、政策以外的变量	政策过程	政策结果	属于微观行为
郭锦府际关系	联邦政府层次的诱因与限制 州与地方政府层次的诱因与限制	州政府决策结果 州政府能力	州政府执行 属于微观行为	
宣导联盟架构	(外在因素) 相对稳定的变项 动态事件变项	次级体系行动者的限制与资源	政策次级体系	外在因素属于本文的宏观和中观层面
温特模型	政策规划过程、立法: 冲突; 因果理论; 象征性行动; 注意力。	执行过程: 组织与组织间执行; 基层官员行为; 标的团体行为;	执行结果: 产出; 结果。	属于微观行为研究

资料来源:作者根据相关文献整理。

第四节 公共行政执行微观行为研究的核心问题

执行有效性就是执行结果实现所要执行目标的程度。执行有效性的研究从结果的角度考量公共行政执行权力的运作,是权力量化结构研究得以成立的基础。公共行政执行微观行为研究的核心问题是探究影响行政执行有效性的因素。

执行有效性研究是执行研究的核心，学者们的一个共同旨趣在于寻找制约行政执行有效性的因素以及这些因素之间的联系，以便总结出最优执行的条件，建构合理的执行理论模型。佩尔兹曼、威尔达夫斯基、胡德、马兹尼安、萨巴蒂尔、郭锦等人都对此进行过专门的研究。马兹尼安、萨巴蒂尔和中国台湾学者林水波和张世贤的研究比较有代表性。

马兹尼安和萨巴蒂尔将影响政策有效执行的因素概括为三个方面。① 参见下表：

表7－2　马兹尼安和萨巴蒂尔总结的影响政策有效执行的因素

马兹尼安和萨巴蒂尔总结的影响政策有效执行的因素		
问题的难易程度	法令控制力	非法令性因素
1. 技术难度 2. 目标群体行为的差异性 3. 目标群体占人口总数的比例 4. 要求改变行为的程度	1. 目标的精确性和重要性 2. 因果理论的符合逻辑性 3. 财政资源的最初分配 4. 执行机构内部或者执行机构之间的融合程度 5. 执行机构的决策规则 6. 政策执行官员对法令的认同程度 7. 外部人员的正式接触渠道	1. 社会经济状况和技术 2. 公众的支持 3. 追随者的态度和资源 4. 统治者的支持 5. 执行官员的献身精神和领导技能

资料来源：Daniel A Mazmanian and Paul A Sabatier，"Implementation of Public Policy：A Framework of Analysis，*Policy Studies Journal*，Vol. 8，No. 4，1979～1980，p. 542.

中国台湾学者林水波和张世贤在总结和概括已有研究成果的基础上，将影响政策有效执行的因素分为三个方面。② 参见下表：

---

① Daniel A Mazmanian and Paul A Sabatier，"Implementation of Public Policy：A Framework of Analysis，*Policy Studies Journal*，Vol. 8，No. 4，1979～1980，p. 542.

② （中国台湾）林水波、张世贤：《公共政策》，台北：五南图书出版公司1982年版，第263页。

表 7 – 3　林水波和张世贤总结的影响政策有效执行的因素

政策问题特质	政策本身的条件	政策本身以外的条件
1. 有效而可行的技术理论与支持 2. 标的团体的行为的分殊性 3. 标的团体的人数 4. 标的团体行为需要调适度	1. 合理的规划与推介 2. 合法的政策 3. 健全的理论基础 4. 清楚而具体的政策目标 5. 政策资源（经费、人员、资讯和权威） 6. 政策标准 7. 政策规制和执行机关决定原则 　政策上安排执行机关和人员	1. 标的团体的顺从 2. 机关组织间的沟通和整合 3. 执行机关的特性 4. 政策执行人员的意向和态度 5. 政策执行之监督 6. 领导管理技术 7. 政治环境

资料来源：林水波、张世贤：《公共政策》，中国台北：五南图书出版公司，1982 年版，第 263 页。

　　总之，政策执行研究的理论途径、理论模型和变量、执行有效性研究都是微观行为的研究，微观行为是权力结构和协同机制的外在表现。

第八章

公共行政执行中层理论的国别应用

通过重塑公共行政执行权力运行的协同机制增强政府执行的有效性，是西方国家公共行政改革和政府执行力建设的核心内容之一。本章中，笔者按照公共行政执行的中层理论框架重点分析英国、美国和日本三个国家 20 世纪最后 30 年以来，在公共行政执行权力结构的调整和协同机制建设方面的理念、制度和举措。在进行分析时，笔者不求面面俱到，只抓住这三个国家公共行政执行权力结构和协同机制中最显著、最突出的部分。在分析某一个国家公共行政执行权力结构和协同机制的时候，我们会作适度的对比性扩展，力图阐明一些共性的特征。

之所以选取这三个国家是因为这三个国家代表了三种政治经济和行政模式，它们的公共权力结构及其协同机制既有共性也有个性。通过分析这三个典型国家的公共行政执行权力结构及其协同机制有助于总结公共行政执行权力结构及其协同机制的一般规律。英国是议会内阁制和单一制国家，经济上经历了战后的国有化到撒切尔的民营化改革。这决定了英国公共行政执行权力结构及其协同机制的整体特色。考虑到公共行政执行权力结构及其协同机制的整体性，我们对英国的分析主要围绕英国大部制和独立执行机构改革为主线展开，这一主线贯穿了以下几个主要的协同机制：嵌入性协同机制；民营化；决策—执行—监督协同机制；独立执行机构改革和将政府联结起来（join - up govern-ment）；职能—结构协同机制；大部制等等。美国是总统制和联邦制国家，经济上经历了罗斯福新政到里根革命再到克林顿的第三条道路的历程。这决定了美国公共行政执行权力结构及其协同机制的整体特色。独立管制机构的运作是美国公共行政执行权力结构和协同机制的特色。独立管制机构的运作体现了政治与行政协同、嵌入性协同和决策—执行—监督协同机制。日本是君主立宪的议会内阁制国家，经济上经历了政府主导下的快速增长到 20 世纪 90 年代的结构性改革。日本的行政改革最能体现结构协同的思想。我们将在日本行政改革中综合分析生态协同、政治与行政协同、决策—执行—监督协同和府际协同等内容。

第一节　英国公共行政执行协同机制

英国自从撒切尔任首相以来，开始对公共行政执行权力结构进行调整，在嵌入性协同机制、决策执行监督协同机制、部际协同机制和府际协同机制方面都颇有建树，取得了众多的成果。从民营化到公私伙伴关系、从执行机构多样化到把政府连接起来（join - up government）最能体现英国公共行政执行协同机制的特色。

一、嵌入式协同机制

公共行政执行的嵌入式协同机制主要解决如何将政府、企业和第三部门等主体的力量协同起来提供公共产品，实现公共目标。从民营化到公私伙伴关系是英国嵌入式协同机制发展的基本历程。

英国在保守党领袖撒切尔和梅杰任首相的时代，英国奉行以弗里德曼、哈耶克等人为代表的新自由主义的政策主张，公共行政执行的嵌入性协同机制主要表现为民营化。1994 年布莱尔任工党领袖，并于 1997 年选举获胜出任英国首相。布莱尔奉行中间偏左的"第三条道路"，在公共行政执行的嵌入性协同机制上克服了民营化单一依靠市场的弊端，引入了公私伙伴关系这种更具合作精神的协同机制。民营化和公私伙伴关系作为公共行政执行的两种协同机制，作为政策执行工具、制度安排和治理方式，存在一些差异。民营化强调市场机制和竞争，而公私伙伴关系是一个多主体参与合作的机制。民营化倚重私人部门和市场机制，公司伙伴关系则强调多部门的合作和多元治理机制。

罗纳德·麦克奎德（Ronald McQuaid）从参与者追求的目标、谁是参与者、何时发展伙伴关系、空间、如何执行五个维度对公私伙伴关系这种协同机制进行了描述，表 8 - 1 是麦克奎德对公私伙伴关系这种协同机制的描述。

表 8 - 1　作为协同机制的公私伙伴关系

变 量		构成成分	变 量
目的	外在的资源	焦点	外在的（内在的资源）
	就业的创造	目标	就业的重分配
	单一的计划	活动的程度	长程的计划
	策略	层次	计划的合作或协力

续表

变　量		构成成分	变　量
谁参与	公共部门	参与的程度	私部门、自愿性团体、第三部门
	正式的契约	结构	非正式的网络
	由上而下	动员的过程	由下而上
	不等的权力	权力的关系	公平的权力关系
何时	发展前/发展	过程/阶段	作业
	紧密的伙伴关系	决策点	持续的伙伴关系
何处	地理区域（例如都市）	地区/团体	服务对象（例如：区域的失业青年）
如何	独立的伙伴组织	执行机制	一致意见影响现有的服务

资料来源：R. W. McQuaid, The Theory of Partnership: Why Have Partnership? In S. P. Osborne (eds), *Public – Private Partnerships: Theory and Practice in International Perspective*, London: Routledge: 2000, p. 13.

二、决策—执行—监督协同机制

决策—执行—监督协同机制在英国的行政改革中集中体现在执行机构（executive agency）多样化的改革和把政府连接起来的改革。前者注重分工，后者则强调协作。两者都是决策、执行和监督发挥协同效应的机制。[①]

（一）执行机构多样化的改革

1. 英国执行机构多样化改革的背景和本质

英国继雷纳评审（rayner scrutiny programme, 1979）、部长管理信息系统（management information system for minister, 1980）、财务管理新方案（financial management initiative, 1982）之后，在 1988 年由首相效率顾问伊布斯（Ibbs）负责起草了《改进政府管理：续阶计划》（Improving Management In Government: The Next Steps），该计划分析了政府改革和管理中存在的关键问题，主张通过建立执行机构（executive agency）来改进政府管理。[②] 与雷纳评审同时，1979 年里奥·波利亚斯（Leo Pliatsky）受政府委托对非政府部门机构进

---

① 文中关于英国执行机构多样化的改革运动的写作，部分内容参考了曹堂哲：《西方国家执行机构多样化的改革运动——实践、理论与制度设计》，载《云南行政学院学报》，2006 年第 5 期，第 73 ~ 76 页。

② Efficiency Unit, *Improving Mamagement In Government: The Next Steps – Annex C: Terms of Reference and Working Method*, London: HMSO, 1988, p. 33.

行了评估，并在 1980 年出版了《关于非政府部门公共实体的报告》（Report on Non – Departmental Public Bodies），非政府部门公共实体分为执行性非政府部门公共实体和咨询性非政府部门公共实体，非政府部门公共实体广泛的承担行政、经济、监管、咨询等职能。执行机构与部委有较密切的关系而非政府部门，公共实体则与部委的联系较弱。他们共同构成了英国执行机构多样化的两大支柱。①

"执行"（execution）即实施和落实，"机构"指的是组织形式，不同的机构具有不同的组织目标，履行不同的职能，具有一定的组织形式。"多样化"即机构的多种类型。机构的多种类型由这些机构与立法部门（或者决策部门）之间的关系，以及这些机构受到的法律约束和内部治理结构决定。执行机构就是"由确定的专人（一般为首席执行官）主管的具有明确边界的工作领域（discrete area of work），主管人就日常管理向部长负责"。② "每一执行机构由执行长指挥，直接向部长负责。执行长被课以严格的财政及服务质量目标，并且拥有能使其达成工作目标的财政及管理权限"。③

公民、立法机构、决策制定机构与执行机构之间的结构性关系决定了执行机构的性质，决定了执行机构的目标、利益、资源和激励结构。具体而言：公民通过利益表达形成立法，立法机构通过委托和授权行政机构执行法律。行政机构分化为两种基本的功能，即决策功能和执行功能，核心部门（内阁）制定政策，然后通过绩效合同的方式委托直接或间接控制的执行机构提供公共产品和服务。而公民依据法律和公民权利对立法机构、决策机构和执行机构进行监督和问题。这一连串的委托——代理关系和问责、监督机制决定了执行机构奉行的基本价值。执行机构的基本价值主要包括：顾客本位、管理理性、质量优位、灵活性、透明度、回应性和控制力。其中控制力主要反映了政府最高权力机构与其直接和间接控制的机构之间的关系，顾客本位、管理理性、质量优位、灵活性、回应性和透明度则反映了公民与政府、公民与执行机构的关系。下图描述了公民、立法机构、决策制定机构与执行机构之间的关系。

---

① Leo Pliatzky, *Report on Non – Departmental Public Bodies*, London: HMSO, 1980.

② HM Treasury and The Prime Minister's Office of Public Services Reform (2003), *Better government services: Executive agenciesinthe 21st century*, 2003.

③ Efficiency Unit, *Improving Mamagement In Government: The Next Steps – Annex C: Terms of Reference and Working Method*, London: HMSO, 1988.

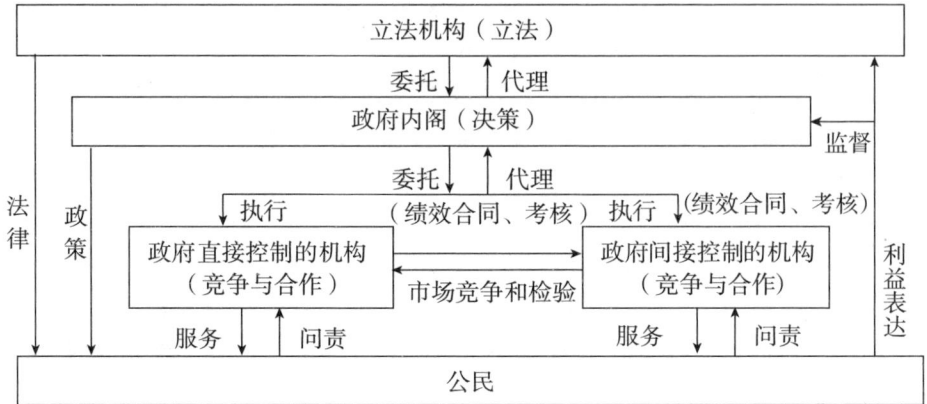

图 8 - 1 公民、立法机构、决策制定机构与执行机构之间的关系

资料来源：作者绘制。

2. 多样化的执行机构的分类

执行机构多样化根源于政府职能的多样化，在民营化和政府直接生产、提供公共产品两级之间，存在广阔的公私伙伴关系的治理形式。

英国财政部和首相公共服务改革办公室（HM Treasury and The Prime Minister's Office of Public Services）列出了执行机构的八种治理模式。① 这八种治理模式的协同机制可以列表如下：

表 8 - 2 英国执行机构的协同机制

治理模式	政治行政协同（决策—执行协同）	财政控制
合同外包	弱政治控制（契约管理）	全额财政拨款（fully - funded）；净支出额财政拨款（net - funded）；交易筹资（trading）
公私伙伴	弱政治控制（契约管理）	
部门内属的独立董事机构（directorateswithin departments）	强政治控制（部长介入）	
按执行机构模式运行的部门（departments running on agency lines）	强政治控制（部长介入）	
执行机构（executive agencies）	强政治控制（部长介入）	

---

① HM Treasury and The Prime Minister's Office of Public Services Reform（2003），*Better government services*：*Executive agencies in the 21st century*，2003.

续表

治理模式	政治行政协同（决策—执行协同）	财政控制
独立于主管部门的机构（offices in dependent' of their parent departments）	强政治控制（部长介入）	
非部门执行性公共机构（executive non – departmental public bodies – NDPBs）	弱政治控制（不需要部长介入）	
政府拥有的公司（government – owned companies）	弱政治控制（不需要部长介入）	

资料来源：根据 HM Treasury and The Prime Minister's Office of Public Services Reform（2003），Better government services：Executive agenciesinthe 21st century，2003. 整理。

截至 2002 年 3 月，英国的执行机构共有 127 个，工作人员占公务员总数的 78%。其中，49 个对外提供服务，45 个对内部提供服务（主要是国防部），12 个从事科研工作，21 个属于管制机构。执行机构的规模差异很大，社会福利执行机构雇员 68,000 人，监狱管理执行机构 42,000 人，而最小的债务管理执行机构仅有雇员 40 人。[1]

执行机构多样化现象并非英国所独有，是一个世界性的现象。比如美国政府的总统行政办公室、部、部属司局、独立机构、独立管制委员会、政府性公司、其他机构和实体、准政府实体。新西兰的皇家政府与皇家实体（crown entities）都是不同类型的执行机构。[2]

对于以上如此纷繁芜杂的执行机构迷宫，我们可以按照多种标准对其进行分类，比如资金来源、规模、功能、法律形式、能力等等。德里克·吉尔（Derek Gill）在国际比较的基础上给出了一个较为明晰的分类方式。他首先按照这些机构与最高行政权力之间的关系划分为直接控制的机构和间接控制的机构。直接控制的机构包括部级部门和部属执行机构，间接控制的机构分为公法行政管理部门、政府企业、其他私法实体、其他没有被归类的实体和准政府机构。这些多样化的执行机构受到的法律约束、与政策制定部门之间的权力、财

---

[1]　HM Treasury and The Prime Minister's Office of Public Services Reform（2003），*Better government services：Executive agencies in the 21st century*，2003.

[2]　经济合作与发展组织：《分散化的公共治理——代理机构、权力主体和其他政府实体》，国家发展和改革委员会事业单位改革研究课题组译，北京：中信出版社，2004 年版，第 298 页。

政、监控关系，以及内部治理结构方面，形成了一个从政府到私人机构的广阔地带。表8-3总结了世界范围内多样性的执行机构的类型。

表8-3　世界范围内多样性的执行机构分类表

	直接控制部门		非直接控制部门				
	部级部门	部属代理机构	公法行政管理机构	政府企业	其他私法实体	其他未归类的实体	准政府机构
亚类型			执行政府政策 政府政策指导 独立施加法定影响	国有企业 非营利政府企业		咨询实体 剩余实体	无
法律约束	公法实体	公法实体	公法实体	私法实体	私法实体	公法实体	公法实体
与政府的关系	不与政府分开	不与政府分开	部分或在法律上完全与政府分开	政企分开	政企分开	部分或在法律上完全与政府分开	部分分开
员工	公务员	公务员	准公务员	非公务员	非公务员	准公务员	准公务员
财政	税收	税收	收费、销售、税收	销售收入	销售收入	收费、销售、税收	多种渠道
典型代表（英国）	财政部	执行机构（executive agency）	非政府部门公共实体（NDPBs）	英国国际广播公司	公司形式的NDPBs	特别咨询机构	略

资料来源：根据 Derek Gill，" Signposting the Zoo – From Agencification to a More Principled Choice of Government Organizational Forms"，OECD *Journal on Budgeting*，2002.2：1. 文章内容改编。

　　吉尔尝试给所有国家的执行机构的多样化一个分类，但是各个国家的改革都有各自的独特性，很难完全用同一的模式将所有部门归入某一个类别，比如英国的非政府部门公共实体既可以归入公法执行机构，也有一部分可以归入私法实体。其实在分类上不必要追求逻辑上的完美性，存在一些交叉、重叠本身也是执行机构的多样性使然。

　　3. 执行机构多样化的理论依据

　　那么为什么会出现执行机构多样化这一世界性的现象呢？执行机构多样化

的价值和理论支持是什么呢？"威尔逊—韦伯"的范式主张良好行政只存在唯一的最好的组织形式，强调行政组织的唯一性、层级性，在执行机构多样化这一世界性的改革实践中受到了极大的挑战。其实在此之前，围绕着对威尔逊—韦伯范式的批判，如何看待和解释执行机构多样化的现象已经成了众多理论的关注点。首先西蒙的"有限理性"的决策理论动摇了官僚制的理性基础。接着系统理论与组织理论、公共选择理论、公共产品理论、新制度经济学（委托代理理论、交易成本理论和合同理论）、比较制度分析、多中心治理理论、新公共行政理论和民主行政理论则直接对威尔逊—韦伯范式进行了批判，并构成了执行机构多样化的理论基础。

在上述提及的多重理论中，择其要者而言：系统理论和组织理论是执行机构组织内部结构设计多样化的依据；公共选择理论是执行机构之间进行市场检验的理论依据；新制度经济学的委托——代理理论、交易成本理论和合同理论是各个主体之间治理工具选择的理论依据。这些理论很好的在规范意义上论证了执行机构所应具有的价值的实现机制。

（1）系统理论和组织理论。20 世纪 30 年代美籍奥地利人冯·贝塔朗菲（Von Bertalanffy）在思考生物学中的机械论和还原论的时候走向了"开放系统和稳态的系统"① 并将这一理论扩展为一般系统论。一般系统论的主要理念在于将系统与环境之间的相互作用作为理解世界的起点，划定系统与环境的动态边界，研究系统与环境的相互适应。环境以及系统内部的要素、结构、功能是理解一个系统的基本分析单元。环境的多样性与系统的相互作用，决定了系统存在形式的多样性。系统的要素、结构和功能是一个统一的整体，实现相同的功能可以采用多种结构形式予以实现，这种"同功异构"现象，是人们进行人工科学设计的依据，也是进行组织和机构设计的时候进行结构优化的依据。② 系统论的思想直接影响到组织理论的研究，里查得·斯格特（Richard Scott）和卡斯特等人（Fremont E. Kast and James E. Rosenzweig）就用系统理论对组织理论进行了综合，并从结构和功能的角度为组织的多样性作出了解释。③

就拿英国的执行机构改革来说，正是因为英国执行机构组织环境的变化，

---

① （美）冯·贝塔朗菲著、林康义、魏宏森等译：《一般系统论——基础、发展和应用》，北京：清华大学出版社，1987 年版，第 83 页。

② （美）赫伯特·西蒙著、武夷山译：《人工科学》，北京：商务印书馆，1987 年版，第 9 页。

③ （美）弗里蒙特、E. 卡斯特、詹姆斯 E. 罗森茨维克著、李柱流等译：《组织与管理（第四版）》，北京：中国社会科学出版社，2004 年版，第 142 页。

引起了组织内部系统进行重新调适以适应环境的结果。20 世纪 70 年代末期，英国政府面临财政危机、信任危机和管理危机，政府不能及时有效的提供公共服务成为政府面临的重大挑战。政府为了实现有效提供公共服务的功能，必须在环境约束的条件下对政府的内部结构进行优化。原有的政府结构的特点是政府内部的决策功能与执行功能不分，政策制定功能和提供公共服务功能不分，这两种不同的功能都依靠官僚制的组织结构来实现。运用系统理论的观点来看，功能和机构之间不存在一一对应的关系，不同的功能可以由不同的结构来实现，同一功能也可以用不同的结构来实现，至于选择什么样的机构来实现特定的功能，需要对组织结构的分工、任务、成本和效率进行分析，在分析的基础上进行优化设计。正如《改进政府管理：续阶计划》中指出的那样："绝大多数（95%）文官所从事的工作性质是服务的提供。然而，部门内部的现有管理体制不是按照服务提供的需要设计的。""公务员队伍庞大而又多样化，不可能作为单一实体进行管理。统一的录用体制、统一的工资级别、统一的考核标准不适合履行多样化的职责。"① 很显然，组织内部结构的单一性以及组织内部结构没有得到优化，成为改进政府管理的重要原因。可见，系统理论和组织理论为结构优化和结构多样提供了理论支持。

（2）公共选择理论。在执行机构改革过程中，执行多样化必然会带来执行机构之间的关系问题，对于执行机构之间到底是合并在一个官僚组织体系中，还是多样化的执行机构成为半自治和自治的实体，以便他们之间进行竞争和合作？对于这个问题，公共选择理论给出了较好的回答。威廉·尼斯坎南（William Niskanen）在《官僚与代议制政府》（Bureaucracy and Representative Government）一书中从官员与政治家之间的博弈关系出发，提出了预算最大化模型，论证了官员预算扩大，将预算剩余转变为自己福利的观点。② 随后他又在《官僚与政治家》（Bureaucrats and Politicians）一文中提出了官僚和政府的五个假说，认为"提高政府和官僚机构的垄断力量导致了政府开支的增加。""无效率不是政府服务提供的必然特征。对于一定的产量而言，其成本可以通过与私人厂商签约来降低，可以通过精简官僚机构的规模来降低，可以通过提高官僚机构之间的竞争来降低。产出测量和签约技术的改善对于更好的利用这

---

① Efficiency Unit, *Improving Management In Government*：*The Next Steps – Annex C*：*Terms of Reference and Working Method*，London：HMSO，1988，p. 33.

② William A. Jr. Niskanen. *Bureaucracy and Representative Government*，Chicago：Aldine – Atherton，inc.，1971.

些效率（产生诱导作用的手段）来说可能是必要的。""合并后的政府部门的开支高于合并前分别提供每一项服务的开支的总和。"① 尼斯坎南的理论为执行机构的多样化和市场竞争提供了理论基础。查尔斯·沃尔夫（Charles Wolf）所著的《市场或政府——权衡两种不完善的选择》从"非市场失灵"及其矫正的一般性理论模型出发，也为执行机构多样化的改革提供了理论支持。他认为非市场的需求条件和供给条件的交点决定了非市场缺陷的类型。其中非市场的需求条件是"政治组织增强的意识、政治报酬的时间贴现和成本与需求的分离"；非市场的供给条件是"确定和度量产出的困难、单一根源的产品、不确定的技术和缺乏终止机制"，这两方面的力量决定了非市场缺陷表现为"成本和收入分离，多余和增加成本、内在性和组织目标、派生的外在性和分配不公。"② 沃尔夫认为"内在性"是"非市场失灵"的关键，而市场检验是解决内在性的重要手段。

公共选择理论从官僚制本身的产出、成本、预算和行为特性出发，深刻地揭示了官僚制失灵的表现，主张通过消除垄断、市场竞争、市场检验、提高合同和签约技术来矫治官僚制的功能失灵。这些理论和政策措施，正是执行机构多样化、竞争化、自主化和契约化的理论依据。

（3）公共产品理论。1954 年保罗·萨缪尔森（Paul Samulson）发表的《公共支出的纯理论》（The Pure Theory of Public Expenditure），标志着公共产品理论的诞生，随后经过戴维·布坎南（David Buchanan）、蒂博特（Charles Tiebout）、艾尔·布鲁贝克尔（Brubaker）、文森特·奥斯特罗姆（Vincent Ostrom）等人的努力，公共产品理论很好的解决了公共产品是什么？如何生产公共产品？消费者如何真实的显示自己的偏好等公共经济学的基本问题。在公共经济理论的基础上，奥斯特罗姆开发了"制度分析与发展"的框架，尝试将产品属性、社群属性和制度性规则结合起来分析公共产品和服务的提供问题，不同产品需要不同的制度规则才能有效的提供，是这一框架的基本思想。这一思想使得公共物品的安排和提供获得了操作性的概念框架和实践工具，为提供公共产品的组织和制度安排的多样性奠定了理论基础。

实践上，民营化大师萨瓦斯（Emanuel Savas）基于丰富的民营化实践，

---

① William A. Jr. Niskanen, Bureaucrats and Politicians. *Journal of Law and Economics*, December 1975, pp. 635 ~ 642.

② （美）查尔斯·沃尔夫著、谢旭译：《市场或政府——权衡两种不完善的选择》，北京：中国发展出版社，1994 年版，第 74 页。

在公共物品理论的基础上区分了服务的提供和服务的安排，并且将物品类型和安排方式进行了一一对应的研究。并在此基础上提出了公私伙伴关系的概念，"公私伙伴关系首先是广义界定（多少有点夸张），指公共和私营部门共同参与生产和提供物品和服务的任何安排。其次，它指一些复杂的、多方参与并被民营化了的基础设施项目。再次，它指企业、社会贤达和地方政府官员为了改善城市状况而进行的一种正式合作。"① 公私伙伴关系实际上展示了政府执行组织从政府部门到其半自治、自治性机构乃至私人企业的光谱式安排，构成了执行机构多样性的实践证据。

（4）新制度经济学。在新制度经济学的研究中，委托—代理途径、交易费用途径和契约途径为执行机构多样化的研究提供了合理化论证，为执行机构中的契约、委托—代理和制度设计等问题给出了较好的解释和论证。从委托—代理理论视角研究组织，从而对执行机构多样化做出贡献的学者最初来源于对国会控制研究（the congressional dominance approach）的肯尼斯·谢斯尔（Kenneth Shepsle）、巴里·文盖斯特（Barry Weingast）、罗德里克·科维特（Roderich Kiewiet）和迈瑟·麦克宾斯（Mathew McCubbins）等人，科维特和麦克宾斯认为国会和官员之间存在委托代理关系，委托代理关系产生官僚的逆向选择和道德风险，为此国会可以通过甄别和遴选代理人、契约设计、管制和告发、制度制约等形式来实现对代理人的控制。② 在国会控制理论研究的基础上，莫雷·霍恩（Murray Horn）运用交易费用理论提出了一个"用于解释现代政府行政架构的主要制度化特征的理论。"③ 霍恩认为立法者、行政人员和选民都参与交易，从而存在大量的交易费用，这些交易费用包括制定决策和私人参与的费用、委托问题、代理费用、不确定性风险和费用分担四个方面，"立法者选择哪些最适合于处理所面临交易问题的执行安排。更确切的说，在任何情况下，他们从可选择的制度安排中，选择哪些能使交易费用最小化的安排。"④ 独立管制机构、官僚机构和公营企业是三种常见的执行性制度安排。

① （美）E. S. 萨瓦斯著、周志忍等译：《民营化与公私伙伴关系》，北京：中国人民大学出版社，2002年版，第105页。

② D. Roderich Kiewiet and Mathew D. McCubbins, *The Logic of Delegation*, Chicago：University of Chicago Press, 1991.

③ （新西兰）穆雷·霍恩著、汤大华、颜君烈等译：《公共管理的政治经济学——公共部门的制度选择》，北京：中国青年出版社，2004年版，第1页。

④ （新西兰）穆雷·霍恩著、汤大华、颜君烈等译：《公共管理的政治经济学——公共部门的制度选择》，北京：中国青年出版社，2004年版，第25页。

霍恩从国会节约交易费用的角度为执行机构多样性的制度设计提供了理论基础。从合约的角度对组织多样化的治理机制进行研究的是奥利弗·威廉姆森（Oliver Williamson）。威廉姆森认为"任何问题，无论是签约问题而引起，还是可以看作签约的问题，都可以用交易成本的概念来检验"。① 为此威廉姆森解决了交易费用的可操作性定义问题和交易费用的决定问题（也就是说什么决定着交易费用的大小和交易方式的选择）。他认为"交易成本方法可以分解为两部分，一是治理结构问题，二是具体测度问题"。② "交易的属性不同，相应的治理结构及组织成本与权能也就不同，因此就形成了交易成本与治理结构的不同配比（主要是为了节约交易成本）"。③ 交易属性的多样性导致了组织形式的多样性和组织绩效测量的多样性的理论成为执行机构多样化改革的重要理论依据。

在英国的行政机构多样化改革中，决策机构与执行机构之间形成了不同的人事、财政、预算和绩效评估的安排，这些安排与立法机构、公民、决策机构与执行机构之间的复杂交易属性相关，多样化执行机构得以形成和存续的重要原因就在于多样化的执行机构节约了上述复杂的交易费用。

4. 英国执行机构多样化的制度设计

执行机构多样化的制度设计是执行机构得以运行的制度基础，根据相关理论和实践，可以总结出良好的制度设计包括以下几个方面：

（1）多主体的伙伴关系。政府政策执行和服务提供主体的多元化要求政府决策部门、政府直接控制的执行机构、政府间接控制的执行结构与私人企业之间形成多主体的伙伴关系。多主体的伙伴关系意味着各个主体之间明确而清晰界定的职能和责任，各个主体通过分工、合作与契约关系形成公共事务的良好治理状态。

在此，由于国家与社会、政府与市场关系的调整，而引起的政府职能转变与政府组织形式的多样化具有内在一致性。政府重新合理的界定自身的职能，还需要设计一套执行机构多样化的制度，并通过法律框架、合同以及契约等方

---

① （美）奥利弗·E. 威廉姆森著、段毅才、王伟译：《资本主义经济制度》，北京：商务印书馆，2004 年版，前言第 4 页。

② （美）奥利弗·E. 威廉姆森著、段毅才、王伟译：《资本主义经济制度》，北京：商务印书馆，2004 年版，第 45 页。

③ （美）奥利弗·E. 威廉姆森著、段毅才、王伟译：《资本主义经济制度》，北京：商务印书馆，2004 年版，第 539 页。

式对多样化的执行机构实行监督管理。

（2）成熟的契约和绩效管理制度框架。按照公共选择、公共产品和新制度经济学等的观点来看，官僚机构本身会产生管理成本，执行机构多样化同样会产生交易成本（诸如代理机构的设立、合同的签署、合同的执行、合同的监督、绩效的考核等等），执行机构选择何种组织形式取决于管理成本和交易成本的综合衡量。正是因为执行任务的性质（比如提供服务的公共性、可分性、替代性、竞争性等等）决定了管理成本和交易成本的大小，从而决定了合约的属性和管理的绩效。

有鉴于此，形成一套成熟的契约式管理的制度框架，建立一套合理的绩效管理体系，即一套良好的制度安排，是解决执行中政治与行政问题，降低执行中交易费用的重要途径。这一套制度安排主要包括"授予执行机构决策的范围；执行机构做出决策所遵守的规则；执行机构内部治理的机构；立法和决策机构实施监控的性质和程度；资金和劳动力的分配和使用规则"等等方面。①

英国的执行机构改革运动中，执行机构改革的同时通过政策与资源框架文件（policy and resource framework）进行适距控制、引入公民宪章（the citizens charter）和最佳实操标杆（best - practice benchmarking）来解决降低政策部门、执行部门和公民之间的交易费用。荷兰的执行机构多样化改革同样经历了"从执行机构自主化，到完善核心部门，再到远距离调控"。②

（3）良好的内部治理结构。治理结构是执行机构内部各主体的权利和利益的一种制度安排。执行机构与核心政策部门签约的合同属性对治理结构有明显的影响，执行机构与公民之间的交易关系也会影响执行机构的内部治理结构。也就是说，决策机构的契约、公民对执行机构的需求共同决定了多样化执行机构内部的治理。一个良好的治理结构能够很好的节约交易费用，高质量的为公民提供服务和产品。

执行机构内部治理的制度安排主要包括以下几个主要的方面：（1）人事系统。主要包括执行机构高层的组织形式、首席执行官的来源、雇员的任命和雇佣等等问题。（2）财务系统，包括财政资源的来源，财政和绩效的责任负担以及预算的制定程序。（3）计划、组织和绩效系统，包括中期目标、年度

---

① （新西兰）穆雷·霍恩著、汤大华、颜君烈等译：《公共管理的政治经济学——公共部门的制度选择》，北京：中国青年出版社，2004年版，第26页。

② （荷）瓦尔特·基克特：《荷兰的行政改革与公共部门》，载国家行政学院国际合作交流部编译：《西方国家行政改革述评》，北京：国家行政学院出版社，1998年版，第193页。

计划、绩效考核等方面。比如，英国执行机构负责人的选拔就采用公开竞争的方式进行，面向全社会开放，多样化的执行机构一部分人员属于公务员系列，另一部分则属于受到普通劳动法约束的雇员。其财政基金的来源也是多样的，包括全额财政拨款（full‐funded）、净支出额财政拨款（net‐funded）和商业筹资（trading）三种形式。计划、组织和绩效系统则由政策与资源框架文件予以规定。

（4）强有力的领导和完善的法律框架。执行机构多样化的改革都有一个主导部门的推动，而执行机构的改革一般都在法律框架中进行。英国执行机构多样化的改革运动中，就专门成立了由伊布斯任首相顾问的内阁办公厅效率小组。一个集中而统一的领导、明确的法律框架是保证执行机构多样化改革的关键。这也是降低改革中交易成本的关键。

（二）把政府连接起来

执行机构多样化改革，使得竞争超过了合作，分散超过了集中，私人精神超过了公共精神，形成了碎片化局面（fragmentation）。1997年奉行中间偏"左"路线的工党上台后，对新公共管理的过度偏"右"行为进行了纠偏。在行政改革上，表现为用治理理念代替新公共管理。治理理念一个重要的方面就是针对碎片化而提出"把政府连接起来"（joint‐up government）的改革方略和改革措施。joint‐up government 原本是 Tony Blair 在英国第一个电子政府战略中提出的概念，目标是在2005年左右将电子服务连接起来，后来这一术语的含义逐渐宽泛，用来指服务、程序、体制、数据和软件的整合以便实现流线型的、以公民为中心的政府。（integration of services, processes, systems, data and applications necessary to achieve a seamless, citizen‐centered government）。[1]

把政府连接起来主张寻找一条介于执行机构多样化和大部制之间的道路，加强政府部门的战略协作，以便共同实现特定的政策目标，弥合机构之间的缝隙，有效地、全面地、公平地、高效地提供公共服务。

广义上的"把政府连接起来"既包括政府与社会、社会肢体之间协力实现共同经济和社会的持续繁荣，也包括公共行政执行协同机制的嵌入式协同、

---

[1] 参见 Andrea Di Maio, Move 'Joined‐Up Government' From Theory to Reality, 20, October 2004. 转引自 www. gartner. com/DisplayDocument? doc_ cd = 123844. 国内学者一般将 Joint‐up Government 翻译为"协同政府"。协同政府最初是电子政府领域中的专业术语。参见杜治洲、汪玉凯：《电子政务与政府协同管理模式的发展》，载《中共天津市委党校学报》，2006年第2期。解亚红：《"协同政府"：新公共管理改革的新阶段》，载《中国行政管理》，2004年第5期。

决策—执行—监督协同、职能—结构协同等范畴。就政治与行政协同、决策—执行—监督的协同而言，主要有四大举措，即决策统一、目标整合、组织整合、文化整合。①

三、职能—结构协同机制

英国公共行政执行中的职能—结构协同机制主要体现在大部制的建立。英国的大部（giant department）指的是履行相同或相似管理职能，为了履行这些职能拥有广泛权力的内阁部门。英国的大部制（giant department）则是对英国政府机构设置的一种描述，指以大部为骨干，辅之以执行机构（executive agency）和非内阁部门的政府机构设置方式。是由内阁部门、执行机构和非执行机构共同构成的协同性整体。因为职能——结构协同机制是部际协同机制和府际协同机制建立的基础，因此大部制是一种职能——结构协同机制，亦是一种部际协同机制。大部制中内阁部门和执行机构之间的关系亦体现了决策执行监督的协同机制。

（一）内阁部门

英国内阁（Cabinet）是一个委员会，是政府中主要的决策实体。内阁部门（Ministerial Departments）则由国务大臣（Secretary of State）领导。内阁大臣由政府次官和常务次官辅佐，一般而言每个部设置一名常务次官掌管部门内行政及施政工作。政务次官则参与大臣所属的政府活动，随内阁共同进退。

内阁组织如下：

首相（Prime Minister）

第一财政大臣（首相兼任）（Prime Minister, First Lord of the Treasury and Minister for the Civil Service）

财政大臣（Chancellor of the Exchequer）

外交和联邦事务大臣（Secretary of State for Foreign and Commonwealth Affairs）

法务大臣和大法官（Secretary of State for Justice and Lord Chancellor）

住房事务大臣（Secretary of State for the Home Department）

国防大臣（Secretary of State for Defence）

苏格兰事务大臣（Secretary of State for Scotland）

---

① 四大举措的具体内容参见：解亚红：《"协同政府"：新公共管理改革的新阶段》，载《中国行政管理》，2004 年第 5 期，第 58～61 页。

卫生大臣（Secretary of State for Health）

环境、食品和乡村事务大臣（Secretary of State for Environment, Food and Rural Affairs）

国际发展大臣（Secretary of State for International Development）

商业、企业和管制改革大臣（Secretary of State for Business, Enterprise and Regulatory Reform）

掌皇大臣兼下院领袖［Leader of the House of Commons（and Lord Privy Seal）］

妇女和平等大臣（Minister for Women and Equality）

劳动与养老金年大臣（Secretary of State for Work and Pensions）

交通大臣（Secretary of State for Transport）

社区与地方事务大臣（Secretary of State for Communities and Local Government）、（Parliamentary Secretary to the Treasury and Chief Whip）

儿童教育和家庭大臣（Secretary of State for Children, Schools and Families）、内阁府大臣（Minister for the Cabinet Office）

兰开斯特公爵郡大臣（Chancellor of the Duchy of Lancaster）

北爱尔兰事务大臣（Secretary of State for Northern Ireland）、Leader of the House of Lords（and Lord President of the Council）

创新、大学和技能大臣（Secretary of State for Innovation, Universities and Skills）

威尔士事务大臣（Secretary of State for Wales）

文化、媒体和体育大臣（Secretary of State for Culture, Media and Sport）、财政部长主任秘书（Chief Secretary to the Treasury）。[1]

内阁组成部门包括：

内阁府

副首相办公室

下议院首席议员办公室

公共部门信息办公室

国家档案处

英国枢密院和18个部组成，这18个部包括：

---

[1]　转引自英国内阁网页 http://www.number10.gov.uk/output/Page2988.asp

英国律政部（MOJ）

苏格兰事务部（Scotland Office）

威尔士事务部（Wales Office）

英国文化传媒体育部（DCMS）

外交及联邦事务部（FCO）

英国国防部（MoD）

英国内政部（HO）①

社区及地方行政部（DCLG）

英国教育技能部（DfES）

英国环境、食物及农村事务部（DEFRA）

英国卫生部（DH）

英国国际发展部（DFID）

法律专员部（LSLO）

北爱尔兰事务部（NIO）

英国贸易工业部（DTI）

英国运输部（DfT）

H. M. 财政部（HMT）

就业及退休保障部（DWP）。

（二）执行机构

内阁是决策机构，执行机构具有多种组织形式，比如部门内属的独立董事机构（directorates within departments）、按执行机构模式运行的部门（departments running on agency lines）、执行机构（executive agencies）、独立于主管部门的机构（offices in dependent' of their parent departments）、非部门执行性公共机构（executive non – departmental public bodies – NDPBs）、政府拥有的公司（government – owned companies）等等。这在决策执行监督协同机制中已经介绍，此处从略。

（三）非内阁部门

非内阁部门通常由常务次官或副常务次官掌管。非内阁部门拥有管理和监督权力，不受内阁政治倾向的影响。包括英国文化协会、公益委员会、削减国家借款专员公署（CRND）、官方产业署、官方检控处（CPS）、选举委员会、

---

① 2007 年 5 月 9 日，英国内政部正式一分为二，改为内政部和司法部两个独立部门。

出口信用保证部 ECGD、英国食物标准局、林业委员会、女皇陛下税务及海关总署（HMRC）、土地注册处、核子退役局、教育标准署（OFSTED）、北爱尔兰煤气及电力市场监察署（OFREG）、通讯管理署（Ofcom）、e‐Envoy 办公室（OeE）、公平贸易管理署（OFT）、煤气及电力市场监察署①、政府采购署（OGC）、资料专员公署（OIC）、国家统计署（ONS）、科研创新处（OST）、铁路监察署（OIRR）、水务监察署（OFWAT）、邮政服务委员会（PSC）、工务贷款委员会（PWLB）、皇室宫庭、严重欺骗调查署（SFO）、小型企业服务署（SBS）、英国贸易投资推广署。

第二节　美国公共行政执行协同机制

美国公共行政执行权力结构及其协同机制的典型特征在于其独立管制机构的设置。独立管制机构的运作体现了政治与行政协同、嵌入性协同和决策执行监督协同机制。

一、政治与行政的协同机制

美国是三权分立制衡的联邦制国家，通过横向和纵向的分权制衡保证权力不被滥用。这一基本宪政制度设计是公共行政执行协同机制发挥作用的基本框架，制约着公共行政执行各协同机制的运转。国会、总统和联邦法院对行政的三重控制是美国政治与行政协同机制的特点。

国会对总统和行政机关的控制机制主要有立法权、财权、总统任命的批准权（人事权）、弹劾权、条约批准权、调查权、立法否决权和制定"日落"法的权力。② 国会中的专业委员会与行政机关和利益集团（铁三角）往往形成紧密的利益关系，影响政策的制定和执行。联邦法院则通过要求行政机构依法行政、进行诉讼裁决的方式控制行政机构。

总统对行政机构控制的机制有如下几种：（1）人事任免权；（2）总统内阁；（3）总统办事机构；（4）通过改组计划（机构改革）。

总统内阁是美国政府最高决策机关，总统内阁由总统根据施政事实上的需要而设立。内阁成员由处理具体的国家及国际事务各部部长和总统指定的其他官员组成。从法律上说，内阁实际上只起总统助手和顾问团的作用，没有集体

---

① Gas and Electricity Markets Authority（OFGEM）
② 李道揆著：《美国政府和美国政治》，北京：商务印书馆，1999 年版，第 370～371 页。

决策的权力。比如布什政府重要的内阁成员及重要官员中，除副总统理查德·切尼（Richard Cheney）和国务卿柯林·鲍威尔（Colin Powell）外，还包括 14 个部的部长。① 此外，白宫办公厅主任安德鲁·卡德（Andrew Card，Jr.）、环境保护局局长克里斯蒂·怀特曼（Christie Whitman）、管理和预算局局长米切尔·丹尼尔斯（Mitchell Daniels）、国家药品控制政策局局长约翰·沃尔特斯（John Walters）、美国贸易代表罗伯特·佐立克（Robert Zoellick）也都是内阁成员。总统内阁是进行决策、强化政治对行政控制、强化高层战略一致性的协同机制。

总统办事机构（Executive Office of the President，EOP）由 1939 年布朗洛委员会（Brownlow Committee）建议设置。1939 年 9 月 8 日，罗斯福总统依据议会通过的《政府改组法》而颁布的 8248 号总统令，正式确立了总统办事机构的组成与功能。总统办事机构由美国总统直接领导的工作人员构成，全方位地辅助总统，向总统汇报信息，提交政策规划、加强部门之间的协调。总统办事机构中最高级别的工作人员称作"总统助理"；次一级的工作人员称为"总统副助理"；第二级的工作人员称"总统特别助理"。总统办事机构涉及内政外交各个领域，具有很强的综合性和战略性，一般采用委员会和办公厅（室）的方式设置。②

---

① 即农业部部长安·威尼曼（Ann M. Veneman）、商务部部长唐·埃文斯（Don Evans）、国防部部长唐纳德·拉姆斯菲尔德（Donald Rumsfeld）、教育部部长罗德·派奇（Rod Paige）、能源部部长斯潘塞·亚伯拉罕（Spencer Abraham）、医疗和社会事务部部长托米·汤普森（Tommy Thompson）、住房和城市发展部部长梅尔·马丁内斯（Mel Martinez）、内务部部长加利·诺顿（Gale Norton）、劳工部部长赵小兰（Elaine Chao）、运输部部长诺曼·梅内塔（Norman Mineta）、财政部部长保罗·奥尼尔（Paul O'Neill）、退伍军人事务部部长安东尼·普林西比（Anthony Principi）、司法部部长约翰·阿什克罗夫特（John Ashcroft）和国土安全部部长汤姆·里奇（Tom Ridge）。

② 目前总统办事机构由以下部门和成员构成：白宫办公厅主任（White House Chief of Staff）、白宫新闻秘书（White House Press Secretary）、美国行政管理和预算局（United States Office of Management and Budget）、美国国家安全委员会（United States National Security Council）、美国贸易代表办公室（Office of the United States Trade Representative）、美国国家麻醉品控制政策办公室（Office of National Drug Control Policy）、美国总统经济顾问委员会（Council of Economic Advisers）、美国改善环境质量委员会（United States Council on Environmental Quality）、美国国内政策委员会（United States Domestic Policy Council）、美国国家经济委员会（United States National Economic Council）、美国国家艾滋病政策办公室（United States Office of National AIDS Policy）、美国科学和技术政策办公室（Unites States Office of Science and Technology Policy）、总统的关键性基础设施保护理事会（President's Critical Infrastructure Protection Board）、总统的外国情报顾问理事会（President's Foreign Intelligence Advisory Board）、白宫行政办公室（White House Office of Administration）、白宫军事办公室（White House Military Office）、白宫信仰和社团倡议办公室（White House Office of Faith – Based and Community Initiatives）、美国自由团（USA Freedom Corps）。

比如，国家安全委员会是掌管美国军事和外交政策的机构。它的基本职能是协助总统协调政策和统筹政策的执行，该委员会通过与国务卿密切合作，协助总统制定长期的外交政策；在国家安全问题上为总统提供有效的军事安排，是高层的战略和政策协同机构。特别值得一提的是管理和预算局。该局原名预算局，1970年改为现名。是协助总统编制和审核国家预算的机构。该局通过统一各个部门的预算，强化对各部的管理和监督，从而产生协同性的合力。该局的主要职责是：汇总各部门的属于联邦开支的项目及方案，进行初步研究审核然后提交总统核准；负责协助总统检查行政部门的组织机构和管理状况并向总统提出改善管理工作的建议。

总之，总统办事机构在加强总统控制、在发挥高层战略和政策的协同、增强各个部门之间的协同方面发挥着关键的作用，是重要的政治——行政协同机制。

总体而言，对行政的多头控制和强大的总统办事机构是美国政治与行政协同机制的重要特征。

二、决策—执行—监督协同机制

为了应对1929～1933年的经济危机，罗斯福总统提出了实现复兴、管制和变革（recovery，regulation，and reform）的"3R"目标。在宏观上通过财政政策改变宏观经济运行的参数，增加有效需求来刺激萧条的经济；在微观上则颁布大量的管制规则，直接对市场和消费者的行为进行干预。与此相应，政府的权力得到了极大的扩展，管制机构成了"无顶头上司的政府的第四部门，一种因偶然因素设置的不承担责任的机构，拥有不相协调的权力。"[1] 罗斯福新政带来的显赫政绩也获得了巨大的合法性，以至于从新政到本世纪60年代末，美国的资本主义也被称为"管制资本主义"。[2]

管制机构，分为部内管制机构和独立管制机构。部内管制机构就是行政部门内部的管制机构，不隶属于政府职能部门的机构则是独立管制机构。独立管制机构是国会以立法的形式，履行特定管制职能的机构，独立管制机构不隶属于任何一个政府职能部门，直接由总统领导。1887年成立的州际商业委员会

---

① （美）丹尼尔·F. 史普博著、余晖等译：《管制与市场》，上海：上海三联书店，上海人民出版社，1999年版，第87页。

② 吴敬琏：《制高点——重建现代世界的政府与市场之争》序言，载（美）丹尼尔·耶金和约瑟夫·斯坦尼罗斯：《制高点》，段宏等译．北京：外文出版社，2000年，第2页。

（ICC）是美国最早的独立管制机构。随后 1913 年成立了联邦储备委员会，1915 年成立了联邦贸易委员会（FTC）等管制机构。在罗斯福新政时期，创设了大量的独立管制机构，比如联邦通讯委员会（FCC）、证券和交易委员会（SEC）、国家劳工关系委员会（NLRB）等。

独立管制机构一般采用委员会之组织形式，兼具行政、立法和司法的性质。管制委员会实行委员会制，而不是行政首长负责制。法律赋予管制委员会较大的独立性。委员由总统任命，参议院批准，委员会主席由总统在委员中指定，副主席由委员们选举，总统不能随意罢免委员。委员会中的委员分属两个党派，以防止委员会的政治倾向性。委员的任期固定，且长于总统的任期。这种机制设计较好地保证了委员会的相对独立性。

除了独立管制机构以外，各个职能部门、为完成特殊任务而设置的独立机构（比如中央情报局、首都规划委员会、人事管理局等等）以及政府公司共同构成多样化的执行机构。

从决策—执行—监督的角度来看，总统（总统内阁、总统办事机构）主要负责决策、协调和监督，多样化的执行机构负责执行。与英国执行机构不同的是，美国的独立管制机构实行委员会体制，本身体现了立法、司法和行政权的统一，通过委员会的制度安排，处理政府、市场、企业与消费者之间的关系。独立管制机构体现了用"交往理性"重塑行政权力的思想。

三、职能—结构协同机制

美国的大部制亦充分体现了职能—结构协同机制和部际协同机制。美国公共行政执行系统由总统（总统内阁、总统办事机构）、各个职能部门、独立管制机构、其他独立机构和政府公司构成。这几项制度架构是统一的整体，其中职能部门是大部，由 15 个组成：

Department of Agriculture（USDA）农业部

Department of Commerce（DOC）商务部

Department of Defense（DOD）国防部

Department of Education（ED）教育部

Department of Energy（DOE）能源部

Department of Health and Human Services（HHS）卫生和公共服务部

Department of Homeland Security（DHS）国土安全部

Department of Housing and Urban Development（HUD）住房和城市发展部

Department of Justice（DOJ）司法部

Department of Labor（DOL）劳工部

Department of State（DOS）外交部

Department of the Interior（DOI）内务部

Department of the Treasury 财政部

Department of Transportation（DOT）运输部

Department of Veterans Affairs（VA）退伍军人事务部。

第三节　日本公共行政执行协同机制

日本战后经历了政府主导下的快速增长到20世纪90年代的结构性改革。日本的行政改革作为日本社会结构改革的组成部分，较为完善地体现了通过权力结构和协同机制的调整提升协同执行力的特色。以下是笔者对日本行政改革中的生态协同、政治与行政协同、决策—执行—监督协同、府际协同等内容进行的分析。①

一、生态协同机制

日本经济发展战略转型、财政危机、政治体制及政治思潮的转变是促使日本公共行政权力结构和协同机制调整，促使政府与社会协同的生态环境因素。

（一）经济发展战略的转型

战后日本为了快速赶上发达国家，建立了政府主导的经济发展模式。这一模式通过政府主导，形成紧密的官、产、学、研一体化的关系。政府通过行政指导、政府规制、产业政策、贸易保护、政策金融等手段，广泛地介入市场和企业的运作。政府主导型的经济发展模式有利于克服产业发展的自发性和盲目性，在国际竞争舞台上扬长避短，对日本的经济奇迹的形成，起到了关键的作用。这一发展模式也带来了消极的后果，以下几点与公共行政直接相关。

首先，政府过多的干预，遏制了企业的竞争活力，市场力量难以发挥作用，长期以来会导致经济活力的衰减和创新不足。其次，政府的过度干预带来了政府职能、权力和公务人员数量的膨胀，政府管理经济和政府自身管理的效率出现了递减。最后，政府对企业和市场的干预，总是通过特定的行政部门来

---

①　本文中"日本政府协同执行力建设的制度设计：执行协同的方式和机制"一部分的写作，如无特殊说明，主要参考并翻译自：Headquarters for the Administration Reform of the Central Government of Japan, *Central Government Reform of Japan*. January 2001，p32 ~ 33. http：//www. kantei. go. jp/jp/cyuo - syocho/。并参考了曹堂哲：《政治协同执行力的理念和制度设计——以日本桥本内阁以来的行政改革为例》，载《北京大学研究生学志》，2007年第4期。

实施的。不同的政府部门单独或者联合干预特定的产业，长期以来形成了紧密的官商关系和大量的次级政府（sub - government），① 政府与企业之间形成了紧密的利益关系，一些产业群体和主管政府部门互为表里，形成了部门利益。部门利益阻碍了经济发展，也阻碍了政策的协同和执行。比如日本政府各个省厅的官僚们为了自身的利益和所主管部门的利益，每年都在预算、分配和执行问题上产生矛盾和争执。这毫无疑问造成了执行中综合协调和部门协力的困难，影响了协同执行力的提升。

在经济赶超任务完成之后，为了释放经济活力，首先必须转变经济发展战略，将经济发展战略从政府主导转向市场主导和社会主导。② 这一战略性的转向要求政府职能、政府权力、政府机构进行结构性的调整，以适应新的经济发展战略。1996 年 11 月 7 日，第二届桥本内阁提出的"六大改革"（即行政、财政、经济、金融、社会保障和教育六大改革）就是实现经济发展战略转型的重要举措。

（二）财政危机

由于长期奉行政府主导型的市场经济体制和赤字财政政策，政府的财政支出规模不断增大，财政收支日益失去平衡，目前已成为发达国家中财政危机最为严重的国家。"至 1979 年，赤字国债发行量已达 152700 亿日元，政府经常支出对国债的依存率高达 39.6%，大大超过了公认的 30% 的'危机线'"。③ "日本 80 年代初期开展大规模行政改革的直接契机，就是政府因受到财界压力而必须在增加企业税负和缩小政府规模之间作出了抉择"。④

1999 年 1 月 22 日的日本内阁会议上，大藏省针对 2000 年度以后的财政状况进行了测算，得出的结论是：即使今后经济情况好转，实际 GDP 达到 3.5% 增长，每年也必须发行 300000 亿日元左右的国债！而且这个结论还有一个前提，即今后每年税出的增加为零：养老金、公务员工资、公共事业支出等都维持现状。这样，到 2003 年度末，日本的国债净值将达 4285200 亿日元。⑤

---

① 次级政府的概念最早用于解释美国政策制定过程中，相对较小的行动集团控制政治系统中的特定部门的现象。日本同样存在特定的官、商、官僚集团控制特定的政治行政部门的现象。

② 对日本后赶超现象的解释参见徐平：《世界经济导刊"赶超后"现象：对日本经济持续低迷原因的另一种解释》，《世界经济与政治》2004 年第 1 期，第 65~69 页。

③ 蒋立峰：《日本政治概论》，北京：东方出版社，1995 年版，第 270 页。

④ 蒋立峰：《日本政治概论》，北京：东方出版社，1995 年版，第 270 页。

⑤ 田中景、池元吉：《日本经济增长的制约因素及其前景》，《世界经济》，2000 年第 8 期，第 69 页。

财政危机是日本结构改革和行政改革的直接动因。行政改革中的民营化、独立执行机构改革、财政预算和绩效改革、公务员制度改革、地方自治改革等等都与政府的财政危机直接相关。

（三）政治体制及政治思潮的影响

战后以美国为首的盟军对日本进行了"非军事化"和"民主化"改革，到1955年形成了"55年体制"，① 55年体制"首先大体上是指从1955年到1993年以保守势力支配下的自民、社会两党竞争为基本特征的日本政治体制，也可以称其为战后日本政治体制。从1945年日本战败到1955年左右社会党统一，自民党成立是战后政治体制形成时期，而1993年自民党下台以后至今则是向新的政治体制过渡时期。……以70年代为界限，在此以前的55年体制带有竞争性政党政治、官僚主导决策过程下的经济发展模式，生产性利益集团发挥较强的政治影响力等特征，对经济发展以积极作用为主。70年代以后的55年体制发生了较大变化，其特征转化为协调性政党政治、执政党与行政官僚相互利用、消费性利益集团发挥较大的政治影响力等，对经济发展的消极作用逐渐增大，并在某种程度上妨碍了经济的现代化。……55年体制不仅包括政党政治，而且还包括拥有巨大权限和支配性资源的行政机构官僚、以拥有强大的政治影响力的财界为中心的利益集团，以及政党、官僚、利益集团三个政治主体之间的相互影响关系。""1955年保守党合并后决策机构上产生的变化为以下四点：（1）促进国会机能降低；（2）官僚与执政党——自民党的关系密切化和公开化；（3）内阁在决策上失去权威，尤其缺乏综合调整机能；（4）财界对政府政策的发言权增强、与执政党的结合制度化等。"② 55年体制在决策和执行上的弊端要求进行行政改革，重点是加强政府的执行力和协同力。

55年体制崩溃过后，与英国的撒切尔主义的基本思想一致，日本政坛新保守主义思潮再次崛起，新保守主义思潮为新一轮的行政改革奠定了思想基础。新保守主义主张市场力量最大化，主张建立小政府，主张重塑官僚主导的行政模式，这些都为日本的行政改革奠定了基础，也为协同执行力的建设提供了原则和方向。

---

① "55年体制"指的是日本政坛自1955年出现的一种体制，结束于1993年。此期间政党格局长期维持执政党自由民主党与在野党日本社会党的两党政治格局。"55年体制"一词最早由日本政治学者升味准之辅提出。参见（日）升味准之辅，《1955年政治体制》，《思想》1964年4月号。

② 王新生：《政治体制与经济现代化："日本模式"再探讨》，北京：社会科学文献出版社，2002年版，第8页。

二、政治—行政协同机制：强化内阁的行政改革

随着国家目标的多样化和环境的复杂化，需要进一步强化行政领导系统，以实现国家的意志和政治意志。1996 年，桥本内阁开始推行一系列行政改革，桥本内阁之后，1998 年日本制定了中央省厅改革基本法，1999 年制定了各省厅的设置法，1999 年制定了《内阁法修正案》和《建立内阁府的法案》，2001 年 1 月新的中央省厅开始运作。这些法案的核心在于强化内阁的功能，强化内阁的战略协同、事前协调、计划和规划、决策对执行控制的功能。强化内阁能力的具体措施包括以下四个方面：

（一）修订内阁法案重新定位内阁地位和职能

第一，明确了强化内阁领导的实质。强化内阁领导的实质是强化人民主权原则和行政的政治控制原则。在《内阁法》的修正案中，第一条就是"统治权力属于人民的原则"。

第二，限定部长的数量。《内阁法修正案》将原《内阁法》规定的内阁数量不多于 20 个修改为不多于 14 个，特殊情况下，另外任命，也不能多于 17 个。

第三，明确了内阁总理大臣（Prime Minister）有权向内阁提出的"重要政策的基本原则"。这些基本原则包括：对外政策和国家安全的基本原则；行政和财政管理的基本原则；整体经济管理和预算计划的基本原则；行政组织中组织和人事事务的基本原则。

第四，明确了内阁官房（Cabinet Secretary）的计划（planning）和规划（drafting）职能。原来的内阁法对内阁的定位只是各个部门的"综合协调"（comprehensive coordination）部门，修正后的内阁法将内阁官房职能定位为"计划和规划"（planning and drafting）部门。使内阁官房从一个综合协调部门变为一个综合战略部门，强化了内阁的综合战略能力，也在决策层面上加强了政府的整合与协同。

第五，在内阁官房设立新的职位。内阁官房共设立了五个内阁官房助理（Assistant Cabinet Secretary），其中包括一个主管公共关系的内阁官房助理（Assistant Cabinet Secretary for Public Relations）和一个主管信息调查的内阁官房助理。内阁官房助理由内阁总理大臣依照程序任命。助理职位使得原来分散在各个行政机构中的同类职能得以整合，加强了内阁官房的计划、规划能力和综合协调能力。

第六，内阁总理大臣的特别顾问（Special Advisors）和私人秘书（Private

Secretaries) 的数量具有灵活性。将内阁总理大臣特别顾问的数量由 3 个增加到 5 个，私人秘书的人数由内阁法令规定。

第七，将内阁官房的邮件对政府内外开放。

（二）建立内阁府

第一，内阁府的地位。内阁府（Cabinet Office）的建立旨在强化内阁的功能，强化内阁总理大臣的支持系统。内阁府拥有较高的地位，具有多个行政办公机构。内阁府通过事前建议而不是事后协调的方式强化战略协调功能。为了使内阁府充分地履行内阁的计划、规划和综合协调职能，内阁府设立了一些特殊使命大臣（Ministers for Special Missions），还设立了四个同等的分权实体（collegial bodies）。特殊使命大臣拥有对其负责的行政机构和相当可观的直接协调权力。经济和财政政策审议会（Council on Economic and Fiscal policy）就是四个同等的分权实体之一，由总理大臣或内阁官房长官（Chief Cabinet Secretary）担任主管。

第二，内阁府的组织目标与功能。内阁府作为一个行政机构，它的作用是双重的，一方面它作为内阁的辅佐机构地位高于其他部门，但是它的行政事务的管理方式与其他部门相似。

第三，内阁府的组成如下：

（1）顶层管理者：总理大臣、特殊使命大臣（ministers for special missions）、三个国务秘书（state secretary）和三个国会秘书（parliamentary secretary）。

（2）内阁总务官层次的特殊使命职位（director – general – level position for special missions）。这一职位的主要目的是协调与整合行政机构的政策，比如经济和财政，人文和科学、技术、灾害预防等等。

（3）重要政策委员会（councils on important policies）这些委员会由学术和实践经验丰富的人担任，旨在辅佐总理大臣。

（4）独立机构（independent organs）包括国家公共安全委员会、国防署、财政服务署等。

（5）其他机构，比如"集中的人事管理系统"（centralized personnel management system）和"定期招聘系统"（term recruitment system），这些系统与计划、规划和综合协调有关，其职位对政府机构内部和外部开放。

（三）通过引入国务秘书（state secretary）强化政治领导

每个大臣（minister）都配有国务秘书和国会秘书（parliamentary secretary），他们根据自己的政治判断标准协助大臣。引入国务秘书和国会秘书最先由执政党和反对党磋商提出，后来制定了《国会磋商和建立政治领导下的政策制定系统法》（Law concerning the Vitalization of Diet Deliberation and the Establishment of the Policy – making System with Political Leadership）这一法律要求《中央政府组织法》和《国家公务员法》设置新的职位。一方面国会事务次官（parliamentary vice – ministry）根据大臣的指令，在政党政策和计划方面给大臣提出建议，从而在政治决策方面给大臣予以协作。另一方面新的国务秘书（state secretary）会依据政策计划，控制和监督相关的行政机构，并且给出必要的政策决策，以便和大臣的命令一致。在决策制定过程中，相对于大臣而言，国务秘书处于次要地位。同时国会秘书会在与大臣指令相一致的政策和规划方面给大臣以建议。国会秘书和国务秘书职责在于协调政治与行政，他们需要的权力由立法机关授权，这些立法机关的成员要么在委员会中参与问题讨论并给出相应的答复，要么是在国会会议中支持大臣。

（四）政策委员会的重组（realignment）和理性化（rationalization）

原有体制下的政策委员会只是文饰官僚自认为正当的政策，只不过加剧了政府的部门化倾向（sectionalism of officialdom），为此内阁制定了"重组和合理化委员会的基本计划"。

（1）将委员会的数量从 211 个减少到 90 个。其中基本政策委员会从 176 个减少到 29 个。

（2）预先制定了政策委员会的管理方针。根据《中央政府行政改革基本法》、《行政改革委员会最终报告》以及相关的内阁决议，对于委员会的建立、组织和管理都制定了标准化的方针，并且召开了专门的行政组织会议。这些原则包括：倡导有效的公众评议程序和公众听证。委员会的成员原则上不多于 20 个，特殊情况最多不多于 30 个。原则上国务大臣和行政官员不能成为委员会成员。原则上前任大臣办公室的官员不得成为委员会成员。原则上委员会成员任职不多于两年，并且严格限制再被选入，委员不得占据同一职位超过十年。委员会的成员意见分歧之时，最终决策由内阁和国务大臣作出。

三、决策—执行—监督协同机制：独立行政法人的改革

决策与执行的协同是世界范围内行政改革的重要方面，对决策和执行结构进行根本性改革的实践发轫于英国的执行机构（executive agency）改革，新西兰、法国、加拿大等国也竞相引入。日本的独立行政法人（independence administrative institution）改革也是对英国执行机构改革的学习和改造。

（一）引入独立行政法人的目的

引入独立行政法人的目的是将决策和执行分开，一方面可以使政府将主要精力集中在计划和规划上，并且能够使计划和规划少受部门主义和部门利益的干扰，从而确保制定符合公共利益的计划和规划。另一方面，可以使执行的目标明确，减少执行过程中多目标的加入，取代和消弱原定的目标，从而使决策的目标能够不走样地实现，还能使得执行变得更加有效、经济、公正、透明和灵活。日本在 2001 年将独立行政法人引入了对中央政府的改革中，是中央政府改革的核心项目之一。

（二）运转情况

独立行政法人的运转较为灵活、自主，但是对其绩效的考评比较严格，要进行事前和事后的绩效评估，以便监控公共服务的提供。独立行政法人建立在《一般规则法》（Law of the General Rule）的基础之上，《一般规则法》第 3 条阐述了独立行政法人的一般理念，即独立行政法只在公众看来必须的事项上发挥作用，独立行政法人必须依法公开其行动的内容。独立行政法人的运转依法受到尊重，并且由法律建立。独立行政法人反映了自我负责、企业账目、公开透明和绩效工资的管理理念。

独立行政法人分为行政部门组织集团（former ministry organization group）和公共法人集团（former public corporation group）两类。它们具有如下共同的特点：（1）都是独立于政府的法人实体，大多数雇员不是公务员身份；（2）在执行计划、规划和管理机构方面享有较多的决断能力，从而享有灵活性和自治性；（3）通过中期计划进行管理；（4）审计透明化；（5）以结果为导向的管理；（6）总务省中的绩效评估委员会授权独立绩效评估机构对独立行政法人进行绩效评估，并发布评估结果。[①] 独立行政法人必须发布运作方式、中期目标、中期计划、年度计划、财务资料、运营报告、评估委员会评估结果、薪水标准等材料。这些材料通过电子媒体、印刷材料等方式发布。

（三）财务和会计

独立行政法人的财务和会计系统有利地保障了管理的灵活性和有效性。独立行政法人按照公司会计的原则进行管理，比如权责发生制（accrual basis）、复式记帐（double entry）等财务手段的使用，独立行政法人还会发布资产负

---

① Masahiro Horie & Yuko Kaneko, Independent Administrative Institution: Innovation of Public Organizations in Japan (October 2003), 季刊行政管理研究（日），2004（107），pp. 46～47.

债表（balance sheet）和盈亏状况。独立行政法人可以根据盈亏状况，较为灵活地使用自己的利润。对于规模较大的财务资料会受到专业的审查。政府会根据预算限度给独立行政法人分配必须的财政资源，以保证执行任务的完成。政府通常提供的财政资源包括管理费用和设备费用，管理费用一次支付，对其使用也无特殊的规定，可以带入下一个财政年度进行使用。独立行政法人也能接受私人部门的基金，财务程序相对灵活。

（四）执行者和雇员

特定独立行政法人（specified sndependent administrative institution）的执行者和雇员是国家公共雇员的身份，何种独立行政法人被视为特定独立行政法人由单行法律进行规定。独立行政法人实行自治化管理，执行人员和雇员的薪水反映了他的工作成效，而不论其是否是国家公共雇员。独立行政法人雇员的管理主体不是国家行政机构，而是独立行政法人自身，不过独立行政法人也必须向国会报告雇员的人数。独立行政法人的首席执行官和审计长（chief executive and auditors of IAIs）以面向社会开放竞争的方式选拔，并由指导大臣（supervising ministers）任命，其余的雇员不是公务员，出首席执行官任命。①

四、职能—结构协同机制：大部制

改革后的日本政府机构比原先减少 10 个，1 府 22 省的日本政府机构从 2001 年 1 月开始缩编为 1 府 11 省。2007 年 1 月 9 日防卫厅升级为防卫省。日本政府成为 1 府 12 省。

改革后的中央省厅职能如下：

（1）内阁府：综合调整、计划有关盛典、制度等。

（2）总务省：行政组织、运营管理、人事管理、行政观察、地方自治、选举、电气通信、放送、养老金、统计、邮政事业、消防、公平贸易、公害调整。

（3）法务省：维持法律秩序、出入国管理、保障人权等。

（4）外务省：外交、安全保障、对外经济、开发援助、国际交流等。

（5）财务省：税务财政、国库、通货、财政投融资、国有资产管理。

（6）教育、文化、体育、科学技术省：终生学习、教育、学术、文化、体育、科技振兴等。

（7）健康劳动与福利省：保障雇佣、劳动基准、劳动保险、保健卫生、

---

① Masahiro Horie & Yuko Kaneko, Independent Administrative Institution: Innovation of Public Organizations in Japan（October 2003），季刊行政管理研究（日），2004（107），pp. 47 ~ 49.

医疗、退休金、福利、医药品安全、社会保险等。

（8）林业农业和渔业省：粮食生产储备、食品加工流通、农业、水产、森林、山地治理。

（9）经济贸易与产业省：通商、产业、经济贸易、中小企业、能源、工业所有权等。

（10）国土、基础设置和交通省：国土计划、城市住宅、水利、道路、铁路、机场、港口、北海道开发、运输事业、海上保安、观光、气象等。

（11）环境省：保护自然环境、保护地球环境、防止公害和废弃物等。

（12）国家公安委员会：主管国家公共安全事务。

（13）防卫厅：主管国防事务。2007年1月9日升级为防卫省。

组织结构如下：

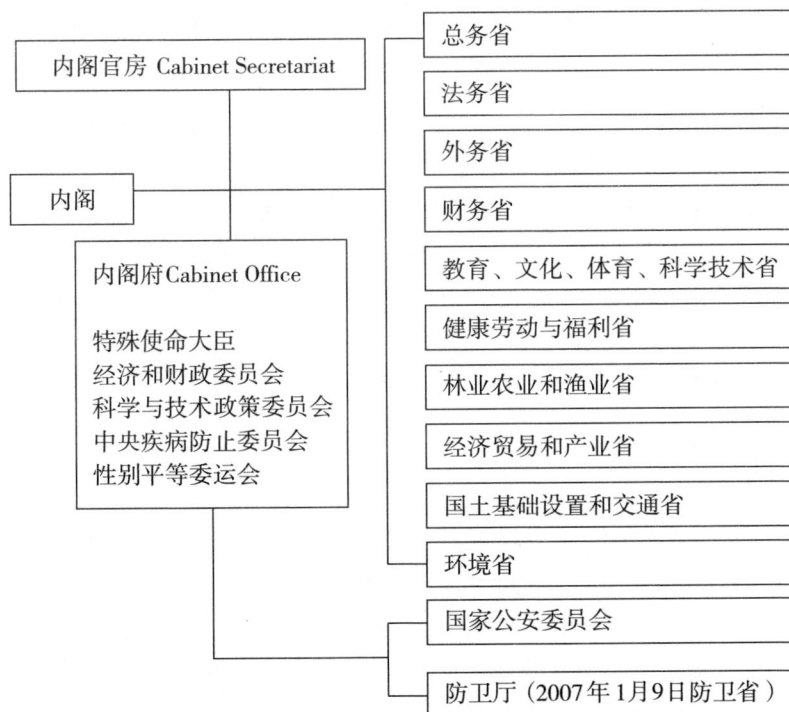

图8-2　日本政府组织结构图

资料来源：Headquarters for the Administration Reform of the Central Government of Japan, *Central Government Reform of Japan*, January 2001, p32～33. 源自 http://www.kantei.go.jp/jp/cyuo-syocho/

五、部际协同机制

"从中央政府到地方政府，从公共部门到私人部门"是日本重建政府组织的基本指导思想。机构设置所奉行的基本原则是根据各个部门的目标和功能确定职责和权力、机构和隶属。政府机构的目标和功能在《中央政府行政改革基本法》中都有明确的规定。在进行组织重建的过程中，中央政府创设了部际协调系统和政策评估系统。部际协调和政策评估是部际协同机制的两种方式。

（一）部际协调系统

设立了专门的部际协调系统是为了应对部门主义（sectionalism）的弊端。《中央政府组织法》则规定了进行协调的固定程序。高层协调由内阁府和内阁官房（cabinet secretariat）来做。针对特殊问题设立内阁总务官层次（director – general – level）的职位，用以应对内部和外部环境的变化和行政议题的变化。

（二）政策评估

政策评估是加强政策协调的一个重要手段。日本政府长期奉行官僚主导的发展模式，官僚的预算、决策比立法机构享有更大的优先权，为了更好的评价政府的政策执行效果和效益，加强政府政策执行的监控和协调，有必要引入政策评估系统。政策评估系统对政策执行前和执行后进行评估，并将评估的结果用到计划和规划中。每个机构首先自己作出评估后，总务省（Public management，Home Affairs，Posts and Telecommunication）将第三部门（比如政策评估委员会和独立行政法人）引入政策评估过程中，以确保评估的客观性。

六、府际协同

社会主导型政府和地方自治型政府是日本府际协同机制的主要特点。政府主导经济发展是日本赶超型经济发展模式的重要特征，长期以来形成了公共部门强于私人部门，中央政府强于地方政府的局面。府际协同的主要目标是重新界定国家的职能和任务。具体措施包括：将那些国家没有必要做的事项取消、民营化、放松规制或委托给地方政府。这样做的结果使得政府组织变得扁平化，成为流线型组织，减少国家公务人员的数量。为此内阁制定了《国家行政组织采购和更加有效运作基本计划》（Basic Plan concerning Outsourcing and More Efficient Operation of the Administrative Organs of the State）、《政策委员会和其他会议重组和理性化的基本计划》（Basic Plan concerning the Realignment and rationalization of Policy Councils，and other meetings）来推进分权化协同政府的改革。改革基本内容如下：

（一）任务理性化

市场化和理性化是新公共管理的两个支柱，日本政府也学习新公共管理的做法，采取了将政府任务理性化的系列措施。

（1）将一些政府事务取消或者民营化。

（2）强化政府采购。社会资本（基础设施建设）、数据处理、统计和国有财产的管理领域允许私人部门进入（entrustment）。

（3）放松规制和授权地方政府。内阁会议先后制定了《促进放松规制的三年计划》《分权促进计划》和《第二次分权促进计划》，推进了放松规制的改革，以使政府变得更加有效。

（4）改革政府所属的企业（government enterprises）。将邮政服务转交给新建立的邮政服务公司，制定了使国家林场更加有效运作的措施，将造币和印刷事项转交给独立行政法人。

（二）组织重组

组织重组是实现经济、效率和效益的重要途径。包括以下主要的措施：

（1）减少省厅秘书处（Ministers Secretariats）、局（Bureaus）和课（Divisions）的数量。省厅秘书处的数量从 128 个减少到 96 个，课的数量从 1200 个减少到 1000 个。同时设立内阁总务官层次（director - general - level position）和课长层次（director - level）的特殊使命职位，加强协调和灵活性。

（2）附属设施（affiliated facility）和其他机构的改革。对国立大学、国立医院和诊所、研究机构和其他组织都进行了改革。

（3）地方分支机构的重组和理性化。地方分支机构的重组和理性化包括十四个类别，比如地区发展局（Regional Development Bureaus），区域健康和福利局（Regional Health and Welfare Bureaus）的建立就是实例。

（三）地方参与与中央纷争的解决机制

日本在总务省之下设立"国家地方纷争处理委员会"，该委员会由五人组成，委员由具有丰富社会经验和学识的人担任，经参众两院同意，由总务大臣任命。就纷争处理程序而言，诉求机关向"国家地方纷争处理委员会"提出处理纷争的请求，委员会做出处理；如果诉求机关不服，可向法院提起诉讼。

需要说明的是，日本协同执行力建设开始与 2001 年，很多措施学习了英国新公共管理的做法，如何根据日本特殊的政党政治结构和经济结构，全面协同的推进日本政治、经济和社会的转型仍有待于进一步观察思考。如何评价日本政府协同执行力建设的实际效果？协同政府执行力建设能否适用于中国行政改革？是否存在普遍性的协同机制？是需要进一步研究讨论的。

第九章

公共行政执行中层理论的中国案例

本章运用公共行政执行中层理论分析当代中国公共行政执行问题。笔者首先根据政府职能的类别，将中国公共行政执行进行类型化分类，然后选取2003～2007年房地产宏观调控政策执行作为典型案例进行案例分析。在进行案例分析的时候，笔者首先阐释案例选取的理由，然后简要地回顾一下案例发生的背景和案例的事件线索。最后运用公共行政执行中层理论对案例进行分析，并运用这一理论审视当代中国公共行政执行力面临的主要问题，分析问题的成因，提出当代中国政府执行力建设的战略路径。

第一节　当代中国公共行政执行类型学

类型学（typology）是按照一定标准对存在的事物进行分类归纳的方法。类型学被广泛地运用于人类学（anthropology）、考古学（archaeology）、神学（theology）、语言学（linguistic typology、morphological typology）、心理学（psychology）、社会学、政治学等领域。比如"'理想类型（ideal – type）'是韦伯社会学理论中最重要的方法论概念之一①"。类型学的研究有助于发现复杂研究对象的共性和差异，为寻求事物之间的联系和规律奠定基础。对公共行政执行进行类型学的研究，将公共行政执行划分为几种类型，归纳总结这些类型之间的共性和差异，有助于深化对公共行政执行问题的理解。公共行政执行的主要对象是政策，因此公共行政类型学与政策类型学的研究最为紧密。笔者借鉴政策类型学的研究，提出公共行政执行类型学的概念。

对政策进行分类研究是政策类型学的范畴，依据不同的标准，可以对政策

---

① （德）马克斯·韦伯著、于晓、陈维纲等译：《新教伦理与资本主义精神》，西安：陕西师范大学出版社，2006年版。

进行不同类别的划分。政策类型学（policy typology）是研究政策分类的一个分析框架，具有很强的学术生命力。最初由瑟尔多·罗维（Theodore Lowi）在1964年提出。① 罗维基于政府运用强制权力的可能性和强制的目标两个维度将政策分为管制政策、分配政策、再分配政策和委托人政策（constituent policy）。后来的学者围绕罗维的分类方法，在他研究的基础上提出了很多不同的分类方法，丰富了政策类型学的研究。

公共行政执行的类型学就是依据一定的标准，对公共行政执行现象进行分类和归纳，并进一步阐明不同类型的公共行政执行的诸多差异，发现不同类型公共行政执行现象的内在规律。公共行政执行类型学的要素包括：（1）类型化的标准。（2）不同类型之间的比较项。

（一）类型化的标准

就类型化的标准而言，考虑到公共行政执行是围绕政府职能展开的，政府职能是政府执行的起点和最终的目标。公共行政执行权力结构和协同机制都是围绕政府职能这一核心目标进行的。② 本书以政府职能作为公共行政执行类型化的标准。

当代中国政府职能的定位与中国发展战略的转型紧密相关。改革开放以来中国的发展战略经历了两次历史性的调整。第一次调整是国家发展战略从"以阶级斗争为纲"转向"以经济建设为中心"，通过建立社会主义市场经济体制和对外开放促进经济的发展。第二次调整是在前一阶段的基础上提出了"科学发展观"。发展战略的转型带来了政府职能的转变。因此，随着社会主义市场经济体制的建立、对外开放的推进，政府与企业、政府与市场、政府与社会中介组织、政府与社会的分工日益明确，政府职能定位也日渐明晰。十四大确立了建设社会主义市场经济体制的目标以来，经过不断深化改革，2002年朱镕基总理在《政府工作报告》中指出："必须进一步解放思想，彻底摆脱

---

① TJ Lowi, "American Business, Public Policy, Case - Studies, and Political Theory", *in World Politics*, vol. XVI, n. 4, 1964, pp. 677 ~715.

② 哈佛大学肯尼迪政府学院的公共政策案例库就是按照公共政策的职能领域对案例进行分类。即基础理论和方法论、公民权利与种族关系、社团关系、竞争与私有化、国防与军事、开发、国家安全、经济学、教育、选举政治家和选举官员、环境、伦理、评估与计划、性别问题、健康、历史、住房、人力资源、执行、创新、利益集团和游说、国际、法律的强制执行、领导、谈判、非盈利管理、组织与组织变革、出版和媒体、通货膨胀与紧缩、公共财政、管制、社会福利与社会服务、技术、交通等等。参见哈佛大学的肯尼迪政府学院的公共政策案例化资料来源：哈佛大学肯尼迪政府学院的网页：http://www.ksgcase.harvard.edu/search.asp

传统计划经济的羁绊，切实把政府职能转到经济调节、市场监督、社会管理和公共服务上来"。① 十六大和十六届三中全会以及 2004 年温总理的《政府工作报告》对政府职能都持这种定位。

2004 年 2 月 21 日温总理在省部级主要领导干部"树立和落实科学发展观"专题研究班结业式上作了《提高认识 统一思想 牢固树立和认真落实科学发展观——在省部级主要领导干部"树立和落实科学发展观"专题研究班结业式上的讲话》，讲话对政府的四大职能进行了详细的阐述。

"经济调节。就是对社会总需求和总供给进行总量调控，并促进经济结构调整和优化，保持经济持续快速协调健康发展。经济调节主要是通过制定规划和政策指导、信息发布，以及规范市场准入，主要运用财政、税收、价格、货币、收入分配等经济手段和法律手段并辅之以必要的行政手段，引导和调控经济运行；而不是靠行政审批管理经济，不是政府直接干预企业生产经营活动，更不是由政府代替企业决策招商引资上项目。——浦东开发区政策的执行、房地产政策调控

市场监管。就是依法对市场主体及其行为进行监督和管理，维护公平竞争的市场秩序，形成统一、开放、竞争、有序的现代市场体系。完善行政执法、行业自律、舆论监督、群众参与的市场监管体系，严厉打击制假售假、商业欺诈等违法行为。建立健全社会信用体系，实行信用监督和失信惩戒制度。

社会管理。就是通过制定社会政策和法规，依法管理和规范社会组织、社会事务，化解社会矛盾，调节收入分配，保证社会公正，维护社会秩序和社会稳定。加强社会治安综合治理，保障人民群众生命财产安全。保护和治理生态环境。特别要加快建立健全各种突发事件应急机制，提高政府应对公共危机的能力。

加强安全工作，是政府履行社会管理职能的重要方面。

最近，一些地方接连发生重特大安全事故，特别是火灾、公众聚集场所安全事故和道路交通事故呈上升势头，给人民群众生命财产造成重大损失，教训极为深刻。这反映出许多地方安全防范措施不到位、不落实。各级政府一定要高度重视安全工作，把加强安全生产和公共安全工作摆到重要位置，列入重要议程，常抓不懈，防患于未然。要深化安全专项整治，狠抓各项防范和整改措施的落实，堵塞漏洞，坚决消除重大安全隐患，完善安全防范规章制度和应急机制，层层落实安全责任制。

---

① 朱镕基：《政府工作报告——2002 年 3 月 15 日在第九届全国人民代表大会第五次会议上》，载《中华人民共和国全国人民代表大会常务委员会公报》，2002 年第 2 期，第 97 页。

公共服务。就是提供公共产品和服务，包括加强城乡公共设施建设，发展社会就业、社会保障服务和教育、科技、文化、卫生、体育等公共事业，发布公共信息等，为社会公众生活和参与社会经济、政治、文化活动提供保障和创造条件，努力建设服务型政府。"[①]

《中华人民共和国国民经济和社会发展第十一个五年规划纲要》第四十二章中以《完善社会管理体制》为题总结了社会管理的三个方面的主要内容。

"健全党委领导、政府负责、社会协同、公众参与的社会管理格局，推进社会管理体制创新。

第一节　加强基层自治组织建设

推进管理有序、治安良好的和谐社区、和谐村镇建设，倡导人与人和睦相处，增强社会和谐基础。探索新时期城乡基层自治组织建设和管理的有效模式，发挥城乡基层自治组织协调利益、排忧解难的作用。

第二节　规范引导民间组织有序发展

培育发展行业协会、学会、公益慈善和基层服务性民间组织，发挥提供服务、反映诉求、规范行为的作用。完善民间组织自律机制，加强改进对民间组织的监管。

第三节　正确处理人民内部矛盾

高度重视并维护人民群众根本利益，妥善协调各方面利益关系，从源头上预防和化解人民内部矛盾。改进和完善信访工作，畅通诉求渠道，综合运用教育、协商、调解、法律等方式，依法及时合理地处理群众反映的问题。健全人民调解制度，完善社会矛盾纠纷调处机制。深入做好新时期的群众工作，引导群众以理性合法的形式表达诉求。建立和完善矛盾排查机制、信息预警机制、应急处置机制和责任追究机制，预防和妥善处置群体性、突发性事件，切实解决群众的合理诉求，依法维护社会稳定。"

在《中华人民共和国国民经济和社会发展第十一个五年规划纲要》中多次提到公共服务这一概念，但是并没有做明确的界定，其中《专栏16 公共服务重点工程》中列举了公共服务的一些内容：

社会救助　建设救助管理设施、流浪未成年人保护中心、"慈善超市"和社会捐助接收点等。

---

① 温家宝：《提高认识 统一思想 牢固树立和认真落实科学发展观——在省部级主要领导干部"树立和落实科学发展观"专题研究班结业式上的讲话》，2004年2月21日。

社会福利 建设综合福利中心、社区福利设施、农村敬老院、儿童福利机构、残疾人综合服务设施等。

公共卫生 继续完善疾病预防控制和医疗救治体系，加强中医临床研究基地和重点中医医院建设。

社区服务 新建和改造社区服务中心、社区服务站，加强和完善社区卫生、社会保险服务。

防洪减灾 建设治淮骨干工程，加强大江大河及中小河流治理。实施主要江河蓄滞洪区安全建设工程。

安全生产应急救援 建设国家、省、市三级安全生产应急救援指挥中心和国家、区域、骨干专业应急救援体系。

重大事故隐患治理 治理尾矿库、危库、险库和危险性较大的病库，搬迁城区内安全距离不达标的危险化学品生产和储存企业。

国家灾害应急救援 建设四级灾害应急救助指挥体系。

基层政法基础设施 新建和改造基层派出所、司法所、人民法庭。

从官方正式的论述而言，中国政府职能定位已经逐渐清晰。笔者将当代中国公共行政执行分为：经济调节类公共行政执行、市场监管类公共行政执行、社会管理类公共行政执行、公共服务类公共行政执行和其他类公共行政执行。

（二）比较项目

本书将权力结构和协同机制作为不同类型公共行政执行的比较项。公共行政执行的案例研究就是根据政府职能选取典型事件，运用权力结构、协同机制的理论模型对案例加以分析，揭示案例发生和发展的内在机制。

将公共行政执行类型与比较项结合起来如下表所示：

表 9-1 中国公共行政执行类型学的标准和比较项

		政府职能				
		经济调节	市场监管	社会管理	公共服务	其他职能
比较项	权力结构	公共行政执行权力结构的 GVIIRRTCQ 模型				
	协同机制	公共行政执行协同机制的 EPDFIIE 模型				
典型案例		房地产宏观调控	阜阳奶粉事件	突发事件应急事件	教育产业化政策执行	国有资产管理政策执行

资料来源：作者绘制。

第二节　公共行政执行中层理论的案例分析

从研究的严谨性而言，有必要每种类型的公共行政执行都选择一个典型案例加以分析。但是考虑到本书的主旨不是进行专门的案例研究，而是尝试建构公共行政执行的中层理论框架，因此本书只选取一个最有代表性的案例——2003～2007年房地产宏观调控政策执行作为典型案例对公共行政执行中层理论的框架加以验证和运用。

一、案例选取的理由

选择这一案例出于如下考虑：

第一，改革开放以来经济建设一直是政府的中心工作，而经济发展的模式亦是"政府主导"的发展模式，选择经济政策执行的案例能够充分地反映政府的执行问题。

第二，随着市场经济的建立和深化，中国政府职能逐渐明确定位为"经济调节、市场监管、社会管理和公共服务"，宏观调控是经济调节的主要内容。选择宏观调控方面的案例能较为充分地反映现阶段政府政策执行中的问题。

第三，房地产宏观调控政策的执行涉及到公共权力结构和协同机制的所有要素，对其进行分析具有典型性。

第四，2003～2007年是国家发展战略的转型期。2003年10月召开的中国共产党十六届三中全会提出了科学发展观，即"坚持以人为本，树立全面、协调、可持续的发展观，促进经济社会和人的全面发展"，坚持"统筹城乡发展、统筹区域发展、统筹经济社会发展、统筹人与自然和谐发展、统筹国内发展和对外开放的要求"。① 2003～2007年的房地产宏观调控就是在科学发展观指导下进行的。选择这一案例能够从发展转型的战略高度，反映当代中国公共行政执行和协同执行力问题，反映公共行政战略协同中存在的问题。

二、案例背景

宏观调控（macro-economic control）是政府干预经济的一种方式，肇端

---

① 十六届三中全会正式提出"坚持以人为本，树立全面、协调、可持续的发展观，促进经济社会和人的全面发展。"人民出版社：《中共中央关于完善社会主义市场经济体制若干问题的决定》，北京：人民出版社，2003年版，第3页。

于罗斯福新政和凯恩斯主义经济学。在国外一般不使用 macro – economic con-
trol 一词，而是用 macroeconomic policy，即通过宏观经济政策（财政政策和货
币政策），通过改变经济参数对经济活动进行间接干预。宏观调控这种政府干
预经济的形式区别于国有化、管制、反垄断和普通法。"国有化是政府对企业
的内部直接控制和干预，管制是政府从外部对企业的直接行政干预，宏观调控
是间接的参数干预；反垄断是间接的司法干预；普通法是对私人产权最一般性
的法律约束。"①

中国的宏观调控诞生于从计划经济向市场经济转轨的过程中。1986 年 11
月 22 日的《人民日报》第二版，有一篇对朱镕基的专访：《今年经济效益为
何波动》。在这篇专访中朱镕基率先阐述了宏观调控的思想。1993 年的中共中
央发〈1993〉6 号文件（以下简称中央 6 号文件）正式提出了宏观调控。②
1993 年 11 月 14 日通过的《中共中央关于建立社会主义市场经济体制若干问
题的决定》指出"建立社会主义市场经济体制，就是要使市场在国家宏观调
控下对资源配置起基础性作用。"《决定》对宏观调控的任务、手段和执行部
门作了界定。"宏观调控的主要任务是：保持经济总量的基本平衡，促进经济
结构的优化，引导国民经济持续、快速、健康发展，推动社会全面进步。宏观
调控主要采取经济办法，近期要在财税、金融、投资和计划体制的改革方面迈
出重大步伐，建立计划、金融、财政之间相互配合和制约的机制，加强对经济
运行的综合协调。计划提出国民经济和社会发展的目标、任务，以及需要配套
实施的经济政策；中央银行以稳定币值为首要目标，调节货币供应总量，并保
持国际收支平衡；财政运用预算和税收手段，着重调节经济结构和社会分配。
运用货币政策与财政政策，调节社会总需求与总供给的基本平衡，并与产业政
策相配合，促进国民经济和社会的协调发展。"

总之，中国的宏观调控诞生于计划向市场转轨的过程中，而西方国家的宏
观调控针对的是成熟的市场经济。这决定了中国目前的宏观调控还不完全等同
于西方宏观经济政策。中国的宏观调控还大量使用计划、行政手段和微观干预
的方式。

改革开放以来中国经历了六次宏观调控。即 1979 ~ 1981 年、1985 ~ 1986

---

① 周其仁：《竞争、垄断和管制——"反垄断"政策的背景报告》，国家体制改革办公室产业司
委托研究项目内部研究报告，修订稿，2001 年 12 月 22 日。
② 林楚方：《朱镕基步入"高层"：幸遇伯乐 不改直言本色》，载《南方周末》，2003 年 3 月 8
日。

年、1988~1989 年、1993~1996 年、1998~2002 年与 2003 开始至今的六次宏观调控。其中前四次宏观调控是紧缩性的、旨在抑制经济过热的调控。1998~2002 年宏观调控发生在亚洲金融危机过后，是扩张性的、旨在拉动经济增长的调控。

2003 年开始的宏观调控涉及到固定资产投资、能源、土地、农业、价格、房地产和国际收支等领域。这些领域的调控是相互关联的，比如土地调控和房地产调控就紧密相关。从这些调控的手段而言，财政、货币政策和行政手段综合运用于这些领域，是微观干预和宏观干预的结合。以下分述这些领域宏观调控政策执行的主要手段。①

1. 固定资产调控。抑制固定资产投资过热是宏观调控的重要目标。固定资产投资调控的主要措施包括：（1）固定资产投资项目的清理，对部分行业和重点项目进行清理和结构调整。（2）通过价格财政货币经济杠杆，改变投资成本，控制融资。（3）采用行政手段，对政策执行情况进行监督，包括派督察组进行督察、采用行政手段处理违规项目等。（4）改革投资体制、统计体制等等。

2. 节能减排。节能减排涉及资源节约、生态环境保护、污染治理以及技术进步等多方面的内容。节能减排的宏观调控措施包括：（1）对高耗能、高污染行业或项目的清理整顿与结构调整。（2）综合利用法律、经济和行政手段强化环境和能源整治。（3）强化全面的节能减排管理。（4）组成督察组、建立政府节能减排工作问责制和设立专职督察机构。

3. 土地调控。在 2004 年 4 月份开始的固定资产项目清理中，国务院首次把土地定位为重要的宏观经济管理手段，把国土资源部定位为宏观管理部门。2006 年 8 月 31 日《国务院关于加强土地调控有关问题的通知》的出台，标志着土地调控正式成为宏观调控的一个重要领域。土地调控的重要措施包括：（1）以清理开发区为重点的土地市场治理整顿。（2）以清理新上项目用地为重点的土地市场治理整顿。（3）发挥土地价格的杠杆作用和土地收益分配机制的约束作用。（4）高密度的土地执法专项行动。（5）行政监督的全面参与，国务院各部门组成督察组对地方政府进行检查。中央政府对于各级地方政府的行政问责。设立专职督察机构。（6）改革省级以下国土资源管理体制。实施

---

① 固定资产投资、能源、土地、农业、价格、房地产和国际收支等领域的调控政策论述参考了黄伯平：《2003 年以来宏观调控中行政手段之政策分析》，北京大学馆藏博士论文，2008 年。

土地供应门槛制度。完善土地调查制度。

4. 农业调控。农业调控措施主要包括：（1）严格保护耕地，努力增加耕地面积，提高耕地质量。（2）严格限制工业生产挤占农业资源。（3）综合采用多种经济手段和必要的行政手段，调动农业生产积极性。（4）逐步降低直至取消农业税。实施全方位的补贴。稳定以化肥为主的农业生产资料价格。（5）利用市场化手段稳定农产品价格预期。

5. 价格调控。价格调控措施主要包括：（1）通过发展生产，规范流通，从供给方参与价格调控。（2）货币政策通过收紧流动性，稳定通胀预期，从需求方参与价格调控。（3）价格管理通过介入传导机制，参与价格调控。（4）控制出台涨价项目。加强市场监管，严格价格执法，必要时采取价格干预。加强对地方政府的督导。

6. 房地产调控。房地产调控措施主要包括：（1）严格土地和信贷闸门，抑制房地产投资过热。（2）信贷手段、税收手段和限制外资准入手段抑制投机行为。（3）通过全方位的政策手段调整住房结构、推动存量利用，增加有效供给。（4）强化行政执法和行政监督。（5）部分地区实施房价直接干预。

7. 国际收支调控。国际收支调控措施主要包括：（1）调整汇率政策，放宽汇率波动幅度，逐步加快人民币升值速度。（2）调整进出口政策，优化进出口结构，控制贸易顺差过快增长。（3）全面取消外资享受的超国民待遇，多渠道分流外汇资金。（4）逐步放松经常项目外汇管制，严格部分资本项目外汇管制。（5）货币政策全方位缓解货币投放被动扩张的压力。

本书的主旨不是对宏观调控的政策本身进行研究，而重点分析政策执行中的权力结构和协同机制。接下来笔者重点分析一下房地产宏观调控政策及其执行情况。

三、2003 年以来的房地产宏观调控政策框架及政策执行

房地产是固定资产投资项目，土地和资金是发展房地产的关键要素。对房地产进行宏观调控的措施主要是对土地和金融信贷的调控。房地产调控同时涉及固定资产投资项目、土地调控和金融信贷调控等领域。

（一）政策制定的进程

2003 年以来的房地产调控政策进程如下：

早在 2002 年由建设部、国土资源部、财政部、人民银行、国家税务总局、国家统计局等部委组成全国房地产市场宏观调控部际联席会议。

2003 年 6 月 5 日，中国人民银行印发《关于进一步加强房地产信贷业务管理的通知》，要求商业银行进一步落实房地产信贷政策，防范房地产信贷风险，促进房地产金融健康发展。

2003 年 7 月 18 日、8 月 11 日和 9 月 12 日人民银行召开窗口指导会议，要求金融机构注意防止资本充足率下降，防范各类信贷及流动性风险，改进和健全内部考核制度，适度控制贷款总量。

2003 年 7 月 18 日、7 月 30 日，国务院办公厅先后发出《关于暂停审批各类开发区的紧急通知》、《关于清理整顿各类开发区加强建设用地管理的通知》。7 月 31 日，国务院再次专门召开全国进一步治理整顿土地市场秩序电视电话会议。

2003 年 8 月 8 日，国务院成立了由国土资源部与国家发改委、监察部、建设部、审计署五部委联合组成十个督查组，对全国 31 个省（区、市）的土地市场进行督查。

2003 年 8 月 12 日，国务院印发了《关于促进房地产市场持续健康发展的通知》。

2003 年 8 月 23 日经国务院批准，中国人民银行宣布从 2003 年 9 月 21 日起，将金融机构存款准备金率由原来的 6% 调高至 7%，城市信用社和农村信用社暂时执行 6% 的存款准备金率不变。

2003 年 10 月 28 日，十届全国人大常委会决定免去田凤山的国土资源部部长职务。

2003 年 11 月 3 日，国务院印发了《关于加大工作力度，进一步治理整顿土地市场秩序的紧急通知》，提出要通过治理整顿，使违规设立的各类开发区得到清理和规范，乱占滥用耕地和非法转让土地的行为得到依法查处，经营性用地招标拍卖挂牌出让制度得到全面推行和落实，土地市场秩序和土地执法环境得到明显改善。

2003 年 12 月 28 日，省以下国土资源管理部门实行垂直管理。

2004 年 3 月 31 日，国土资源部、监察部联合下发了《关于继续开展经营性土地使用权招标拍卖挂牌出让情况执法监察工作的通知》（即 71 号令），要求从即日起就"开展经营性土地使用权招标拍卖挂牌出让情况"进行全国范围内的执法检察，各地要在 2004 年 8 月 31 日前将历史遗留问题处理完毕，否则国家土地管理部门有权收回土地，纳入国家土地储备体系。

2004 年 4 月，国务院发布"严格控制固定资产投资规模的通知"，要求对房地产业资本金比例提高到 35% 以上。

2004 年 5 月 13 日，为了加强经济适用房的管理，2004 年 5 月 31 日，由建设部、国家发改委、国土资源部、中国人民银行联合颁布的《经济适用住房管理办法》正式施行。《办法》明确规定，经济适用住房的面积将严格控制以中小套型为主，中套面积在 80 平方米左右，小套面积在 60 平方米左右。住房价格以保本微利为原则，真正让广大中低收入群众受益。

2004 年 6 月 6 日国务院办公厅印发了《关于控制城镇房屋拆迁规模严格拆迁管理的通知》。

2004 年 7 月底国家发改委、建设部下发《物业服务收费明码标价规定》的通知，提出物业服务收费实行明码标价，规定自 2004 年 10 月 1 日起施行。规定明确物业管理企业向业主提供服务应当标明服务项目、收费标准等有关情况。

2004 年 9 月 2 日中国银监会公布了《商业银行房地产贷款风险指引》，规定建筑商不得为开发商垫资建楼，开发商开发项目自有资金不低于项目总投资的 35%，购房者的月供房款不得超过收入的 50%，这是继去年央行 121 文件后金融监管部门发出的又一次加强房地产贷款监管的重要信号。

2004 年 9 月，银监会下发《商业银行房地产贷款风险管理指引》，规定房地产开发贷款必须在满足自有资金 35% 以上且四证齐全的情况下发放。

2004 年 10 月 29 日中国人民银行印发了《中国人民银行关于印发〈金融机构外汇存款准备金管理规定〉的通知》，决定从 2005 年 1 月 15 日起，金融机构外汇存款准备金率统一调整为 3%。

2004 年 10 月 29 日，中国人民银行决定，从 2004 年 10 月 29 日起上调金融机构存贷款基准利率，并放宽人民币贷款利率浮动区间和允许人民币存款利率下浮。中国人民银行决定从 2004 年 10 月 29 日起上调金融机构存贷款基准利率并放宽人民币贷款利率浮动区间和允许人民币存款利率下浮。金融机构一年期存款基准利率上调 0.27 个百分点，由现行的 1.98% 提高到 2.25%，一年期贷款基准利率上调 0.27 个百分点，由现行的 5.31% 提高到 5.58%。这是央行九年以来首次加息，加息意味着购房的贷款成本增加。这也意味着经过反复的深思熟虑之后，央行正式使用市场调节杠杆来对房地产市场进行调节。

2005 年 3 月 26 日，国务院向各个省市、自治区印发了《国务院办公厅关于切实稳定住房价格的通知》，共有八条内容，简称"国八条"。

2005 年 3 月 17 日经国务院批准，中国人民银行调整商业银行自营性个人住房贷款政策。

2005 年 3 月 26 日，国务院办公厅转发《建设部等部门关于做好稳定住房价格工作意见的通知》强调必须解决房地产投资规模过大、房价上涨过快问题。

2005 年 4 月 27 日，温家宝总理在主持国务院常务会议中再次提出要进一步加强房地产市场宏观调控。并提出八项措施引导和调控房地产市场，称之为"新国八条"。

2005 年 4 月 28 日人民银行上调金融机构贷款基准利率。

2005 年 5 月 18 日国家税务总局印发《关于加强房地产税收管理的通知》。

2005 年 5 月 13 日为稳定住房价格，根据宏观调控需要，国家税务总局对房地产营业税的优惠政策做出调整。

2005 年 5 月银监会召集主要商业银行负责人召开当前经济形势通报会议。银监会主席刘明康在会上强调，当前应严控贷款总量，确保贷款投放的平稳增长，减少不良贷款，保持国民经济平稳较快发展。有效管控房地产放贷增长，要整顿和规范各类打捆贷款，认真贯彻五部委规定，停止与各地政府签订授信合作协议。

2005 年 7 月，七部委宣称近期不再出台新政，以落实原有政策为主。

2005 年 7 月，人民币升值 2%。

2005 年 7 月 11 日，建设部、商务部、国家发展改革委、中国人民银行、工商总局、国家外汇管理局发布《关于规范房地产市场外资准入和管理的意见》。

2005 年 9 月 4 日发布了国家外汇管理局和建设部《关于规范房地产市场外汇管理有关问题的通知》规范外资进入楼市的实施"细则"。

2005 年 8 月 19 日上调金融机构人民币存贷款基准利率。

2006 年 12 月建设部、监察部、国土资源部、国家发改委等 8 个部委组成的"房地产市场宏观调控部际联席会议"成立"全国房地产市场宏观调控政策落实情况督察组"，开始赴全国各地进行房地产宏观调控政策执行的督察。

2006 年 3 月 29 日建设部、国土资源部、财政部、审计署、监察部、国家税务总局、国家发改委、国家工商行政管理总局等八部委联合制定的《房地产市场秩序专项整治工作方案》。2006 年 3 月商务部办公厅发布了《关于 2007 年全国吸收外商投资工作的指导性意见》明确指出，今年将"严格限制外商投资房地产"。

2006年5月17日，国务院总理温家宝主持召开国务院常务会议，制定了《促进房地产业健康发展的六项措施》（简称为"国六条"）。

2006年5月29日，"十五条"5月29日，国务院办公厅出台《关于调整住房供应结构稳定住房价格的意见》（国办发〔2006〕37号），即9部委"十五条"，对"国六条"进一步细化，而且在套型面积、小户型所占比率、新房首付款等方面作出了量化规定，提出双70%的标准。此政策旨在通过对住房供应结构的调整，进一步稳定住房价格。

2006年5月31日，国税总局下发《关于加强住房营业税征收管理有关问题的通知》（国税发〔2006〕74号），对"国六条"中二手房营业税新政策的具体执行问题予以明确。2006年6月1日后，个人将购买不足5年的住房进行销售的全额征收营业税，各级地方税务部门要严格执行调整后的个人住房营业税税收政策。

2006年6月，建设部酝酿限比重、限面积、限价格"三限"方案。

2006年6月，国税总局调控房地产税费政策。

2006年7月，建设部等六部委发布的《关于规范房地产市场外资准入和管理的意见》。

2006年7月26日，国税总局发布《关于住房转让所得征收个人所得税有关问题的通知》（国税发〔2006〕108号），从8月1日起，各地税局将在全国范围内统一强制性征收二手房转让20%的个人所得税。

2006年9月14日，国家税务总局颁发《关于加强房地产交易个人无偿赠与不动产税收管理有关问题的通知》（国税发〔2006〕144号），加强无偿赠与行为、受赠房屋销售、赠与行为后续管理的税收征管，是国家对二手房行业漏洞的补充，显示了国家规范二手房行业的决心。

2007年2月8日财政部和国家税务总局联合下发《关于单位低价向职工售房有关个人所得税的通知》，《通知》明确，单位按低于购置或建造成本价格出售住房给职工，职工因此而少支出的差价部分，应按照"工资、薪金所得"项目缴纳个人所得税。

2007年5月23日商务部、国家外汇管理局联合颁布的《关于进一步加强、规范外商直接投资房地产业审批和监管的通知。

2007年6月初，商务部、国家外汇管理局《关于进一步加强、规范外商直接投资房地产业审批和监管的通知》，通知要求各地商务主管部门严格控制外商投资高档房地产，并严格控制以返程投资方式并购或投资境内房地产企业。

2007 年 7 月 10 日商务部发布了《关于下发第一批通过商务部备案的外商投资房地产项目名单的通知》，规定今后将不再批准新的外资房地产贷款。

2007 年 8 月 13 日，国务院发布《国务院关于解决城市低收入家庭住房困难的若干意见》（国发〔2007〕24 号）下发。文件明确表示，把解决城市低收入家庭住房困难作为住房制度改革的重要内容，作为政府公共服务的一项重要职责。

2007 年 8 月 24～25 日，全国城市住房工作会议在京召开。中共中央政治局委员、国务院副总理曾培炎出席会议并讲话。会议要求，省级政府对辖区内住房保障、住房供应和房价稳定工作负总责，市县政府是责任主体。加快廉租住房制度建设、解决低收入家庭住房困难 继续调整结构稳定价格、促进房地产市场健康发展。

2007 年 9 月 13 日，国土资源部发出通知，要求各地积极贯彻落实国家加强土地调控的政策措施，加大闲置土地处置力度，维护土地市场的健康稳定发展。

2007 年 9 月 27 日，中国人民银行、中国银行业监督管理委员会印发《加强商业性房地产信贷管理的通知》。

2007 年 10 月 18 日，国土资源部印发《关于认真贯彻〈国务院关于解决城市低收入家庭住房困难的若干意见〉进一步加强土地供应调控的通知》。

2007 年 10 月 8 日，国土资源部下发《关于进一步加强土地供应调控的通知》，通知明确提出，各地要合理控制单宗土地供应规模，缩短土地开发周期，每宗地的开发建设时间原则上不得超过 3 年，同时还明确要优先安排用于解决城市低收入家庭住房困难的住房用地，廉租住房、经济适用住房和中低价位、中小套型普通商品住房建设用地，其年度供应总量不得低于住宅供应总量的 70%。

2007 年 10 月 9 日，国土资源部发布最新版本《招标拍卖挂牌出让国有建设用地使用权规定》。

2007 年 8 月 22 日中国人民银行上调金融机构人民币存贷款基准利率。

（二）政策框架

这些政策中 2005 年 3 月 26 日的老"国八条"，2005 年 5 月 9 日的"新国八条"以及"国六条"和"九部委十五条"构成了房地产宏观调控的政策框架。

2005 年 3 月 26 日，国务院向各个省市、自治区印发了《国务院办公厅关于切实稳定住房价格的通知》，共有八条内容，简称"国八条"。

（1）高度重视稳定住房价格；

（2）切实负起稳定住房价格的责任：房价提高到政治高度，建立政府负责制，省政府负总责，对住房价格上涨过快，控制不力，要追究有关责任人责任；

（3）大力调整住房供应结构，调整用地供应结构，增加普通商品房和经济住房土地供应，并督促建设；

（4）严格控制被动性住房需求，主要是控制拆迁数量；

（5）正确引导居民合理消费需求；

（6）全面监测房地产市场运行；

（7）积极贯彻调控住房供求的各项政策措施；

（8）认真组织对稳定住房价格工作的督促检查。

2005 年 4 月 27 日，温家宝总理在主持国务院常务会议中再次提出要进一步加强房地产市场宏观调控。并提出八项措施引导和调控房地产市场，称之为"新国八条"。

（1）强化规划调控，改善商品房结构。

（2）加大土地供应调控力度，严格土地管理。

（3）加强对普通商品住房和经济适用住房价格的调控，保证中低价位、中小户型住房的有效供应。

（4）完善城镇廉租住房制度，保障最低收入家庭基本住房需求。

（5）运用税收等经济手段调控房地产市场，特别要加大对房地产交易行为的调节力度。

（6）加强金融监管。

（7）切实整顿和规范市场秩序。

（8）加强市场监测，完善市场信息披露制度。

2006 年 5 月 17 日，国务院总理温家宝主持召开国务院常务会议，制定了《促进房地产业健康发展的六项措施》（简称为"国六条"）。

（1）切实调整住房供应结构。重点发展中低价位、中小套型普通商品住房、经济适用住房和廉租住房。各地都要制定和实施住房建设规划，对新建住房结构提出具体比例要求。

（2）进一步发挥税收、信贷、土地政策的调节作用。严格执行住房开发、销售有关政策，完善住房转让环节税收政策，有区别地适度调整信贷政策，引导和调节住房需求。科学确定房地产开发土地供应规模，加强土地使用监管，制止囤积土地行为。

（3）合理控制城市房屋拆迁规模和进度，减缓被动性住房需求过快增长。

（4）进一步整顿和规范房地产市场秩序。加强房地产开发建设全过程监管，制止擅自变更项目、违规交易、囤积房源和哄抬房价行为。

（5）加快城镇廉租住房制度建设，规范发展经济适用住房，积极发展住房二级市场和租赁市场，有步骤地解决低收入家庭的住房困难。

（6）完善房地产统计和信息披露制度，增强房地产市场信息透明度，全面、及时、准确地发布市场供求信息，坚持正确的舆论导向。

2006 年 5 月 29 日，国务院办公厅出台《关于调整住房供应结构稳定住房价格的意见》（国办发〔2006〕37 号），即 9 部委"十五条"。

（1）制定和实施住房建设规划。

（2）明确新建住房结构比例。

（3）调整住房转让环节营业税。

（4）严格房地产开发信贷条件。

（5）有区别地适度调整住房消费信贷政策。

（6）保证中低价位、中小套型普通商品住房土地供应。

（7）加大对闲置土地的处置力度。

（8）严格控制被动性住房需求。

（9）加强房地产开发建设全过程监管。

（10）切实整治房地产交易环节违法违规行为。

（11）加快城镇廉租住房制度建设。

（12）规范发展经济适用住房。

（13）积极发展住房二级市场和房屋租赁市场。

（14）建立健全房地产市场信息系统和信息发布制度。

（15）坚持正确的舆论导向。

（三）政策执行

房地产市场主要涉及土地和信贷，通过宏观经济政策改变经济参数和利益主体的成本收益结构是房地产宏观调控的要素。同时房地产发展与地方 GDP 增长和官员政绩有很大关系，因此通过行政手段——比如部级联席会议成立督察组到地方进行督察，加强行政问责力度，强化行政执法——改变官员的利益机构和激励结构也是宏观调控的主要手段。①

1. 土地和信贷调控。为抑制房地产投资过热，防范金融风险，人民银行和银监会从项目开发、取得土地和预售等环节对商业银行发放贷款进行了严格要求：一是严格资质审核，对项目资本金比例达不到35%或未取得国有建设用地使用权证书、建设用地规划许可证、建设工程规划许可证和施工许可证的项目，严禁发放任何形式的贷款；二是严格限定和监控房地产开发贷款的来源和使用，严禁流动资金等形式的贷款为房地产开发项目垫资，并规定房地产开发贷款原则上只能用于本地区的房地产开发项目，不得跨地区使用；三是不得向房地产开发企业发放专门用于缴交土地出让金的贷款；四是禁止期房贷款，住房贷款只能在主体结构封顶以后发放，商业用房贷款只能在房屋竣工验收后发放。另外，国家对外资进入房地产投资领域也作出了严格限制。

土地方面，国家从2004年开始严格控制城镇拆迁规模和土地征用规模。这在客观上起到了抑制房地产投资过热的作用。

2. 宏观经济政策改变市场主体的预期成本收益。信贷手段、税收手段和外资准入手段抑制投机行为，改变市场主体的预期和成本收益是宏观调控的重要方面。

信贷手段主要是在购房环节抑制投机行为。2003年开始，人民银行和银监会逐步提高了个人住房贷款首付款比例和利率水平，并要求贷款首付款比例和利率水平随套数增加大幅度提高（目前购买第二套住房的首付款比例已从早期的20%提高至40%，而利率水平提高为同期同档次基准利率的1.1倍）。另外，对商业用房或"商住两用房"购房贷款的首付款比例、期限以及利率均作出了限低不限高的严格规定。

税收手段主要是在转让环节发挥作用的。国税总局在2006年的108号文中明确要求：自2006年8月1日起，个人转让住房应缴纳的个人所得税，应与转让环节应缴纳的营业税、契税、土地增值税等税收一并办理。从而取消了房地产转让环节的所有税收优惠。

另外，国家也相应对境外机构和个人购买境内房地产实施了准入管理，提高了门槛。

人民银行紧缩性的货币政策（上调金融机构人民币存贷款基准利率或存

---

① 主要手段参考转自黄伯平：《2003年以来宏观调控中行政手段之政策分析》，北京大学馆藏博士论文，2008年。

款准备金率）对房地产投资过热和房地产投机需求产生一定的抑制作用。

3. 市场供给调控。为形成合理的住房结构，国家明令要求从 2006 年 6 月 1 日起，新审批、新开工的商品住房建设，套型建筑面积 90 平方米以下住房（含经济适用住房）面积所占比重，必须达到开发建设总面积的 70% 以上；并在城乡规划审批、土地供应以及信贷、税收、行政事业性收费等方面，对中小套型、中低价位普通住房的开发和销售给予优惠政策支持；同时对高档商品住房和商业用房的建设和消费则采取了一定程度的限制性措施。

为解决城市低收入家庭住房困难，国家逐步增加了经济适用房和廉租房的供给，从而对住房结构产生一定影响。

为推动存量利用，国家对囤积土地或房源的房地产开发企业出台了一系列惩罚性措施，以督促加快开发或上市进度。主要措施有：禁止发放贷款、禁止参加土地"招拍挂"购置新的土地、空置 3 年以上的商品房不得作为贷款抵押物、对闲置土地征收土地闲置费（按出让或划拨土地价款的 20% 征收）并责令限期动工和竣工、依法收回闲置土地并优先安排开发利用等。

为进一步限制开发商大肆囤地，国土资源部出台了控制单宗土地出让规模的措施。2007 年 11 月 1 日起施行的《招标拍卖挂牌出让国有建设用地使用权规定》对出让金缴纳和建设用地使用权证书发放进行了规范，从而提高了大面积购买土地的成本。其要点是：受让人依照国有建设用地使用权出让合同的约定付清全部土地出让价款后，方可申请办理土地登记，领取国有建设用地使用权证书。未按出让合同约定缴清全部土地出让价款的，不得发放国有建设用地使用权证书，也不得按出让价款缴纳比例分割发放国有建设用地使用权证书。

4. 行政手段的采用。房地产行业在项目审批、开发、交易、中介等环节存在较为严重的违法违规和权钱交易行为，在一定程度上阻碍了房地产调控政策的落实、加剧了房地产价格的非正常上涨，政府在房地产调控中，逐步加强了行政执法的力度，对房地产市场秩序进行整顿和规范。同时，国务院有关部门对各地住房价格及各项政策措施贯彻落实情况进行了检查和指导，并对部分住房价格上涨过快的地区进行了重点督查。建设部等八部委在 2007 年 3 月底联合部署了房地产市场秩序专项整治行动和房地产市场宏观调控政策落实情况督查行动。

5. 直接价格干预。除了执行统一的调控政策，一些地方政府另外采取了直接干预房价的措施。南京市在 2007 年 5 月 25 日率先通过价格管制来干预房价。另外加强房地产统计和信息披露制度也是一项重要的调控措施。

自 2003 年开始调控以来，房价总水平经历了两轮较长时期的显著上涨，部分大中城市的房价涨幅更是一直保持高位运行。仅从价格指标来看，房地产调控的效果还有待继续观察。

四、公共行政执行中层理论视角下的案例分析

运用公共行政执行中层理论分析房地产宏观调控政策的执行的时候，考虑到房地产宏观调控政策的特点，本书不算面面俱到地分析公共行政执行权力结构和协同机制的各个方法面，而是重点分析权力结构中的"目标结构"、"利益结构"和"激励结构"；重点分析协同机制中的决策—执行—监督的协同、部际协同机制和府际协同机制。

（一）2003～2007 年房地产宏观调控政策执行中的权力结构分析

我们根据房地产宏观调控政策执行的特点，重点分析房地产宏观调控权力结构中的目标结构、利益结构和激励结构。

1. 2003～2007 年房地产宏观调控政策执行中的目标结构

公共行政执行目标结构是公共行政执行权力结构的亚结构之一。指的是公共行政执行过程中围绕公共目标的相关主体与公共目标之间的关系和这些主体之间的关系。

2003～2007 年房地产宏观调控政策执行中涉及的主要主体包括：中央政府、地方政府、房地产开发商和消费者。他们各自的目标并不一致，从目标结构来看他们之间形成的是一种离散型的目标结构，很难自发地协同指向中央政府的政策目标，中央政府的作用就是通过政策手段和制度创新，使得其他主体协同指向中央政府的政策目标。

（1）中央政府的目标。中央政府在房地产宏观调控中的目标在"国八条"、"新国八条"、"国六条"和"九部委十五条"构成了房地产宏观调控政策框架中明确的表述。就拿"国八条"来说，"国八条"具体地阐述了中央政府的目标：

"房地产业是我国国民经济的重要支柱产业。住房价格一直是社会普遍关注的问题，住房价格上涨过快直接影响城镇居民家庭住房条件的改善，影响金融安全和社会稳定，甚至影响整个国民经济的健康运行。目前，住房价格上涨过快虽然是局部性和结构性问题，但如不及时加以控制或处理不当，有可能演变为全局性问题。因此，各地区、各部门要充分认识房地产业的重要性和住房

价格上涨过快的危害性，高度重视，加强领导，把做好稳定住房价格工作作为加强和改善宏观调控的一项重要内容，采取有效措施，抑制住房价格过快上涨。

保持住房价格特别是普通商品住房和经济适用住房价格的相对稳定，是维护广大人民群众切身利益的一项重要工作，是政府驾驭市场经济能力的具体体现。地方各级人民政府一定要从实践"三个代表"重要思想和落实科学发展观的高度，把稳定住房价格提到政府工作的重要议事日程，切实负起稳定住房价格的责任。"

从上述转述中，笔者将中央政府调控房地产的目标概括如下：

• 经济稳定目标。通过土地和信贷控制抑制固定资产投资过热和房地产泡沫，确保宏观经济稳定运行。

• 抑制房价快速上涨。

• 民生目标。满足广大居民的基本生活需要。

• 供给目标。增加房地产供给。

前三个目标存在一些潜在的冲突，首先，经济稳定和控制房价上涨目标之间的冲突。当采用紧缩性的政策抑制总需求的时候，会导致供给的减少，从而抬升房价。比如2003～2004年以抑制房地产投资过热为主的调控造成开发成本上升、供给减少，从而进一步助长了房价。其次，经济目标与民生目标直接的冲突。从发展经济的角度来看，政府不希望房价太低，但是从民生的角度来看，房价太高会带来严重的民生问题。2003年开始的房地产宏观调控政策就是在这些冲突的目标之间徘徊。目标冲突是导致执行力低下的重要原因。

后期房地产调控政府通过调整房地产市场的供给结构，建立经济适用房和廉租房制度等举措，改善了供给结构，从而改善了前三种目标之间的冲突。

（2）地方政府的目标。按照国外宏观经济政策做法，宏观调控主要采用财政和货币政策，主要是中央政府的职能。但是由于中国特殊的经济发展模式，市场经济体制还不完善，中央政府和地方政府实际上仍旧主导经济的发展。在宏观调控中也更多地表现为采用微观管制手段（审批、许可、法规、规章、许可证、命令、处罚、援助、行政裁决等行政行为）直接干预经济。中央政府发布的微观管制大部分依赖地方政府的执行。因此宏观调控中地方政府的目标会深刻地影响到中央政府目标的实现。在宏观调控的实际过程中，中央政府的调控目标与地方政府的调控目标在很多方面都是冲突的。这种目标的冲突（不协同）导致了执行力的低下。

房地产是一个带动性很强的，涉及多种产业的经济增长点。地方政府发展房地产的目标，根源于地方政府的需求和利益结构。在地方政府利益的驱动下，地方政府发展房地产的目标如下：

• 通过房地产的开发，增加财政收入。包括土地出让的收益和房地产交易的税收收益。

• 通过房地产开放，增加地区生产总值（GDP）。

• 在 GDP 至上的政绩考核体系下，通过房地产带动 GDP 增长，获取升迁的资本。

• 地方政府拥有发展房地产的两个核心资源——信贷资源、土地资源的行政配置权力。政府通过行政规划、审批、优惠政策、许可、行政处罚等管制方式直接介入房地产业的发展，官员通过不受约束的管制权力谋取不正当利益。

这些目标与中央政府的三大目标是有冲突的。中央政府紧缩性的信贷和土地控制政策与影响到地方财政收入和地方 GDP 的增长。如果不辅之于行政手段，地方政府不会自动执行中央的宏观政策。使得中央政府与地方政府在执行中形成协同力的关键是通过新的制度安排和机制设计转换地方政府的权力结构（目标结构、利益结构和激励结构），确保地方政府的行为指向中央政府的政策目标。

（3）房地产商和消费者的目标。房地产商按照利润最大化的市场原则行事，他的目标就是利润最大化。房地产商会根据政府的政策，改变成本的分担结构，使其保持利润最大化。

房地产商利润最大的动机与地方政府的经济增长的目标之间具有一致性。两者很容易结成利益同盟，形成合力抗拒中央政府的宏观调控目标。

消费者的目标是以最低的成本获取最优的住房条件。如果房地产商和消费者之间由一种健康的市场机制引导的话，双方能实现共赢。但是实际上双方之间的关系并不是一种完全的市场关系，房地产市场价格是多股力量共同决定的，而不是简单市场机制一股力量作用的结果。

2. 2003 ~ 2007 年房地产宏观调控政策执行中的利益结构

房地产宏观调控政策执行中的目标结构根源于公共行政执行中的利益结构。

在对房地产宏观调控政策进行分析的时候，我们接受公共利益的代表性假说，假定中央政府代表公共利益。房地产宏观调控政策执行中的利益矛盾包括了公共利益与官僚利益、部门利益、集团利益、地方政府利益之间的矛盾。我们重点分析中央政府与地方政府的利益结构。中央政府与地方政府利益结构的核心是中央政府与地方政府的财政分权所形成的中央政府与地方政府收支结构。就房地产宏观调控而言，地方政府利益与中央政府利益的冲突和博弈集中体现在地方的"土地财政"与中央政府宏观调控目标之间的不协同。

（1）地方政府税收的制度约束和地方税收最大化。一般来讲，地方财政收入主要由地方税收和地方非税收两大部分构成。地方税收建立在地方与中央税权划分的基础之上。地方非税收主要包括：（1）经营和财产收入（2）管理费和收费（3）罚款和罚没（4）相关人员缴款（5）中央政府转移支付（6）地方融资（7）地方其他非税收收入。地方政府的非税收收入较为稳定。

1994 年分税制改革之后，中国形成了 7 大类 25 个税种。① 这些税种又可以分为 3 类：中央预算固定收入、地方预算固定收入和中央预算与地方预算共享收入。②

在分税制的制度框架下，地方政府税收最大化的动力来源于两个方面：一方面是地方政府的理性。按照公共选择的理论，地方政府会追求地方税收收入的最大化。另一方面，分税制不完善，尤其是"财权"和"事权"的不对等，地方政府为了应对过量的公共服务职能，不得不扩大税源。

这种税收最大化的动机直接影响到政府的政策和行为选择。政府经济政策和行为就是在既定财税体制约束下的理性选择。

（2）土地财政。地方政府为了地方税收的最大化，必然会将经济发展的重点放在能带来较大税收收益的产业。在分税制条件下，地方政府扩大税收的主要渠道包括以下三种：

- 地方分享的 25% 的增值税。
- 出口退税。
- 地方政府独立支配的税种。

对地方政府最具激励作用的当属第二和第三种税收来源。第二种来源使得地方政府有强烈的动机通过吸引外资和固定资产投资增加出口而获得退税收入。第三种税收来源大部与土地相关。目前实际征收的 9 个地方税种有 5 个（城镇土地使用税、房产税，耕地占用税、契税、土地增值税）与土地和房屋

---

① 郭庆旺、赵志耘：《财政学》，北京：中国人民大学出版社，2002 年版，第 433 页。
② 吴敬琏：《当代中国经济改革》，上海：远东出版社，2004 年版，第 259 页。

直接相关。① 通过经营城市和发展房地产业成为地方政府扩大税源的最佳途径。所谓的"土地财政"就是地方政府在分税制的约束下，地方政府会理性地选择依靠与土地相关的产业（建筑业、房地产业）发展，实现税收最大化。

（3）地方利益与公共利益之间的矛盾。如果假定中央政府的宏观调控目标代表公共利益的话，从上面的分析中，我们可以很清楚地看到，地方利益与公共利益之间的矛盾。地方财政收入体系中，"土地财政"占据过大的比重，激发了地方政府强烈地发展房地产的冲动。扩大房地产、提升房价是地方政府的理性选择和利益所在。而中央政府的宏观调控目标却是抑制房地产过热和抑制过高的房价以防损伤民生。

2003～2007 年房地产宏观调控政策执行中利益结构的不协同性决定了房地产宏观调控政策执行力的低下。

（4）地方政府利益与特殊集团利益的结盟。在房地产宏观调控的利益结构中，房地产商与地方政府结成了紧密的利益联盟。两者具有共同的利益诉求，政府通过房地产业的发展使得地方税收最大化，政府官员通过掌控的土地和信贷资源获取租金最大化；而房地产商则恰好迎合了政府的动机，利用权力资源，为房地产业的发展鸣锣开道，制造房地产泡沫。地方政府利益与特殊利益集团的结盟形成了一种"正反馈"的效应，双方相互利用，拒斥宏观调控的政策目标。重庆全国统筹城乡综合配套改革试验区的案例充分地体现了这一点。②

3. 2003～2007 年房地产宏观调控政策执行中激励结构

公共行政执行激励结构研究的核心问题是，如何使执行主体（官僚机构、利益集团、社会组织等）有动力朝向政治共同体（立法机关、利益集团、社会组织等）业已形成的公共目标。激励结构是代理人和委托人之间的目标结构和信息关系。对激励结构的分析实际上已经过度到协同机制的分析，即如何协同冲突的目标，如何协同冲突的利益。在房地产宏观调控政策在执行中存在严重的激励结构的错位，政府（或者官员）的目标定位和利益诉求与公共利益相背离，使得政府努力的方向与公共利益相背离。

（二）2003～2007 年房地产宏观调控政策执行协同机制分析

根据房地产宏观调控政策执行的特点，笔者重点分析决策—执行—监督协

---

① 黄伯平：《重构地方财政收入体系——对当前宏观调控的反思》，载《中央财经大学学报》，2007 年 06 期，第 16 页。

② 黄韬：《警惕房地产特殊利益集团扭曲国家宏观政策》，载《法人杂志》，2007 年 08 期。

同机制，部际协同机制、府际协同机制。其中决策—执行—监督协同机制渗透在部际协同、府际协同和嵌入式协同中。我们在讨论部际协同、府际协同和嵌入协同的时候兼顾讨论决策—执行—监督的协同机制。

1. 2003～2007 年房地产宏观调控政策执行的部际协同机制分析

房地产宏观调控涉及的产业领域非常广，目标具有多重性，与其他调控领域之间的关系错综复杂，甚至有些针对房地产宏观调控的措施与其他领域的调控措施相互矛盾。这些都说明了宏观调控事务的复杂性。可将这种复杂性概括为：调控对象的复杂性、调控手段的复杂性和调控部门的复杂性。

如何应对这种复杂性？政府部门如何在分工的基础上实现协同？如何处理好决策、执行和监督之间的关系？是必须首先要解决的问题。在 2003～2007 年房地产宏观调控中这些协同机制主要体现在以下几个方面：

（1）中央决策。在中央层面：2003～2007 年房地产宏观调控的决策单位主要是中共中央和国务院。中央政治局常委会、中央政治局会议、中央经济工作会议、国务院常务委员会、国务院全体会议和国务院常务会议是宏观调控的决策机关。

比如 2003 年 7 月 30 日的国务院常委会议研究促进房地产市场健康发展和推进就业再就业工作。2003 年 11 月 5 日国务院常务会议听取了国家发展改革委"关于 2004 年经济工作基本思路的汇报"。2003 年 12 月 24 日国务院常务会议分析当前经济运行情况，研究进一步贯彻落实中央经济工作会议精神的措施。2004 年 1 月 18 日国务院全体会议讨论即将提请十届全国人大二次会议审议的《政府工作报告（征求意见稿）》。

（2）多部委执行和部际联席会议。建设部、发展改革委、监察部、财政部、国土资源部、人民银行、税务总局、统计局、银监会等单位则是房地产宏观调控政策的执行部门。这些部门各司其职，协力落实中央政策。

这些部门在执行中央决策的时候会涉及到再决策，多部门再决策的协同机制是建立部际联席会议。部际联席会议是为了协商办理涉及多个部门职责的事项而建立的一种工作机制，各成员单位按照共同商定的工作制度，及时沟通情况，协调不同意见，以推动各项工作任务的落实。部际联席会议不是正式的组织设置。成立需要履行报批手续，具体由牵头部门请示，明确部际联席会议的名称、召集人、牵头单位、成员单位、工作任务与规则等事项，经有关部门同意后，报国务院审批。部际联席会议工作任务结束后，由牵头部门提出撤销申请，说明部际联席会议的建立时间、撤销原因等，经各成员单位同意后，报国务院审批。一般而言新建立的部际联席会议，由国务院领导同志牵头负责的，名称可冠"国务院"字样，其他的统一称"部际联席会议①"。

房地产宏观调控部际联席会议成立于 2002 年。2003 年以来的房地产宏观调控中，部际联席会议发挥着部际协调和沟通的作用。比如在 2007 年 3 月 29 日由中华人民共和国建设部、中华人民共和国国土资源部、中华人民共和国财政部、中华人民共和国审计署、中华人民共和国监察部、国家税务总局、中华人民共和国国家发展和改革委员会、中华人民共和国国家工商行政管理总局联合发布的《关于开展房地产市场秩序专项整治的通知》中《房地产市场秩序专项整治工作方案》中对各个部委局的分工和协作进行了界定。如下引述：

"建设部、国土资源部、财政部、审计署、监察部、国家税务总局、发改委、工商管理总局等八部委联合开展房地产市场秩序专项整治，强化房地产市场监管，对房地产开发企业依法进行审计和检查，依法打击房地产开发建设、交易、中介等环节的违法违规行为。此次专项整治由建设部牵头，全国房地产市场宏观调控部际联席会议成员单位根据职能分工，各负其责，协调配合，认真做好本部门涉及规范和整顿房地产市场秩序的工作。专项整治工作办公室与建设部治理商业贿赂领导小组办公室合署办公，负责组织协调和日常工作。部际联席会议以定期或不定期召开会议的形式研究讨论工作。

根据各部门提出的在专项整治中的工作任务，明确职责如下：

建设部：负责专项整治工作的组织协调，提出总体思路和工作方案；组织实施专项整治；严肃查处房地产开发、建设、交易以及中介服务环节的违法违规问题。

国土资源部：按照职能分工，负责专项整治的相关工作；参加部际联席会议组织的房地产市场秩序专项检查。

财政部：按照职能分工，负责专项整治的相关工作；参加部际联席会议组织的房地产市场秩序专项检查。

审计署：依法对排查中发现问题的国有房地产开发企业的财务收支情况进行审计和检查，严肃查处审计中发现的违法违规和权钱交易行为。

监察部：参加部际联席会议组织的房地产市场秩序专项检查；严肃查处房

---

① 国办函〔2003〕49 号：《国务院办公厅关于部际联席会议审批程序等有关问题的通知》，2003 年 7 月 18 日。

地产领域违纪违法案件。

税务总局：进一步落实房地产税收政策和税收征管措施；建立相关责任制；对房地产开发企业纳税情况开展专项税务检查。

国家发展改革委：进一步完善住房销售明码标价制度；加强对房地产开发企业发布虚假销售价格和在房价外违规加收费用、中介机构违规收费以及相关单位向房地产开发经营企业违规收费的监督管理；查处房地产交易过程中违反价格法律法规的问题。

工商总局：严格房地产市场主体准入，把房地产开发企业及中介机构作为企业年度检查的重点；强化房地产广告监管和房地产展销活动管理；会同建设（房地产）主管部门加强房地产经纪机构管理；查处商品房销售中违法广告、合同欺诈等侵害消费者合法权益的违法违规问题。"

（3）部级协调与工作领导小组。2007 年国务院总理温家宝 25 日主持召开国务院常务会议，研究部署加强节能减排工作。会议同意国家发展改革委会同有关部门制定的《节能减排综合性工作方案》，决定成立国务院节能减排工作领导小组，由温家宝总理任组长，曾培炎副总理任副组长。领导小组的主要任务是，部署节能减排工作，协调解决工作中的重大问题。领导小组办公室设在发展改革委，负责承担领导小组的日常工作，其中有关污染减排方面的工作由环保总局负责。地方各级人民政府也要切实加强对本地区节能减排工作的组织领导。《节能减排综合性工作方案》要求各地区、各部门和中央企业要在 2007 年 6 月 30 日前，提出本地区、本部门和本企业贯彻落实的具体方案报领导小组办公室汇总后报国务院。领导小组办公室要会同有关部门加强对节能减排工作的指导协调和监督检查，重大情况及时向国务院报告。①

部级协调和工作领导小组都是一种部门间协调方式，也是一种部门间的决策和执行的协调机构。对于事务复杂的政策制定和政策执行，建立这样的协同机制是至关重要的。

2. 2003～2007 年房地产宏观调控政策执行中的府际协同机制分析

房地产宏观调控政策的执行还依赖于地方政府的落实。我们在分析 2003～2007 年房地产宏观调控政策执行权力结构中，已经分析了在房地产宏观调控中中央政府与地方政府之间的目标冲突和利益冲突。公共行政执行的冲突性结构如何转化成为协同性结构？政策的实际执行过程中采用了什么机制协同中央

---

① 新华社北京 6 月 3 日电：《国务院关于印发节能减排综合性工作方案的通知》。

政府与地方政府的目标与利益呢？笔者重点分析科学政绩观、全国房地产调控督察组和其他宏观调控督察组、国土资源省级以下垂直管理、行政问责四种主要的协同机制。

（1）正确政绩观。在科学发展观和正确政绩观提出之前，我国干部政绩考核具有 GDP 指标至上的倾向。对经济发展中的节能、环保、生态、民生等问题给予的关注不够，造成了经济发展"失衡"现象，① 形成了"经济繁荣背后的社会不稳定"。② 十五规划中很多经济指标超额完成，而两项环境指标落空就是一个典型的例子。③

温家宝在《提高认识 统一思想 牢固树立和认真落实科学发展观——在省部级主要领导干部"树立和落实科学发展观"专题研究班结业式上的讲话》中提出了正确政绩观的思想。"科学发展观与正确的政绩观紧密相关，要树立和落实科学发展观，必须树立和坚持正确的政绩观；不坚持科学发展观，就不可能有正确的政绩观。"④ 全面的观点、实践的观点和群众的观点是科学政绩观的基本价值。⑤ 科学政绩观是约束、引导政府行为、贯彻新时期发展战略重要保证。

在房地产宏观调控中，地方政府的利益结构决定了：地方政府的理性选择是通过房地产业带动经济增长（GDP），使地方政府税收最大化。中央政府如果仍旧采用 GDP 至上的政绩考核标准对官员进行考核，就无法实现地方政府行为协同指向中央政府的宏观调控目标。用正确的政绩观考核官员的业绩，是中央政府控制地方政府，使中央地方协同的一种机制。

（2）全国房地产调控督察组及其他督察小组。在中国发展转型过程中，中国政府对市场的高度嵌入性并由此形成的地方政府利益结构，决定了中央政府的宏观经济目标，只有采用行政手段和微观干预手段才能生效。通过行政手段迫使地方政府的行为指向中央政府政策目标。全国房地产调控督察组及其他

① 中国经济时报录音整理：《中国改革进程中的"转型与失衡"》，载《中国经济时报》，2003 - 09 - 16。

② 王绍光、胡鞍钢、丁元竹：《经济繁荣背后的社会不稳定》，载《战略与管理》，2002 年第 3 期，第 26 页。

③ 新华社：《"十五"两大指标"落空"考验政府"执行力"》，2006 年 3 月 10 日。

④ 温家宝：《提高认识 统一思想 牢固树立和认真落实科学发展观——在省部级主要领导干部"树立和落实科学发展观"专题研究班结业式上的讲话》，载《人民日报》，2004 - 03 - 01。

⑤ 温家宝：《提高认识 统一思想 牢固树立和认真落实科学发展观——在省部级主要领导干部"树立和落实科学发展观"专题研究班结业式上的讲话》，载《人民日报》，2004 - 03 - 01。

督察小组就是这样的协同机制之一。

全国房地产调控督察组是在部级联席会议的制度框架下成立运作的。由"房地产调控部际联席会议"的成员部门，各派出一名副部长级官员，担任各督察组的组长。并从这些成员部门相关司局抽调人员，组成督察组。督察组曾赴深圳、上海等城市进行调研和督察。督察组的督察报告对于制定下一步房地产宏观调控政策起到了重要的作用。

在宏观调控的其他领域中，同样建立了督察组制度。比如在固定资产投资调控领域，2004 年 3 ~ 4 月由发展改革委、财政部、国土资源部、建设部、农业部、商务部、人民银行、审计署、质检总局、环保总局、中财办等部门组成了 8 个国务院督察组分赴部分省（自治区、直辖市）监督检查各地贯彻执行中央经济工作会议各项部署的情况。2006 年 10 月中下旬由国家发改委、国土资源部、环保总局、银监会、统计局、安全监管总局、质检总局、工商总局八个部门联合组成了 6 个督察组，赴山东、江苏、河北、河南、安徽、四川、内蒙古、辽宁、浙江、吉林、江西、湖南共十二个省区进行督查。①

在节能减排领域，2004 年 10 ~ 11 月，国家发改委、建设部、水利部、质检总局对各地贯彻落实《国务院办公厅关于开展资源节约活动的通知》的情况进行了实地检查。2007 年 4 月上旬，中央办公厅、国务院办公厅牵头组织，中央、国务院 9 个部门组成了 6 个督察组，分赴 12 个省、自治区、直辖市开展环保工作的专题督察，这是中办、国办第一次组织开展环境保护工作的专项督察。2007 年 6 月下旬，国家发改委、财政部、国土资源部、税务总局、环保总局、统计局、银监会、电监会等八部门组成检查组陆续分赴部分省份开展清理高耗能高污染行业专项大检查。根据《节能减排综合性工作方案》的要求，国务院有关部门和地方人民政府每年都要组织开展节能减排专项检查和监察行动，严肃查处各类违法违规行为。

在土地调控领域，国务院各部门组成督察组对地方政府进行检查。设立专职督察机构。国务院于 2006 年 7 月在国土资源部设立国家土地总督察及其办公室并授权国土资源部向地方派驻 9 个国家土地督察局；建设部 2006 年 8 月起实施城市规划督察员制度，派驻督察员越级监督城乡规划。

（3）国土资源省级以下垂直管理。土地调控涉及固定资产投资、房地产

---

① 于晶波：《国务院六个督查组将清理 12 个省区新开工项目》，中新社北京 2006 年 10 月 16 日电。转引自中国新闻网。

等领域，与房地产调控密切相关。土地调控的难度在于，中央政府的调控目标与地方政府土地财政的利益结构正好背道相驰。地方政府利益驱动使得土地违法事件层出不穷。2003 年，全国共查处土地违法案件 16.8 万件，687 人受到党纪政纪处分，94 人被追究刑事责任。这是什么概念？据国土资源部 2003 年 6 月公布的数字，2002 年全国土地违法案件约为 11 万多件。也就是说，2003 年土地违法案件比上一年增长了 50%。更重要的是，这 16.8 万起土地违法案件，是国土资源部在国务院领导多次明确指示下对土地市场进行大张旗鼓的治理整顿，国家 5 部委联合对土地市场进行督察之际发生的。而且，有些重大违法案件，就发生在国土资源部宣布对第一批 5 起重大违法违规案件进行直接查处之后。一方面，是国家宣布自 2002 年 7 月 1 日起，经营性土地全部实行公开招标、拍卖、挂牌；一方面却是自 2002 年下半年开始，以协议土地出让为主的第三次"圈地运动"迅速波及全国。一方面是国家宣布对土地市场进行治理整顿，并由 5 部委派出强大的联合督察组进行检查；另一方面却是土地违法案件高达 50% 的增长率。①

2004 年 4 月 21 日《国务院关于做好省级以下国土资源管理体制改革有关问题的通知》（国发〔2004〕12 号）从理顺省级以下国土资源行政管理体制、完善土地利用总体规划编制和审批管理体制、强化省级人民政府及其国土资源主管部门的执法监察职能等方面对国土资源省级以下垂直管理作了具体的规定。

改革国土资源管理体制，国土资源省级以下实行垂直管理是加强中央的调控能力，遏制地方的偏离调控目标的重要举措，是一种强制性的协同机制。也是继工商、质量检验检疫之后我国又一个实行垂直管理体制的部门。

（4）行政问责。以下事件是宏观调控中典型的重大问责事件。

2003 年 10 月 28 日，十届全国人大常委会决定免去田凤山的国土资源部部长职务。

2004 年 4 月 30 日国务院办公厅发布了关于江苏铁本钢铁有限公司违法违规建设钢铁项目调查处理情况的通报。

2006 年 8 月 18 日国务院办公厅发布了关于内蒙古自治区人民政府制止违规建设电站不力并酿成重大事故的通报。

---

① 李一戈：《国土资源管理重大改革 垂直管理意图阻截圈地风》，载《21 世纪经济报道》，2004 年 01 月 07 日。

2006 年 9 月 27 日国务院对郑州龙子湖高校园区违法占地案的严肃处理。

2006 年 6 月北京市前副市长刘志华，因为"生活腐化堕落"被免去职务。

2006 年 9 月 24 日，中央政治局曾召开会议，审议了由中央纪律检查委员会提交的，《关于陈良宇同志有关问题初核情况的报告》。

2006 年 10 月 12 日国务院免去邱晓华的国家统计局局长职务。

通过对宏观调控中失职的官员进行问责和查处，迫使地方政府的行为指向中央调控的目标是房地产宏观调控中的重要协同机制。

第三节　当代中国公共行政执行面临的问题和成因

凡是执行的最后结果与执行的目标（国家意志、法律、法规、政策和决策）相偏离的所有现象都可以看作执行的问题表现。这种病态表现本质上是公共行政执行权力结构协同性转换机制的无效或失败。公共行政执行力低下可以理解为公共行政执行权力结构协同转换过程中所表现出来的合力不能指向既定的（或协定的）目标。本节在归纳和总结当代中国公共行政执行问题表现的基础上，从权力结构的协同性转换机制出发分析当代中国公共行政执行力低下的原因。

一、当代中国公共行政执行的问题表现

政策执行研究的逻辑起点就是突破了"政策一经指定就会通过官僚机构完美执行"的教条，开始关注目标与结果之间的差异，对这种差异就是公共行政执行的病态表现。对公共行政执行问题表现的研究一直是学者们关注的话题。比如武汉大学丁煌教授用"政策执行阻滞"概念表述公共行政执行的病态现象。[1] 国家行政学院徐珂在《政府执行力》一书中总结了地方政府执行力的十二种病态表现。[2] 北京大学张国庆教授归纳了影响新时期中国政府政策执行有效性的因素。[3] 这些病态现象的共同特点在于政策执行既定目标或协定目标与执行结果之间存在偏离。笔者尝试从权力结构和协同机制的视角分析当代中国公共行政执行偏离现象的原因。

---

① 丁煌：《我国现阶段政策执行阻滞及其防治对策的制度分析》，载《政治学研究》，2002 年第 1 期。

② 徐珂著：《政府执行力》，北京：新华出版社，2007 年版。

③ 张国庆：《有效执行：新时期中国政府公共政策的理性选择》，载《北京行政学院学报》，2004 年第 3 期。

（一）权力结构方面的问题

中国公共行政执行权力结构方面存在的主要问题是在部分领域里目标结构离散、利益结构分化、激励结构复杂和交往结构失衡。具体分述如下：

1. 目标结构离散

本章上节具体分析了 2003～2007 年房地产宏观调控政策执行中的目标结构。诸如此类公共行政执行中目标结构不良的现象普遍地存在于中国公共行政执行中。在市场监管类和公共服务类的公共行政执行中也普遍存在。

就拿市场监管类公共行政执行中的食品安全管制政策执行为例来说。在"中国食品安全资源网"中的"食品安全事件集"收集了从 2004 年 6 月到 2007 年 12 月 10 日共 134 起重大的食品安全事件。光 2007 年就有 43 起。[1] 这些食品安全事件发生在全国各地，中毒类型各异，发生的行业涉及餐饮、食品加工等行业。为何会出现触目惊心的食品安全事件？为何食品安全事件会屡禁不止？为何旗帜鲜明地保证食品国家意志、法律和政策不能落到实处？从公共行政执行权力结构的角度来看，主要原因之一就是公共行政执行目标结构不合理。中国食品安全事件目标结构不合理主要表现为多个行政部门从各自的职能出发，对同一个事件进行管制，部门之间各自为政，相互推诿，造成了管制目标离散，目标分割，不能形成协同性的执行合力。在市场监管领域：人们常以猪肉行业的监管中的"八个部管不好一头猪"为例说明这一情况。[2]。虽然2003 年国家食品药品监督管理局的成立对食品安全管制的协调发挥了重要的作用，但是这种目标离散的现象仍需从公共行政执行协同机制设计的角度进一步强化。

不光宏观调控和食品安全监管领域存在这样的问题，在社会管理和公共服务领域中也存在同样的问题。比如在环境保护领域："在中国，环境保护的权力被各部门分割，发改委管可持续发展，气象局管沙尘暴的公布，林业局管森林保护和治沙，建设部管城市污水，海洋局管海洋污染，水利部管江河，农业部管农田污染，国土资源部管土壤[3]，"环保总局虽然拥有广泛的环境保护权力，但是在众多的部门权力分割和地方政府 GDP 至上的经济发展战略下，环保政策执行中的目标离散会非常严重，如果没有良好的协同机制，这种目标离

---

① 参见"中国食品安全资源网"中的"食品安全事件集"。

② 陈楫宝：《关注食品安全 六部委年关巡检》，《21 世纪经济报道》，2005 年 2 月 17 日。

③ 刘鉴强：《"特殊利益"集团在破坏中国环境》，中外对话，2007－01－21。

散的状态会严重影响执行的结果。

2. 利益结构分化

笔者在上节以房地产宏观调控为例梳理了房地产调控中的中央政府利益与地方政府利益结构的分化。实际上利益结构的分化所导致的协同艰难已经成为影响当代中国公共行政执行的重大问题。当代中国社会利益分化对公共行政执行的协同亦产生了重要的影响。按照公共行政执行中层理论，当代中国公共行政执行利益结构分化表现在以下几个方面：

（1）中央利益与地方利益的矛盾。建国后中国建立了高度集权的计划经济体制，无论是计划经济体制内的分权调整，还是从计划经济转向市场经济的分权化改革都涉及到中央与地方的权限和利益问题。改革开放以来，一方面，国家通过经济性分权，增强企业的自主性，培育市场经济体制；另一方面，中央政府向地方政府分权，以发挥地方政府的积极性。而在渐进式的改革过程中，地方政府一方面获得了前所未有的财权和事权。另一方面由于地方政府掌控大量的经济资源的所有权、审批权和出让权，加上地方政府与地方企业的紧密关系。使得地方政府实际上成为一个亲自参与经济的建设者和收益者。地方政府有了自身不同于中央政府的利益诉求和利益实现方式。特别是分税制改革引发的"土地财政"，使得地方政府理性地选择通过土地、固定资产投资和引进外资发展经济，以实现自身的收益最大化。"诸侯经济"、"地方本位主义"、"地方保护主义"等等就是对地方利益的表现形态。中央利益与地方利益的分化和冲突业已成为现实，而旧有的行政执行协同机制不能发挥协同中央利益和地方利益的情况下，就会出现公共行政执行力低下，不能协同指向公共政策目标的后果。

（2）政府部门利益与公共利益的矛盾。部门利益普遍地存在于各国的政策制定和执行中。比如美国的国会、行政机关和利益集团的"铁三角"关系，日本的政党、官僚和产业界的紧密利益关系。关键是建构合理的制度，使得这些利益协同指向公共利益。否则，部门利益与公共利益的冲突就会极大地影响了公共行政执行的效力。

就当代中国而言，与计划经济体制性适应的传统行政管理体制尚未完全转型：政府与企业、政府和市场之间的边界仍有很多模糊的地方；政府职能界定的不科学；政府部门可以利用手中的权力通过行政审批、国家意志的再表达、立法提案、自由裁量、设定行政许可、收费等方式谋取部门利益；各个部门同时拥有相关领域的决策权、执行权和监督权，政治对行政的控制力弱小，以至于"部门职权利益化"与"部门利益法定化"成为中国部门利益的独特实现方式。①

当代中国政府公共行政执行中部门利益表现形式多种多样，可以简要地列举如下：

- 部门通过行政审批权、许可权获得利益。
- 部门通过掌握关键经济资源的配置权获取利益。
- 部门通过执行国家法律和政策过程中的国家意志再表达获取利益。
- 部门通过法律和行政立法的草拟、制定行政规章获取利益。
- 部门通过税收收入以外的收费、制度外收入获取利益。

部门利益和公共利益的冲突是当代中国公共行政执行利益结构中存在的一大矛盾。

（3）集团利益与公共利益之间的矛盾。集团利益通过接近和影响政府，使公共行政执行偏离公共目标，是导致病态公共行政执行的重要因素。随着经济发展和社会利益的分化，当代中国的集团利益也应运而生。

在当代中国，利益集团与公共利益之间的关系具有多种情况。强势利益集团（又称作"特殊利益集团"）具有自身的特殊利益，这些集团通过垄断一定的经济资源，并与权力联系密切，一定程度影响国家的某些政策，有的地方甚至出现基层"软政权"现象。就目前来看，中国的特殊利益集团包括境外与涉外利益集团、国有垄断企业利益集团、民营企业利益集团等等。

弱势利益集团因为不具有强势利益集团所拥有的资源和权力，在形成国家意志和执行国家意志的时候，无法有效地表达自身的利益诉求，自身的利益实现受到限制。

利益集团之间通过互动和博弈达到一个均衡点，博弈规则不同，这个均衡点就不同。在当代中国，某些特殊利益集团通过与公共权力的密切联系，利用了公共权力来获取某些特殊利益。在公共行政执行中，特殊利益集团能够影响执行的方向和力度，使执行结果与公共利益目标不完全一致。笔者在房地产宏观调控政策执行案例中分析了地方政府与房地产特殊利益集团之间的联盟关系。这种权力与资本联系密切的现象并非房地产领域所特有。在法治不健全，公共权力与市场边界不清，社会利益博弈机制不健全的条件下，权力与

---

① 宋世明：《从部门行政到公共行政："入世"后中国政府基本定位》，载《红旗文稿》，2001 年23 期。

资本的联系具有天然的倾向。

集团利益与公共利益之间的关系并非天然就是冲突的，不同的博弈规则，不同的协同机制会将集团利益引向不同的方向，关键是通过制度创新，形成合力的协同机制，寻求集团利益和公共利益的均衡。

3. 激励结构复杂

公共行政执行的激励结构是公共行政执行权力的亚结构之一，表征公共行政执行过程中参与主体，基于一定的利益考量，朝向特定目标努力，而形成的一种动态关系。公共行政执行激励结构研究的核心问题是，如何使执行主体（官僚机构、利益集团、社会组织等）有动力朝向政治共同体（立法机关、利益集团、社会组织等）业已形成的公共目标。激励结构的错位，指的是在公共行政执行过程中，由于政府（或者官员）的目标定位和利益诉求与公共利益相背离，使得政府努力的方向与公共利益相背离。激励结构是代理人和委托人之间的目标结构和信息关系。在当代中国，公共行政执行过程中存在这样的一个复杂的委托代理链条。如下图所示：

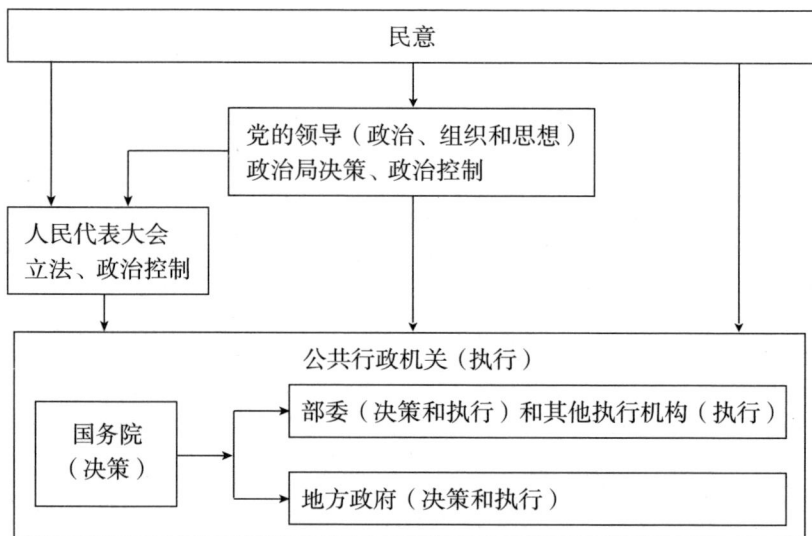

图 9－1　当代中国公共行政执行过程中的委托代理关系链条

资料来源：作者绘制。

上图简要地绘制了中国公共行政执行过程中的委托代理关系和激励结构。

276

民意通过党的领导上升为国家意志，人民代表大会行使立法权，中央人民政府既是最高国家权力机关的执行机关，又是最高行政机关。国务院以国务院常务会议和国务院全体会议的方式制定决策，各个部委在执行国务院决策的时候，自身也拥有较强的决策和再决策的权力。部委以外的执行机构通过行政合同的方式参与到执行过程中。地方政府在执行中央政府的决策过程中，拥有较大的决策权和执行权。在这当中，党的政治领导、组织领导和思想领导贯穿在执行的过程中。通过制定政策、管理干部和思想政治工作等方式控制和约束执行过程。

公共行政机关与多重委托机关（民意机关、党的机关）有些时候信息是不对称的。部委与国务院、中央政府与地方政府之间的信息某些时候也是不对称的，这种信息的不对称性导致了激励结构的复杂性。

4. 交往结构失衡

交往结构失衡是当代中国公共行政执行过程中的显著问题。交往结构的失衡主要表现在公共行政执行过程中，交往主体之间的沟通互动没有恰当的、正义制度规则作保障，导致沟通和互动的成效不彰，难以形成主体间的共识，使公共行政执行偏离公共目标。当代中国公共行政执行中交往结构失衡主要表现在以下几个方面：

（1）特殊利益集团影响公共行政执行的再决策过程。公共行政机关在执行国家意志的时候，也通过"再决策"的方式对国家意志重新表达。在这一过程中，利益表达渠道被特殊利益集团影响，在某些领域没有一种完善的协同机制保证其他利益主体的利益表达和对话。

（2）特殊利益集团通过各种手段直接影响公共行政执行的手段和方式。使得执行的手段和方式偏离公共利益目标。

（3）公共行政执行的评估标准失衡。比如中国政府曾实施的一票否决制、GDP至上考核体系标准单一，标准的确定缺乏公众的参与和监督，公众在执行的监督和评估中处于弱势地位，这种交往结构的失衡会导致公共行政执行偏离公共目标，导致病态执行。

（二）协同机制方面的问题

决策执行监督功能和结构分化不足；部门分割、整合乏力；府际博弈规则尚待重建；法制和制度基础的不完善是当代中国公共行政执行协同机制乏力的主要表现。

1. 决策执行监督协同机制：决策执行监督功能和结构分化不足

中国公共行政执行过程中决策、执行和监督协同机制的关键问题在于决策、执行和监督功能分化不足，在公共行政执行过程中，执行部门同时拥有决策权和监督权，在自利动机的驱动下，执行部门容易利用决策权对国家意志进行再表达，"合法地"谋求部门利益，使执行结果偏离公共利益和公共目标。

中国的决策、执行和监督分工，涉及党和政两套系统。

就党的方面而论，党处于公共权力结构的核心地位，党内决策、执行和监督的协同不良必然会导致政策制定和执行中的问题现象。党委集决策权和执行权于一身，同时党内监督机构（纪律检查委员会）也在其领导之下。决策、执行和监督具有不同的功能，需要相应的组织结构实现这些功能。目前党的组织结构和功能分化不足，会导致决策和执行的功能失序。正如邓小平所作的概括："在加强党的一元化领导的口号下，不适当的、不加分析地把一切权力集中于党委，党委权力又往往集中于几个书记，特别是集中于第一书记，什么事都要第一书记挂帅、拍板。党的一元化领导，往往因此而变成了个人领导①。"

就行政体制而论，党中央和国务院制定政策，各个部门和地方政府执行中央政策，但是中国政府各个职能部门同时兼有决策、执行和监督的权力，部门为了争取自身的不当利益往往会要求更大的权力；这种决策、执行和监督权力的失衡，不但造成了部门利益的扩张，也阻碍了政府战略目标和意图的实现。中国政府的决策、执行和监督功能和结构分化不足的局面主要表现如下：

（1）决策对执行的控制力量不足。中国政府的决策制定和决策执行都是同一个部门进行的，没有形成决策对执行的控制力量，执行偏离决策的情况总有发生。

（2）部门滥用决策权。有些部门利用超过执行范围内的决策权力，对国家意志进行再表达，使得执行偏离公共意志的目标。

（3）部门内部控制和监督力量不足。监督在管理学中应该属于控制的范畴，控制就是首先能够准确地测量和显示政府工作的表现和绩效，然后将绩效与目标对比，最后才是纠正偏差。当代中国政府部门内部监督对政府施政的过程控制能力还不够，各个政府部门内部尚未建立全程的、完善的绩效评估机制和控制机制，很难保证施政的质量。

（4）部门之间的异体监督力量不够。改革开放以来，政府长期奉行以经

---

① 邓小平：《党和国家领导制度改革》，载《邓小平文选（第二卷）》，北京：人民出版社，1994年版，第 324 页。

济建设为中心的战略，政府的主要职能是进行经济建设，经济建设部门在政府部门中具有优势，而与监督有关的部门，诸如审计署、监察部这样的行政序列的异体监督机构权能不够，很难对占据有优势部门的决策和执行进行监督。

2. 职能—结构协同机制：职能—结构不匹配

当代中国公共行政执行过程中的职能—结构的不匹配是职能—结构协同机制的主要问题。

改革开放以来，随着国家发展战略的改变，高度集中的计划经济体制逐步向市场经济体制过渡，国家与社会、政府与市场之间的关系发生了根本性的变化，政府职能也随之转变，政府由全能主义政府逐步转向与市场经济相适应的有限政府。特别是十四大确立了建立社会主义市场经济体制的目标之后，经过系列改革的攻坚，政府的职能逐渐明确。2002 年朱镕基总理在《政府工作报告》中指出："必须进一步解放思想，彻底摆脱传统计划经济的羁绊，切实把政府职能转到经济调节、市场监督、社会管理和公共服务上来。"[①] 从十六大到十七大的"十一五规划"对政府职能都持这种定位。为了配合政府职能的转变，中国进行了多次机构（组织结构）改革，用以调整政府职能与结构之间的关系。但是仍旧存在很多问题。

（1）经济调节部门、市场监管部门、社会管理部门和公共服务部门比重不均衡。政府四种职能部门中，经济建设部门、经济调节部门、宏观调控部门占据的比重和权力较大，还有经济建设型政府的痕迹。特别是市场监管部门、社会管理部门和公共服务部门所占比重显轻，有必要进行改革以适应科学发展观的贯彻执行与和谐社会的建立。

（2）市场监管部门离散化。市场监管部门分散在各个部门，而且比较深入地介入微观经济，尽管从 2001 年起国务院召开了行政审批制度改革工作电视电话会议，推进行政审批制度改革，自上而下取消了一批行政审批事项。并最终以《行政许可法》的形式限制了政府部门对经济和市场的过度介入，但是与市场监管有关的行政审批事项仍旧分散在各个部委，很多领域尚未形成专业化的、专门的监管机构，这影响到了市场监管效能的提高。前述食品安全和环保监管职能的离散分布，具有一定的普遍性，因为它根源于计划经济体制下政府职能和权力的分割模式，市场经济对政府职能有了新的要求，有必要重新

---

① 朱镕基：《政府工作报告——2002 年 3 月 15 日在第九届全国人民代表大会第五次会议上》，载《中华人民共和国全国人民代表大会常务委员会公报》，2002 年。

设计职能结构和实现职能的组织结构。

（3）政府职能优化组合不合理。通过工作分析和政府流程再造对政府职能进行归类、优化和组合，是实现政府职能优化的关键。政府职能的划分标准不明确和政府流程不合理是政府职能——结构不匹配的具体表现。第一，政府职能的划分标准不明确。按照什么标准将类似的职能归入一类，用什么标准去评判职能的分类形式，目前中国政府尚没有一个完整而系统的阐释。虽然每次政府职能转变和机构改革都"定职能、定机构和定编制"，但是政府职能界定仍旧缺乏系统性和整体性。第二，政府流程不合理。我国的政府流程中存在分工不合理、政府角色错位、政府价值偏颇、工作分析科学化程度不够，机构、人员和财政流程不匹配等问题，这些都影响到执行的效能。

3. 部际协同机制：部门职能整合乏力

部际协同机制建立在职能——结构协同机制的基础之上。从职能、结构来看，中国行政具有典型的"部门行政"的特点。每个部门都在自身的职权范围内拥有一定的决策权、执行权、监督权。每个部门都类似于一个小型政府，部门行政体制滋生了部门利益，使得公共行政执行偏离公共目标和公共利益。中国的部际协同主要采用以下方式：

（1）设立议事协调机构。这些议事协调机构冠以委员会、指挥部、领导小组的名称。国务院议事协调机构承担跨国务院行政机构的重要业务工作的组织协调任务。《国务院行政机构设置和编制管理条例》对议事协调机构做了规定：

"第六条国务院议事协调机构议定的事项，经国务院同意，由有关的行政机构按照各自的职责负责办理。在特殊或者紧急的情况下，经国务院同意，国务院议事协调机构可以规定临时性的行政管理措施。

第十条设立国务院议事协调机构，应当严格控制；可以交由现有机构承担职能的或者由现有机构进行协调可以解决问题的，不另设立议事协调机构。设立国务院议事协调机构，应当明确规定承担办事职能的具体工作部门；为处理一定时期内某项特定工作设立的议事协调机构，还应当明确规定其撤销的条件或者撤销的期限。

第十一条国务院议事协调机构的设立、撤销或者合并，由国务院机构编制管理机关提出方案，报国务院决定。"①

---

① 中华人民共和国国务院令第 227 号：《国务院行政机构设置和编制管理条例》，1997 年 8 月 3 日。

鉴于"部门行政"和"部门利益"的存在，虽然议事协调机构林立，[①]但是在战略高度统一规划、进行政策协调的能力却相对弱小。

（2）建立部际联席会议框架。我们在房地产宏观调控政策执行的案例分析中已经介绍过部际联席会议制度，此处从略。

议事协调和部际联席会议的部际协调机制在部门行政的框架下并不能在战略层面上加强政策统筹和协调功能。部际协调的改进，有赖于政府职能和结构的再设计。

4. 府际协同机制：博弈规则尚待重建

笔者在第七章的案例分析中已经分析了当代中国公共行政执行过程中的府际协同机制。政绩考核、中央督查组、垂直管理、行政问责是四种主要的协同机制。目前府际协同机制中存在的主要问题在于：

（1）府际协同主要依靠行政手段，缺少制度建设。

（2）缺少中央政府与地方政府争端解决机构。

（3）府际职能、权力和责任划分不够清晰。

诸如此类的问题都有待于博弈规则的重建。

5. 嵌入协同机制：法制和制度基础的缺乏

公共行政执行的嵌入式协同反映了公共行政机关与企业、市场、第三部门和公民个人之间的关系模式。中国目前公共行政嵌入式协同机制的主要问题在于缺少法制和制度基础保障国家与社会、政府与市场之间的良性互动。

就国家与社会的互动而论：随着中国从全能主义政府向有限政府的转型，社会力量的发育与国家权力让渡的不均衡，尚未形成社会力量制约国家权力的格局，尚未形成完善的社会力量制约国家权力制度基础、运行规则、机制和方法。比如，中国第三部门在建立、运营、监督和绩效评估等方面都受到政府部门的干预，虽然国家权力在名义上与第三部门分开，第三部门的自治性和自生能力不足，与权力之间存在复杂的关系，第三部门与国家权力之间界限的不清晰，成为第三部门发挥功能的障碍。

就政府与市场之间的关系而论：政府与市场的不良互动表现在以下方面：

（1）政府权力和市场力量脱离法治的轨道，政府按照权力的逻辑，市场按照资本的逻辑各自朝向极端发展。比如在脱离法治的轨道上，市场按照资本

---

① IUD 中国政务景气监测中心：《十六大以来成立的中央议事协调机构》，载《领导决策信息》，2007 年 10 月第 41 期，第 24～25 页。

的逻辑向极端发展，必然会导致外部性、欺诈、垄断势力、公共产品供给不足、两极分化等市场失灵现象。

（2）政府权力和市场力量之间的作用领域出现错位、缺位和越位。导致两种力量无法做到优势互补，劣势互弃的局面。比如政府过度的介入经济，会导致权力寻租和权力资本的出现。政府在市场监督、公共服务、基础设施投资、市场环境等领域如果不能发挥应有的作用，就会影响市场范围的扩展和市场的健康和繁荣。本应由市场来进行的活动如果由政府来进行的话，不但会导致效率的损失，还会导致权力的腐败等等。

（3）政府权力与市场力量之间作用的方式不合理。

总的来看，法制和制度基础的缺乏使得公私伙伴关系等嵌入式协同机制难以在公共行政执行过程中发挥有效的作用。

第四节　当代中国公共行政执行力提升的战略

针对上述问题，笔者认为提升当代中国公共行政协同执行力的基本战略路径是建构合理的公共行政执行权力结构，形成良好的公共行政执行协同机制。

一、建构合理的公共行政执行权力结构

（一）目标结构战略：整合离散的目标

当代中国公共行政执行的目标结构存在目标离散、目标冲突的状况。按照协同分析的观点来看，只有建立以公共目标为导向的目标协同机制，才能使离散和冲突的目标产生协同力。

以公共目标为导向的协同机制指的是一种将公共行政执行中各个主体的目标协同起来，共同指向公共目标的程序、方法和手段。按照协同学的理论，建立以公共目标为导向的目标协同机制需要找到"序参量"来役使其他变量，协同指向公共目标。建立"序参量"的常用方法包括：

（1）培育公共行政执行的公共精神。公共精神是一种文化力量，通过组织文化建设，形成公共精神至上的精神，保证公共行政执行行为指向公共目标。

（2）实施目标管理和绩效管理。1954年，德鲁克（Peter. F. Druker）在《管理的实践》一书中首先提出了目标管理的思想。目标管理（management by objectives 缩写为 MBO）就是通过一套目标制定、目标分解、目标实施和目标评估的程序和手段，使得组织目标和个人目标协同一致，完成组织的战略和使命。绩效管理与目标管理是紧密联系的管理方法。绩效（performance）是指组织及其组成部分在工作过程中的表现及业务成果。"绩效"比"目标"的内涵要宽，比目标管理设计的内容要广泛，绩效管理会用到目标管理的技术和方法，以改进组织绩效。通过目标管理和绩效管理改善公共行政执行的目标结构的关键是以公共目标为导向，将公共目标分解为具体的目标，以便实现政策使命。

（二）利益结构战略：协调分化的利益

目标协同机制是表层机制，目标协同的深层机制是利益协同机制。利益分化是当代中国经济社会发展的一个客观现实，但是公共利益的形成和实现，是可以通过创制合理博弈规则加以保证的。

公共行政执行的目标具有公共性，代表公共利益。如果在执行过程中，不能确保公共利益处于主导地位，就会导致政策执行目标的偏离。为此有必要建构一种合理的利益博弈的规则，使得利益博弈的相关主体在正义的程序中，通过利益表达、利益妥协、利益冲突、利益交换形成和实现公共利益。

（1）畅通利益表达渠道。利益表达是共识形成的开端，在公共行政执行过程中，如果某些利益表达主体被排除在利益表达之外，公共行政执行"再决策"的公共性程度就很低，有必要畅通利益表达渠道，增进公共行政执行的公共性。中国渐进改革的战略，使得转型发展过程"制度化"的进度远远跟不上"利益分化"的速度，大量涌现的弱势群体很难借助制度内的利益表达渠道，充分表达自身的利益。农民工欠薪、野蛮拆迁等问题就是典型的例子。就目前的利益表达渠道而言，弱势群体的利益表达渠道主要包括信访、上访（个人上访、集体上访、越级上访等等）、通过政治渠道、借助社会精英和社会组织等。在公共行政执行过程中的直接利益表达渠道很少，更多地是对公共行政执行间接制约，有必要在公共行政执行的再决策过程中充分开放利益直接表达渠道。

（2）健全利益综合机制。公共利益意味着共识程度高的利益，在利益博弈所形成的均衡点上，各个利益主体具有较高的利益共识程度。利益综合机制通过平衡和协调不同的利益诉求，可以确保公共利益的可实施性。

总之，利益分化是客观事实，但是畅通的利益表达渠道和健全的利益综合机制有助于利益分化的整合与协同，不至于利益过度地分化和对立，从而保证公共行政执行的参与主体协同努力，实现既定和协定目标。

（三）激励结构战略：完善绩效管理和责任追究机制

当代中国公共行政执行过程中存在复杂的委托代理问题。如何使委托人能够对代理人的行为进行有效的监督，使代理人的行为符合委托人的意愿，方法之一就是尽最大努力消除委托人与代理人之间的信息不对称，通过建立绩效管理和责任追究机制是有效的方法之一。

（1）建立政府绩效管理机制。建立政府绩效管理机制，是有效解决委托人和代理人信息不对称，促进和监督代理人努力的重要方式。委托人通过设计合理的"绩效示标"可以有效地监控和引导代理人的行为。英国的部长管理信息系统，美国 1993 年国会制定的《政府绩效和结果法案》（Government Performance and Results Act，1993）以及 1993 年 9 月，副总统戈尔发布的《从繁文缛节到结果导向：创造一个工作更好、花钱更少的政府》（From Red Tape to Result：Creating A Government That Work Better and Cost Less，又称《戈尔报告》）都是通过绩效管理解决公共行政执行过程中委托代理问题的重要方式。当代中国政府的绩效管理体系尚不完善，传统的干部考核标准单一，随意性大。随着经济社会事务的日益复杂，形成均衡、精致、科学的政府绩效管理体系，可以保障政府各个部门、各个层级围绕绩效示标协同努力，形成有序的协同效应。

（2）完善责任追究机制。建立有效的责任追究机制是解决委托代理问题的又一有效方法。诚如前文中对 2003～2007 年房地产宏观调控政策执行案例所作的分析，通过行政问责这一强迫式的协同方式，改变官员的利益结构和激励结构，可以使官员的行为指向执行的目标。

（四）交往结构战略：保证对话的正当性

现代的权力理论已经走出了政治权力和行政权力属性和运作方式截然分开的教条，通过交往、话语等范畴，将寻求共识这一政治领域的机制注入到了寻求效率的行政领域，由此产生了公共行政执行交往结构的概念。

在话语理论和交往行动理论看来，目前中国公共行政执行交往结构中存在的问题是由于公共行政话语正当性的丧失造成的。公共行政话语正当性的判断标准是"真诚、切合意境的意向性、自主参与和具有实质意义的贡献[①]。"通过信息公开、民主恳谈、听证、公众参与立法等方式可以有效地改善公共行政

[①] （美）查尔斯·J. 福克斯、休·T. 米勒著、楚艳红等译：《后现代公共行政：话语指向》，北京：中国人民大学出版社，2002 年，第 152 页。

执行的交往结构。

二、形成良好的公共行政执行协同机制

整合离散的目标、协调分化的利益、完善绩效管理和责任追究机制、保证对话的正当性可以优化公共权力结构。将决策、执行和监督分开，建立大部制，完善部际协同系统，创新府际博弈规则和构筑法制框架等举措是增强公共行政执行协同力的战略路径。

（一）建立决策、执行和监督分工协作的机制

决策、执行和监督的分工和协作机制不健全是导致当代中国公共行政执行力低下的重要原因。建立决策、执行和监督分工协作机制的主要举措包括：

1. 按照分工原理对公共行政中的决策和执行事项进行全面分析。英国1988 年发布的《改进政府管理：续阶计划》（*Improving Management in Government：The Next Steps*）对决策和执行事项进行了区分。

（1）文官体系95% 人员都在提供政府各式服务，而其管理与幕僚阶层都认为更清楚定义，并做好预算的管理方式是必要而有用的。

（2）高阶管理层大多为决策制定的人才，他们很少具有提供服务的实地管理与工作经验。

（3）高级文官重在回应部长所设定之政策优先项目，而这些优先项目大多是国会的要求，和传达、沟通政府政策。

（4）许多部会工作繁复多元，再加上国会的要求、媒体与民众要求公开信息，造成部会工作过量。

（5）各部的压力主要在于争取支出与活动，以致对运用资源以得到"效果"一事，反而很少关心。

（6）要求改进绩效的外来压力并不多见。

（7）文官总体太大、太复杂，无法用单一实体加以管理。相对于私人公司及大部分的公部门组织，60 万人的文官体是一庞大的组织。①

2. 在定职责、定机构、定人员的基础上定权属。定权属就是界定决策权和执行权的内容和归属的机构。定权属是建立合力决策执行监督协同机制的重要内容。按照管理分工的原理，参考《改进政府管理：续阶计划》的论述，决策事项应该包括：

---

① HMSO Efficiency Unit, *Improving Management in Government：The Next Steps*, 1988, p. 3～10.

（1）行政与政治的沟通。

（2）战略制定。

（3）规划拟定、定义公共服务、预算制定。

（4）重大事项的决策。

（5）执行的基本程序的确定。

（6）执行绩效评估标准的制定。

（7）执行机构的选择等。

对于那些常规性的、提供公共服务性的事项应该交给执行机构行使。包括

（1）公共服务的提供。

（2）专业技术和实地管理。

（3）追求管理效果和技术理性的事项。

（4）常规性事务。

（5）可以通过市场机制提供的事项等等。

监督职能贯穿在整个执行过程中，并没有一个统一的监督机构，监督主体是多元的，包括立法机构、决策结构和公民意见的表达等等。独立的和非独立的、部内的和部外的监督机构持有不同的价值取向，共同确保执行过程指向既定或协定目标。

（二）建立"大部制"使职能和结构匹配

人们一般把"大部制"理解为政府职能部门数量较小，每个职能部门拥有某一领域的广泛职能和管理权限的政府组织架构。在笔者看来，运营良好的大部制包括这样几个支持条件：

（1）政治和行政协同能力强。政治领导和立法机构的意见能够得到充分地表达和贯彻，不会因为大部的权力，危害到政治意志的表达和实施。

（2）决策、执行和监督之间的分工协同。决策、执行和监督基本分工是部长进入内阁进行决策，政治任命的高级文官辅佐部长，普通文官负责执行。应该根据公共经济学的准则，根据提供公共服务的特征，设立多样化的执行机构（包括各个部内属机构）负责执行。决策通过绩效合同、契约化管理等方式控制执行部门。

（3）大部门的设立符合职能——结构协同的原则。按照管理学中的分工原理，对政府职能和工作任务进行分析，按照经济、效率和效益的标准，把业务相同、相近和类似的职能归入同一部门。与此同时通过政务流程设计，使得组织结构、流程结构、人员结构和财务结构与职能结构相匹配。

　　笔者看来，政府职能源于国家与社会、政府与企业、政府与市场、政府与社会中介组织之间的分工关系。这种分工关系决定了政府作用于企业、市场和社会的方式。职能领域和作用方式是划分大部的标准之一。下表列出了分工、干预手段、职能领域和大部划分的关系。

表 9 – 2　分工、干预手段、职能领域和大部划分

比较项目	类别划分				
分工	市场局限：导致宏观经济问题	市场失灵：外部性、信息不对称等问题	市场失灵：公共产品提供公共服务	市场失灵和第三部门失灵：社会管理	法律外交和安全
干预手段	宏观经济政策	微观管制	公共服务安排和生产	社会利益协调、危机化解、秩序形成等	法律、外交和国防
职能领域	经济调节	市场监管	公共服务	社会管理	其他
主要部门（日本为例）	财务省经济贸易与产业省、林业农业和渔业省	国土基础设置和交通省、环境省	教育文化体育科学技术省、健康劳动与福利省	总务省	法务省、外务省、国家公共安全委员会、防卫省

资料来源：作者整理。

　　中国在建立大部制的时候需要充分注意大部制的三个支持条件，并且需要按照分工——政府作用方式——政府职能领域——部门设置的思路建立"大部制"使职能和结构匹配。

　　（三）完善部际协调机制

　　中国"部门行政"的存在使得部际协同较为困难。部际协调的改进，有赖于政府职能和结构的再设计。有效的部际协同机制需要满足以下条件：

　　（1）加强高层协调功能。部际协同需要由高于各部的决策机构，通过政策规划、决策制定等方式克服部门主义的弊端。比如日本的内阁官房和内阁府，美国的白宫，英国的首相办公室或内阁办公室就是高层的政策规划和决策制定协调机构。从这种意义上来说，将决策、执行和监督的合理分工和协作是部际协同的基础。

　　（2）信息共享机制。通过电子政府建设，消除各个部门之间的信息壁垒，促进协调。

　　（3）根据政府的业务流程进行协同。按照经济、效率和效益的原则，对政府的流程进行合理设计，按照流程进行部门间的协调。

（4）政策评估机制。通过建立政策评估系统加强部门之间的政策协同。

（5）设置高层的协调职位。

（6）建立多样化的协调形式：比如议事协调机构和部际联席会议等。

（四）创新府际博弈规则

针对目前府际协同机制中存在的主要问题，创新府际博弈规则是提升公共行政执行府际协同性的基础。

（1）通过制度建设强化府际协同。西方国家府际协同关系的建立都依赖于完善的制度基础。财政分权制度、转移支付制度、府际关系制度、地方自治制度等等为府际协同奠定了基本的框架。中国在推行分权化改革的进行中，中央与地方关系处于动态的变化过程中，府际协同有一定的随意性，有必要建立完善的制度框架，规范府际协同。

（2）建立中央政府与地方政府争端解决机构。在法律制度规范的基础上，中央与地方之间的争端要纳入法制的轨道加以解决，因此需要设立专门处理中央与地方争端的机构，以加强协同。

（3）合理界定府际职能、权力和责任。中国的分税制改革和地方分权的改革，使得地方政府拥有较大的自主权，但是中央政府与地方政府之间职能、权力和责任划分还存在不够清晰的地方，特别是省以下的政府与省级政府之间的财权和事权没有清晰的规范。有必要根据市场经济的要求合理界定各级政府之间的事权、财权和责任机制。

（五）构筑法治框架奠定嵌入协同的基础

鉴于中国目前公共行政执行的嵌入式协同机制（主要是公私伙伴关系）的主要问题在于缺少法制和制度基础保障国家与社会、政府与市场之间的良性互动。因此有必要构筑一个法治框架，通过法治同时约束政府和市场。"法治的第一个作用是约束政府，约束的是政府对经济活动的任意干预。法治的第二个作用是约束经济人行为，其中包括产权界定和保护，合同和法律的执行，公平裁决，维护市场竞争。这通常要靠政府在不直接干预经济的前提下以经济交易中的第三方的角色来操作，起到其支持和增进市场的作用。""法治的核心是确定政府与经济人之间保持距离型关系以有利于经济的发展①。"当然法治也起到约束和引导第三部门的作用。法治框架下的公

---

① 钱颖一：《市场与法治》，载王梦奎：《经济全球化与政府的作用》，北京：人民出版社，2001年版，第241页。

私伙伴关系能够克服公私伙伴关系的异化。公私伙伴关系的异化表现为公私合谋谋取不正当利益、公共精神丧失、借助市场名义牟利等等。法治框架下的公私伙伴关系能够克服政府、市场和第三部门各自的失灵和局限，形成执行的协同效应。

参考文献①

1. （澳）Malcolm Waters 著、杨善华等译：《现代社会学理论》，北京：华夏出版社，2000 年版。

2. （澳）约翰·加托纳著、赵海然译：《动态协同的供应链：实施方法与案例》，北京：电子工业出版社，2007 年版。

3. （德）H. 哈肯：《信息与自组织》，四川教育出版社，1988 年版。

4. （德）H. 哈肯著、郭治安、吕翎译：《大脑工作原理脑活动、行为和认知的协同学研究》，上海：上海科技教育出版社，2000 年版。

5. （德）H. 哈肯著、郭治安译：《高等协同学》，北京：科学出版社，1989 年版。

6. （德）H. 哈肯著、杨家本译：《协同计算机和认知神经网络的自上而下方法》，北京：清华大学出版社，南宁：广西科学技术出版社，1994 年版。

7. （德）H. 哈肯：《协同学引论——物理学、化学和生物学中的非平衡相变和自组织》，北京：原子能出版社，1984 年版。

8. （德）埃伦·M 伊梅古特著、汤涛编译：《新制度主义的基本理论问题》，载《马克思主义与现实（双月刊）》2003 年第 6 期。

9. （德）哈贝马斯著、童世骏译：《在规范和事实之间：关于法律和民主法治国的商谈理论》，上海：三联出版社，2003 年版。

10. （德）马克斯·韦伯著、于晓、陈维纲等译：《新教伦理与资本主义精神》，西安：陕西师范大学出版社，2006 年版。

11. （法）H. 法约尔著、周安华等译：《工业管理与一般管理》，北京：中国社会科学出版社，1998 年版。

12. （法）达尼洛·马尔图切利著、姜志辉译：《现代性社会学二十世纪的历程》，南京：译林出版社，2007 年版。

---

① 本文采用页下注释和页下注明参考文献的方式，这种注释和参考文献标注方式简洁、便于阅读。为了避免简单重复地列举参考文献，此处列出主要参考文献。这些参考文献对本文思路的形成有重要的意义。马克思主义经典著作，党和国家领导人著作、党和国家历次重要会议文献、工具书等基本文献此处从略。国外政策执行博士论文和期刊论文用附件的形式列于参考文献之后。

13. （法）查尔斯·孟德斯鸠著、张雁深译：《论法的精神》（上册），北京：商务印书馆，1987 年版。

14. （法）迪尔凯姆著、王力译：《社会分工论》，上海：商务印书馆出版社，1985 年版。

15. （法）卢梭著、何兆武译：《社会契约论》，北京：商务印书馆，1980 年版。

16. （法）米歇尔·福柯著、钱翰译：《必须保卫社会：法兰西学院演讲系列 1976》，上海：上海人民出版社，1999 年版。

17. （法）米歇尔·福柯著、钱翰译：《必须保卫社会：法兰西学院演讲系列 1976》，上海：上海人民出版社，1999 年版。

18. （法）米歇尔·福柯：《规训与惩罚》，北京：三联书店，2003 年版。

19. （古希腊）尼克斯·波朗查斯著、叶林等译：《政治权力与社会阶级》，中国社会科学出版社。

20. （古希腊）亚里士多德著、吴寿彭译：《政治学》，北京：商务印书馆，1965 年版。

21. （美）R·J. 斯蒂尔曼著、李方等译：《公共行政学》，北京：中国社会科学出版社，1989 年版。

22. （美）奥利弗·E. 威廉姆森著、段毅才，王伟译：《资本主义经济制度》，北京：商务印书馆，2004 年版。

23. （美）拉里·博西迪、拉姆·查兰著、刘祥亚译：《执行：如何完成任务的学问》，北京：机械工业出版社，2006 年版。

24. （美）罗伯特·金. 默顿著、何凡兴、李卫红、王丽娟译：《论理论社会学》，北京：华夏出版社，1990 年版。

25. （美）迈克尔·哈默著、赵学凯、王建南、房成鑫译：《企业行动纲领》，北京：中信出版社，2002 年版。

26. （美）曼瑟·奥尔森著、苏长和、嵇飞译：《权力与繁荣》，上海：上海人民出版社，2005 年版。

27. （美）珍妮特·V. 登哈特、罗伯特·B. 登哈特著、丁煌译：《新公共服务：服务，而不是掌舵》，北京：中国人民大学出版社，2004 年版。

28. （美）E. S. 萨瓦斯著、周志忍等译：《民营化与公私伙伴关系》，北京：中国人民大学出版社，2002 年版。

29. （美）F. J. 古德诺著、王元译：《政治与行政》，北京：华夏出版社，1987 年版。

30. （美）R·科斯等著：《财产权利与制度变迁——产权学派与新制度学派译文集》，上海：三联书店上海分店 上海人民出版社，1994 年版。

31. （美）Robert S. Kaplan &David P. Norton 著、ARC 远擎理顾问公司策略绩效事业部译：《策略核心组织：以平衡计分卡有效执行企业策略》，中国台北：台北城邦事业股份有限公司，2001 年版。

32.（美）T. 帕森斯著、张明德、夏遇南、彭刚译：《社会行动的结构》，南京：译林出版社，2003 年版。

33.（美）T. 帕森斯著、梁向阳译：《现代社会的结构与过程》，北京：光明日报出版社，1988 年版。

34.（美）阿尔蒙德、鲍威尔：《比较政治学：体系、过程和政策》，上海：上海译文出版社，1987 年版。

35.（美）艾尔·巴比著、邱泽奇译：《社会研究方法基础》，北京：华夏出版社，2002 年版。

36.（美）艾莉诺·奥斯特罗姆著：《公共事物的治理之道：集体行动制度的演进》，上海：三联书店上海分店，2000 年版。

37.（美）奥尔森著、吕应中等译：《国家兴衰探源》，北京：商务印书馆，2001 年版。

38.（美）贝塔朗菲：《普通系统论的历史与现状》，载《科学译文集》，北京，科学出版社，1980 年版。

39.（美）彼得·布劳著、孙非、张黎勤译：《社会生活中的交换与权力》，北京：华夏出版社，1988 年版。

40.（美）查尔斯·沃尔夫著、谢旭译：《市场或政府——权衡两种不完善的选择》，北京：中国发展出版社，1994 年版。

41.（美）查尔斯·J. 福克斯、休·T. 米勒著、楚艳红等译：《后现代公共行政：话语指向》，北京：中国人民大学出版社，2002 年版。

42.（美）戴维·奥斯本、彼德·普拉斯特里克著、谭功荣、刘霞译：《摒弃官僚制：政府再造的五项战略》，北京：中国人民大学出版社，2002 年版。

43.（美）戴维·H. 罗森布鲁姆、罗伯特·S. 克拉夫丘克著、张成福等译：《公共行政学：管理、政治和法律的途径》，北京：中国人民出版社，2002 年版。

44.（美）丹尼尔·J. 伊拉扎著、彭利平译：《联邦主义探索》，上海：三联书店，2004 年版。

45.（美）丹尼尔·F. 史普博著、余晖等译：《管制与市场》，上海：上海三联书店 上海人民出版社，1999 年版。

46.（美）丹尼尔·耶金、约瑟夫·斯坦尼罗斯著、段宏等译：《制高点》，北京：外文出版社，2000 年版。

47.（美）丹尼斯·朗著、陆震伦、郑明哲译：《权力论》，中国社会科学出版社，2001 年版。

48.（美）道格拉斯·C. 诺思著、陈郁，罗华平等译：《经济史中的结构与变迁》，上海三联书店，上海人民出版社，1994 年版。

49.（美）道格拉斯·诺斯：《历史、经济、绩效》，载《经济译文》，1994 年第 6 期。

50.（美）迪恩·乔斯瓦尔德著、徐世群，陈奎宁译：《协同与成功：组织效率管理论》，成都：四川科学技术出版社，1991年版。

51. （美）弗里蒙特 E. 卡斯特、詹姆斯 E. 罗森茨维克著、李柱流等译：《组织与管理（第四版）》，北京：中国社会科学出版社，2004年版。

52. （美）古拉斯·亨利著、项龙译：《公共行政与公共事务》（第7版），北京：华夏出版社，2002年版。

53. （美）哈维·C. 曼斯菲尔德著、冯克利译：《驯化君主》，南京：译林出版社，2005年版。

54. （美）汉娜·阿伦特著、竺乾威等译：《人的条件》，上海：上海人民出版社，1999年版。

55. （美）赫伯特·斯坦著、金清、郝黎莉译：《美国总统经济史》，吉林：吉林人民出版社，1997年版。

56. （美）赫伯特·西蒙著、武夷山译：《人工科学》，北京：商务印书馆，1987年版。

57. （美）赫伯特·西蒙著：《管理行为：管理组织决策过程的研究》，北京：北京经济学院出版社，1988年版。

58. （美）加尔布雷思著、陶远华、苏世军译：《权力的分析》，河北：河北人民出版社，1988年版。

59. （美）拉卡托斯，马斯格雷夫编著、周寄中译：《批判与知识的增长》，中国台北：桂冠图书股份有限公司，1994年版。

60. （美）赖利·包熙迪，（美）瑞姆·夏蓝著：《执行力：没有执行力哪有竞争力》，（李明），中国台北：天下远见出版股份有限公司，2003年版。

61. （美）蓝志勇著：《行政官僚与现代社会》，广州：中山大学出版社，2003年版。

62. （美）刘易斯：《经济增长理论》，上海：上海三联书店，1990年版。

63. （美）刘易斯·A. 科瑟著、石人译：《社会学思想名家》，北京：中国社会科学出版社，1990年版。

64. （美）罗伯特·K. 殷著：《案例研究：设计与方法》（第3版），重庆：重庆大学出版社。

65. （美）罗伯特·S. 卡普兰、戴维·P. 诺顿著、博意门咨询公司译：《组织协同：运用平衡记分卡创造企业合力》，北京：商务印书馆，2006年版。

66. （美）罗伯特·杰克曼著：《不需暴力的权力——民族国家的政治能力》，天津：天津人民出版社，2005年版。

67. （美）罗伯特·阿格拉诺夫、迈克尔·麦圭尔著、李玲玲、鄞益奋译：《协作性公共管理：地方政府新战略》，北京：北京大学出版社，2007年版。

68. （美）迈克尔·麦金尼斯主编：《多中心治道与发展》，上海：三联书店上海分店2000年版。

69. （美）麦克尔·巴泽雷著、孔宪遂、王磊、刘忠慧译：《突破官僚制 政府管理的新愿景》，北京：中国人民大学出版社，2002 年版。

70.（美）尼古拉斯·亨利著、项龙译：《公共行政与公共事务》（第 7 版），北京：华夏出版社，2002 年版。

71.（美）欧阳莹之：《复杂系统理论基础》，上海：上海科技教育出版社，2002 年版。

72.（美）帕森斯：《现代社会的结构与过程》，梁向阳译，北京：光明日报出版社，1988 年版。

73.（美）钱德勒著：《看得见的手：美国企业的管理革命》，北京：商务印书馆，1987 年版。

74.（美）乔纳森·H. 特纳著、邱泽奇、张茂元等译：《社会学理论的结构》，北京：华夏出版社，2006 年版。

75.（美）托马斯·R. 戴伊：《自上而下的政策制定》，北京：中国人民大学出版社，2002 年版。

76.（美）文森特·奥斯特罗姆著、毛寿龙译：《美国公共行政的思想危机》，上海：三联书店上海分店，1999 年版。

77.（美）伍德罗·威尔逊：《行政学研究》，载彭和平、竹立家：《国外公共行政理论精选》，北京：中共中央党校出版社 1997 年版。

78.（美）詹姆斯·M. 布坎南著、平新乔、莫扶民译：《自由、市场与国家：80 年代的政治经济学》，上海：三联书店上海分店，1989 年版。

79.（美）詹姆斯·C. 柯林斯，（美）杰里·I. 波拉斯著、真如译：《基业长青》，北京：中信出版社，2002 年版。

80.（美）詹姆斯·布坎南著、平新乔、莫扶民译：《自由、市场与国家》，上海：上海三联书店，1989 年版。

81.（美）詹姆斯·马奇、约翰·奥尔森：《新制度主义：政治生活中的组织因素》载《美国政治科学评论》，1984 年第 3 期，总第 78 卷。

82.（日）迁中丰：《利益集团》，北京：经济日报出版社，1989 年版。

83.（日）青木昌彦：《比较制度分析》，上海：上海远东出版社，2002 年版。

84.（瑞典）冈纳·缪尔达尔著、顾朝阳等译：《世界贫困的挑战：世界反贫困大纲》，北京：北京经济学院出版社，1991 年版。

85.（瑞士）皮亚杰著、倪连生、王琳译：《结构主义》，北京：商务印书馆，1984 年版。

86.（中国台湾）陈敦源、徐仁辉：《从"权力授予"概念看台湾的行政立法互动关系——以八十七年预算法修正为例》，发表于"迈向二十一世纪的立法院：新国会、新规范、新挑战"学术研讨会，1999 年 3 月 8 日。

87.（中国台湾）陈瑞麟：《批判性地检视福柯的"知识—权力"理论》，"重访东亚：全球·区域·国家·公民文化研究学会 2002 年会"会议论文。

88. （中国台湾）黄崇宪：《国家与治理性：从霍布斯到傅柯》，发表于《"国家与现代性：现代性与台湾政治/经济转型Ⅱ"学术研讨会，东海大学主办，2005年12月17日。

89. （中国台湾）江宜桦：《公共领域中理性沟通的可能性》，在华东师范大学中国现代思想文化研究所举办的"公共知识分子与现代中国"国际学术研讨会上宣读。

90. （中国台湾）李英明：《哈伯马斯》，台北：东大图书公司，1986年版。

91. （中国台湾）李允杰、丘昌泰：《政策执行与评估》，台北：元照出版公司2003年版。

92. （中国台湾）林水波、张世贤：《公共政策》，台北：五南图书出版公司1982年版。

93. （中国台湾）林玉华著：《政策网络理论之研究》，台北市：瑞兴图书公司，2002年版。

94. （中国台湾）张世贤：《公共政策分论析》，台湾：台湾五南图书出版公司，1986年版。

95. （中国台湾）郑进明：《影响台北市政府中阶主管业务执行因素之探讨》，台湾世新大学行政管理硕士论文2004年。

96. （中国台湾）政府改造委员会"弹性精简的行政组织"研究分组：《行政院组织改造的目标与原则》，2002年2月17日。

97. （新西兰）穆雷·霍恩著、汤大华、颜君烈等译：《公共管理的政治经济学——公共部门的制度选择》，北京：中国青年出版社，2004年版。

98. （新西兰）穆雷·霍恩著、汤大华、颜君烈等译：《公共管理的政治经济学——公共部门的制度选择》，北京：中国青年出版社，2004年版。

99. （匈）拉卡托斯著、欧阳绛、范建年译：《科学研究纲领方法论：哲学论文第1卷》，北京：商务印书馆，1992年版。

100. （英）安东尼·吉登斯著、郭忠华、潘华凌译：《资本主义与现代社会理论：对马克思、涂尔干和韦伯著作的分析》，上海：上海译文出版社，2007年版。

101. （英）M·J·C·维尔著、苏力译：《宪政与分权》，北京：三联书店，1997年版。

102. （英）戴维·米勒、（英）韦农·波格丹诺编、中国问题研究所等译：《布莱克维尔政治学百科全书》，北京：中国政法大学出版社，1992年版。

103. （英）霍布斯著、黎思复、黎廷弼译：《利维坦》，北京：商务印书馆，1985年版。

104. （英）吉登斯著、李康、李猛译：《社会的构成》，北京：三联书店，1998年版。

105. （英）罗伯特·罗茨：《新的治理》，载俞可平：《治理与善治》，北京：社会科学文献出版社，2000年版。

106. （英）罗德里克·马丁著、丰子义、张宁译：《权力社会学》，北京：三联书店，1992年版。

107. （英）罗德里克·马丁著、丰子义、张宁译：《权力社会学》，北京：三联书店，1992年版。

108. （英）洛克著、瞿菊农、叶启芳译：《政府论》，北京：商务印书馆，1964年版。

109. （英）帕特里克·贝尔特著、瞿铁鹏译：《二十世纪的社会理论》，上海：上海译文出版社，2005 年版。

110. （英）休谟著、吕大吉译：《人类理智研究》，北京：商务印书馆，1999 年版。

111. （英）亚当·斯密著、郭大力、王亚南译：《国富论》：上海：中华书局，1949年版。

112. 曹堂哲："西方国家执行机构多样化的改革运动——实践、理论与制度设计"（唯一作者），云南：《云南行政学院学报》，2006 年第 5 期。

113. 陈祖华：《利益结构论》，载《武汉大学学报（社会科学版)》，1989 年第 4 期。

114. 丁煌：《我国现阶段政策执行阻滞及其防治对策的制度分析》，载《政治学研究》，2002 年第 1 期。

115. 丁煌：《研究政策执行问题必须遵循科学的方法论》，载《北京行政学院学报》，2003 年 01 期。

116. 范伟达编著：《现代社会研究方法》，上海：复旦大学出版社，2001 年版。

117. 方福前：《公共选择理论：政治的经济学》，北京：中国人民大学出版社，2000年版。

118. 高波著：《主体组织理论与协同商务》，北京：经济科学出版社，2007 年版。

119. 葛行军：《探索"执行难"》，载《法制日报》，2001 年 7 月 24 日。

120. 桂慕文编著：《人类社会协同论：对生态、经济、社会三个系统若干问题的研究》，南昌：江西人民出版社，2001 年版。

121. 郭济主编：《政府权力运筹学》，北京：人民出版社，2007 年版。

122. 郭其友、李宝良：《机制设计理论：资源最优配置机制性质的解释与应用——2007 年度诺贝尔经济学奖得主的主要经济学理论贡献述评》，载《外国经济与管理》，2007年第 29 卷第 11 期。

123. 郭庆旺、赵志耘：《财政学》，北京：中国人民大学出版社，2002 年版。

124. 郭秋永：《对峙的权力观：行为与结构》，载《政治科学论丛》，2004 年 6 月，第20 期。

125. 郭小聪：《不同学科制度主义方法论特征比较》，载《中山大学学报·社科版》，2004 年第 5 期。

126. 郭忠华：《转换与支配：吉登斯权力思想的诠释》，载《学海》，2004 年第 3 期。

127. 何俊志：《结构、历史与行为——历史制度主义的分析范式》，载《国外社会科学》，2002 年第 5 期。

128. 何俊志：《新制度主义政治学的流派划分与分析走向》，载《国外社会科学》，2004 年第 2 期。

129. 黄宝玖：《国家能力：涵义、特征与结构分析》，载《政治学研究》，2004 年第4 期。

130. 黄东益：《公共商议与地方政策参与》，发表于"第二届地方发展策略学术研讨会"，宜兰：佛光人文社会学院公共事务学系，2003 年。

131. 黄麟雏、李继宗、邹珊刚：《系统思想与方法》，西安：陕西人民出版社，1984 年版。

132. 姜道洪，刘会民主编：《作战协同概论》，北京：国防大学出版社，2004 年版。

133. 蒋立峰：《日本政治概论》，北京：东方出版社，1995 年版。

134. 解亚红：《"协同政府"：新公共管理改革的新阶段》，载《中国行政管理》，2004 年第 5 期。

135. 经济合作与发展组织：《分散化的公共治理代理机构、权力主体和其他政府实体》，国家发展和改革委员会事业单位改革研究课题组译，北京：中信出版社，2004 年版。

136. 景跃进：《政策执行的研究取向及其争论》，载《中国社会科学季刊》（中国香港），1996 年春季卷第 14 期。

137. 黎鹏著：《区域经济协同发展研究》，北京：经济管理出版社，2003 年版。

138. 李道揆著：《美国政府和美国政治》，北京：商务印书馆，1999 年版。

139. 李登虎著：《工作流技术在协同办公系统中的应用》，北京大学图书馆藏硕士论文。

140. 李景鹏：《中国转型期问题的政治学思考——李景鹏文集》，北京：中国法制出版社，2002 年版。

141. 李景鹏著：《权力政治学》，黑龙江：黑龙江教育出版社，1995 年版。

142. 李忠民著：《知识经济发展理论：科技教育经济协同发展机理与实证分析》，北京：中国社会科学出版社 2006 年版。

143. 林毅夫、蔡昉、李周著：《中国的奇迹：发展战略与经济改革》，上海：上海人民出版社，上海三联书店，1999 年版。

144. 刘放桐：《新编现代西方哲学》，北京：人民出版社，2000 年版。

145. 刘连泰：《"公共利益"的解释困境及其突围》，载《文史哲》，2006 年 02 期。

146. 刘淑君：《业务与 IT 整合，提升企业执行力——汤姆逊 IT 管理研究》，北京：北京大学图书馆藏光华管理学院工商管理硕士学位论文 028/M2004（045）。

147. 卢少华、徐万珉著：《权力社会学》，黑龙江：黑龙江人民出版社，1989 年版。

148. 卢中原著：《企业制度环境配套与协同》，福州：福建人民出版社，1996 年版。

149. 罗豪才：《行政法学》，北京：中国政法大学出版社，1999 年版。

150. 麻宝斌、李广辉：《行政学中层研究：寻找理论与现实的中介》，载《北京科技大学学报（社会科学版）》，2005 年 4 月，第 21 卷，第 2 期。

151. 苗东升著：《系统科学精要》（第二版），北京：中国人民大学出版社，2006 年版。

152. 莫勇波著：《公共政策执行中的政府执行力问题研究》，北京：中国社会科学出版社，2007 年版。

153. 潘开灵、白烈湖：《管理协同理论及其应用》，北京：经济管理出版社，2006 年版。

154. 彭和平、竹立家：《国外公共行政理论精选》，北京：中共中央党校出版社，1997 年版。

155. 石凯、胡伟：《新制度主义"新"在哪里》，载《教学与研究》，2006 年第 5 期。

156. 时和兴著：《关系、限度、制度：政治发展过程中的国家与社会》，北京：北京大学出版社，1996 年版。

157. 世界银行：《1997 年世界发展报告——变革世界中的政府》，蔡秋生译，北京：中国财政经济出版社，1997 年版。

158. 宋世明：《从部门行政到公共行政："入世"后中国政府基本定位》，载《红旗文稿》，2001 年 23 期。

159. 谈火生：《审议民主理论的基本理念和理论流派》，载《教学与研究》，2006 年 11 期。

160. 唐志君：《行政利益结构：研究行政权力运行的新视角》，载《中国行政管理》，2001 年第 3 期。

161. 田中景、池元吉：《日本经济增长的制约因素及其前景》，《世界经济》，2000 年第 8 期。

162. 涂海斌：《中国 IT 企业的执行力分析》，北京：北京大学图书馆藏光华管理学院工商管理硕士学位论文 028/M2004（069）。

163. 汪丁丁：《制度分析基础讲义 Ⅱ：社会思想与制度》，上海：上海人民出版社，2005 年版。

164. 王爱冬：《政治权力论》，河北：河北大学出版社，2003 年版。

165. 王传民著：《县域经济产业协同发展模式研究》，北京：中国经济出版社，2006 年版。

166. 王沪宁：《比较政治分析》，上海：上海人民出版社，1987 年出版。

167. 王梦奎：《经济全球化与政府的作用》，北京：人民出版社，2001 年版。

168. 王绍光、胡鞍钢：《中国国家能力报告》，沈阳：辽宁人民出版社，1993 年版。

169. 王新生：《政治体制与经济现代化："日本模式"再探讨》，北京：社会科学文献出版社，2002 年版。

170. 王治河著：《后现代哲学思潮研究》，北京：北京大学出版社，2006 年版。

171. 吴敬琏：《当代中国经济改革》，上海：远东出版社，2004 年版。

172. 吴庆：《我国政策执行研究现状的实证分析》，载《中国青年政治学院学报》，2005 年第 2 期。

173. 夏国洪等著：《人科制协同管理 人本、科技和制度的协同》，北京：科学出版社，

2006 年版。

174. 熊励、陈子辰、梅益著：《协同商务理论与模式》，上海：上海社会科学院出版社，2006 年版。

175. 徐桂荣等编著：《生物与环境的协同进化》，武汉：中国地质大学出版社，2005 年版。

176. 徐浩鸣、毕晓君编著：《基于非线性理论的制造业信息化系统组织协同》，哈尔滨：黑龙江科学技术出版社，2006 年版。

177. 徐珂著：《政府执行力》，北京：新华出版社，2007 年版。

178. 徐平：《世界经济导刊"赶超后"现象：对日本经济持续低迷原因的另一种解释》，《世界经济与政治》2004 年第 1 期。

179. 徐湘林：《从政治发展理论到政策过程理论——中国政治改革研究的中层理论建构》，载《中国社会科学》，2004 年 03 期。

180. 颜烨：《建构与修正："巨型理论"与"中层理论"的比较分析》，《哈尔滨市委党校学报》，2001 年 1 月。

181. 杨念群著：《中层理论：东西方思想会通下的中国史研究》，南昌：江西教育出版社，2001 年版。

182. 杨培芳著：《网络协同经济学：第三只手的凸现》，北京：经济科学出版社，2000 年版。

183. 于海斌、朱云龙编著：《协同制造 e 时代的制造策略与解决方案》，北京：清华大学出版社，2004 年版。

184. 俞可平：《治理与善治》，北京：社会科学文献出版社，2000 年版。

185. 袁方主编：《社会研究方法教程》，北京大学出版社，1997 年版。

186. 袁瑞军：《官僚自主性及其矫治——公共选择学派有关论点评介》，经济社会体制比较，1996 年第 6 期。

187. 曾健、张一方著：《社会协同学》，北京：科学出版社，2000 年版。

188. 詹中原：《公共政策问题建构过程中的公共性研究》，载《公共管理学报》，2006 年第 4 期。

189. 战旗：《东软企业执行力的调查研究》，北京：北京大学图书馆藏光华管理学院工商管理硕士学位论文 028/M2006（332）。

190. 张楚廷著：《教育协同效应研究》，长沙：湖南教育出版社，1993 年版。

191. 张建宇、张英华："企业执行力问题诸说比较分析及研究趋势预测"，载《现代财经》，2007 年第 6 期，第 27 卷（总第 209 期）。

192. 张蓬、黄乐圆编著：《协同产品商务 CPC》，北京：机械工业出版社，2004 年版。

193. 张四明：《府际间的协调：问题与解决途径》，载《行政学报》，1990 年，第 29 期。

194. 张晓锋、王新杰著：《传媒协同发展论》，北京 新华出版社，2006 年版。

195. 赵敦华：《现代西方哲学新编》，北京：北京大学出版社，2001 年版。

196. 周德钧：《试论史学"中层理论"的建构》，载《湖北大学学报（哲学社会科学版）》，1989 年第 6 期。

197. 周其仁：《竞争、垄断和管制——"反垄断"政策的背景报告》，国家体制改革办公室产业司委托研究项目内部研究报告，修订稿，2001 年 12 月 22 日。

198. 周永亮：《本土化执行力模式》，北京：中国发展出版社，2004 年版。

199. 朱德米：《新制度主义政治学的兴起》，载《复旦学报（社会科学版)》，2001 年第 3 期。

200. 邹谠著：《二十世纪中国政治——从宏观历史与微观行动的角度看》，中国香港：牛津大学出版社，1994 年版。

201. 邹辉霞著：《供应链协同管理 理论与方法》，北京：北京大学出版社，2007 年版。

202. Alexis de Tocqueville, *Democracy in America*, Alfred A. Knopf, Inc., 1956.

203. Andreas Hasenclever, Peter Mayer and Volker Rittberger, *Theories of International Regimes*, Cambridge：Cambridge University Press, 1997.

204. Andrew Collier, *Critical Realism：An Introduction to Roy Bhaskars's Philosophy*. London and New York：Verso, 1994.

205. Andrew Sayer, "Abstraction：A Realist Interpretation." In *Critical Realism：Essential Readings*, eds. Margaret Archer et al. London and New York.

206. Anne Lararson Schncider and Helen Ingran, *Policy Design for Democracy*, Lawrence：University Press of Kansas, 1997.

207. Anthony Giddens, *Classes and the Division of Labor*, London：Cambridge University Press, 1982.

208. Anthony Giddens, *Capitalism and Modern Social Theory：An Analysis of the Writings of Marx, Durkheim and Max Weber*, Cambridge University Press, 1971.

209. Anthony Giddens, Central Problems in Social Theory, London：Macmillan Press, 1986.

210. Anthony Giddens, 'power' in the recent writings of Talcott Parsons, *Sociology*；Vol. 2, Issue 3, Sep1968.

211. Anthony Giddens, *Profiles and Critiques in Social Theory*, London：Macmillan Press, 1982.

212. Anthony Giddens, *The Nation – State and Violence*, University of California Press, 1987.

213. Arthur Bentley, *The Process of Government*, Cambridge, Belknap Press of Harvard University Press, 1967.

214. Arthur Bentley, *The Process of Government*, Cambridge：Belknap Press of Harvard Uni-

versity Press, 1967.

215. B. Guy Peters, *Institutional Theory in Political Science*, Londonand New York: Wellington House, 1999.

216. B. W Wellman, S. D. Berkowitz, eds, *Social Structure Network Approach*, Cambridge, England: Cambridge University Press, 1988.

217. Bertrand Russell, *Power: A New Social Analysis*, George Allen & Unwin Ltd, 1938

218. Bhaskar, *The Possibility of Naturalism: A Philosophical Critique of the Contemporary Human Sciences* (3rd edition), New York and London: Routledge, 1998.

219. Bohman& Rehg, *Deliberative Democracy: Essays on Reason and Politics*, Cambridge: MIT Press, 1997.

220. C. E Van Horn, D. C. Baumer & W. T. Gormley, *Politics and Public Policy*, Washington D. C. : Congressional Quarterly Inc. , 1992.

221. C. Page. Edward, *Political Authority and Bureaucratic Power* 2th, Harvester Wheatsheaf, 1992.

222. C. Hood, *The tools of Government*, The Macmillan Press Ltd, 1983.

223. C. O. Jones, *An Introduction to the study of public policy*^{2nd}, North Scituate, Mas. : Duxbury Press, 1977.

224. Carl J. Friedrich, *Constitutional Government and Democracy*, Boston: Ginn, 1946.

225. Carl J. Friedrich *Constitutional Government and Democracy*, Boston: Ginn, 1946.

226. Catherine E. Johnson, *Intergovernmental Relation: The Implementation of Federal Policies*, UMI (bell&Howell Information Company), 1999.

227. Charles E. Merriam, *Political Power: Its Composition and incidences*, New York: Whittlesey House, McGraw – Hill Book Company, 1934.

228. Charles Tilly, *Coercion, Capital, and European states AD* 990 ~ 1990, New Ed edition. Wiley Blackwell, 1993.

229. Colin Hay, *Political Analysis*, New York: Palgrave, 2002.

230. D. Roderich Kiewiet and Mathew D. McCubbins, *The Logic of Delegation*, Chicago: University of Chicago Press, 1991.

231. D. S. Van meter and C. E. Van Horn, "The Policy Implementation Process: A Conceptual Framework", *Administration and Society*, Vol. 6, No. 4, (Feb. 1975) .

232. D. S. Van meter and C. E. Van Horn, "The Policy Implementation Process: A Conceptual Framework", *Administration and Society*, Vol. 6, No. 4, (Feb. 1975) .

233. Dan Durning, "Participatory Policy Analysis in a Social Service Agency: A Case Study", *Journal of Policy Analysis & Management*, 1993.

234. Daniel A Mazmanian and Paul A Sabatier, Implementation of Public Policy: A Frame-

work of Analysis, *Policy Studies Journal*, Vol. 8, No. 4, 1979 ~ 1980.

235. David B Truman, *The Government Process*, N. Y. , Alfred Knopf, 1951.

236. David Marsh and R. A. W. Rhodes eds. , *Implementation Thatcherite Policy*, Open University Press, 1992.

237. Deborah A Stone, *Policy Paradox and Political Reason*, Chicago: Scott, Foreman, 1988.

238. Deil S. Wright, *Understanding Intergovernmental Relations*, 3rd ed, Pacific Grove, CA: Brooks/Cole Publishing Company, 1988.

239. Donald C. Menzel, "An Interorganization Approach To Policy Implementation", *Public Administration Quarterly*, Vol. 11, No. 1, (spring1987) .

240. Dwight Waldo, *Democracy, bureaucracy, and hypocrisy*, Berkeley : Institute of Governmental Studies, University of California, 1977.

241. E. Maskin, *Mechanism Design Theory: How to Implement Social Goals*. Institute for Advanced, Study and Princeton University Nobel Lecture December 8, 2007

242. E. Pendleton Herring, *Public Administration and the Public Interest*, New York: McGraw – Hill, 1936.

243. E. Goodin Robert, *Reflective Democracy*, Oxford: Oxford University, 2003.

244. Efficiency Unit, *Improving Management In Government: The Next Steps – Annex C: Terms of Reference and Working Method*, London: HMSO, 1988.

245. Eugene Bardach, *The Implementation Game*, Cambridge, Mass: MIT Press, 1977.

246. Evans Peter, Dietrich Rueschemeyer and Theda Skocpol eds, *Bringing. the State: Back In: Strategies of Analysis in current Research*, New York. Cambridge. University Press, 1985.

247. Frank Fischer, "Citizen Participation and the Democratization of Policy Expertise: From Theoretic Inquiry to Practical Cases", *Policy Sciences*, 1993 (26) .

248. Fred Riggs, *The Ecology of Public Administration*, New York: Asia Publishing. 1961.

249. Friedrich Nietzsche, *The Will to Power* (New Ed edition), Vintage, 1968.

250. G. Tullock, *The Politics of Bureaucracy*, DC. : Public Affairs Press, 1965.

251. G. . Wamsley, R. N. Bacher, C. T. Goodsell, P. S. Kronenberg, J. A Rohr, C. M. Stivers, O. F. White and J. Wolf, *Refunding Public Administration*, Newbury Park, CA: Sage, 1990.

252. Gary C. Bryner, *Bureaucratic Discretion: Law and Policy in Federal Regulatory Agencies*, New York: Pergamon Press, 1987.

253. George Edwards III & Ira Sharkansky, *The Policy Predicament*, an Francisco: W. H. Freeman and Co. , 1978.

254. George H. Sabine, *A History of Political Theory*, 3rd Edition, New York: Holt, Rine-

hart and Winston, 1961.

255. Goverde, Henri, Philip Cenny, Mark Haugaard and Howard Lentner. "General Introduction." In *Power in Contemporary Politics: Theories, Practices, Globalizations*, London: Sage, 2000.

256. H. igor Ansoff, *Corporation Strategy* (revised edition), Penguin Books, 1987.

257. Harold D. Lasswell and Abraham Kaplan, *Power and Society*, London: Routledge and Kegan Paul, 1952.

258. Herbert. Simon, *Models of Man, Social and Rational: Mathematical Essay on Rational Human Behavior in a Social Setting*, New York: John Wiley and Sons, 1957.

259. Hjern, B and D. O. Poeter, "Implementation Structures: a New unit of Administrative Analysis", *Organizational Studies*, No. 2, 1981.

260. Hjern, B and D. O. Poeter, "Implementation Structures: a New Unit of Administrative Analysis", *Organizational Studies*, 1981 (2).

261. HM Treasury and The Prime Minister's Office of Public Services Reform, *Better government services: Executive agencies in the 21st century*, 2003.

262. HM Treasury and The Prime Minister's Office of Public Services Reform, *Better Government Services: Executive Agencies in the 21st Century*, 2003.

263. Igor Ansoff, Roger P. Declerck, Robert L. Hayes, *From Strategic Planning to Strategic Management*, John Wiley & Sons, June 1976.

264. J. P. Nettl, "The state as a conceptual variable," *World Politics*1968, 20 (4).

265. James G. March, Johan P. Olsen, *Rediscovering Institutions*, New York: The Free Press, 1989.

266. James M Higgins, The Eight 'S' s of Successful Strategy Execution. *Journal of Change Management*, 2005, 5 (1).

267. James Q Wilson, *Bureaucracy: What Government Agencies Do and Why They Do It*, New York: Basic Books, Inc. 1989.

268. Jeffrey Pressman & Aaron Wildavsky, *Implementation: How Great Expectations in Washington Are Dashed in Oakland: or, Why It's Among That Federal Programs Work at All*, Berkeley: University of California Press, 1973.

269. Joel Migdal, *Strong Societies and Weak States: State – Society Relations and State Capabilities in the Third World*, Princeton University Press, 1988.

270. Joshua Cohen, "Deliberation and Democratic Legitimacy", in James Bohman and William Rehg, eds, *Deliberative Democracy: Essays on Reason and Politics*, Cambridge: MIT Press, 1997.

271. Jürgen Habermas, *Justification and Application: Remarks on Discourse Ethics*, Cam-

bridge：MIT Press，1993.

272. Keith Dowding，*Power*，Buckingham：Open University Press，1996.

273. Kenneth Culp Davis，*Discretionary Justice：a Preliminary Enquiry*，Baton Rouge：Louisana State University，1969

274. Laurence J. O'Tool Jr. Research on Policy Implementation：Assessment and Prospects，*Journal of Public Administration Research and Theory*，2000（2），10.

275. Leo Pliatzky，*Report on Non – Departmental Public Bodies*，London：HMSO，1980.

276. Lester M. Salamon：*The tools of government：An Introduction to the New Governance*，New York：Oxford University Press，2002.

277. Lord Acton，*Essays on Freedom and Power*，Boston：The Beacon Press，1949.

278. Louise G. White，"Policy Analysis as Discourse"，*Journal of Policy Analysis and Management*，1994（13）.

279. Lyn Kathleen and John A. Martin，"Enhancing Citizen Participation：Panel Designs，Perspectives，and Policy Formation"，*Journal of Policy Analysis and Management*，1991（10）.

280. M. Foucault，*The history of sexuality*（Vol. I），New York：Vintage Books，1990.

281. Malcolm L. Coggin，Ann O'M. Bowman，James P. Lester，Laurence J. Jr. O'Tool，*Implementation Theory and Practice：Toward a Third Generation*，Glenwood，Ⅲ.：Scott Foresman/Little，Brown，1990.

282. Masahiro Horie & Yuko Kaneko，Independent Administrative Institution：Innovation of Public Organizations in Japan（October 2003），季刊行政管理研究（日），2004（107）.

283. Michael Mann，*The Sources of Social Power：The Rise of Classes and Nation – stetes*，1760～1914，Cambridge：Cambridge University Press，1993.

284. Michael. Porter，*Competitive Advantage*，New York：Free Press，1985.

285. Murry J. Horn，*The Political Economy of Public Administration*，New York：Cambridge University Press，1995.

286. Nadia Urbinati，Representation as Advocacy：A Study of Democratic Deliberation，*Political Theory*，Vol. 28，No. 6，Dec. 2000.

287. Nakamura，R. & Smallwood，*Politics of Policy Implementation*，N. Y.：St. Martin's，1980.

288. Nicholas Henry，*Public Administration and Public Affairs*. 7th，Prentice – Hall，Inc.，1999.

289. Nicholas Henry，*Public Administration and Public Affairs*. 7th，Prentice – Hall，Inc.，1999.

290. Nicholas L. Henry，Robert E. Cleary，*Managing Public Programs：Balancing Politics，Administration，and Public Needs*，San Francisco：Jossey – Bass，1989.

291. Paul A Sabatier, Jenkins – Smith. , Hank C. , eds, *Policy Chang and Leaning*: *An Advocacy Coalition Approach*, Boulder, Coli: Weatview, 1993.

292. Paul A. Sabatier, Top – down and Bottom – up Approaches to Implementation Research, in Michael Hill ed. , *The policy process* : *A Reder*, Harvester Wheatsheaf, 1993.

293. Paul Berman, "The Study of Macro – and Micro – Implementation", *Public Policy*, Vol. 26, 1978.

294. Peter Bachrach and Morton S. Baratz. "Two Faces of Power. " *American Political Science Review*. 56, (December) 1962.

295. Peter DeLeon, *Advice and Consent*, New York: Russell Sage Foundation, 1988.

296. Peter deLeon, The Policy Sciences of Democracy. *American Journal of Political Science*, Austin: Vol. 39, Iss. 4. Nov 1995.

297. Peter Deleon. *Democracy and the Policy Sciences*, Alhany: State University of New York Press, 1997.

298. R. A. W. Rhodes, *Beyond Westminster and Whitehall*, London: Unwin Hyman, 1988.

299. R. Weatherley, M. Lipsky, Street level Bureaucracy and Institutional Innovation: Implementing Special Education Reform, *Harvard Educational Review*, 1975 (2), 47.

300. R. K. Mishra, Morton R. Davies, K. S. Bhat, *Privatization* : *a global perspective*, New Delhi: Vikas Publishing House Pvt Ltd, 2004.

301. Richard F Elmore, "Organizational Models of Social Program Implementation", *Public Policy*, Vol. 26, No. 2, 1978.

302. Robert A Dahl, *Who Governs? Democracy and Power in the City*, New Haven, Yale University Press, 1961.

303. Robert Dahl, *Modern Political Analysis*, N. J. : Prentice – Hall, 1963.

304. Robert K. Merton, "On Sociological Theories of the Middle Range. " In Social *Theory and Social Structure*, edited and introduced by Piotr Sztompka, New York: The Free Press, 1968.

305. Rosabeth Kanter, *When Giant Learn to Dance*, London: Simon Schuster, 1989.

306. Roy Bhaska, *A Realist Theory of Science*, London and New York: Verso. 1997.

307. S. Krislov, *Representative Bureaucracy*, Englewood Cliffs, N. J. : Prentice – HallLee, 1974.

308. Steven A. Peterson, Thomas H. Rasmussen, *State and Local Politics*, McGraw Hill, 1994.

309. Steven Lukes, *Power*: *A Radical View* (First Edition), Palgrave Macmillan; , 1997.

310. T. B. Smith, *The Policy Implementation Process*, Policy Sciences, Vo. 4, No. 2, 1973.

311. T. B. Smith, *The Policy Implementation Process*, Policy Sciences, Vo. 4, No. 2, 1973.

312. T. J. Lowi, "American Business, Public Policy, Case – Studies, and Political Theory",

in *World Politics*, vol. XVI, n. 4, 1964.

313. Uriel G. Foa, Jr., John Converse, Kjell Y. Tarnblom, and Edna B. Foa, *Resource Theory: Explorations and Applications*, Hardcover, 1992.

314. V. Ostrom, Tiebout, and Warren, "The Organization of Government in Metropolitan areas: Theoretical Inquiry", *American Political Science Review*, Vol. 55, (December) 1961.

315. V. O. Key, *Politics Parties and Pressure Groups*, N. Y., Thomas Y. Crowell Company, 1964.

316. W. A. Niskanen, *Bureaucracy and Representative Government*, Chicago: Aldine Atherton, 1971.

317. Walter W. Powell and Paul J. DiMaggio, *The New Institutionalism In Organizational Analysis*, Chicago and London: The University of Chicago Press, 1991.

318. William A. Jr. Niskanen, *Bureaucracy and Representative Government*, Chicago: aldine – atherton, inc., 1971.

319. Woodrow Wilson, The Study of Administration, in Jay M. Shafritz&Albert C. hyde leds, *Classics of Public Administration*, Oak Park, Illiwois: Moore Publishing Company. Inc.

附　录

附录 1　Academic Research Library 数据库收录的
政策执行期刊论文数量统计

年份	论文总数量	年份	论文总数量
2007	9	1992	0
2006	18	1991	4
2005	10	1990	2
2004	13	1989	5
2003	9	1988	1
2002	8	1987	2
2001	7	1986	3
2000	1	1985	0
1999	3	1984	1
1998	1	1983	0
1997	3	1982	1
1996	4	1981	2
1995	6	1981	0
1994	4	1979	1
1993	4		

资料来源：作者整理。

附录2 **Academic Research Library** 数据库收录的
政策执行期刊论文类型

	经济与市场监管	公共服务	社会管理	其他
数量	14 个	27 个	12 个	53 个
主要类别	货币政策 管制政策 经济发展政策 产业政策 住房政策 财税政策	医疗卫生政策 环境资源政策 教育政策等	社会保障 社会救助 家庭暴力 性别 社会公平 福利和健康 移民等	理论与方法 21 中国问题 10 政策评估 2 国别比较 1 书评 8 其他

资料来源：作者整理。

附录3 **ProQuest** 博士硕士论文数据库中收集的
政策执行博士论文数量统计

年份	论文总数量	年份	论文总数量
2006	6	1988	9
2005	7	1987	10
2004	7	1986	6
2003	4	1985	10
2002	8	1984	9
2001	5	1983	4
2000	4	1982	6
1999	12	1981	9
1998	8	1980	8
1997	4	1979	9
1996	7	1978	4
1995	6	1977	5
1994	12	1976	8
1993	11	1972	1
1992	9	1971	2
1991	7	1970	2
1990	6	1969	1
1989	7	1968	2

资料来源：作者整理。

附录 4　ProQuest 博士硕士论文数据库收集的
政策执行博士论文类型

	经济与市场监管	公共服务	社会管理	其他
数量	13 个	106 个	27 个	91 个
主要类别	货币政策 管制政策 财政政策 产业政策	医疗卫生政策 21 个 环境资源政策 21 个 教育政策 62 个 交通政策 2 个	社会保障 社会救助 儿童保障 残疾人保障 老龄化 街区发展等	政治政策 种族政策 文化政策 航空政策 理论模型等等

资料来源：作者整理。

附录 5　1911 年到 2007 年执行、政策执行和
执行力研究期刊文献统计

	检索范围	检索词		
		执行	政策执行	执行力
全库	全部期刊	19879	1532	1290
	篇名核心期刊	4279	526	229
政治经济军事和法律数据库	篇名全部期刊	6089	493	217
	篇名核心期刊	1726	133	50
教育与社会科学综合	篇名全部期刊	795	77	75
	篇名核心期刊	236	48	17
经济管理	篇名全部期刊	8143	855	918
	篇名核心期刊	2162	305	146
文史哲	篇名全部期刊	499	46	5
	篇名核心期刊	191	26	1
其他库（略）	篇名全部期刊	略	略	略
	篇名核心期刊	略	略	略

说明：检索方式是篇名，模糊匹配。模糊匹配检索反映了学者们对主检索词的关注程度。

资料来源：作者整理。

附录6 1911 年到 2007 年 10 月 "政策执行" 为篇名的期刊统计

		1911~97	98	99	00	01	02	03	04	05	06	07
理论与方法		9	0	4	3	8	6	4	4	4	12	18
中国现状总论		2	1	0	3	3	3	3	1	4	2	0
专业类	经济调节	略	12	13	14	16	19	25	15	7	15	12
	市场监管	略	1	0	0	0	3	0	0	0	0	0
	公共服务	略	3	2	2	0	1	1	4	9	7	2
	社会管理	略	1	0	0	0	0	2	2	0	1	2
地方政府类		略	0	1	1	2	0	0	0	0	0	8
其他		略	0	0	0	0	0	0	0	0	0	2
总计		215	18	20	23	30	34	34	26	24	37	54

说明：检索方式是精确匹配，篇名，全库，核心期刊。精确匹配反映了直接以检索词命名的文章的数量。比模糊匹配检索到的文章要少，但已经能够准确地反映研究的情况。所获得的文章数量也为数不少，笔者选择核心期刊上刊发的文章作为统计的基础，进行文献统计分析。步骤如下：

第一步，采用浏览的方式剔除掉所有关于法律的执行论文，因为关于法律方面的执行研究不属于本文的研究范围。但是为了概念的全面性，笔者对人大复印资料里面法律类的关于"执行"的论文进行简单的综述。第二步，笔者在剩余的论文中剔除学术性不强的论文，留下学术性和学理性较强的论文进行综述。第三步，鉴于"执行力"为题的论文数量较少，直接以中国期刊网搜索的结果进行综述。对于文史哲、教育与社会科学综合、经济与管理数据库中的论文采用上述类似的方法。

资料来源：作者整理。

后　记

弹指间，从踏进燕园读研究生，到完成博士论文，再到专著的出版，转眼已是八个春秋。八年岁月，从燕园 46 号楼 6534，到万柳公寓一号、二号楼，再到畅春新园 2 号楼 664，最后在中央财经大学的校园里用电脑敲下后记；从三年制硕士毕业，到北大第一届四年制博士毕业，再到中央财经大学任教，时空的转换算是颇为简单，但其间的故事和心路历程却说不上单调。现在想起来，如果不是"智者精神"和"仁者情怀"这两股中西方文化底层的东西交融并不断地渗透在我的心底，现在我估计也不会是在写本书的后记了，倒可能成为喧嚣都市中的一个物化的浮尘，抑或是成为让都市更加喧嚣的音符了。

八年来，我首先要感谢我的导师张国庆教授，其间有无数次聆听他的讲课，无数次聆听他的教诲，无数次在他纵论天下的笑谈间开怀。恩师给我在勇气和志气方面的鼓舞总能澎湃如海。八年来，我要感谢教授我知识，给我智慧和力量的每一位老师。他们的名字铭刻在心底可能比写在纸上更加有分量，因为每位老师的风格都像一张张照片一样，存在我内心深处。八年来，我要感谢周围的每一位同学、好友，和他们一起砥砺学术、谈笑风生是永远都无法忘记的快乐记忆。在这里，恐怕用很长的篇幅，都不能一一列举完全，但感恩的心和快乐的往昔会因为时间的酿酵而更加浓郁。

参加北京大学现代日本研究中心博士生研究班的一年时间也深深地启发了我的思路。一年的学习和在日本的访学，开阔了我的视野，课堂上的研讨，使我感到学科交叉对于学术进步有莫大的助益。在研究班里聆听内田满教授、高田宽文教授、上子秋生教授的教诲，对拙作一部分内容的写作有莫大的帮助。拙作写作期间有幸在北大聆听华盛顿大学布莱恩·琼斯教授的演讲，与他交流能感到思想的跃动，翻译了他的大作《美国政治中的议程和不稳定性》，使我受益颇丰。

感谢在拙作完成过程中提出宝贵意见，给予了悉心指导的李景鹏教授、宁骚教授、陈庆云教授、周志忍教授、徐湘林教授、黄恒学教授、马庆钰教授、时和兴教授、赵景华教授、胡象明教授、金安平教授、赵成根教授、杨明教授、白智立教授、杨凤春教授等等前辈。还要感谢在拙作匿名评审中给予肯定和宝贵意见的前辈们。

感谢我的父母，他们的宽容和慈爱，使我有一个自由而宽松的心态读完了学业，完成了著作，每当凝望他们的丝丝银发和殷殷目光，就会在内心腾起深深的感激。感谢妻子文雅的鼓励和刚刚呀呀学语的儿子带给我的轻松和快乐。

以上这些，都将是我继续在学术之路上前行的勇气之源、力量之源和智慧之源。

曹堂哲

2009 年 11 月于中央财经大学